Kohlhammer

Günther Schöffner

Followership im agilen Zeitalter

Mitarbeiterloyalität und Verantwortungs-
übernahme als Erfolgsfaktoren

Verlag W. Kohlhammer

Dieses Werk einschließlich aller seiner Teile ist urheberrechtlich geschützt. Jede Verwendung außerhalb der engen Grenzen des Urheberrechts ist ohne Zustimmung des Verlags unzulässig und strafbar. Das gilt insbesondere für Vervielfältigungen, Übersetzungen, Mikroverfilmungen und für die Einspeicherung und Verarbeitung in elektronischen Systemen.

1. Auflage 2024

Alle Rechte vorbehalten
© W. Kohlhammer GmbH, Stuttgart
Gesamtherstellung: W. Kohlhammer GmbH, Stuttgart

Print:
ISBN 978-3-17-044542-0

E-Book-Formate:
pdf: ISBN 978-3-17-044543-7
epub: ISBN 978-3-17-044544-4

Für den Inhalt abgedruckter oder verlinkter Websites ist ausschließlich der jeweilige Betreiber verantwortlich. Die W. Kohlhammer GmbH hat keinen Einfluss auf die verknüpften Seiten und übernimmt hierfür keinerlei Haftung.

Inhalt

Vorwort 7

1 **Annäherung an Begriff und Inhalt der Followership** 9
   1.1 Followership, die unterschätzte und unterbewertete Disziplin 9
   1.2 Die enge Verbindung von Leadership und Followership 20
   1.3 Die Omnipräsenz von Followership: Jeder ist Follower und trägt Verantwortung 26

2 **Follower in Unternehmen** 37
   2.1 Die rechtliche Stellung von Arbeitnehmern 37
   2.2 Der Weg zur neuen Followership 42
   2.3 Follower und Followership: Inhalte 62
   2.4 Warum Menschen nur Follower sein wollen – und warum nicht 80

3 **Praktizierte Followership in Unternehmen** 91
   3.1 Followership-Stile 91
   3.2 Praktizierte Followership 117
       3.2.1 Akzeptanz 122
       3.2.2 Respekt 123
       3.2.3 Toleranz 124
       3.2.4 Taktik für »Managing up« 129
   3.3 Gelebte Followership-Praxis in Unternehmen 140

4 **Einflussfaktoren auf die gelebte Followership** 165
   4.1 Handlungsdeterminanten und Organisationsfaktoren als Ausgangspunkte 165
   4.2 Organisationale Aspekte für die Ausbildung von Followership 169
       4.2.1 Faktoren des »Wollens« und »Sollens« 169
       4.2.2 Machtsysteme 172
       4.2.3 Unternehmenskultur 178
       4.2.4 Einfluss der Unternehmenskultur auf das »Wollen« und »Sollen« 181
   4.3 Persönliche Aspekte 199
       4.3.1 Können: Follower-Kompetenz 199

		4.3.2	Wollen: Das innere Team.............................	202
		4.3.3	Wollen: Haltung und Einstellung.....................	206
		4.3.4	Wollen: Motivatoren..................................	214
		4.3.5	Wollen: Grundpositionen.............................	221
		4.3.6	Wollen: Emotionen	225
		4.3.7	Wollen: Kultur	241
		4.3.8	Wollen: Die Schattenseiten – Menschliche Besonderheiten, Unzulänglichkeiten und Schwächen	244
	4.4		Zeitgenössische und zukünftige Einflussfaktoren	249

5 Implementierung Followership-orientierter Elemente: Organisation, Kultur, Menschen.................................. 273

6 Anhang: Klärung und Abgrenzung wichtiger Begriffe............. 285

Vorwort

Wenn von Erfolg oder Misserfolg einer Organisation oder eines Unternehmens gesprochen wird, steht als Verantwortlicher dafür meist schon der betreffende »Anführer« fest: Der Vorstand, der Unternehmenschef, der Abteilungsleiter. Nur selten erfolgt der Hinweis darauf, dass auch die Mitarbeiter einen gehörigen Anteil daran haben. Wenn diesen eine Mitverantwortung eingeräumt wird, dann überwiegend im Erfolgsfall. Dass Mitarbeiter und deren Kooperations- und Mitwirkungsbereitschaft ebenso einen Anteil am Misserfolg eines Unternehmens ausmachen können, hört man hingegen selten. So ist es aber. Das diesbezügliche Verständnis ist nicht nur in Deutschland immer noch sehr zentriert auf die Führungskräfte. Dabei können diese ohne Mitarbeiter nahezu nichts ausrichten. Dementsprechend bedeutend ist der Anteil der Mitarbeiter an Erfolg und Misserfolg. Daher steht hier im Gegensatz zu vielen anderen Büchern nicht die Führungskraft, der Chef oder ganz allgemein formuliert der Leader im Fokus, sondern die Mitarbeiter, die in der Regel keine Führungsaufgaben haben und sich von den Leadern leiten lassen: Die Follower. Dieser Anglizismus wird verwendet, weil in den USA das Konzept der Followership schon viele Jahrzehnte bekannt ist und angewandt wird. In Europa ist es hingegen nur wenig bekannt und verbreitet. Sie ist aber für den Erfolg von Unternehmen genauso entscheidend wie gute Leadership. Daher wird der Inhalt dieses Ansatzes basierend auf den hierzu wesentlichen Theorien vorgestellt. Da diese überwiegend aus dem englischen Sprachraum stammen, ziehen sich die Anglizismen durch das gesamte Buch hindurch. Im digitalen Zeitalter sollte dies jedoch mittlerweile kein Problem mehr darstellen.

Der Inhalt des Buches fußt im Wesentlichen auf den einschlägigen Theorien zu Followership, Leadership, Führung und Management. Er ist jedoch angereichert durch zwei Dutzend Fallbeispiele aus der Praxis und wird dadurch sozusagen »zum Leben erweckt«. Das soll dem Leser das Verständnis vereinfachen und ihm die Gelegenheit geben, die Inhalte auf das eigene Berufsleben zu übertragen. Denn das Buch soll, wie alle meine bisherigen Bücher, nicht nur zum Lesen anregen, sondern eine Hilfe für die praktische Arbeit sein. Es ist sowohl für Leader als auch für Follower geschrieben, die das Followership-Konzept in ihrem Umfeld einführen oder weiterentwickeln wollen.

Die erwähnten Fallbeispiele entstammen der Realität, sowohl aus meiner eigenen als auch aus der von meinen Kollegen, mit denen ich mich zum Thema ausgetauscht habe. Die Fallbeispiele wurden so verändert, dass die Personen oder Organisationen, die hinter den Beispielen stecken, nicht erkannt werden können.

Die Beispiele sind dabei keine speziellen Sonderfälle oder Exoten, sondern können in der beschriebenen oder ähnlichen Form in vielen Unternehmen vorkommen. Das erleichtert die Übertragung in das Umfeld des Lesers. Sollten daher Ähnlichkeiten mit realen Unternehmen bestehen, so ist das zwar ein Hinweis auf die Praxisrelevanz der Inhalte, jedoch reiner Zufall. Denn die Fälle sind, wie beschrieben, so verändert, dass die wirklichen Unternehmen nicht erkennbar sind. Gleichzeitig sind die Fallbeispiele mitunter etwas zugespitzt, um die Inhalte und die Dynamiken der Geschehnisse etwas deutlicher herauszustellen. Dem Leser geht dadurch nichts verloren und ihm werden auch keine »Märchen« erzählt. Die beschriebenen Fälle handeln überwiegend in der produzierenden Industrie, weil ich dort seit vielen Jahren meinen Beratungsfokus habe. Zudem kann man hier die verschiedenen Fraktionen des Zusammenwirkens sehr gut erkennen: Vertriebsmitarbeiter, Finanzleute, Ingenieure, IT-Experten, Techniker, Montagearbeiter, Hilfskräfte etc. Sie alle betrifft Followership und nur wenn alle mitziehen, kann ein Unternehmen prosperieren. Doch die Erkenntnisse sind nahezu auf alle anderen Branchen und Unternehmensformen übertragbar. Die Fallbeispiele sind mitunter auch sehr lang und erstrecken sich teilweise über mehrere Seiten. Das hilft jedoch dabei, die komplizierten Verhältnisse besser zu verstehen und die eigentlichen Aussagen, die mit den Fallbeispielen getroffen werden sollen, besser zu erfassen und einzuordnen. Ich bitte hier den Leser um Verständnis, denn ich weiß, dass lange Fallbeispiele manchmal etwas Geduld und Ausdauer erfordern. Hinsichtlich des Verständnisses muss ich dem Leser empfehlen, das Buch von Anfang bis Ende durchzulesen, denn dafür wurde es konzipiert. Ein Einstieg in der Mitte bringt nicht die Erkenntnis, die sich beim Durcharbeiten von vorne bis hinten erschließen sollte.

Bei diesem Werk haben wie bei meinen anderen Büchern auch wieder viele weitere Personen unterstützt und mitgewirkt, auch wenn sie nicht als Co-Autoren tätig waren. Ihnen allen möchte ich hierfür sehr herzlich danken. Ohne den inhaltlichen Austausch, die Reflexionen zu den Themen oder die Beschreibung schwer zu fassender Konzepte wäre es nicht möglich gewesen, dieses Thema in Buchform zu bringen. Ich verzichte an dieser Stelle auf die namentliche Nennung all dieser Personen, denn sie alle wissen um ihre Unterstützung und um meine Dankbarkeit dafür.

Wie alle meine Bücher und Publikationen ist auch dieser Text im generischen Maskulinum ohne jegliche Gedanken einer Diskriminierung verfasst, weil die einfache Lesbarkeit des Textes im Vordergrund steht. Für mich waren Gleichberechtigung und Gleichwertigkeit seit jeher Selbstverständlichkeiten, die nicht zur Diskussion stehen.

Ingolstadt, Juli 2024 Günther Schöffner

1 Annäherung an Begriff und Inhalt der Followership

1.1 Followership, die unterschätzte und unterbewertete Disziplin

Der Ausdruck »Follower« ist den meisten Menschen spätestens seit der Existenz sozialer Netzwerke ein Begriff. Er wurde in diesem Zusammenhang maßgeblich von der Social-Media-Plattform »Twitter« (heute »X«) geprägt. Er bezeichnet Personen, die bestimmten Inhalten, anderen Personen, Interessen oder Unternehmen in einer Art und Weise folgen, in der sie die Inhalte der gefolgten Person oder Institution im jeweiligen sozialen Netzwerk abonnieren. Sobald diese Netzteilnehmer neue Inhalte ins Netzwerk speisen, werden die Follower darüber unterrichtet und können diese dann nutzen. Dementsprechend beschreibt der Duden einen Follower als einen »regelmäßigen Empfänger von Informationen einer bestimmten Person oder Institution in sozialen Netzwerken«.[1] Durch dieses Folgen sollen den Followern keine Inhalte verloren gehen. Obwohl der Begriff Follower in diesem Verständnis zwar maßgeblich durch Twitter geprägt wurde, hat er sich in vielen anderen sozialen Netzwerken ebenso durchgesetzt.

Übersetzt man den Begriff »Follower« mithilfe diverser Übersetzungsdienste und Fachlexika, resultiert eine Liste mit mehr als zehn verschiedenen Bedeutungen:[2] »Anhänger«, »Fan«, »Verfolger«, »Nachfolger«, »Gefolgsmann«, »Getreuer«, »Verehrer«, »Mitläufer«, »Jünger«, »Schüler«, »Begleiter«, »Diener«. Die zuvor erläuterte Bedeutung des »Abonnenten« von Inhalten in sozialen Netzwerken findet sich jedoch in keiner Liste der zu Hilfe genommenen Übersetzungsdienste. Dies macht deutlich, dass eine Abhandlung zum Thema »Followership in Unternehmen« einer genauen Umschreibung der verwendeten Begriffe und einer klaren Abgrenzung des Themas und seines Kontextes bedarf. Das wird noch deutlicher, wenn man den zentralen Begriff dieses Buches, »Followership«, mit denselben Hilfsmitteln wie zuvor übersetzt. Das etwas ernüchternde Ergebnis der verschiedenen Quellen für das einzelne Wort lautet »Gefolgschaft« und »Anhängerschaft«.

---

1 Duden online, https://www.duden.de/rechtschreibung/Follower (Abgerufen am 30. November 2023).
2 Pons, https://de.pons.com/; Langenscheidt, https://de.langenscheidt.com/englisch-deutsch/; Google Translate, https://translate.google.com/?hl=de&sl=en&tl=de&op=translate; DeepL https://www.deepl.com/de/translator (Abgerufen am 30. November 2023).

Im Kontext von Texten schlagen einzelne Übersetzungsdienste aber auch das Wort »Followerzahl« vor. Letzteres hat mit der Bedeutung von Followership in Unternehmen nur sehr wenig bis nichts zu tun, und die beiden genannten Begriffe umschreiben es nur unzureichend. Zwar hängt das Wort Followership untrennbar mit dem Wort »to follow« zusammen, das intuitiv schnell mit »folgen« übersetzt wird. Jedoch ist nicht nur das Wort »folgen« an sich, wie wir weiter unten noch sehen werden, bereits polyvalent, auch »to follow« kann mit über 20 verschiedenen Bedeutungen aus dem Englischen ins Deutsche übersetzt werden. Da überrascht es nicht, dass mit einem Wörterbuch oder einem Übersetzungsdienst nicht sofort und eins zu eins mit einem Wort das zusammengefasst und wiedergegeben werden kann, was unter Followership in Unternehmen zu verstehen ist. Oft gehen auch vorgeschlagene Übersetzungen ganzer Texte inhaltlich an dem vorbei, was im angelsächsischen Raum unter Followership im Kontext von Organisationen, zu denen man auch Staat und Gesellschaft zählen kann, verstanden wird. Ein Verständnis des Sinnes von Followership gelingt also nicht durch das reine Übersetzen oder das Finden geeigneter deutscher Begriffe oder Umschreibungen. Das Phänomen der Followership muss daher anhand realer Zusammenhänge verständlich gemacht werden. Hierbei hilft der Umstand, dass Followership nicht nur in Unternehmen, sondern in allen Bereichen menschlichen Lebens und Handelns auftritt: In der Schule, im Verein, in der Familie, auf der Straße. Daher werden wir im weiteren Verlauf Beispiele für Followership aus diesen verschiedenen Bereichen betrachten, um uns der Bedeutung des Begriffs im Zusammenhang dieses Buches zu nähern.

Neben der beschriebenen Problematik, die Bedeutung des Begriffs »Followership« für den Kontext dieses Buches mit einem eindeutigen Wort oder einer prägnanten Umschreibung darzustellen, kommt noch die erschwerende Tatsache hinzu, dass die oben genannten Übersetzungen des Begriffs sowohl bezüglich der Bedeutung für dieses Buch inhaltlich nur unzureichend zutreffend, als auch allgemein eher negativ konnotiert sind. Dies wird noch durch die Tatsache verschärft, dass das Wort »folgen«, das als eine der Hauptübersetzungen für den Begriff »to follow« verwendet wird, im Deutschen mehr als sieben verschiedene Bedeutungen hat. Dies unterstreicht die Notwendigkeit, sich der Bedeutung des Begriffs für den Inhalt dieses Buches aus verschiedenen Richtungen Stück für Stück anzunähern. Hierzu sollen zunächst erst einmal kurz die deutschen Übersetzungen des Begriffs »to follow« betrachtet, und daraus dann die für unseren Kontext wichtigen Bedeutungen selektiert werden. Des Weiteren wollen wir aus den verschiedenen Bedeutungen des Wortes »folgen« jene auswählen, welche die Bedeutung für den Kontext des Buches am besten beschreiben. Aus verschiedenen Online-Übersetzungsdiensten lassen sich für das Wort »to follow« folgende deutsche Bedeutungen gewinnen, die der Bedeutung von »to follow« in unserem Kontext voll oder zumindest in einem gewissen Sinn entsprechen oder ihr in etwa nahekommen: »folgen«, »befolgen«, »verfolgen«, »beachten«, »nachfolgen«, »anschließen«, »einhalten«, »nachkommen«, »gehorchen«, »nachziehen«, »sich anschließen«, »mitkommen«, »sich richten nach«, »sich anhängen«, »sich anlehnen« und »sich halten an«. Ferner lassen sich auch noch andere Bedeutungen identifizieren: »erfolgen«, »einschlagen«, »verstehen«, »sich ergeben«, »nachspüren«, »nachstellen«, »hinterherkommen« und »hervorgehen aus«. Diese markierten Punkte zusammenfassend lässt sich herausdestillieren, dass »to follow« nicht mit dem eingangs genannten Begriff des Abonnenten in Verbindung steht.

Denn es geht darum, einer Sache, einem Thema, einer Institution oder einer Person nachzufolgen, sich ihr anzuschließen, die eigenen Handlungen danach auszurichten oder sich den Erklärungen, Regeln und Weisungen einer Person oder Institution im Sinne von »befolgen« in einem gewissen Rahmen zu fügen.

Laut Duden hat das deutsche Wort »folgen« u. a. folgende inhaltliche Bedeutungen, die dem Begriff der Followership im Kontext des Buches nahekommen:[3] »nachgehen; hinter jemandem, etwas hergehen«, »in der gleichen Weise oder ähnlich wie jemand handeln; sich nach jemandem, etwas richten; etwas mitmachen«, »einer Aufforderung o. Ä. entsprechend handeln, sich von etwas leiten lassen« und »gehorchen«. Auch hier gibt es weitere Bedeutungen, wie etwa »(später) nachkommen«, »zeitlich nach jemandem, etwas kommen, sich anschließen« oder »sich mit logischer Konsequenz ergeben«. Die beiden Begriffe »gehorchen« und »sich von etwas leiten lassen« stellen dabei die Extrempole eines gewissen Spannungsbogens dar, in dem die verschiedenen Bedeutungen der einzelnen Begriffe verortet sind. Gehorchen bedeutet dabei, dass man den Weisungen eines Dritten folgt oder sie befolgt und dies u. U. dem eigenen Willen oder der eigenen Meinung zuwiderläuft. Gehorchen impliziert auch Gedanken der eingeschränkten persönlichen Handlungsfreiheit und kann somit negative Emotionen evozieren. Darauf werden wir später wieder zurückkommen.

Betrachten wir die Bedeutung der beiden Übersetzungsbegriffe von Followership, Gefolgschaft und Anhängerschaft etwas näher, so wird die fehlende Passung dieser Begriffe mit der zuvor beschriebenen Bedeutung von »to follow« oder »folgen« deutlich. Laut Duden haben die beiden Begriffe sowie der in diesem Zusammenhang wichtige Begriff »Anhänger« jeweils folgende Bedeutungen: Gefolgschaft[4] (»Gehorsam und unbedingte Treue«, »Gesamtheit der treuen Anhänger, Anhängerinnen; Anhängerschaft«), Anhängerschaft[5] (»Gesamtheit der Anhängerinnen und Anhänger«) und Anhänger[6] (»Person, die entschieden, überzeugt für jemanden, eine bestimmte Sache, politische Richtung, Partei o. Ä. eintritt«).

Man kann im Begriff »Anhänger« noch Parallelen zur obigen Eingrenzung von »folgen« finden, wenn man das Eintreten für eine Sache darunter einordnet.

---

3 Duden online, https://www.duden.de/rechtschreibung/folgen (Abgerufen am 4. Januar 2024).
4 Duden online, https://www.duden.de/rechtschreibung/Gefolgschaft (Abgerufen am 4. Januar 2024).
5 Duden online, https://www.duden.de/rechtschreibung/Anhaengerschaft (Abgerufen am 4. Januar 2024).
6 Duden online, https://www.duden.de/rechtschreibung/Anhaenger (Abgerufen am 4. Januar 2024).

Insofern kann man die Gesamtheit der Anhänger, laut Duden eine Bedeutung von »Gefolgschaft«, noch in einer gewissen Nähe zu »Followership« sehen. Das Attribut »treu« entfernt jedoch den Begriff »Gefolgschaft« spätestens dann sehr weit von »Followership«, wenn man das Attribut »unbedingt« zur Treue hinzufügt und in einem Atemzug noch den Begriff »Gehorsam« nennt. Dies ist der Kern des Verständnisses von Gefolgschaft: Gehorsam und Treue, ohne Wenn und Aber. Und obwohl »to follow« eben auch »gehorchen« beinhaltet, kann inhaltlich gesehen »Gehorsam und unbedingte Treue« nicht als Hauptübersetzung von »Followership« gelten. Denn in unserem Kontext hat es eher die Bedeutung des sich nach etwas oder jemandem Ausrichtens, des Nachfolgens und auch des Befolgens, was mitunter auch einmal in Gehorsam enden kann, jedoch nicht primär Gehorsam bedeutet. Zudem rückt das Wort »bedingungslos« die Gefolgschaft sehr weit vom Begriff der modernen Followership weg, die, wie wir noch sehen werden, ethisches und moralisches Verhalten als expliziten Bestandteil ihres Selbstverständnisses sieht und daher für bedingungsloses Verhalten keinen Platz lässt. Auch wenn man den Begriff der Treue mit dem im Zusammenhang von Followership durchaus bedeutsamen Wort »Loyalität« umschreibt, gibt moderne Followership die Übersetzung mit Gefolgschaft in oben genannter Bedeutung von »Gehorsam und unbedingter Treue« letztlich nicht her. Loyal bedeutet laut Duden »eine Instanz respektierend«, »vertragstreu, redlich« und »anständig.«[7] Doch dies kann nach allgemeinem Sprachgebrauch nicht mit »Gehorsam und unbedingter Treue« gleichgesetzt werden, auch wenn eine loyale Anhängerschaft, die für eine Person oder eine Sache eintritt, als Gefolgschaft bezeichnet werden mag. Auch wenn in einem gewissen Zusammenhang diese »loyale Anhängerschaft« als Bedeutung für Gefolgschaft verstanden wird, so haften dem Begriff der Gefolgschaft doch nicht selten ein gewisser Makel und ein negativer Beigeschmack an. Man bringt damit Inhalte wie Meinungs- und Machtlosigkeit in Verbindung, sodass Gefolgschaft auch mit einer Masse willen- und ambitionsloser Menschen in Zusammenhang gebracht werden kann, die mangels Alternativen dem Anführer blindlings folgen, auch wenn ihnen dies nicht immer Spaß bereitet. Im großen Kontext lassen sich damit auch die Massen in Verbindung bringen, die einer Sache, einer Meinung oder einer gewissen Führungselite einfach hinterherlaufen, weil es eben alle machen. Dieser Makel haftet ganz allgemein vielen Begriffen an, die entweder wirklich jene scheinbar willen- oder meinungslosen Menschen beschreiben, die nur der Masse hinterherrennen, oder die tatsächlich in voller Absicht und mit Verstand, Ambition und Überzeugung einer Führungskraft oder einer Institution nachfolgen und sich in diesem Sinne als bekennende Follower und nicht als Leader oder Anführer verstehen: »Einfache« Mitarbeiter (d. h. solche ohne Führungsaufgaben), Erfüllungsgehilfen, Mitläufer, Getreue, Diener, Jünger, Assistenten, »Untergebene«, »Unterstellte« etc. Die in Anführungszeichen gesetzten Begriffe finden sich leider auch im Jahre 2024 noch in vielen Unternehmen im täglichen Sprachgebrauch wieder. Diese sind meiner persönlichen

---

7 Duden online, https://www.duden.de/rechtschreibung/loyal (Abgerufen am 4. Januar 2024).

Meinung nach schon seit vielen Jahren nicht mehr zeitgemäß und lassen nach modernem Verständnis von Sprache und Zusammenarbeit in Unternehmen zu viel Raum für ein abwertendes Verständnis hinsichtlich arbeitender Menschen. Dementsprechend sind Begriffe wie Follower (nicht im Zusammenhang sozialer Netze), Followership, Mitarbeiter ohne Führungsaufgaben oder Mitarbeiter ganz allgemein unter dem Schatten der »Gefolgschaft« je nach Begriff mehr oder weniger negativ konnotiert. Ganz anders sieht dies hinsichtlich der Begriffe Führungskraft, Leiter, Vorsitzender, Leader oder Boss/Chef aus. Auch wenn dieser Gruppe nicht selten gewisse negative Attribute zugeschrieben werden, so genießen sie doch überwiegend noch höheres Ansehen als beispielsweise »einfache« Mitarbeiter oder Mitglieder (eines Vereins oder einer Gesellschaft beispielsweise). Dies werden wir später noch etwas näher betrachten.

Im englischen Sprachraum bestehen die zuvor erklärten Übersetzungs- und Begriffsprobleme nicht. Dennoch werden dort die Begriffe Follower und Followership häufig auch negativ konnotiert. Sie haben durchaus auch den zuvor beschriebenen Beigeschmack von Schwachheit, Unterlegenheit oder willenlosen Mitläufertums. Dies gilt auch noch häufig im Zusammenhang mit Unternehmen, in dem der Begriff Follower im Vergleich zu den anderen Lebensbereichen des Menschen öfter und noch einmal stärker zugespitzt verwendet wird. Auch wenn sich dieses Verständnis seit vielen Jahren verändert, hat Followership im Bereich der Wirtschaft nicht den gleichen Stellenwert wie Leadership. Das lässt sich ganz einfach an der Zahl von Business Schools, Studiengängen, Weiterbildungen oder Abschlüssen ablesen, die es hinsichtlich Leadership und allen damit in Verbindung stehenden Begriffen wie Management oder Manager, Leader, Head of etc. gibt. Kurse für Followership sind Mangelware, sowohl im englischen wie im deutschen Sprachraum. Sowohl in den USA als auch in Europa oder in anderen Teilen der Welt. Dabei ist Followership, wie wir noch sehen werden, definitiv eine Kompetenz, die man erlernen kann und für das professionelle Arbeiten im agilen Zeitalter auch erlernen soll. Dennoch spielt sie bislang in den Wirtschaftswissenschaften nur eine untergeordnete Rolle. In den USA ist das Thema Followership vor gut 35 Jahren erstmals explizit aufgegriffen worden. In seinem Artikel »In Praise of Followers« aus dem Jahre 1988 spricht Robert Kelley, Professor an der Carnegie Mellon University, davon, dass »Organisationen teilweise damit stehen und fallen, wie gut ihre Führungspersönlichkeiten führen, aber auch damit, wie gut ihre Gefolgsleute folgen«.[8] Seitdem ist sehr viel Forschungsarbeit in das Thema Followership investiert worden. Dennoch findet es wie erwähnt noch immer nicht den Raum in den Wirtschaftswissenschaften, den es verdient. Sogar in den USA, die bei den Wirtschaftswissenschaften als global führend angesehen werden und die überwiegende Zahl der Nobelpreisträger für Wirtschaft aufweisen, gibt es in vielen Bibliotheken zwar explizite Kategorien zu den Themen Führung, Leadership und Management, jedoch nahezu keine zum Thema Followership, und die verfügbaren Bücher und Artikel reihen sich bis heute meist irgendwo in den zuvor genannten

---

8 Kelley, Robert (1988). In Praise of Followers. Harvard Business Review, 66, S. 142–148.

Kategorien ein.⁹ Das liegt vielleicht daran, dass auch im englischen Sprachraum wie erwähnt der Begriff der Followership wie im Rest der Welt noch immer einen gewissen negativen Touch hat. Dass dies vor mehr als 30 Jahren definitiv der Fall war, zeigt das Buch »The Power of Followership« von Kelley aus dem Jahr 1992, in dem der Autor aus der Anfangszeit seiner Followership-Forschung berichtet. Angesprochen auf die Inhalte seiner Arbeit erhielt er auf die Aussage, dass er sich mit Followership beschäftige, mehrmals folgende sinngemäße Aussage: »Oh, Sie meinen die Leute, denen man sagen muss, was sie zu tun haben? Die Schafe?«¹⁰ Auch im englischen Sprachraum verband man mit dem Begriff »Follower« im Kontext von Mitarbeitern in Unternehmen viele Jahre Bilder von Fügsamkeit, Konformität, Schwäche und mangelnder Leistung,¹¹ und dieser Umstand besteht trotz vieler Umwälzungen und Verbesserungen zum Teil auch heute noch. »Lead, don't follow«, so lautet der Slogan eines Anbieters von Reitsportzubehör im deutschen Sprachraum. Hier drückt sich in einem völlig anderen Kontext genau dieselbe Konnotation des Begriffs »Follower« aus wie in den Sätzen vorher. Und er drückt auch das aus, was zuvor bereits angesprochen wurde: Sobald von Leadern, Chefs oder Führungskräften die Rede ist, wird mit diesen Personen Stärke, Tatkraft und Ansehen in Verbindung gebracht. »Unabhängig davon, ob ihr Fachgebiet Politik, Wirtschaft, Wissenschaft oder Kunst ist, stehen Führungspersönlichkeiten im Mittelpunkt des Geschehens, die beneideten, wenn nicht sogar beneidenswerten Stars, deren Leben etwas heller zu brennen scheint als unseres«, wie es Warren Bennis, einer der renommiertesten US-Gelehrten zu den Themen Organisationsentwicklung, Führungstheorie und Change Management im Zuge der Diskussion um Followership einst ausdrückte.¹² Mit der Übernahme einer Führungsaufgabe ist meist ein gewisses Prestige verbunden. Man hat etwas erreicht, man hat es geschafft. Dies hat mit der Kultur zu tun, die über Jahrzehnte in großen Teilen von Gesellschaft und Wirtschaft präsent war. Amtsträger haben eine gewisse »Würde«, die sie nicht selten mit gewissen Utensilien zur Schau stellen, wie etwa Amtskette oder einem prächtigen Büro, völlig unabhängig davon, ob sie persönlich der mit dem Amt verbundenen Verantwortung gewachsen sind oder nicht. Von dieser Würde, welche diverse Ämter (z.B. das Richteramt) und Positionen (z.B. Bürgermeister) definitiv verdienen, geht jedoch häufig ein gewisses Ansehen auf die die Ämter ausfüllenden Personen über, unabhängig davon, ob sie ihr Amt gut oder schlecht ausfüllen. Ein ähnliches Denken hat sich viele Jahrzehnte in Wirtschaft und Unternehmen etabliert, bei dem das Ansehen der Person mit ihrer Stellung in

---

9 Chaleff, Ira (2009): The Courageous Follower. Standing up to & for our leaders. Berrett Koehler Publishers, Oakland (CA), S. xvii.
10 Kelley, Robert (1992): The Power of Followership. How to create leaders people want to follow and followers who lead themselves. Currency Doubleday, New York, S. 12.
11 Chaleff, Ira (2009): The Courageous Follower. Standing up to & for our leaders. Berrett Koehler Publishers, Oakland (CA), S. 3.
12 Bennis, Warren: Introduction. In: Riggio, Ronald E.; Chaleff, Ira; Lipman-Blumen, Jean (2008): The Art of Followership. How Great Followers create Great Leaders and Organizations. Jossey-Bass, San Francisco (CA), S. xxiii.

der Hierarchie direkt in Verbindung gebracht wurde. Auch hier hat sich diese automatische Verbindung von hohem Ansehen mit der jeweiligen Position im Denken der Menschen etabliert, sogar wenn die Personen ihre Positionen vielleicht sehr schlecht ausfüllen. Das verwundert nicht, denn jede verantwortungsvolle Position ist meistens mit einer gewissen Fülle an Macht ausgestattet, wenn auch je nach Position in der Hierarchie mal mit mehr, mal mit weniger. Macht verschafft aber Anerkennung und Prestige.[13] Dementsprechend fällt diesen Personen ein gewisses Ansehen zu, das von der Position und nicht von ihnen selbst ausgeht. Aus einer gewissen Position in der Hierarchie resultiert somit auch eine entsprechende Fülle an Ansehen. Mit diesem hierarchisch geprägten Denken sind viele Generationen persönlich und beruflich sozialisiert werden, was in den letzten Jahren bei zahlreichen Unternehmen große Probleme beim Einstieg ins digitale und agile Zeitalter verursacht hat. Hierzu später mehr. Durch dieses hierarchische Denken war der Fokus in vielen Unternehmen lange Zeit überwiegend auf Führungskräfte und weniger auf »einfache« Mitarbeiter gerichtet. Wer »etwas werden« wollte, sprich wer Karriere machen, d. h. seine berufliche Verantwortung und sein Einkommen erhöhen wollte, musste »aufsteigen«. Dieses Aufsteigen gibt bildhaft das Hochklettern in der Hierarchie wieder, das oft mit dem geflügelten Wort des »Hochkletterns auf der Karriereleiter« umschrieben wird. Damit wird auch automatisch höheres Ansehen in Verbindung gebracht. Wer hingegen »unten« bleibt, hat häufig nur geringes Ansehen. Denn wie zuvor die »höheren Positionen« mit entsprechender Macht ausgestattet sind, ist es bei den »niedrigeren Positionen« meist genau andersherum. Daher wird diesen Positionen meist auch weniger Ansehen zugebilligt. Über Macht zu verfügen, stärkt das Selbstwertgefühl und ruft positive Emotionen hervor.[14] Im umgekehrten Fall verhält es sich erneut andersherum.[15] Keine oder geringe Macht gepaart mit wenig Ansehen auf den »unteren Rängen«: Es ist wenig verwunderlich, dass solche Positionen trotz ihrer hohen Bedeutung für die jeweilige Institution oft nur wenig attraktiv sind und Menschen aufsteigen wollen. Wer hingegen als Fachexperte ebenso seine berufliche Verantwortung und sein Einkommen zu erhöhen versucht, jedoch keine Führungsposition einnimmt und somit keinen bildhaften Aufstieg im Organigramm vornimmt, macht zwar für sich selbst Karriere. Das Ansehen bleibt in vielen Fällen jedoch aus, obwohl solche Fachexperten für Unternehmen oft wesentlich unentbehrlicher sind als Führungskräfte. Denn deren Führungsexpertise ist in Unternehmen viel häufiger anzutreffen, sodass sie häufig einfacher auszutauschen sind. Ich kenne mehrere Großunternehmen, in denen Versuche, derartige Fachkarrieren zu etablieren, damit leistungsfähige Mitarbeiter nicht nur auf Führungskarrieren schie-

---

13 Nöllke, Matthias (2017): Machtspiele. Wie wir unseren Willen durchsetzen. Haufe-Lexware, Freiburg, 3. Aufl., S. 10.
14 Ebd., S. 9.
15 Schöffner, Günther; Hagehülsmann, Ute; Schöffner, Kerstin (2023): Zukunftsfähige Machtsysteme in Unternehmen. Die Verantwortung richtig auf die Beine stellen. Kohlhammer Verlag, Stuttgart, S. 21.

len sollten, gescheitert sind. Dies lag in allen mir bekannten Fällen schlichtweg daran, dass Ansehen und Dotierung der Fachpositionen nicht mit der jeweiligen Bedeutung für das Unternehmen in Einklang gebracht werden konnten. In vielen Fällen ist es auch heute noch so, dass eben nur eine Führungskraft hohes Ansehen genießt, und das Maß des Ansehens oft auch noch mit der Anzahl geführter Mitarbeiter steigt. Andere Faktoren bleiben dabei oft außen vor.

Bei einer solchen Fokussierung auf Führungskräfte überrascht es wenig, dass Erfolg und Misserfolg eines Unternehmens, einer Abteilung, einer Arbeitsgruppe, eines Vereins oder einer Fußballmannschaft sehr häufig zuerst und hauptsächlich mit der jeweils zuständigen Führungskraft in Verbindung gebracht werden. Gewinnt die Fußballmannschaft, wird sie gefeiert, der Trainer wird jedoch meist als Vater des Erfolges geehrt. Verliert die Mannschaft oder steigt sie ab, steht primär der Trainer im Kreuzfeuer. Konsequenzen für Spieler folgen in solchen Fällen kaum. So auch das typische Bild in vielen Unternehmen. Feiert das Unternehmen Erfolge, steht meist der oberste Manager im Rampenlicht. Ähnlich, wenn einzelne Abteilungen oder Sparten Erfolge feiern. Meist rückt der Anführer dieser Gruppen in den Fokus des Lobes, obwohl er ohne die Mitarbeiter den Erfolg nicht hätte erzielen können. »Am Ende des Tages hat die Führungsrolle den Glamour und die Aufmerksamkeit«, schrieb Kelley 1988 zu Beginn seiner Forschungsarbeiten zum Thema Followership.[16] Seither hat sich zwar diesbezüglich einiges getan und in den geschätzt zurückliegenden 20 Jahren hat sich dieses Verständnis spürbar gewandelt. Mehr und mehr Chefs weisen im Erfolgsfall auf ihre Teams und deren entscheidende Beiträge zum Erfolg hin. Dennoch sind sie es, die nach wie vor überwiegend im Rampenlicht stehen. Die breite Etablierung agiler Ansätze seit Ende der 2010er-Jahre hat der Würdigung der Teamleistung noch einmal stärkeren Schub verliehen. Doch es bleibt dabei: Führungskräfte stehen deutlicher im Rampenlicht als Mitarbeiter des Teams. Auch im Jahr 2024 gibt es nach wie vor unzählige Aus- und Fortbildungen für Führungskräfte, Bücher, Artikel, Fortbildungsinstitute etc. Natürlich gibt es auch Fortbildungen, wie man ein guter Teamplayer wird oder in agilen Organisationen arbeitet. Doch einen Fokus auf gute Followership und darauf, welch entscheidenden Anteil am Erfolg diese hat, gibt es nicht oder kaum.

Die im vorherigen Abschnitt gemachte Einschätzung lässt sich insofern nachvollziehen, wenn man die Wirtschaftsteile einschlägiger Zeitungen und Medien im Zeitraum zwischen 2020 und 2023 durchforstet. Besonders während der Pandemie, aber auch jenseits der großen Herausforderungen dieser Zeit schienen sich die einzelnen Redaktionen darin übertrumpfen zu wollen, über die schlechten Leistungen von Chefs und Führungskräften zu berichten. Toxische Chefs, toxische Leader, Führungskräfte, die nichts dazu gelernt hätten etc. Das waren und sind auch heute noch Schlagwörter und Begriffe, die regelmäßig fallen. Es sind auch viele Bücher dazu erschienen, die anhand zahlreicher Beispiele aufzeigen, wie mangelhaft die Führungskräfte in deutschen Unternehmen zu agieren scheinen, und dass es kaum richtige Besetzungen der Chefetagen für die neue Zeit von New Work gibt. Ich

---

16 Kelley, Robert (1988). In Praise of Followers. Harvard Business Review, 66, S. 142–148.

möchte dies hier gar nicht mit einzelnen Beispielen aus Online-Artikeln oder Büchern belegen. Der geneigte Leser kann sich selbst davon überzeugen. Er muss nur mit den passenden Suchbegriffen nach diesbezüglichen Online-Artikeln oder Büchern suchen. Darin werden die unfähigen, selbstherrlichen, narzisstischen, toxischen und weiteren Chefs für nahezu alle Fehlentwicklungen verantwortlich gemacht, die seit dem Beginn des neuen Jahrzehntes in vielen Unternehmen entstanden sind: Personalmangel, stark zunehmende Zahl von Krankschreibungen aufgrund psychischer Belastungen, hohe Anzahl von Burnouts, Kündigungen ohne Alternativjobs, Mangel an Nachwuchs von Fachkräften und Naturwissenschaftlern, schlechte Allgemeinstimmung in der Wirtschaft, Zurückfallen der deutschen Wirtschaft im internationalen Vergleich und vieles mehr. An fast allem seien, ausgedrückt in einer im deutschen Sprachgebrauch sehr beliebten Formulierung, die Chefs und Führungskräfte »schuld«. Mitarbeiter, Teammitglieder, Follower, oder wie man auch immer die Mitarbeiter jener argen Führungskräfte bezeichnen mag, scheinen demnach an der Verantwortung für die erwähnten Entwicklungen annähernd keinen Anteil zu haben. Diese scheinbare Schuldzuschreibung an die Chefs und der Freispruch für die Mitarbeiter wird zumindest etwas verständlich, wenn man sich das in den vorherigen Abschnitten beschriebene Mindset vergegenwärtigt. Es sind die Chefs, die für alles verantwortlich gemacht werden, und nicht die Mitarbeiter. Auch wenn zunehmend gefordert wird, dass der Anteil der Mitarbeiter am Erfolg stärker hervorgehoben werden muss, was meines Erachtens absolut richtig ist. Nur am Misserfolg und an schlechten Entwicklungen scheint man die Mitarbeiter dann nicht beteiligen zu wollen. Hier scheinen einzig und allein die Chefs die Verantwortung zu haben. Und genau dies ist eine für die Zukunft vieler Unternehmen gefährliche Entwicklung. So wie Chefs und Führungskräfte nicht allein für den Erfolg verantwortlich gemacht werden können, so können sie auch nicht allein für Misserfolge verantwortlich sein. Daran haben die Mitarbeiter genauso ihren Anteil. Denn, wie wir noch sehen werden, kann durch schlechte Followership auch die beste Führungskraft nur mittelmäßige Ergebnisse erzielen. Durch dieses Verdrängen der Mitverantwortung der Mitarbeiter an Misserfolgen und schlechten Entwicklungen rückt das Thema Leadership bzw. Führung wiederum stärker in den Mittelpunkt und die Bedeutung der Followership gerät wieder ins Abseits. Man kann diese Verdrängung verstehen, denn niemand möchte gern die Rückmeldung bekommen, dass er am Misserfolg einen persönlichen Anteil hat. Followership ist nicht beliebt, weil sie mit den oben beschriebenen negativen Konnotationen belegt ist. Sie wird aber auch dramatisch unterschätzt, weil eben nicht stark genug herausgestellt wird, welch großen Anteil sie am Erfolg und am Misserfolg in Unternehmen hat. Denn ohne Follower kann keine Führungskraft etwas ausrichten. Followership und Leadership sind untrennbar miteinander verbunden. Dies werden wir im nächsten Kapitel genauer betrachten.

Über die zuvor dargestellten Zusammenhänge hinaus gibt es noch einige weitere erwähnenswerte Punkte, die erklären, weshalb Followership vor allem in Unternehmen bislang unterschätzt und unterbewertet wird. Diese sind aus meiner mehr als 37-jährigen Erfahrung u. a.:

- Konzept und Inhalte der Followership und ihr Zusammenhang mit Führung und Leadership sind häufig unbekannt oder nicht hinreichend klar. Dementsprechend fällt es vielen schwer, deren Bedeutung einzuschätzen.
- Das Konzept der Followership ist wie im vorherigen Abschnitt erwähnt bislang nur sehr gering verbreitet. In den USA 1988 durch Kelley erstmals wissenschaftlich aufgegriffen, hat es sich auch nach mehr als 35 Jahren noch nicht auf breiter Ebene etabliert. Dementsprechend gering sind die Möglichkeiten der Wissensvermittlung.
- Followership ist zwar eine Kompetenz,[17] die Fähigkeiten erfordert und daher auch erlernt werden muss.[18] Jedoch findet man sie in den breit etablierten Kompetenzmodellen nicht, auch wenn dort Kompetenzen wie Kooperation oder Engagement genannt sind.[19] Auch das nicht unumstrittene, aber sehr umfangreiche Kompetenzmodell »KODE« von Heyse und Erpenbeck führt Followership nicht explizit auf. KODE enthält zwar die für Followership wichtigen Themen Loyalität und Eigenverantwortung, und naturgemäß wie die meisten Kompetenzmodelle auch Führungskompetenz.[20] Follower-Kompetenz ist darin jedoch ebenfalls nicht explizit enthalten.
- Bei einem großen Teil der (mir bekannten) Personen, die um die Notwendigkeit der Followership wissen und einige Inhalte davon kennen, herrscht die Meinung vor, dass Followership keine Kompetenz sei, die explizit erlernt werden müsse. Das gehe doch, so der Tenor, »wie die Hausarbeit nebenbei«.
- Followership hat im Zusammenhang mit dem eingangs beschriebenen Verständnis von Gefolgschaft nicht nur etwas wenig Glamouröses an sich. Dem Begriff haftet nicht selten auch etwas Minderwertiges, Unterwürfiges an, was noch nie gerne gesehen war (z. B. Begriffe wie Ja-Sager, Duckmäuser, Kriecher etc.). Dies hat sich im Zuge der Agilisierung zwar verbessert, ist jedoch noch weit von der realen Notwendigkeit entfernt.
- Das praktizierte Führungsverständnis ist wie lange Zeit üblich bis heute noch häufig stark führungszentriert. Ein Großteil der Belegschaft vieler Unternehmen ist in einer hierarchischen Welt sozialisiert worden. Die ging von einer starken Führung aus, bei der der Löwenanteil der Verantwortung und der Handlungsimpulse lag, und die Follower nur wenig Verantwortung hatten. Spätestens mit

---

17 Maroosis, James: Leadership: A Partnership in Reciprocal Following. In: Riggio, Ronald E.; Chaleff, Ira; Lipman-Blumen, Jean (2008): The Art of Followership. How Great Followers create Great Leaders and Organizations. Jossey-Bass, San Francisco (CA), S. 18.
18 Chaleff, Ira: Creating New Ways of Following. In: Riggio, Ronald E.; Chaleff, Ira; Lipman-Blumen, Jean (2008): The Art of Followership. How Great Followers create Great Leaders and Organizations. Jossey-Bass, San Francisco (CA), S. 82.
19 Gessler, Michael; Sebe-Opfermann, Andreas: Das Kompetenzmodell. In: Müller-Vorbrüggen, Michael; Radel, Jürgen (Hrsg., 2022): Handbuch Personalentwicklung. Die Praxis der Personalbildung, Personalförderung und Arbeitsstrukturierung. Schäffer-Poeschel Verlag, Stuttgart, 5. Aufl., S. 179–202.
20 Heyse, Volker; Erpenbeck, John (2009): Kompetenztraining: 64 Informations- und Trainingsprogramme. Schäffer-Poeschel Verlag, Stuttgart, 2. Aufl.

Beginn der Digitalisierung in den 2010er Jahren hat sich dies gewandelt, initiiert durch den digitalen Wandel und Industrie 4.0, gefördert durch New Work und den großflächigen Eintritt der Gen Z ins Arbeitsleben Anfang der 2020er. Dennoch besteht noch viel Nachholbedarf, das Thema Followership im Führungsverständnis angemessen zu verankern. Dies lässt sich fördern, wenn man den eigenen Führungsansatz einmal auf den Kopf stellt, dabei das Thema Followership ins Zentrum rückt und die Führungsaktivitäten vom Follower aus betrachtet.[21]

Bislang war immer die Rede von Führung, Führungskräften, Leadern, Chefs, Bossen etc. Diese wurden mehr oder weniger ohne weitere Differenzierung synonym benutzt. Das war bislang in Ordnung, weil zunächst nur die beiden Pole Leadership vs. Followership gegenübergestellt werden sollten. Wenn wir uns jedoch in den folgenden Kapiteln wie beschrieben mehr und mehr dem Thema »Followership in Unternehmen« annähern wollen, so ist es opportun, diese sprachliche Verallgemeinerung zu präzisieren. Dadurch lässt sich die weitere inhaltliche Betrachtung so fokussieren, dass keine Konfusion hinsichtlich der verwendeten Begriffe mehr besteht, sondern nur inhaltliche Themen eine Rolle spielen. Daher sind die zuvor verwendeten und einige weitere in diesem Kontext häufig vorkommenden Begriffe im Anhang am Ende des Buches in jener Weise erklärt, wie sie für den Kontext des Buches verstanden und verwendet werden sollten. Einheitliche Definitionen dieser Begriffe gibt es nicht, weshalb sie eben hier mit unserem eigenen Verständnis belegt werden. Ein einfaches Beispiel ist das Wort »Chef«. Umgangssprachlich wird dies im deutschen Sprachraum zum einen sehr häufig mit der direkten Führungskraft in einem Unternehmen oder einer Institution, also auch einem Amt, gleichgesetzt. Zum anderen wird mit dem Begriff häufig auch direkt die oberste Leitungsperson eines Unternehmens damit verbunden, und nicht die direkte Führungsperson (sofern diese nicht gerade die direkte Führungsperson ist). Im englischen Sprachraum wird unter einem »Chef« hingegen eher ein »Küchenchef« verstanden, auch wenn sich das zuvor beschriebene Verständnis dort auch immer wieder findet. Dadurch kommt es nicht selten vor, dass es im internationalen Kontext diesbezüglich zu Konfusionen kommt. Schon allein dies zeigt die Notwendigkeit der sprachlichen Regelung. Ein weiteres wichtiges Beispiel ist in diesem Zusammenhang ist das Duo Manager und Leader. Auch darauf wird im Anhang des Buches nach der Definition der verwendeten Begriffe eingegangen.

Die im Anhang beschriebenen Begriffe geben das Verständnis wieder, mit dem sie in diesem Buch gebraucht werden. In einem anderen Zusammenhang können diese Begriffe durchaus anders belegt sein, sodass man etwas anderes darunter verstehen kann. Da dieses Buch jedoch das Thema Followership und nicht irgendwelche Management- oder Organisationsthemen zum Fokus hat, werden einzelne

---

21 Kelley, Robert: Rethinking Followership. In: Riggio, Ronald E.; Chaleff, Ira; Lipman-Blumen, Jean (2008): The Art of Followership. How Great Followers create Great Leaders and Organizations. Jossey-Bass, San Francisco (CA), S. 11.

Begriffe teilweise wenig trennscharf und auf einer höheren Abstraktionsebene austauschbar und gleichwertig verwendet, wohl wissentlich, dass sie eben in anderen Kontexten zu trennen sind. Dies dient schlichtweg der Vereinfachung sowie dem Zweck der besseren Lesbarkeit. So müssen nicht einzelne Begriffe ständig wiederholt werden, sondern können dem angenehmeren Lesen dienend auch durch andere ersetzt werden. Ich bitte den Leser hier um Verständnis. Inhaltlich geht dadurch bezüglich des Textes nichts verloren. An jenen Stellen, an denen eine genaue Beschreibung notwendig ist, findet die Begriffsfokussierung jeweils explizit statt. Wer an dieser Stelle gerne mit den Inhalten fortsetzen möchte, kann die erwähnten Begriffsfestlegungen im Anhang auch überspringen und mit den weiteren Kapiteln fortfahren. Die Begriffe können bei Bedarf auch im Anhang nachgeschlagen werden. Es ist jedoch dem schnellen Verständnis im Text förderlich, erst die Bedeutungen der Begriffe zu kennen, bevor man sich an deren Anwendung im Text macht. Dann gibt es auch kaum eine Möglichkeit der Konfusion oder Doppeldeutigkeit, die ein Begriff auch einmal haben kann. Es ist verständlich, dass ein anfängliches Durcharbeiten von Begriffsfestlegungen dröge sein kann. Daher sollte jeder Leser für sich entscheiden, wie er weiter vorgeht.

1.2 Die enge Verbindung von Leadership und Followership

Nach der etwas allgemeinen Annäherung an das Thema Followership ist es jetzt opportun, die Beziehung zwischen Leadern und Followern näher zu betrachten. Dabei müssen wir an dieser Stelle bereits eine wichtige Unterscheidung treffen. Wir müssen unterscheiden zwischen Leadern, denen wir freiwillig folgen, und solchen, denen wir in einer gewissen Weise folgen müssen. Freiwillig folgen wir beispielsweise Vorbildern, von denen wir uns leiten lassen. In vielen Unternehmen gibt es Mitarbeiter, die großartige Arbeit leisten und eine tolle Karriere gemacht haben. Lassen sich andere Mitarbeiter von deren Verhalten leiten, so sind sie in einer gewissen Weise deren Follower. Hier handelt es sich um eine freiwillige Followership, denn die Mitarbeiter müssten es ja nicht tun. Anders verhält sich die Sache, wenn es sich um eine weisungsbefugte Führungskraft handelt. Deren Bitten und Anweisungen, ihrem Verhalten und ihrer Leadership müssen die Mitarbeiter eine gewisse Followership zeigen, weil sie sich durch ihren Arbeitsvertrag dazu verpflichtet haben. Dieser Umstand schafft zwei verschiedene Arten von Followership: Der freiwilligen, und der quasi freiwilligen. Quasi freiwillig nur deshalb, weil der Mitarbeiter das Unternehmen verlassen kann, wenn er sich aus irgendwelchen Gründen nicht dauerhaft an die Leadership der Führungskraft halten will. Daneben gibt es eine dritte Kategorie der Followership: Die unfreiwillige. Hier ist man dazu gezwungen, in einem gewissen Rahmen Followership zu zeigen, wenn man für sich selbst ernsthafte Konsequenzen vermeiden möchte. Ein Beispiel hierzu sind Anordnungen staatlicher Stellen und Behörden, denen man zur Vermeidung rechtlicher Konsequenzen folgen muss. Hier handelt es sich also mehr um ein Befolgen als um ein Nachfolgen.

1.2 Die enge Verbindung von Leadership und Followership

Bisher haben wir im Kontext von Followership immer auch von Leadership gesprochen. Diese beiden Punkte sind untrennbar miteinander verbunden. Zunächst stellt sich dabei vielleicht die Frage, weshalb es denn überhaupt Leadership geben muss. Wir haben ja festgestellt, dass es ohne Leadership keine Followership geben kann. Wenn es aber keine Leadership gibt, dann müsste es auch keine Followership geben. Daher ist es opportun und legitim, zunächst die Frage nach der Notwendigkeit von Leadership zu beantworten. Dies hilft dabei, die Notwendigkeit guter Followership zu verstehen.

Zur zielgerichteten und sinnvollen Gestaltung seines Lebens benötigt der Mensch einen stabilen Handlungsrahmen, in dem eine verlässliche Ordnung herrscht.[22] Diesen bildet in erster Linie der Staat mit seinen Gesetzen und Institutionen, der für ein geordnetes Miteinander der Menschen ohne ein Recht des Stärkeren sorgt. Die Ordnung stellt der Staat vor allem durch seine Verfügungsmacht sicher.[23] Auch in anderen Bereichen menschlichen Zusammenlebens, z. B. Familie, Kirchen oder Vereinen, ist für die Ordnung Macht notwendig. Es gibt kein funktionierendes Sozialgebilde, das ohne eine differenzierende Zuweisung von Macht auf Dauer lebensfähig wäre.[24] In Anlehnung an die österreichische Macht-Autorin Christine Bauer-Jelinek legen wir daher sog. »Machtschauplätze« fest: Staat, Gesellschaft, Familie, Wirtschaft.[25] Jeder dieser Schauplätze hat seine eigenen Spielregeln und Wertesysteme und die verschiedenen Machtinstrumente (z. B. Belohnung, Bestrafung, Lob, Tadel etc.) zeigen darin jeweils unterschiedliche Wirkungen. In diesen Machtschauplätzen bilden sich unterschiedliche Machtsysteme aus, die den erwähnten Handlungsrahmen schaffen. Menschen benötigen darin zur Bewältigung und Gestaltung ihres Lebens ebenfalls Macht. Damit aber die Gestaltung der Lebensumwelt durch Einzelne nicht zu Lasten anderer oder des Gemeinwohls geht, muss es Grenzen, d. h. den Ordnungsrahmen geben. Zur Stabilität solcher Strukturen ist Macht unverzichtbar.

Die Ausübung von Macht beinhaltet das Treffen und Umsetzen von Entscheidungen. Das bedeutet letztendlich Führung, denn Führung ist das praktizierte Ausüben von Macht. Dementsprechend befinden sich Macht ausübende Personen automatisch in einer Führungsrolle und sind somit Leader. Überall, wo Macht ausgeübt wird, gibt es daher Leadership. Wer Macht hat und diese ausübt, muss die Verantwortung für die daraus resultierenden Konsequenzen übernehmen.

---

22 Schöffner, Günther; Hagehülsmann, Ute; Schöffner, Kerstin (2023): Zukunftsfähige Machtsysteme in Unternehmen. Die Verantwortung richtig auf die Beine stellen. Kohlhammer Verlag, Stuttgart, S. 104.
23 Ebd.
24 Heckhausen, Jutta; Heckhausen, Heinz (2006): Motivation und Handeln. Springer Medizin Verlag, Heidelberg, 3. Aufl., S. 211.
25 Bauer-Jelinek, Christine (2017): Die helle und die dunkle Seite der Macht. Wie Sie Ihre Ziele durchsetzen, ohne Ihre Werte zu verraten. Ecowin Verlag, Wals bei Salzburg, 13. Aufl., S. 119–127; Schöffner, Günther; Hagehülsmann, Ute; Schöffner, Kerstin (2023): Zukunftsfähige Machtsysteme in Unternehmen. Die Verantwortung richtig auf die Beine stellen. Kohlhammer Verlag, Stuttgart, S. 51.

Denn Macht und Verantwortung sind untrennbar miteinander verbunden. Dies gilt in allen Schauplätzen der Macht. Dasselbe gilt für Macht und das Treffen von Entscheidungen.[26] Sobald Entscheidungen getroffen und wirksam umgesetzt werden, ist Macht im Spiel. Dementsprechend agieren Menschen, die Entscheidungen mit für andere Personen wirksamen Konsequenzen treffen, als Leader. Ohne Leadership fallen somit Gesellschaft und Institutionen auseinander,[27] denn dies würde u. a. das Fehlen der nötigen Ausübung von Macht bedeuten.

Wie zuvor erwähnt unterscheiden sich die Machtsysteme und die verschiedenen Ausprägungen der Machtausübung in den verschiedenen Machtschauplätzen. So wie sich dort folglich auch die praktizierte Leadership unterscheidet, so unterscheiden sich auch die jeweiligen Formen der Followership. Wenn wir auf die in Kapitel 1.1 aufgelisteten Begriffe der Übersetzungen von »to follow« beziehungsweise die verschiedenen Bedeutungen des Wortes »folgen« blicken, so stellt man fest, dass sich die Followership im Staat mehr in der Bedeutung von »befolgen«, »beachten«, »einhalten« oder »bei etwas mitmachen« gestaltet. Auch wenn in Unternehmen Followership in der Bedeutung von »befolgen«, »beachten« und auch »gehorchen« auftritt, so kommt es im Vergleich zum Staat hier wesentlich häufiger vor, dass Followership im Verständnis von »nachfolgen«, »sich anschließen«, »sich nach etwas richten«, »in der gleichen oder ähnlichen Weise wie jemand handeln«, oder »sich von etwas leiten lassen« gestaltet ist. In Familien gibt es auch Followership im Sinne von »gehorchen« und »befolgen«, aber auch sehr häufig im Sinne von »sich anhängen«, »sich anlehnen«, »sich nach jemandem richten« oder »sich jemandem anschließen«. Im gesellschaftlichen Leben wird Followership wesentlich weniger unter dem Gesichtspunkt des Gehorchens oder Befolgens gelebt und mehr in der Bedeutung von »beachten« und »einhalten« (der gesellschaftlichen Normen und Regeln), bzw. im Sinne von »in der gleichen Weise oder ähnlich handeln wie«. Was sich letztendlich als jeweils akzeptable Followership in den einzelnen Schauplätzen etabliert, hängt häufig von der Historie und der jeweiligen Kultur ab. Stand in vielen Unternehmen für lange Zeit Pflichterfüllung als Ausprägung der Followership im Zuge eines vorherrschenden Führungsverständnisses von Befehl und Gehorsam hoch im Kurs, so ist dies seit vielen Jahren durch einen geänderten Führungsansatz einem anderen Follower-Verständnis gewichen. Daran zeigt sich wiederum, wie eng Leadership und Followership verbunden sind.

In den vorherigen Abschnitten haben wir gesehen, dass überall, wo Macht ausgeübt wird, Führung und dementsprechend Leadership stattfindet. Wer Macht ausübt, ist ein Leader. Dies gilt aber auch umgekehrt, denn wer als Leader agiert, der benötigt Macht. Ohne Macht können Leader und Manager nicht wirksam

---

26 Schöffner, Günther; Hagehülsmann, Ute; Schöffner, Kerstin (2023): Zukunftsfähige Machtsysteme in Unternehmen. Die Verantwortung richtig auf die Beine stellen. Kohlhammer Verlag, Stuttgart, S. 229 f.
27 Daft, Richard L. (2015): The Leadership Experience. Cengage Learning, Stamford, S. 4.

sein.²⁸ Macht ist daher auch im agilen Zeitalter für das Funktionieren und die langfristige Existenz eines Unternehmens unverzichtbar. Unternehmen hören auf zu existieren, wenn es darin keine Macht mehr gibt und dadurch keine Entscheidungen mehr getroffen werden. Ein machtfreies Unternehmen ist aus systemtheoretischer Betrachtung nicht lebensfähig.²⁹ Daher kann es kein Unternehmen ohne Leadership geben. Da aber Leadership nicht nur ohne Followership nicht funktionieren kann, sondern bei unzureichender Followership auch zu suboptimalen Ergebnissen führt, ist gute, zeitgemäße Followership ein entscheidender Faktor für das Prosperieren von Unternehmen im agilen Zeitalter. Ohne den nachfolgenden Kapiteln vorzugreifen, sei bereits an dieser Stelle angemerkt, dass Selbstorganisation keinen machtfreien Raum bedeutet.³⁰ Selbstgesteuerte Teams sind nicht machtfrei und auch in agilen Teams wird es zukünftig Leadership und Followership geben müssen.

Zum besseren Verständnis der engen Verbindung zwischen Leadership und Followership in der Praxis soll ein kurzes gedankliches Experiment dienen. Stellen wir uns einen Staat vor, in dem es nur Parlamentarier, Regierungsmitglieder und deren Vollzugsbeamte sowie Verantwortliche der Justiz gäbe. Es gebe aber in diesem Staat kein Volk. Die Staatsorgane könnten somit Gesetze erlassen, umsetzen sowie deren Einhaltung verfolgen und ahnden, jedoch hätten sie kein Volk, welches die Gesetze zu beachten hätte. Der Staat wäre dann nur Selbstzweck und würde keinen Sinn machen. Nehmen wir einen anderen Staat an, der zwar funktionierende Staatsorgane und ein funktionierendes Rechtssystem hat, dessen Volk sich aber nicht an Recht und Gesetze halten will. Das Ergebnis wäre die Anarchie. Ähnlich sähe es aus, wenn sich das Volk zwar an Gesetze halten würde, nicht jedoch an die Entscheidungen von Personen, die gerade im exekutiven Amt sind, d. h. die Leader. Dann wäre die Machtausübung dieser Personen, d. h. ihre Leadership, wirkungslos. Auch dieser Staat würde nicht funktionieren. Ähnlich verhält es sich in Unternehmen. Leader haben nur dann eine Daseinsberechtigung, wenn es Follower gibt, die ihnen durch gelebte Followership folgen. Führungskräfte bzw. Leader sind nur dann wirksam, wenn sie Follower haben, die Followership zeigen. Dass Unternehmen Leadership brauchen, haben wir vorher festgestellt. Eine Vorstellung von Leadern ohne Follower ist wie eine Vorstellung von Lehrern ohne Schüler.³¹ Denn Leadership und Followership sind zwei Seiten derselben Medaille.³² Es gibt unzählige

---

28 Schöffner, Günther; Hagehülsmann, Ute; Schöffner, Kerstin (2023): Zukunftsfähige Machtsysteme in Unternehmen. Die Verantwortung richtig auf die Beine stellen. Kohlhammer Verlag, Stuttgart, S. 309 f.
29 Ebd., S. 236.
30 Ebd., S. 349.
31 Chaleff, Ira (2009): The Courageous Follower. Standing up to & for our leaders. Berrett Koehler Publishers, Oakland (CA), S. 2.
32 Williams, Gail S.: The Hero's Journey to Effective Followership and Leadership. A Practitioner's Focus. In: Riggio, Ronald E.; Chaleff, Ira; Lipman-Blumen, Jean (2008): The Art of Followership. How Great Followers create Great Leaders and Organizations. Jossey-Bass, San Francisco (CA), S. 98.

Definitionen von Leadership, die teilweise sehr wenig gemein haben,[33] und Leadership scheint eines der am wenigsten verstandenen Phänomene der Erde zu sein.[34] Aber alle Ansätze von Leadership gehen davon aus, dass Leader auch Follower brauchen. Ohne Nacheiferer sind Vorbilder eben auch keine Vorbilder mehr.

Jenseits der vorherigen Erklärungen und der begrifflichen Dualismen lässt sich die untrennbare Verbindung von Leadership und Followership speziell in Unternehmen auch anhand mehrerer praktischer Notwendigkeiten verdeutlichen. Diese sind u. a.:

1. Führungskräfte sind nicht notwendig, wenn es niemanden gibt, den sie führen könnten oder der sich von ihnen führen ließe. Ihre Führungsarbeit wäre wirkungs- und damit sinnlos. Reines Selbstmanagement einzelner Personen ist nicht mit Leadership bzw. Führungsaufgaben zu verwechseln. Darum hat der große Management-Vordenker Peter Drucker bereits vor vielen Jahrzehnten klar und deutlich festgestellt: »Die einzige Definition eines Leaders ist jemand, der Follower hat«.[35] Ein Leader ohne Follower kann bestenfalls sich selbst führen. Dies ist aber nicht als Leadership, sondern als Selbstmanagement geläufig.[36]
2. In Unternehmen sind es überwiegend die Follower, die den Großteil der geleisteten Arbeit verrichten. Für die mit der Arbeit erzielten Ergebnisse wird zwar der Leader zur Verantwortung gezogen. Die Arbeit machen aber die Follower.[37] Hier muss man richtigstellen, dass dies nur für jene Leader oder nur für jenen Teil der Arbeit der Leader zutrifft, der sich auf die Leadership-Aufgabe bezieht. Gerade im Mittelstand haben Leader häufig eine Doppelfunktion, in der sie ihre Mitarbeiter führen und gleichzeitig wie diese operativ an den Ergebnissen arbeiten. Bei Aufgaben, die mehrere Personen oder ein Team erfordern, führt sich der Ansatz von Leadership ohne Followership aber sehr schnell ad absurdum, denn der Leader könnte die Aufgaben allein nicht bewältigen. Ohne Follower in Form seiner Armee hätte auch Napoleon schlicht nur seine Ideen und Ambitionen gehabt, er hätte davon aber nichts realisieren können.[38]
3. Betrachtet man den Leader nicht nur als Anführer eines Teams oder einer Gruppe, sondern auch in der viel zitierten Rolle eines Vorbildes, so macht diese

---

33 Yukl, Gary; Gardner, William L. (2020): Leadership in Organizations. Pearson Education, Harlow, 9. Aufl., S. 22.
34 Daft, Richard L. (2015): The Leadership Experience. Cengage Learning, Stamford, S. 4.
35 Drucker, Peter F.; Maciariello, Joseph A. (2008): Management. Harper Collins Publishers, New York, überarb. Aufl., S. 290.
36 Staehle, Wolfgang H. (1999): Management. Eine verhaltenswissenschaftliche Perspektive. Verlag Franz Vahlen, München, 8. Aufl., S. 387 f.
37 Dixon, Gene: Getting Together. In: Riggio, Ronald E.; Chaleff, Ira; Lipman-Blumen, Jean (2008): The Art of Followership. How Great Followers create Great Leaders and Organizations. Jossey-Bass, San Francisco (CA), S. 160.
38 Kelley, Robert (1992): The Power of Followership. How to create leaders people want to follow and followers who lead themselves. Currency Doubleday, New York, S. 12.

Rolle wie im vorherigen Absatz kurz erwähnt nur dann Sinn, wenn sich die Leute an ihm auch ein Vorbild nehmen. D. h. wenn sie in der Praxis seinem Tun, Handeln und Reden mit ihren eigenen Aktivitäten nachfolgen oder nacheifern. Diese Leadership-Rolle wird also nur dann zur Rolle, wenn es Follower gibt. Zugehörigkeit ist ein wichtiges und starkes Motiv menschlicher Handlungen, vor allem im Berufsleben. Zugehörig fühlt man sich u. a. dann, wenn man anderen ähnlich ist, weshalb Follower oft ihren Leadern nacheifern. Aber nur wenn sie das tun, ist der Leader in dieser Rolle auch ein Leader. Ohne Follower nicht.

4. Die Autorität eines Leaders hängt davon ab, ob Follower diese Autorität akzeptieren. Mächtige und somit Leader haben eine persönliche Autorität (Beeinflussungsmacht) und qua Position häufig auch eine sog. institutionelle Autorität (Verfügungsmacht). Kommen aber die einzelnen Personen den Führungsaktivitäten eines Leaders nicht nach, weil sie dessen Autorität nicht akzeptieren, so wird die Führung des Leaders wirkungslos und er ist kein Leader mehr. Bereits in der ersten Hälfte des 20. Jahrhunderts hat Chester Barnard diese Grundlagen in seiner Akzeptanztheorie der Autorität formuliert.[39] Damit Macht ausübende Personen über die nötige Autorität verfügen können, muss die Autorität erst einmal Akzeptanz finden. Demnach liegt die Entscheidung, ob die Anweisung eines Leaders Autorität hat oder nicht, nicht bei der Macht ausübenden Person, sondern beim Adressaten der Anweisung.[40] Ohne hinreichende Akzeptanz durch die Follower verliert die Autorität ihre Wirksamkeit. Der Leader ist dann kein Leader mehr. Eine »Stand Alone Leadership« funktioniert also nicht.

Laut Kelley stammt das Wort »follow« aus dem althochdeutschen Wort »follaziohan«, welches seiner Beschreibung nach die Bedeutung von »helfen«, »beistehen« oder »kümmern« hatte.[41] Laut Duden geht das Wort »vollziehen« auf das althochdeutsche Wort »follaziohan« zurück, und hat u. a. die Bedeutung von »in die Tat umsetzen«, »Anweisungen oder Erfordernisse erfüllen«.[42] Demnach sind Follower diejenigen, die die Entscheidungen der Leader vollziehen, d. h. die Anweisungen oder Erfordernisse des Leaders verwirklichen und in die Tat umsetzen. Das passt zur zuvor unter Punkt 2 gemachten Erklärung, weshalb Leadership nicht ohne Followership funktionieren kann: Es sind überwiegend die Follower, die die Arbeit machen. Sie setzen um. Erst durch Followership passiert etwas. Solange durch die Follower nichts umgesetzt bzw. vollzogen wird, ist Leadership unwirksam.

---

39 Staehle, Wolfgang H. (1999): Management. Eine verhaltenswissenschaftliche Perspektive. Verlag Franz Vahlen, München, 8. Aufl., S. 399.
40 Barnard, Chester I. (1970): Die Führung großer Organisationen. Verlag W. Girardet, Essen, Lizenzausgabe der 17. Auflage des Buches »The Functions of the Executive«, Harvard University Press, Cambridge. S. 141.
41 Kelley, Robert (1992): The Power of Followership. How to create leaders people want to follow and followers who lead themselves. Currency Doubleday, New York, S. 34.
42 Duden online, https://www.duden.de/rechtschreibung/vollziehen (Abgerufen am 15. Januar 2024).

So unzertrennlich, wie Leadership und Followership sind, so eng verbunden ist auch das Ergebnis eines Teams damit, wie gut Leader und Follower jeweils ihre Aufgaben erfüllen. Eine schlechte Führungskraft kann mit seinem Team meist nur schlechte oder mittelmäßige Ergebnisse erzielen. Diese Erkenntnis hat sich im allgemeinen Verständnis etabliert. Dass aber schlechte Followership auch beim besten Leader zu schlechten oder nur mittelmäßigen Ergebnissen führt, ist in diesem Verständnis jedoch bislang kaum zu finden. Das Gesamtergebnis eines Teams hängt von der jeweiligen Leistung von Leadern und Followern und ihrem Zusammenspiel ab. So wie der beste Musiklehrer mit nur wenig begabten und lernunwilligen Schülern kein Spitzenorchester aufbauen kann, so gelingt auch einem Spitzenmanager kein Top-Ergebnis, wenn das Team nicht die entsprechende Followership-Leistung zeigt. Gute Followership hat entscheidenden Einfluss auf das Ergebnis eines Teams. Dass es mittelmäßige oder schlechte Führungskräfte gibt, ist eine Tatsache. Manche von ihnen, so drückt es Kelley bildhaft aus, könnten nicht einmal ein Pferd ans Wasser führen.[43] Aber viele Mitarbeiter, so Kelley weiter, könnten nicht einmal einer Parade folgen.[44] Diese etwas überspitzte Formulierung macht es aber noch einmal klar: Nicht nur Führungskräfte bzw. Leader haben durch ihre Leadership entscheidenden Einfluss auf das Ergebnis eines Teams, sondern auch dessen Mitglieder durch ihre Followership. Dementsprechend haben nicht nur die Leader Verantwortung für die Ergebnisse, sondern auch die Follower.

1.3 Die Omnipräsenz von Followership: Jeder ist Follower und trägt Verantwortung

Für den Inhalt dieses Buches gilt die Konvention, dass Chefs, Manager, Vorstände, Anführer, Mächtige, Einflussnehmer, Führungskräfte etc. ganz allgemein als Leader bezeichnet werden, sofern sie auf Menschen dahingehend Einfluss nehmen, dass sie diese zu einer gewissen Handlung bewegen und/oder sie in eine gewisse Richtung leiten wollen. Das gilt nicht nur im Rahmen von Wirtschaftsunternehmen, sondern ganz allgemein überall dort, wo Menschen zusammenarbeiten oder -wirken. Unter diesem Verständnis ist beispielsweise auch ein Polizist ein Leader, wenn er im Rahmen einer Verkehrskontrolle einen Autofahrer zum Halten bewegt. Sein Amt und seine Persönlichkeit verleihen ihm diesbezüglich Macht, und durch entsprechende Handzeichen oder Gesten führt er die entsprechenden Handlungen des Autofahrers herbei. Sofern dieser die Autorität des Polizisten akzeptiert, kommt er dessen Einfluss auch nach und folgt den Anweisungen des Polizisten. Dies ist ein sehr einfaches Beispiel von Followership.

Situationen von Leadership und Followership gibt es aber auch in den anderen drei Machtschauplätzen Gesellschaft, Familie und Wirtschaft. In diesen laufen

---

43 Kelley, Robert (1988). In Praise of Followers. Harvard Business Review, 66, S. 142–148.
44 Ebd.

Leadership und Followership jeweils unterschiedlich ab, da in diesen Machtschauplätzen wie erwähnt unterschiedliche Regeln und Wertevorstellungen gelten und weil in allen vier Machtschauplätzen Macht jeweils unterschiedlich ausgeübt wird. Die Ausgestaltung der Machtausübung und somit der Leadership in einem Machtschauplatz beeinflusst jedoch auch die Machtausübung in den anderen Machtschauplätzen. Denn bei den Menschen bildet sich ein gewisses Machtverständnis aus, das sie in allen Machtschauplätzen anwenden. Verändert sich daher die Machtausübung in einem der vier Schauplätze, so führt das dadurch veränderte Machtverständnis auch zu einer anderen Form der Machtausübung in den anderen drei Schauplätzen.[45] Dasselbe geschieht mit der Akzeptanz von Macht und deren Ausübung, d. h. der Followership. Das bedeutet, dass die Art und Weise, wie Followership in einem der vier Schauplätze gelebt und ausgeübt wird, zwangsläufig Einfluss auf die praktizierte Followership in den anderen Schauplätzen hat und umgekehrt. Die verschiedenen Formen der Followership beeinflussen sich also gegenseitig. Wenn wir daher Followership in Unternehmen als Teil des Machtschauplatzes Wirtschaft verstehen und gestalten wollen, so müssen wir uns zumindest rudimentär damit auseinandersetzen, was Followership in den anderen Machtschauplätzen bedeutet und wie sie sich dort häufig gestaltet.

Für den Schauplatz »Staat« haben wir zuvor bereits ein einfaches Beispiel gesehen. Followership bedeutet aber auch dort nicht nur ein reines Gehorchen und Akzeptieren aller Vorgehensweisen, Prozesse oder amtlichen Bescheide. Auch hier ist Followership kein reines Befolgen, wie beispielsweise die Schafe einfach dem Hirten folgen. Followership ist kein roboterartiges Schlucken und Befolgen von Befehlen ohne Abweichung von der Norm, egal wie eigenartig und unpassend die Norm sein mag.[46] Im Machtschauplatz »Familie« wird ebenso regelmäßig Macht ausgeübt, wenn auch meistens auf deutlich andere Weise als im Schauplatz »Staat«. Im gegenseitigen Miteinander des Familienlebens üben die Eltern regelmäßig gegenseitig Beeinflussungsmacht aus und befinden sich somit laufend abwechselnd sowohl in der Rolle des Leaders als auch des Followers. Wegen der bestehenden Aufsichts- und Fürsorgepflicht haben Eltern gegenüber Kindern auch Weisungsrechte, die ihnen Macht verleihen. Dass ihre diesbezüglichen Entscheidungen aus der Leader-Rolle von den Followern, den Kindern, nicht immer nur konfliktfrei angenommen werden, ist eine allgegenwärtige Tatsache. Die Eltern sind aber je nach Familienverhältnissen nicht nur Leader, sondern gegebenenfalls auch Follower. Leben deren Eltern noch, besteht ein größerer Familienverbund, der sich gegenseitig unterstützt, oder besteht ein bestimmtes Abhängigkeitsverhältnis zu den Geschwistern, das denen eine gewisse Macht über die betrachteten Eltern

---

45 Schöffner, Günther; Hagehülsmann, Ute; Schöffner, Kerstin (2023): Zukunftsfähige Machtsysteme in Unternehmen. Die Verantwortung richtig auf die Beine stellen. Kohlhammer Verlag, Stuttgart, S. 51–54.
46 Lipman-Blumen, Jean (2005): The Allure of Toxic Leaders. Why We Follow Destructive Bosses and Corrupt Politicians – and How We Can Survive Them. Oxford University Press, New York, S. 86.

verleiht, so sind diese eben auch Follower, sowohl als Familienmitglieder als auch als Staatsbürger. Da leuchtet schnell ein, dass Erfahrungen aus der einen Follower-Rolle nicht ohne Auswirkungen auf die andere bleiben werden. Das gilt auch für die zwei anderen Machtschauplätze »Wirtschaft« und »Gesellschaft«, sofern sich diese Personen auch in diesen Schauplätzen tummeln. Die zuvor beschriebenen Zusammenhänge wollen wir anhand eines Fallbeispiels kurz betrachten.

Fallbeispiel 1: Beleidigtsein behindert Followership

Ein technisch sehr kompetentes Mitglied eines Luftsportvereins wäre bei den nächsten Vorstandswahlen gerne Vorstand geworden. Er sah sich wegen seiner fliegerischen Erfahrung, seiner technischen Expertise und nicht zuletzt wegen seiner langen Vereinszugehörigkeit als dafür prädestiniert. Doch bereits vor den Wahlen stand fest, dass er keine Chance hatte, gewählt zu werden. Viele Mitglieder wollten eine jüngere Person an der Vereinsspitze sehen, da sie ihnen eher zutrauten, geeignete Rezepte für die Lösung des Nachwuchsproblems identifizieren und umsetzen zu können. Technische Expertise und fliegerisches Können sahen viele Mitglieder hierfür als nicht hinreichend an. So kam es dann schließlich bei den Wahlen auch. Besagtes Vereinsmitglied lag bei den Wahlen weit abgeschlagen an letzter Stelle. Dennoch schätzten ihn die meisten Mitglieder als Vereinskameraden sehr, denn der Verein profitierte stark von seiner Expertise und seiner Erfahrung. Nach der verlorenen Wahl ließ er sich jedoch jedes Mal anbetteln, wenn es etwas zu tun gab und seine Hilfe wichtig oder nützlich war. Regelmäßig kritisierte er dabei den gewählten Vorstand, bevor er schließlich seine Hilfsbereitschaft signalisierte. Die Kritik geschah teilweise aus fadenscheinigen Gründen nur der Kritik willen. Er wollte damit zum Ausdruck zu bringen, dass er nach wie vor eigentlich nur sich selbst als geeigneten Vorstand sah. Manchmal ließ er sich für Wartungsarbeiten am Flugplatz beabsichtigt übermäßig viel Zeit, was den Flugbetrieb im Verein behinderte. Dadurch wollte er möglichst vielen Mitgliedern möglichst oft und lange vor Augen führen, dass der Vorstand eine falsche Entscheidung bei der Beschaffung des zu wartenden Gerätes getroffen hatte. Er stellte nicht das gemeinsame Ziel von Vorstand und Mitgliedern, nämlich den Verein voranzubringen und die luftsportlichen Aktivitäten zu fördern, in den Fokus seiner Mitwirkung, sondern mehr seine eigene Person, seine persönlichen Vereinsinteressen und das vermeintliche Unrecht, das ihm seiner Meinung nach mit der nicht erfolgten Wahl zum Vorstand widerfahren war. Er opponierte dermaßen häufig, dass Vorstand und andere Mitglieder viel Mühe hatten, ihn zur zielorientierten Mitarbeit zu bewegen. Er folgte mehr seinen eigenen Vorstellungen als der Räson und der Meinung des Vereins und zeigte somit keine gute Followership. Dies ging so weit, dass schon einzelne Mitglieder hinter vorgehaltener Hand sagten, man müsste über seinen Ausschluss aus dem Verein nachdenken.

Diese Aufmüpfigkeit des Mitglieds hielt auch nach einem Jahr fast ungemindert. Seine Verbitterung zeigte sich auch in anderen Lebensbereichen. An seinem

Arbeitsplatz wurde er zunehmend aufmüpfig, weil ihm trotz seiner Erfahrung mit Mitte 50 ein junger Chef »vor die Nase gesetzt« worden war, wie er es formulierte, und er sich um seine Beförderung betrogen fühlte. Dementsprechend zeigte er auch bei seinen Kollegen ein sehr ähnliches Verhalten des sich ständig anbetteln Lassens gepaart mit einer nicht abreißenden Kritik an seiner neuen Führungskraft. Von den genervten Kollegen alarmiert, nahm nach etwa drei Monaten der zuständige Personalleiter Kontakt zu ihm auf. In einem Gespräch sprach er den Mittfünfziger auf die Wahrnehmungen seines Verhaltens an und forderte ihn zu einer umgehenden Rückkehr zu einer akzeptablen Followership auf. Ansonsten solle er eine eventuelle Versetzung ins Auge fassen oder über die Option der Altersteilzeit für den vorgezogenen Ruhestand nachdenken.

Das Followership-Verhalten im Verein war nach einer gewissen Zeit auf den Berufsalltag des Mitglieds übergeschwappt. Seiner Meinung nach hatte es einen berechtigten Anlass für sein Verhalten gegeben. Jedoch war dieser Anlass kein zwingender Grund dafür, sich an seiner Arbeitsstelle so unkooperativ zu verhalten wie im Verein und dies auch für eine lange Zeit zu praktizieren. Während sich das seine Vereinskameraden aufgrund geringer Handlungsmöglichkeiten mehr oder weniger gefallen lassen mussten, war sein Arbeitgeber dabei weniger kompromissbereit. Dazu trugen die Entschlossenheit der Führungskräfte, also deren Leadership, und die breiteren Handlungsmöglichkeiten, die das Unternehmen zur Lösung des Problems hatte, bei. Dieses Fallbeispiel zeigt, welche Auswirkungen schlechte Followership haben kann. Die Zufriedenheit im Team, der Eifer am Mitwirken und somit letztendlich die Ergebnisse des gemeinsamen Tuns und Arbeitens bleiben hinter dem zurück, was mit denselben Ressourcen erzielt werden könnte. Zeigt ein Teammitglied nicht nur für eine bestimmte Zeit, sondern dauerhaft solch ein Followership-Verhalten, hat dies tiefgreifende und langanhaltende Auswirkungen auf die dauerhafte Leistung eines Teams. Stellt es sich ein, dass nicht nur ein, sondern mehrere, im Extremfall alle Teammitglieder ein weniger gutes Followership-Verhalten zeigen, kann man sich ausrechnen, wie es um Zusammenarbeit zwischen Leadern und Followern und um die zielgerichtete Leistung des Teams bestellt ist. Auch eine gute Führungskraft und ein guter Leader können hier im Alltag mit großen Problemen zu kämpfen haben. Gute Followership lebt auch vom Miteinander. Das bedeutet, dass sich der Einzelne mit seinen persönlichen Interessen auch an der einen oder anderen Stelle zugunsten des Teams zurücknehmen muss.

Schlechte Followership führt in der Regel wie zuvor beschrieben zu suboptimalen oder schlechten Ergebnissen und reduziert die Zufriedenheit im Team. Beides kann auch der beste Leader nur zu einem gewissen Punkt ausgleichen, so dass hier schnell klar wird, dass die gesamte Leistung beziehungsweise der Erfolg eines Teams, einer Gruppe, einer Abteilung oder einer sonstigen Einheit von zusammenwirkenden Menschen immer sowohl von der Leadership als auch der gelebten Followership abhängt. Wie wir noch sehen werden, ist Machtausübung und somit

Leadership ein Wechselwirkungsprozess zwischen Menschen.[47] Die Wirkung dieser Macht ist von der Kooperationsbereitschaft der Beeinflussten abhängig, d. h. die Wirksamkeit der Leadership hängt von der jeweiligen Followership ab. Im Extremfall kann dies dazu führen, dass Macht einfach »durchgedrückt« und die Mitwirkung der Follower erzwungen wird. Das kann in einem System von Befehl und Gehorsam enden, in dem ein nicht geleisteter Gehorsam entsprechend geahndet wird. In Machtschauplätzen, die leicht verlassen werden können, wie beispielsweise Unternehmen, stellt sich dann häufig ein gewisser Schwund ein und Mitarbeiter wandern zu anderen Unternehmen ab. Gerade größere Veränderungen wie die Einsetzung eines neuen Geschäftsführers in einem Unternehmen nach Jahrzenten stabiler Entwicklung bergen Potential dafür. Denn häufig prallen hier unterschiedliche Leadership- und Followership-Ansätze aufeinander, die sich erst aneinander anpassen müssen. Gelingt dies nicht oder nicht hinreichend, kann eben die gezeigte Entwicklung ihren Lauf nehmen. Dies kann bis an die Grenzen der Akzeptanz des Machtsystems gehen. Ob gute oder schlechte Followership vorliegt und ob die dadurch entstehenden Konsequenzen gut oder schlecht sind, liegt somit abhängig von jeweiligem Machtschauplatz und Kontext auch von der Betrachtungsweise und der Einschätzung des Einzelnen ab. Welche Folgen schlechte Followership in Unternehmen haben kann, betrachten wir anhand eines weiteren Fallbeispiels.

Fallbeispiel 2: Mangelnde Followership macht Führung schwierig

Ein Maschinenbauunternehmen mit langer Tradition war über Jahrzehnte fest am Markt etabliert. Das Unternehmen zahlte gut und die Verhältnisse waren stabil, sodass die Belegschaft zufrieden war. Mit Einsetzen der Digitalisierung verlor das Unternehmen jedoch Marktanteile. Es konnte sich nicht schnell genug an die veränderten Marktverhältnisse anpassen, so dass es in die roten Zahlen rutschte. Daher wurde das Unternehmen von einem großen Industriekonzern aufgekauft. In den Folgejahren wurde versucht, das Unternehmen in die Konzernwelt zu integrieren. Um hierfür Stabilität zu bieten, wurde das bisherige Top-Management weitgehend beibehalten. Im mittleren Management hingegen wurden zahlreiche Positionen neu besetzt, weil die bisherigen Manager im Konzern Möglichkeiten für ihre berufliche Weiterentwicklung wahrgenommen hatten. Dem Unternehmen wurde eine »Schlankheitskur« in Form eines Prozessverbesserungsprojektes verordnet. Die Abläufe sollten dadurch schneller, effektiver und effizienter werden. Die neuen mittleren Manager, die teilweise aus anderen Teilunternehmen des Konzerns stammten, kannten diese Art von Veränderungsprojekten bereits und arbeiteten eifrig an der Umsetzung mit. Das alte und neue Top-Management unterstützte dieses Projekt zwar

---

47 Schöffner, Günther; Hagehülsmann, Ute; Schöffner, Kerstin (2023): Zukunftsfähige Machtsysteme in Unternehmen. Die Verantwortung richtig auf die Beine stellen. Kohlhammer Verlag, Stuttgart, S. 252 f.

formal, konnte sich jedoch weder mit den Inhalten noch mit den entstehenden Konsequenzen identifizieren. Sie empfanden die Maßnahmen als zu stringent und fühlten sich auch in ihrer Ehre als Manager ein wenig gekränkt. Denn der weitreichende Wandel war für sie ein Zeichen dafür, dass ihre bisherige Arbeit anscheinend nicht gut gewesen war. Dementsprechend war ihr Commitment zum Projekt mehr als Lippenbekenntnis als eine richtige Unterstützung zu betrachten und sie setzten kaum spürbare Impulse. Sie behinderten die am Projekt mitarbeitenden Projektleiter und mittleren Manager jedoch nicht in ihrer Arbeit. Belegschaft und Betriebsrat setzten dem Projekt und den dafür verantwortlichen Personen aber massiven Widerstand entgegen. Sie empfanden die neuen Ziele für Effektivität und Effizienz als viel zu anspruchsvoll. Des Weiteren erkannten sie, dass bei einer vollständigen Umsetzung des Projektes ein höheres Arbeitspensum und reduzierte Boni für die Belegschaft die Folgen gewesen wären. Dementsprechend zeigten sie hinsichtlich des neuen Ansatzes schlechte Followership, indem sie weder die Umsetzung der neuen Maßnahmen zur Verbesserung aktiv unterstützten, noch ihre bisherige operative Tätigkeit mit entsprechendem Eifer ausführten. Konsequenz war, dass die beteiligten Mittelmanager nach einem knappen Jahr wegen erfolgloser Projektführung und sehr schwachen operativen Ergebnissen ausgetauscht wurden. Den nachfolgenden Personen erging es jedoch nahezu gleich. Auch sie konnten kaum Veränderungen herbeiführen, da Belegschaft und Betriebsrat nach wie vor in gewisser Weise nach dem Motto »Dienst nach Vorschrift« beziehungsweise »Das haben wir schon immer so gemacht« lebten und arbeiteten. In den nächsten sechs bis zwölf Monaten gaben daraufhin fast alle mittleren Manager entnervt ihre Jobs wieder auf und suchten sich eine andere Beschäftigung. So erging es auch der nachfolgenden dritten Riege an mittleren Managern. In diesen drei Jahren waren Produkt- und Lieferqualität sukzessive gesunken, es gab stetige Reibereien zwischen Management und Belegschaft, es herrschte ein schlechtes Arbeitsklima und man fand kaum neues Personal zur Deckung der Fluktuationsverluste. Dementsprechend konnte das Unternehmen seine operativen Ergebnisse nicht verbessern und schrieb nach wie vor rote Zahlen. Infolgedessen verkaufte der Konzern das Unternehmen an einen Investor. Dieser tauschte das Top-Management und das mittlere Management aus und ersetzte sie im Top-Management durch professionelle Sanierer und die mittleren Manager durch branchenerfahrene Manager von anderen Unternehmen. Doch auch hier setzte sich der eingeschlagene Kurs von Betriebsrat und Belegschaft fort. Sie »eiterten« in den nächsten anderthalb Jahren zwei weitere Riegen mittlerer Manager heraus, die meistens wegen ihrer Erfolglosigkeit entnervt aufgaben. Auch die Interventionen des Top-Managements zeigten wenig Wirkung. Die Umsetzung effizienzsteigernder Maßnahmen gelang nicht, der Ertrag blieb nach wie vor hinter den Zielen zurück, das Unternehmen arbeitete nicht profitabel. Die Belegschaft wollte nach wie vor nicht von ihren Errungenschaften lassen, ihre Produktivität nicht erhöhen und sich nicht vom Management in ihr Tagesgeschäft hineinreden lassen. Sie setzten ihren Ansatz schlechter Followership fort, weil dies in den Jahren zuvor bereits eine erfolgreiche Strategie zur Vermeidung unliebsamer Veränderungen gewesen war. Es kam, was kommen musste. Der Investor stellte Belegschaft und Betriebsrat vor die Wahl, entweder die Sanierung zu unterstützen und den Widerstandskurs aufzugeben, oder es käme zur Zerschlagung des Unternehmens in mehrere einzelne Unternehmen und ein Teil der Belegschaft müsste in die Arbeitslosigkeit geschickt werden. Der Investor folgte somit dem Motto »lieber ein Ende mit Schrecken als ein Schrecken ohne Ende«. Erst dann lenkten Belegschaft und Betriebsrat ein und stellten ihre Followership auf eine stärkere Kooperation mit dem Management um. Jenseits der genannten Angst um die eigenen Pfründe und Errungenschaften war ein weiterer Grund für die zuvor gezeigte schlechte Followership ein überkommenes Verständnis von Führung und Followership. Sie akzeptierten die neuen Manager nicht, weil sie weniger Berufserfahrung als sie selbst hatten oder nicht aus derselben Branche kamen. Aussagen wie »der kann ja nicht einmal eine Maschine bedienen, sondern setzt nur Meetings an und malt Bilder von Konzepten an die Wand« oder »das ist Aufgabe der Chefs, die werden besser bezahlt, da müssen wir nicht mitwirken« waren Ausprägungen dieses Followership-Verständnisses.

Wie das Beispiel zeigt, kann schlechte Followership dramatische Auswirkungen haben. Auch die erfahrenen Sanierer hatten bei diesem Fall lange »auf Granit gebissen« und konnten keine hinreichende Kooperation der Belegschaft herbeiführen. In diesem Fall sind diese Konsequenzen gut sichtbar. In anderen Unternehmen, die halbwegs erfolgreich sind, jedoch wegen mangelhafter Followership weit hinter ihren Möglichkeiten zurückbleiben, ist die Verantwortung der schlechten Followership für das bescheidene Ergebnis nicht immer sofort zu erkennen.

Kenntnisse von Followership ist nicht nur für jene Personen relevant, die sich in der Follower-Rolle befinden. Führungskräfte und Manager, egal ob diese die Führungsaufgabe kontinuierlich oder nur zeitweise oder projektweise wahrnehmen, benötigen ebenso Wissen hinsichtlich Followership. Dies hat mehrere Gründe.

1. Sie müssen verstehen, was Followership ist und wie sie in komplementärer Funktion zur Leadership funktioniert. Unpassende Leadership kann das Zusammenwirken mit der bestehenden Followership erschweren und schlechte Followership provozieren. Um sowohl Leadership als auch Followership für eine dauerhaft gute Zusammenarbeit entsprechend verändern zu können, müssen die verantwortlichen Manager und Leader Kenntnisse von Followership haben. Wer weder die jeweiligen Inhalte kennt, noch über deren Wechselwirkung weiß, kann nicht an der Veränderung der beiden Größen für eine funktionierende Zusammenarbeit arbeiten.
2. Führungskräfte müssen Followership nicht nur verstehen, um an deren Gestaltung arbeiten zu können. Sie müssen auch verstehen, weshalb Follower ebensolche sein wollen, und was sie motiviert, Ihre Followership-Rolle gut auszufüllen. Wenn Führungskräfte die Motive der Follower verstehen, können

sie besser darauf reagieren. Dadurch können Sie das Risiko, dass sie ihre Follower verlieren, reduzieren oder gar vermeiden.[48] Ein falsches Verständnis der Motive kann selbst bei guten Absichten zur Katastrophe führen.[49] Wer daher als Führungskraft die Follower-Motive nicht kennt oder nicht richtig zu deuten weiß, kann auch mit den besten Absichten und einem guten Leadership-Ansatz schlechte Followership hervorrufen.

3. Wir müssen uns vergegenwärtigen, dass fast alle Menschen in irgendeiner Form Follower sind. Wie wir gesehen haben, gibt es in allen Lebensbereichen für ein geordnetes Miteinander Personen, die Macht haben und diese für das Miteinander ausüben. Egal, in welchem Machtschauplatz wir uns bewegen, wir werden immer in irgendeiner Form Follower sein. Wer um Inhalt und Relevanz der Followership weiß, kann seine Followership daher in gewissen Grenzen so gestalten, dass er damit den maximalen Erfolg erzielt, was immer das in der jeweiligen Situation auch sein mag. In Unternehmen sind Führungskräfte in den meisten Fällen auch Follower. Auch wenn Manager Mitarbeiter haben und regelmäßig aus der Leader-Rolle heraus agieren, so haben sie dennoch meistens Chefs, denen gegenüber sie dann in der Follower-Rolle sind.[50] In einer Situation stehen sie vielleicht einer Arbeitsgruppe als Leader vor, in einer anderen sind sie als Mitglieder in der Follower-Rolle. Die meisten Führungskräfte sind in der einen Situation Leader und in der anderen Follower.[51]

In agilen oder selbstorganisierten Teams, die den oder die Leader situations- oder projektbezogen festlegen, tritt dies regelmäßig auf. Auch wenn dies bei agilem Arbeiten vielleicht öfter vorkommen mag als in anderen Organisationsformen, so ist dieser ständige Wechsel zwischen Leader- und Follower-Rolle nicht etwas, was mit dem verstärkten Einsatz der Agilität im Zuge der Digitalisierung entstanden wäre. Auch in den 1980er Jahren war dies bereits Teil des Arbeitsalltags, denn, so schreibt Kelley, die meisten Manager schlüpfen regelmäßig in beide Rollen, zu verschiedenen Tageszeiten und auch in den verschiedenen Stationen ihrer Karriere.[52] Followership, so Kelley, dominiert also häufig Organisation, Institutionen und auch unser Leben, nicht jedoch unser Denken, weil die Fokussierung auf die Leader uns davon abhält, das Wesen und die Bedeutung der Follower angemessen zu berücksichtigen.[53] Daran hat sich in den letzten 35 Jahren spürbar nicht viel verändert, auch wenn in den geschätzt letzten 20 Jahren sehr viel zum Thema »Veränderung der Führungsrolle« geschehen ist. Auch ein Firmenlenker, Unterneh-

---

48 Kelley, Robert (1992): The Power of Followership. How to create leaders people want to follow and followers who lead themselves. Currency Doubleday, New York, S. 50.
49 Ebd.
50 Kelley, Robert (1988). In Praise of Followers. Harvard Business Review, 66, S. 142–148.
51 Chaleff, Ira (2009): The Courageous Follower. Standing up to & for our leaders. Berrett Koehler Publishers, Oakland (CA), S. 2.
52 Kelley, Robert (1988). In Praise of Followers. Harvard Business Review, 66, S. 142–148.
53 Ebd.

mensführer, CEO, Vorstand oder wie auch immer die jeweilige Bezeichnung des obersten Managers eines Unternehmens lauten mag, ist in den allermeisten Fällen ebenso irgendwann ein Follower, auch wenn er diese Rolle wahrscheinlich seltener einnimmt als ein Manager auf der untersten Management-Ebene. So gibt es auch in seinem Wirkungs- und Verantwortungsbereich einen bestimmten Personenkreis, der auf ihn Macht ausübt und dessen Willen, Wünsche und Empfehlungen in gewisser Weise seine Handlungen beeinflussen. Dies sind in der Regel alle Stakeholder, je nach Unternehmen typischerweise in Form von Aktionären oder Gesellschaftern, Kunden und Lieferanten, Betriebsräte und Gewerkschaften sowie auch Mitarbeiter und die Öffentlichkeit. All diese Personen können auf den Firmenchef in irgendeiner Form Macht ausüben, sind somit seine Leader und er deren Follower. Das gilt auch in den anderen Machtschauplätzen. Weil also jeder Mensch in irgendeiner Situation Follower ist, muss von jedem eine gewisse »Grund-Followership« verlangt werden. Ansonsten können soziale Systeme nicht mehr funktionieren.

Die Followership-Ansätze der verschiedenen Machtschauplätze beeinflussen sich gegenseitig. Wird jemand, der ständig gegen den Staat, seine Behörden oder Einrichtungen rebelliert, an seinem Arbeitsplatz ein treuer, folgsamer Mitarbeiter sein? Hier hat auch die Unternehmenskultur eine entscheidende Rolle. Die gesamte Führungs- und Followership-Kultur einer Nation, eines Volkes oder einer Volksgruppe können hier ebenso Einfluss haben. Deutschen wird beispielsweise nachgesagt, sie seien obrigkeitshörig und würden wie die Lemminge den Regierenden zu sehr hinterherlaufen. Manche Journalisten gehen so weit, die Deutschen als die geborenen Untertanen zu bezeichnen.[54] Auch wenn der Wahrheitsgehalt solcher Verallgemeinerungen bekanntermaßen fraglich ist, so ist doch meistens auch ein gewisses Fünkchen Wahrheit mit dabei. Wie ist es also um die Followership in Unternehmen bestellt bei einem Volk, das eine gewisse Neigung zum Untertanen hat? Zwar mag hier das »Folgen« im Sinne von »gehorchen« dann vielleicht gut ausgeprägt sein. Ein konstruktives Widersprechen gegenüber dem Leader im Sinne der Findung der besten Lösung ist hier jedoch wahrscheinlich weniger stark ausgeprägt. Den Franzosen wird hingegen eine gewisse Protestkultur nachgesagt.[55] Demnach würden die Menschen dort häufig auf die Straße gehen, um für oder gegen etwas zu protestieren. Wenn auch daran ein Fünkchen Wahrheit ist, erkennt man schnell, dass die kulturelle Prägung eines Volkes Einfluss auf das Followership-Verhalten in Unternehmen haben kann und meistens auch hat. So werden vielen Völkern, Nationen oder Weltregionen gewisse kulturelle Ausprägungen zugewiesen, beispielsweise hinsichtlich Machtdistanz oder Individualismus.[56] All diese Faktoren können die Followership-Kultur eines Volkes beeinflussen, weshalb

---

54 Welt, https://www.welt.de/debatte/kommentare/plus249355108/Die-Deutschen-die-geborenen-Untertanen.html (Abgerufen am 8. Januar 2024).
55 Deutschlandfunk, https://www.deutschlandfunk.de/frankreichs-protestkultur-vive-la-r-volution-dlf-2ff71033-100.html (Abgerufen am 15. Januar 2024).
56 Hofstede insights, https://www.hofstede-insights.com/country-comparison-tool? (Abgerufen am 16. Januar 2024).

sich Followership in verschiedenen Ländern anders gestaltet und die Followership in Unternehmen, die eine Vielzahl von Personen unterschiedlicher Nationalität beschäftigen, ebenfalls entsprechend geformt sein muss, wenn sie erfolgreich sein soll.

Bevor wir uns im nächsten Kapitel dezidiert dem Thema »Followership in Unternehmen« widmen und sowohl die anderen drei Machtschauplätze als auch die anderen Elemente des Machtschauplatzes »Wirtschaft« nicht weiter betrachten, wollen wir zum Abschluss dieses Kapitels noch einmal zwei für dieses Thema wichtige Fakten hinsichtlich Macht betrachten. Wie wir gesehen haben, ist Macht ja omnipräsent und sobald jemand die ihm zur Verfügung stehende Macht auf andere ausübt, kann man ihn nach unserem Verständnis als Leader, und die Personen, an denen er die Macht ausübt, als Follower betrachten.

1. Machtausübung ist ein Wechselwirkungsprozess zwischen Menschen. Die Wirkung von Macht ist von der Kooperationsbereitschaft der Beeinflussten abhängig. Akzeptiert der Follower den Mächtigen oder seine Autorität nicht und folgt dementsprechend auch nicht seinen Anweisungen, ist der Leader kein Leader mehr. Die Folgen können je nach Machtschauplatz Reaktionen wie Stillstand, Dienst nach Vorschrift, Revolution oder Flucht sein. Es geht dabei aber nicht nur um die Akzeptanz des Mächtigen und seiner Autorität, sondern auch um die Art und Weise der Mitwirkung der Follower.
2. Bei der Machtausübung sind immer Emotionen im Spiel. Mit Befehl, Gehorsam und Strafe allein erreicht man in westlich geprägten Unternehmen im 21. Jahrhundert in der Regel nicht mehr viel.[57] Darauf aufbauende Machtsysteme funktionieren häufig nicht mehr. Wer die Emotionen der Menschen erreichen will, muss mit ihnen in Beziehung gehen. Gelingt dies, kann es einen Wechselwirkungsprozess geben. Gelingt dies nicht, verkommt die Machtausübung zur Befehlserteilung und verliert dann wie erwähnt ihre Wirksamkeit. Leadership funktioniert dann meist nicht mehr, weil sie keine richtige Followership mehr bewirkt.

Bei Befehl und Gehorsam besteht die Gefahr, dass Menschen nur Be-Folger sind und nicht Nach-Folger. Konsequenz ist, dass Menschen ihr Engagement und ihre persönliche Verantwortung auf ein Minimum reduzieren. Dabei entstehen nicht selten Denkmuster wie die folgenden:

- Was bringt's, wenn man mehr macht als unbedingt nötig?
- Wenn man mehr tut, bietet man auch mehr Angriffsfläche für Repressionen.
- Wenn es bei mir nur für Befehle zu reichen scheint, dann mache ich auch nur das, was befohlen wird.

---

57 Schöffner, Günther; Hagehülsmann, Ute; Schöffner, Kerstin (2023): Zukunftsfähige Machtsysteme in Unternehmen. Die Verantwortung richtig auf die Beine stellen. Kohlhammer Verlag, Stuttgart, S. 345.

Treue Gefolgschaft im Sinne militärischen Gehorsams stellt eine gewisse Steigerung der zuvor genannten Idee von reinem Befehl und Gehorsam dar, weil der Follower vom Sinn der Sache und des Vorgehens überzeugt ist und er nichts anderes erwartet. Auch wenn es hier ebenso Befehl und gehorsam heißt, so hat es in diesem Kontext jedoch eine etwas andere Bedeutung. Wenn man aber in Unternehmen richtiges Engagement und Commitment der Mitarbeiter erreichen will – was ein großer Teil dessen ist, was Followership ausmacht – gelingt dies im agilen Zeitalter in der Regel nur über einen Leadership-Ansatz, der die Leute entsprechend mitnimmt und sie animiert, Follower zu sein, und nicht über Befehl und Gehorsam.

2 Follower in Unternehmen

2.1 Die rechtliche Stellung von Arbeitnehmern

Von Mitarbeitern oder Beschäftigten sprechen wir wie im Anhang erläutert dann, wenn sie aufgrund eines bestehenden Arbeitsvertrages Leistungen erbringen, für die sie die vertraglich vereinbarte Entlohnung erhalten. Dieser Vertrag regelt, welche Rechte und Pflichten sowohl der Arbeitnehmer als auch der Arbeitgeber im Zusammenwirken beider Seiten hat. Arbeitsverträge müssen den hierfür relevanten Gesetzen und sonstigen geltenden Vereinbarungen wie z. B. Tarifverträgen entsprechen. Während der Ausführung der Tätigkeiten eines Mitarbeiters im oder für das Unternehmen sind sowohl Arbeitnehmer als auch Arbeitgeber an die dafür geltenden Gesetze, Regeln und Verordnungen gebunden. Beispiele hierzu sind das Arbeitszeitgesetz (ArbZG), das Betriebsverfassungsgesetz (BetrVG) oder die Gewerbeordnung (GewO). Aber auch das Bürgerliche Gesetzbuch (BGB) ist hierfür relevant, weil Arbeitsverträge auf Basis des dort enthaltenen Vertragsrechts geschlossen sind. Vertragliche Rechte verleihen den Vertragspartnern innerhalb der vertraglichen Grenzen die Möglichkeit, gewisse Handlungen vorzunehmen oder zu unterlassen. Vertragliche Pflichten hingegen verlangen gewisse Handlungen oder Unterlassungen. Werden diese Pflichten verletzt, kann die andere Partei die Einhaltung einfordern bis hin zur Klage (z. B. Auszahlung des vereinbarten Jahresbonus) oder zur Auflösung des geschlossenen Vertrages (z. B. Kündigung). Diese etwas hölzern klingenden Sätze der juristischen Basis der Beschäftigung von Mitarbeitern in Unternehmen ist eine wichtige Grundlage für das Verständnis der Zusammenarbeit von Führungskräften und Mitarbeitern, d. h. im Kontext dieses Buches zwischen Leadern und Followern. Nachfolgend wollen wir diese grundsätzliche Basis etwas näher betrachten, um die prinzipiellen Handlungsmöglichkeiten von Führungskräften mit Weisungsbefugnis genauer kennenzulernen.

Ganz allgemein betrachtet bedarf Arbeit, die unter mehreren Personen aufgeteilt wird, ihrer Koordination und Synchronisation, um geordnete Resultate zu erzielen.[58] Dies trifft auch insbesondere für Unternehmen zu, in denen die Arbeitsleistung arbeitsteilig von mehreren Personen erbracht wird. Der Begriff »Management« fasst die hierzu in Unternehmen erforderliche Koordinierungsaufgabe und

---

58 Simon, Fritz B. (2008): Einführung in die Systemtheorie und Konstruktivismus. Carl-Auer Systeme Verlag, Heidelberg, 3. Aufl., S. 101.

-tätigkeit zusammen.[59] Die Begriffe Unternehmensführung und Management werden oft synonym verwendet, obwohl sie teils unterschiedliche Bedeutungen und Inhalte haben. Wir wollen jedoch hier aus Gründen der Vereinfachung weder eine Entzerrung der Begriffsvermischung durchführen, noch eine genaue Einordnung der Begriffe geben. Die Wahrnehmung der Tätigkeiten von Unternehmensführung und Management erfolgt für unser weiteres Verständnis in diesem Buch durch Manager. In vielen Unternehmen umfasst die Geschäftsführung das gesamte Team der obersten Manager und Führungspersonen.[60] Damit Unternehmen Rechtsgeschäfte tätigen und funktionieren können, brauchen sie gesetzliche Vertreter in Form von Personen.[61] Dies sind abhängig von der Rechtsform des Unternehmens die Geschäftsführer, Vorstände oder Firmeninhaber. Zur Vereinfachung fassen wir all diese Bezeichnungen im weiteren Verlauf des Buches unter dem Begriff »Geschäftsführer« zusammen. Sie sind die rechtlichen Vertreter der Unternehmen und dadurch die rechtlich verantwortlichen Ansprechpartner aller Personen und Institutionen, die mit dem Unternehmen vertraglich in Verbindung treten wollen. So eben auch für Mitarbeiter, wenn sie mit einem Unternehmen einen Arbeitsvertrag schließen wollen. Geschäftsführer beziehen ihre Legitimation aus der ihnen vom Eigentümer übertragenen Verfügungsgewalt über die Ressourcen des Unternehmens, durch die sie Entscheidungsrechte über diese Ressourcen erhalten.[62] Zu diesen Ressourcen zählen auch die Mitarbeiter. Zur zielgerichteten Koordinierung der Mitarbeiter steht dem Geschäftsführer in seiner Eigenschaft als Arbeitgeber das Direktionsrecht gegenüber den Arbeitnehmern zur Verfügung. Durch sein einseitiges Weisungsrecht kann der Arbeitgeber Inhalt, Ort und Zeit der Arbeitsleistung nach billigem Ermessen näher bestimmen, soweit diese Arbeitsbedingungen nicht durch den Arbeitsvertrag, Bestimmungen einer Betriebsvereinbarung, eines anwendbaren Tarifvertrags oder gesetzliche Vorschriften festgelegt sind (§ 106 GewO).[63] Dieser Paragraf befugt den Arbeitgeber, den Arbeitnehmern einseitig Weisungen zu erteilen und die im Arbeitsvertrag nur allgemein umschriebenen Leistungspflichten zu konkretisieren.[64] Dieses Weisungsrecht verleiht den Ge-

---

59 Schöffner, Günther; Senne, Petra (2021): Professionelle Zusammenarbeit von Geschäftsführung und Betriebsrat. Ein Praxisleitfaden für Führungskräfte und Manager. ESV Erich Schmidt Verlag, Berlin, S. 23.
60 Ebd., S. 24.
61 Schöffner, Günther; Hagehülsmann, Ute; Schöffner, Kerstin (2023): Zukunftsfähige Machtsysteme in Unternehmen. Die Verantwortung richtig auf die Beine stellen. Kohlhammer Verlag, Stuttgart, S. 190.
62 Schöffner, Günther; Senne, Petra (2021): Professionelle Zusammenarbeit von Geschäftsführung und Betriebsrat. Ein Praxisleitfaden für Führungskräfte und Manager. ESV Erich Schmidt Verlag, Berlin, S. 26.
63 Gesetze im Internet, https://www.gesetze-im-internet.de/gewo/__106.html (Abgerufen am 17. Januar 2024).
64 Schöffner, Günther; Senne, Petra (2021): Professionelle Zusammenarbeit von Geschäftsführung und Betriebsrat. Ein Praxisleitfaden für Führungskräfte und Manager. ESV Erich Schmidt Verlag, Berlin, S. 27.

schäftsführern als gesetzliche Vertreter des Arbeitgebers eine weitreichende Weisungsbefugnis gegenüber ihren Mitarbeitern. Dies umfasst auch das Verhalten der Mitarbeiter, sodass der Geschäftsführer in gewissen Grenzen auch das Tragen einer vorgeschriebenen Dienstkleidung anordnen kann.[65] Durch den Arbeitsvertrag wird ein Arbeitnehmer in Deutschland laut Bürgerlichem Gesetzbuch (BGB) »im Dienste eines anderen zur Leistung weisungsgebundener, fremdbestimmter Arbeit in persönlicher Abhängigkeit verpflichtet«.[66] Ein Mitarbeiter muss damit den Weisungen und Anweisungen des Geschäftsführer Folge leisten, sofern sich diese innerhalb des gesetzlichen Rahmens, des Arbeitsvertrages, eines Tarifvertrags oder eventuell bestehender Betriebsvereinbarungen oder anderer relevanter Verträge oder Verordnungen befinden. Er kann somit über die Arbeitskraft des Mitarbeiters verfügen, seine diesbezüglichen Anweisungen sind für den Mitarbeiter verbindlich. Das bedeutet, dass dies bei Zuwiderhandeln des Mitarbeiters für ihn Konsequenzen haben könnte. Dieses Weisungsrecht entspringt der im Anhang erwähnten Verfügungsmacht, die sich immer auf Gesetze oder Verordnungen stützt. Geschäftsführer können Teile ihrer Verfügungsmacht und die damit verbundenen Weisungsrechte auch teilweise oder ganz an andere Manager delegieren. Diese sind dann berechtigt, diese Rechte in festgelegten Grenzen auszuüben. So auch das Weisungs- oder Direktionsrecht für Mitarbeiter. Die beauftragten Manager dürfen dann anstatt des Geschäftsführers bestimmten Mitarbeitern verbindliche Anweisungen erteilen. Der Geschäftsführer hat in diesen Fällen seine diesbezügliche Verfügungsmacht an die betreffenden Manager delegiert. Das kann vom »einfachen« Leiter eines Zweierteams bis hin zu einem Bereichsleiter mit mehreren tausend Mitarbeitern sein. Das Prinzip ist das gleiche. Die zuvor kurz erwähnten Konsequenzen im Falle des Nicht-Beachtens verbindlicher Weisungen können Sanktionen durch den Manager sein. Das kann von einer Ermahnung über eine Abmahnung bis hin zur Auflösung des Arbeitsverhältnisses reichen. Verfügungsmacht ist mit einem direkten Sanktionierungspotential verbunden. Sanktionen dienen der Stabilisierung des Machtsystems, das seinerseits keinen Selbstzweck darstellt, sondern der Stabilität des Macht verleihenden Systems, in diesem Fall des Unternehmens, dient.[67] Wer »Dienst nach Vorschrift« macht und alle Anweisungen erfüllt, muss zwar in der Regel keine Sanktionen befürchten, weil er »gehorsam« war. Diese etwas einfachere, weil meist nicht in Form von Befehlen stattfindende Unterart des Systems von Befehl und Gehorsam, ist aber, wie wir am Ende des ersten Kapitels gesehen haben, weder angebracht im agilen Zeitalter, noch dazu fähig, einen möglichst großen Teil des Potentials von Mitarbeitern zu aktivieren.

---

65 Schöffner, Günther; Hagehülsmann, Ute; Schöffner, Kerstin (2023): Zukunftsfähige Machtsysteme in Unternehmen. Die Verantwortung richtig auf die Beine stellen. Kohlhammer Verlag, Stuttgart, S. 193.
66 Bürgerliches Gesetzbuch (BGB), § 611a Arbeitsvertrag.
67 Schöffner, Günther; Hagehülsmann, Ute; Schöffner, Kerstin (2023): Zukunftsfähige Machtsysteme in Unternehmen. Die Verantwortung richtig auf die Beine stellen. Kohlhammer Verlag, Stuttgart, S. 101.

Managern steht jedoch nicht nur die vom Unternehmen verliehene und gesetzlich legitimierte Verfügungsmacht in Form des Weisungs- bzw. Direktionsrechts gegenüber Mitarbeitern zu Verfügung. Wie alle anderen Menschen verfügen sie auch über eine gewisse Beeinflussungsmacht, die nur ihrer Person entspringt. Diese können sie zusätzlich zur Verfügungsmacht bzw. dem Direktionsrecht oder stattdessen verwenden. Sie können beispielsweise den Mitarbeiter von Sinn und Zweck eines Arbeitsauftrages überzeugen, sodass dieser ihn bereitwillig mit vollem Eifer ausführt, ohne dazu eine Anweisung erhalten zu müssen. Quellen solcher Beeinflussungsmacht gibt es jenseits der zuvor beschriebenen Überzeugungskraft viele. Beispiel sind hierzu Expertise, Kontakte (Vernetzung), im Unternehmen erworbene Meriten (z. B. »Heldenstatus«), Herkunft, Charisma oder schlichtweg die eigene Persönlichkeit.[68] Anhand dieser Vielzahl wird schnell klar, dass alle Menschen unterschiedliche Potentiale an Beeinflussungsmacht haben. Durch den Einsatz ihrer Beeinflussungsmacht können Menschen auf andere Einfluss nehmen und sie dadurch zu gewissen Handlungen oder Unterlassungen bewegen, sprich als Leader agieren. Charismatische Leader setzen beispielsweise sehr häufig ihr Potential an Beeinflussungsmacht ein. Betrachtet man das Wirkungsprinzip der Beeinflussungsmacht etwas näher, wir schnell deutlich, dass alle Menschen in einem Unternehmen als Leader fungieren können. Auch Mitarbeiter mit wenig oder keiner verliehenen Verfügungsmacht in Form einer Weisungsbefugnis können durch ihre Beeinflussungsmacht starke Leader sein und dadurch vieles bewirken. Dies wird durch zwei wesentliche Tatsachen verstärkt. Zum einen kann Beeinflussungsmacht unabhängig jeglicher Organigramme oder Hierarchien in jede Richtung einer Unternehmensorganisation eingesetzt und wirksam werden.[69] Zum anderen kann Beeinflussungsmacht in bestimmten Fällen sogar eine größere Wirkung entfalten als Verfügungsmacht.[70] Dies kann den scheinbaren Nachteil der Beeinflussungsmacht, dass sie im Vergleich kein offizielles, direktes Sanktionierungspotentials hat, sondern nur indirekte Sanktionierungen bewirken kann, in vielen Fälle kompensieren. Dies macht die Wirkung lateraler Führung in selbstorganisierten Teams verständlich. Auch wenn ein Teamleader dem Team gegenüber keinerlei verliehene Weisungsbefugnis hat, so kann er durch den gezielten und geschickten Einsatz von Beeinflussungsmacht dennoch gute Führungserfolge erzielen. Voraussetzung ist hier jedoch, dass er genügend Beeinflussungsmacht hat und sie auch einzusetzen weiß. Und eine weitere Voraussetzung ist natürlich, dass ihn die Mitglieder des Teams akzeptieren und ihn somit in die Leader-Rolle versetzen und sich selbst in die Follower-Rolle begeben. Hier wird die gegenseitige Abhängigkeit und die enge Beziehung von Leadership und Followership sehr deutlich.

---

68 Ebd., S. 245 ff.
69 Ebd., S. 325.
70 Schöffner, Günther (2023): Der Schlüssel zum richtigen Machtmix. changement! – Das Magazin für Veränderungsprozesse. Handelsblatt Media Group, Düsseldorf, Ausgabe 07/23, S. 64.

2.1 Die rechtliche Stellung von Arbeitnehmern

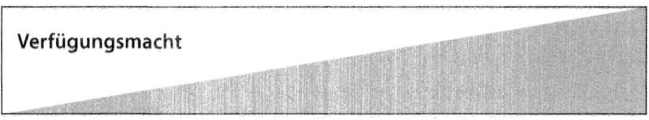

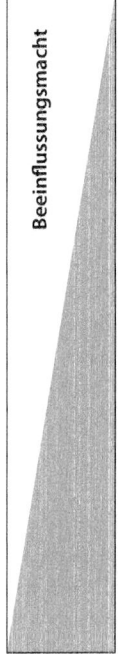

Keine spürbare Machtausübung		Maximale Verfügungsmacht, kaum Beeinflussungsmacht bemerkbar
1	2	3
4	5	6
Maximale Beinflussungsmacht, kaum Verfügungsmacht bemerkbar		Massiver Druck, maximale Machtausübung
7	8	9

Dar. 1: Machtmix

Macht und ihre Ausübung durch Manager bzw. Leader muss von den beeinflussten Personen im Unternehmen akzeptiert werden, um wirksam zu sein.[71] Ein Leader ist nur dann ein Leader, wenn seine Autorität und seine Machtausübung vom Follower akzeptiert werden. Welchen Führungsstil und welche Machtformen eine Führungskraft bei der Machtausübung anwendet, ist ihr in einem gewissen Rahmen selbst überlassen. Grenzen setzen hier beispielsweise der Führungsrahmen und die Machtkultur eines Unternehmens. In der jeweiligen Situation kann eine Führungskraft, der eine gewisse Weisungsbefugnis verliehen wurde, in einem gewissen Maße auswählen, welche Macht sie anwendet: Verfügungsmacht, Beeinflussungsmacht oder eine Kombination von beidem. Beide Formen können aus einem

---

71 Schöffner, Günther; Hagehülsmann, Ute; Schöffner, Kerstin (2023): Zukunftsfähige Machtsysteme in Unternehmen. Die Verantwortung richtig auf die Beine stellen. Kohlhammer Verlag, Stuttgart, S. 253.

Kontinuum von 0 bis 100 Prozent ausgewählt werden, wobei 100 Prozent das jeweils volle Potenzial darstellt, das der Führungskraft zur Verfügung steht.[72] Diese Kombination bezeichnen wir als Machtmix.[73]

2.2   Der Weg zur neuen Followership

Manager, die eine gewisse Weisungsverantwortung verliehen bekommen haben, können den ihnen anvertrauten Mitarbeitern verbindliche Weisungen erteilen. Auch wenn die Gesetzeslage in anderen Staaten anders sein mag, als die im vorherigen Kapitel dargestellte Situation in Deutschland, so gibt es auch dort entsprechende Grundlagen für das Weisungsrecht von Führungskräften. Der Hintergrund bzw. die Begründung für dieses Recht ist die Verantwortung, welche Führungskräfte für die Handlungen ihrer Mitarbeiter übernehmen und für die sie gegenüber den entsprechenden Personen, Kreisen oder Institutionen Rede und Antwort stehen müssen. Daraus können für sie persönliche Konsequenzen erwachsen, positive wie negative. Dementsprechend muss ihnen die Möglichkeit gegeben werden, die Handlungen und Unterlassungen ihrer Mitarbeiter entsprechend beeinflussen, d.h. anweisen zu dürfen. Reines Befolgen dieser Anweisungen ist noch nicht hinreichend, um dieses Verhalten als Followership zu bezeichnen. Zumindest nicht als Followership, wie sie in der digitalen Zeit erwartet werden muss. Das hat eher einen Touch von Befehlsempfängern als von Followern.

Doch in dieser Konnotation wurde Followership leider für eine lange Zeit verstanden. Daher hat sie auch eine lange Zeit auf breiter Front großes Unbehagen bereitet.[74] Das ist meiner Erfahrung nach auch heute in weiten Teilen der Arbeitswelt immer noch so. Führungskraft, Manager, Leader, das hat bei den Mitarbeitern Appeal und wird daher von vielen Berufstätigen, wenn auch geschätzt nicht mehr so stark wie noch vor zehn Jahren, als ein erstrebenswertes Berufsziel erachtet. Follower zu sein hingegen weit weniger. Der Begriff hat nicht selten immer noch einen Beigeschmack von Nach- bzw. Mitläufertum oder Ambitionslosigkeit. Ich habe zwar schon mehrere Stimmen erlebt, die sich klar dazu bekannt haben, keine Führungsrolle anzustreben. Zu den Motiven hierzu kommen wir später zurück. Man hört jedoch selten Sätze wie »Ich bin gerne Nachfolger/Follower von ...« oder »Ich möchte gar keine Führungskraft werden«. Es wird auch kaum über das Thema gesprochen. Meiner Erfahrung nach sind die wesentlichen Gründe hierfür zum einen, dass sich viele nicht bewusst sind, dass es der Follower so dringend bedarf wie der Leader. Zum anderen verbinden jene, die darüber bewusst sprechen, oft etwas Schamhaftes, ganz in dem Sinne von »Ich habe es nicht zur Führungskraft gebracht«. Dass Follower sich dessen nicht schämen müssen, Follower zu sein, spürt

---

72 Ebd., S. 254.
73 Ebd., S. 255.
74 Chaleff, Ira (2009): The Courageous Follower. Standing up to & for our leaders. Berrett Koehler Publishers, Oakland (CA), S. 3.

und hört man jedoch nur vereinzelt bewusst. Zwar sind durchaus nicht wenige mit ihrer beruflichen Position in der Follower-Rolle zufrieden, doch werden im Gespräch darüber meist die großartigen Inhalte und die Herausforderungen der Position herausgestellt. Dass es sich um eine Stelle ohne Führungsverantwortung handelt, wird in der Diskussion selten gerne zur Sprache gebracht. Kein Wunder, denn wie in den 2000er Jahren schon werden mit Followership nach wie vor Begriffe wie Fügsamkeit, Konformität, Schwäche und die Unfähigkeit, Spitzenleistungen zu erreichen, in Verbindung gebracht.[75] Wer will da schon gerne Follower sein?

Schon vor vielen Jahren wurde daher in der Managementlehre darüber diskutiert, die Begriffe »Followership« und »Follower« nicht mehr zu verwenden, sie zu streichen oder sie gegebenenfalls durch andere zu ersetzen.[76] In den 2000ern argumentierte der emeritierte Professor für Leadership Joseph Rost, der Begriff Followership sei veraltet sowie dysfunktional und mit dem Begriff Follower werde immer noch Unterordnung, Unterwürfigkeit, mangelndes Urteilsvermögen und die Bereitschaft, anderen die Kontrolle über ihr Leben und ihre Aktivitäten zu überlassen, verstanden.[77] Lange Zeit wurden Follower anscheinend mit Befehlsempfängern gleichgesetzt. Das sei, so Rost, mit einem modernen Verständnis von Leadership, bei dem Leader und Follower Leadership-Aufgaben übernähmen, nicht mehr vereinbar.[78] Rost argumentiert weiter, dass Leadership eine lange Zeit so verstanden worden wäre, dass darin kein Platz für Follower sei und sich fast alles um den Leader drehe. Noch dazu, so Rost, wäre der Begriff Leadership oft überhöht worden. Man hätte unter Leadership eine bessere Form von Management verstanden, nämlich das gute Management, und eine Führungskraft würde demnach dann Leadership betreiben, wenn er gutes Management betreibe.[79] Dieser Einschätzung pflichtet auch der Schweizer Management-Experte Fredmund Malik in einem gewissen Maß bei, wenn er argumentiert, dass unter dem Begriff »Management« häufig alles zusammengefasst zu sein scheine, was als schlecht hingestellt und niedrig eingestuft wird, wohingegen unter Leadership alles verstanden zu werden scheine, was als gut und wichtig angesehen wird.[80] Diese Tendenz findet man auch heute noch. Anstatt Management wird gerne der schickere Begriff Leadership verwendet. Denn Leadership ist meist sehr positiv konnotiert, weil damit auch oft der Gedanke »den Weg aus der Krise weisen« verbunden wird,[81] wie man während

---

75 Ebd.
76 Kelley, Robert (1992): The Power of Followership. How to create leaders people want to follow and followers who lead themselves. Currency Doubleday, New York, S. 46.
77 Rost, Joseph: Followership: An Outmoded Concept. In: Riggio, Ronald E.; Chaleff, Ira; Lipman-Blumen, Jean (2008): The Art of Followership. How Great Followers create Great Leaders and Organizations. Jossey-Bass, San Francisco (CA), S. 56 f.
78 Ebd., S. 56.
79 Ebd., S. 5 f.
80 Malik, Fredmund (2007): Management. Das A und O des Handwerks. Campus Verlag, Frankfurt/New York, S. 32.
81 Schöffner, Günther; Hagehülsmann, Ute; Schöffner, Kerstin (2023): Zukunftsfähige Machtsysteme in Unternehmen. Die Verantwortung richtig auf die Beine stellen. Kohlhammer Verlag, Stuttgart, S. 305.

der Bewältigung der Corona-Pandemie häufig feststellen konnte. Rost schlug vor, den Begriff Followership gänzlich zu streichen. Die kulturellen Erfordernisse des neuen Jahrhunderts hätten dazu geführt, so Rost, dass das Wort Followership weniger akzeptabel sei. Anstatt von Followern solle man von Mitarbeitern (Anmerkung des Autors: im Sinne von kollaborierend) sprechen, da dies mehr nach involvierten, einflussreichen, aktiven und verantwortlich handelnden Personen klinge.[82] Diese Idee konnte sich jedoch nicht auf breiter Front durchsetzen. Auch Kelley plädierte schon lange davor für die weitere Verwendung des Begriffs »Followership«, weil die Gesellschaft Follower schätze, wenn auch in begrenztem Umfang.[83] Mit dem Verlust des Begriffs »Follower« ginge aber etwas vom Wert des geschätzten Begriffs »Leader« verloren. Ira Chaleff, einer der prominentesten Vertreter der Followership-Idee, pflichtet dem bei und argumentiert, dass es wegen der gegenseitigen Abhängigkeit keinen Sinn mache, Leadership zu ehren und Followership zu verunglimpfen.[84] Followership sei keine abwertende Bezeichnung, so Chaleff.

Die Akzeptanz der Inhalte von Followership darf aber nicht vom Wording abhängen. Nur dadurch, dass man eine Sache anders benennt, wird nicht gleichzeitig auch der Inhalt besser oder angenehmer. Kelleys Argumentation aufgreifend, dass Leader nicht wegzudenken sind und Follower schon allein das sprachliche Pendant darstellen, ist ein besserer Weg, die Inhalte dahingehend anzupassen, dass sie ihren Schrecken verlieren und der Bedeutung und der Zeit angemessen gestaltet sind. Jenseits der Tatsache, dass dies im Laufe der letzten 25 Jahre ohnehin bereits zu einem großen Teil stattgefunden hat, ist dies ein Anliegen dieses Buches. Followership im agilen Zeitalter muss sich logischerweise anders gestalten als vor 20, 30 oder 40 Jahren. Denn wie wiederholt gezeigt, sind Leadership und Followership unzertrennlich miteinander verbunden und das eine hängt vom anderen ab. Mary Parker Follett hat bereits in der ersten Hälfte des 20. Jahrhunderts gesagt, dass Führung eine Partnerschaft in gegenseitiger Gefolgschaft und Nachfolge sei.[85] Ändert sich eine der beiden Größen, muss sich die andere entsprechend anpassen, wenn das Gesamtergebnis gleich gut bleiben oder besser werden soll. In den letzten 40 Jahren hat sich in der Managementlehre enorm viel getan und die Ansätze für Führung und Management haben sich an einigen Stellen deutlich verändert. Hierzu werden wir später ein paar Betrachtungen machen. Dementspre-

---

82 Rost, Joseph: Followership: An Outmoded Concept. In: Riggio, Ronald E.; Chaleff, Ira; Lipman-Blumen, Jean (2008): The Art of Followership. How Great Followers create Great Leaders and Organizations. Jossey-Bass, San Francisco (CA), S. 58.
83 Kelley, Robert (1992): The Power of Followership. How to create leaders people want to follow and followers who lead themselves. Currency Doubleday, New York, S. 46 f.
84 Chaleff, Ira: Creating New Ways of Following. In: Riggio, Ronald E.; Chaleff, Ira; Lipman-Blumen, Jean (2008): The Art of Followership. How Great Followers create Great Leaders and Organizations. Jossey-Bass, San Francisco (CA), S. 72.
85 Maroosis, James: Leadership: A Partnership in Reciprocal Following. In: Riggio, Ronald E.; Chaleff, Ira; Lipman-Blumen, Jean (2008): The Art of Followership. How Great Followers create Great Leaders and Organizations. Jossey-Bass, San Francisco (CA), S. 17.

chend haben sich auch die jeweiligen Followership-Inhalte und deren Praktizierung verändert. Davon ist jedoch wenig publiziert worden. Durch die nach wie vor bestehende Leadership-Zentrierung hat sich bis zur einsetzenden Digitalisierung vor etwa 20 Jahren auf der Leadership-Seite jedoch mehr bewegt als auf der Followership-Seite. Infolgedessen sind die Inhalte der Managementlehre viel tiefer in die Wirtschaft vorgedrungen. Auch kleine und mittlere Unternehmen haben in den letzten 20 Jahren weitreichend professionelles Management eingeführt. Die Folge war, dass in vielen Unternehmen die Gesamtleistung gestiegen und die Professionalität gewachsen ist, trotz teilweise nur marginaler Veränderung des Followership-Ansatzes. Mit Beginn der Agilisierung auf breiter Front in den 2010er Jahren hat sich zwar der Leadership-Anteil abermals in Richtung agiler Führung mit wesentlich gestiegener Selbstorganisation verändert und erweitert. Die Veränderungen auf der Followership-Seite waren jedoch um einiges größer. Selbstgesteuerte Teams verlangten von Followern, ihr Verhalten entscheidend anzupassen. Für viele war die Veränderung so groß, dass sie von der größten Revolution ihres Arbeitslebens sprachen, einflussreicher als die Einführung von PCs in den 1990ern oder von Handy und Smartphone ab dem Jahr 2000. Sich selbst organisieren und managen, mehr Entscheidungen selbst treffen oder sich nicht in allen Lagen auf die Führungskraft zu verlassen, war für viele extrem neu und anders. Dementsprechend haben sich die Anforderungen an zeitgemäße Followership derart verändert, dass es opportun und legitim erscheint, in der digitalisierten Arbeitswelt des agilen Zeitalters von einer neuen Followership zu sprechen.

Wir wollen zunächst eine ganz kurze Betrachtung der Entwicklungen bei den Management- und Leadership-Ansätzen der letzten 25 Jahre unternehmen. Dies hilft uns nicht nur dabei, die Argumentation von Rost zur Vermeidung des Begriffs »Followership« etwas besser zu verstehen. Dadurch lernen wir auch die zuvor genannten Veränderungen der Leadership-Ansätze in den letzten Jahrzehnten kurz kennen. Dies erleichtert es, die zuvor beschriebene Entwicklung der Followership-Inhalte bis hin zur neuen Followership besser zu verstehen. Rost argumentierte, dass Leadership und Followership zwei unterschiedliche Prozesse seien und dies dem Ansatz widerspräche, dass Leadership eine Beziehung zwischen Leader und Follower wäre.[86] Im postindustriellen Zeitalter, so Rost, müsse Leadership eine Beziehung sein, in der Leader und Follower zusammenarbeiteten und beide Leadership praktizierten.[87] Wenn beide gemeinsam Leadership betreiben, wäre keine Notwendigkeit mehr für Followership.[88] Rosts Vorstellung der Beziehung lässt dabei in gewisser Weise außer Acht, dass es sich, wie wir später sehen werden, bei Leadern und Followern nicht um eine konkurrierende Beziehung handelt. Followership ist eine aktive Rolle, welche die Rolle des Leaders beim Erreichen

---

[86] Rost, Joseph: Followership: An Outmoded Concept. In: Riggio, Ronald E.; Chaleff, Ira; Lipman-Blumen, Jean (2008): The Art of Followership. How Great Followers create Great Leaders and Organizations. Jossey-Bass, San Francisco (CA), S. 54 f.
[87] Ebd., S. 56.
[88] Ebd., S. 58.

von Ergebnissen ergänzt.[89] Die Beziehung ist also komplementär. Rost vertritt die Meinung, dass »die Aufteilung der Welt in Leader und Follower mit der flachen Welt des 21. Jahrhunderts nicht vereinbar« wäre.[90] Deshalb empfiehlt er, Follower als Teilhaber oder Mitwirkende zu sehen, teilhabend an der Macht und mitwirkend bei deren Ausübung. Demnach werden Follower zu einer Art »Co-Leader«. Gibt es jedoch nur Leader und Co-Leader, bedeutet das aber wiederum, dass es keine Follower gibt und sich der Ansatz in gewisser Weise ad absurdum führt.

Zumindest ein bisschen verständlicher wird die Argumentation von Rost, wenn man sich mit den Inhalten der Managementlehre Anfang der 2000er im Vergleich zu den 2010er Jahren beschäftigt. Zu Beginn des neuen Millenniums war das Werkzeug des »Empowerments« (zu Deutsch »Ermächtigung«, »Bevollmächtigung«) noch relativ neu. Betrachtet man zeitgenössische Kompendien zu Management, konnte man im Kontext von Leadership und Macht Folgendes lesen: »Ein bedeutender neuer Trend in amerikanischen Unternehmen besteht darin, dass die obersten Führungskräfte den unteren Angestellten mehr Verantwortung übertragen«.[91] Empowerment bedeutet die Teilung von Macht, also die Übertragung von Macht oder Befugnissen an untergebene Mitarbeiter in der Organisation.[92] Sieben Ausgaben desselben Kompendiums später ist Empowerment nicht mehr im Themengebiet Leadership und Macht aufgeführt.[93] Es wird 15 Jahre später als Common Sense nicht mehr als so wichtig erachtet, als dass es hier der expliziten Erwähnung bedarf. Dafür enthält die neuere Ausgabe im Gegensatz zur älteren eine kurze Betrachtung zum Thema Followership.[94] Empowerment wird jedoch in beiden Ausgaben als Mittel zur Motivation erwähnt. Solche Bestrebungen zur Steigerung des Empowerments bzw. der Ermächtigung von Mitarbeitern konzentrieren sich oft auf entsprechende Unternehmensprogramme anstatt auf die direkte Ermächtigung und Beteiligung der Mitarbeiter an Entscheidungen durch die jeweiligen Führungskräfte.[95] Hierzu gibt es neben den mittlerweile sehr bekannten selbstorganisierten Teams eine Reihe weiterer Ansätze:[96]

- Auswahl und Beurteilung der Leader
- formale Mitbestimmung bei wichtigen Entscheidungen

---

89 Howell, Jon P.; Méndez, María J.: Three Perspectives on Followership. In: Riggio, Ronald E.; Chaleff, Ira; Lipman-Blumen, Jean (2008): The Art of Followership. How Great Followers create Great Leaders and Organizations. Jossey-Bass, San Francisco (CA), S. 26.
90 The Art of Followership. How Great Followers create Great Leaders and Organizations. Jossey-Bass, San Francisco (CA), S. 63.
91 Daft, Richard L. (2003): Management. South-Western, Thomson Learning, Mason (OH), 6. Aufl., S. 517.
92 Daft, Richard L. (2015): The Leadership Experience. Cengage Learning, Stamford, S. 241.
93 Daft, Richard L. (2018): Management. Cengage Learning, Boston (MA), 13. Aufl., S. 493–514.
94 Ebd., S. 515 ff.
95 Yukl, Gary; Gardner, William L. (2020): Leadership in Organizations. Pearson Education, Harlow, 9. Aufl., S. 118.
96 Ebd.

- geteilte Leadership-Verantwortung
- Teilen wichtiger Geschäftsinformationen

In verschiedenen Studien haben diese Programme und weitere Ermächtigungsansätze durch Leader gezeigt, dass diese mehrere potentielle Vorteile hinsichtlich Motivation und Leistung von Mitarbeitern bieten:[97]

- stärkere Aufgabenbindung
- größere Initiative zur Übernahme von Verantwortung
- stärkeres Durchhaltevermögen bei Auftreten von Hindernissen oder Rückschlägen
- höhere Kreativität und Innovation, besseres Lernen, stärkerer Optimismus
- höhere Job-Zufriedenheit
- stärkeres Engagement in der Organisation
- stärkeres Vertrauen in den Leader
- höhere Leistungsfähigkeit
- weniger Fluktuation

Mitarbeitern mehr Macht und Entscheidungsrechte zu geben, war in den 2000er ein häufig diskutiertes Werkzeug der Managementlehre, um Leader fortzubilden. Da ist wenig verwunderlich, dass Rost dies wenige Jahre später aufgreift und »power to the people«,[98] also »Macht dem Volk« bzw. »Macht den Leuten« anspricht. Durch Empowerment wurden Entscheidungsbefugnisse von Leadern an Follower weitergegeben oder Follower durften an Entscheidungen in gewisser Weise mitwirken. Dies wurde von Rost als »partizipierende Mitarbeit« verstanden, welche die alte, ungeliebte und seiner Meinung nach nicht mehr zeitgemäße Followership ablösen sollte. Dies ist jedoch wie zuvor erwähnt als eine Art Leader-Co-Leader-Ansatz meines Erachtens kein tragfähiges Konzept und somit kein Ersatz für Followership. Ein ähnliches Verständnis wie das von Rost fand sich jedoch auch in anderen Followership-Betrachtungen der damaligen Zeit. Followership wurde damals auch als unabhängige Rolle verstanden, in der Follower unabhängiger von ihren Leadern agierten als in der Vergangenheit.[99] Ursachen dieses damaligen Trends wurden in der besseren Ausbildung der Mitarbeiter sowie in deren Wünschen und Bestrebungen, selbstbestimmter und in Organisationen mit weniger Managern auf mittlerer Ebene zu arbeiten.[100] Die erwähnte bessere

---

97 Ebd., S. 120.
98 Rost, Joseph: Followership: An Outmoded Concept. In: Riggio, Ronald E.; Chaleff, Ira; Lipman-Blumen, Jean (2008): The Art of Followership. How Great Followers create Great Leaders and Organizations. Jossey-Bass, San Francisco (CA), S. 58.
99 Howell, Jon P.; Méndez, María J.: Three Perspectives on Followership. In: Riggio, Ronald E.; Chaleff, Ira; Lipman-Blumen, Jean (2008): The Art of Followership. How Great Followers create Great Leaders and Organizations. Jossey-Bass, San Francisco (CA), S. 31.
100 Howell, Jon P.; Méndez, María J.: Three Perspectives on Followership. In: Riggio, Ronald E.; Chaleff, Ira; Lipman-Blumen, Jean (2008): The Art of Followership. How Great Followers create Great Leaders and Organizations. Jossey-Bass, San Francisco (CA), S. 31.

Ausbildung ist konsistent mit den zuvor gemachten Ausführungen, dass in den letzten 20 Jahren in vielen kleinen und mittleren Unternehmen professionelles Management Einzug gehalten hat. Der Drang nach stärkerer Selbstbestimmung auf Follower-Seite, der mit der flächendeckenden Verbreitung von Internet und Handys der damaligen Zeit korreliert, hat ein Übriges bewirkt. Zudem müssen wir die Inhalte der zitierten stärkeren Unabhängigkeit der Follower von den Leadern kurz näher betrachten. Darunter wurde die Übernahme von Teilen der Aufgaben von Leadern durch Follower, eben Empowerment, verstanden.[101] Hier müssen wir aber eine Trennung vornehmen, denn die genannten Argumentationen stammen aus den USA. Dort war die klare Trennung zwischen Aufgaben der Follower und der Leader weitgehend stärker und stringenter reguliert als im europäischen Raum. Aus eigener Erfahrung waren zum Beispiel die Tätigkeiten von Maschinenführern in der Produktion in den USA wesentlich eingeschränkter als in Europa. Mussten die Maschinenführer auch bei kleinen Abweichungen vom Standard ihren Supervisor zur Lösung des Problems für eine Entscheidung herbeirufen, war derselbe Sachverhalt für den europäischen Kollegen ein Problem, das er völlig selbständig erledigen konnte und auch musste. Wollte er zur Reduzierung der Rüstzeiten der Maschine beispielsweise die geplante Produktionsreihenfolge mehrerer Aufträge reduzieren, so konnte dies der Europäer in vielen Fällen durch Überlegung und Prüfung der Machbarkeit in weiten Teilen selbständig entscheiden, wohingegen Kollegen aus den USA oder Mexiko dies nicht ohne ihre Leader entscheiden durften. Dementsprechend wurde dort die stärkere Verlagerung derartiger selbständiger Entscheidungen auf die Follower als Empowerment verstanden. Neben allgemeinen kulturellen Unterschieden sind hierfür auch unterschiedliche Ausbildungssysteme, andere Praktiken zur Unternehmensführung sowie andere gesetzliche Regelungen in den einzelnen Staaten ursächlich. Doch auch wenn Mitarbeiter nach damaligem Verständnis mehr Entscheidungsspielraum erhielten und somit Teile der bisherigen Aufgaben ihrer Leader übernommen hatten, so blieben sie dennoch Follower. Das heißt also, dass die teilweise Verlagerung von Entscheidungsbefugnissen und somit letztendlich Macht von den Leadern auf die Follower, also das beschriebene Empowerment, die Followership nicht wesentlich verändert oder gar ersetzt. Derselbe Ansatz gilt für selbstorganisierte Teams. Auch hier kann das Team bestimmte Entscheidungen, die bislang eine Führungskraft ausgeführt hat, selbst durchführen. Dennoch bleiben die Teammitglieder in der Außenbeziehung zum Leader weiterhin Follower, nur mit einem anderen Entscheidungsbereich. Das gilt auch für agile Teams hinsichtlich ihrer Außenbeziehung. Das heißt, dass auch im agilen Zeitalter Followership eine wichtige Aufgabe ist, die für das Funktionieren von Leadership und damit von Unternehmen wichtig ist und bleibt.

Mit diesem Verständnis des damaligen Zeitgeistes und der unterschiedlichen kulturellen Ausprägungen in der täglichen Arbeitspraxis wird die Argumentation von Rost zur Abschaffung des Begriffs »Followership« zumindest verständlicher. Der Ansatz von Rost hat meines Erachtens aber nicht nur aus heutiger Sicht

---

101 Ebd., S. 31 ff.

mehrere Schwachpunkte. Seine Argumentation hat sich letztendlich auch nicht durchgesetzt. Die nachfolgende Betrachtung dieser Punkte hilft uns, das Wesen und die Eigenheiten der neuen Followership aus heutiger Sicht zu konkretisieren.

Empowerment ist seit langem bekannt

Die Übertragung von Verantwortung und Entscheidungsbefugnissen auf Mitarbeiter durch Führungskräfte ist nicht erst in den 2000er Jahren entstanden, auch wenn dieses Empowerment damals als Trend gesehen worden sein mag. Das Weiterdelegieren von Macht von Führungskräften an andere Führungskräfte ist seit Jahrzehnten gängige Praxis. Dies sinnvollerweise auch bei Nicht-Führungskräften zu tun, wurde hingegen lange Zeit weit weniger praktiziert. Die Kontingenz-Ansätze der Managementtheorie beschreiben verschiedene Möglichkeiten der Delegation von Macht an Mitarbeiter.[102] Bereits in den 1950er Jahren ist von Tannenbaum/Schmidt unter dem Begriff des Führungskontinuums die Möglichkeit beschrieben worden, wie Führungskräfte die Geführten an ihren Entscheidungen beteiligen können (▶ Dar. 2).[103] Das reicht von keiner Beteiligung bis hin zur völligen Übertragung der Entscheidungsbefugnis. Das macht an keinen Hierarchiegrenzen Stopp, sondern findet erst dort Begrenzung, wo die Geführten den übertragenen Aufgaben nicht mehr gewachsen sind. Auch hierzu liefert die Management-Theorie passende Modelle, wie zum Beispiel das Modell von Hersey/Blanchard mit der sog. »Readiness« der Mitarbeiter, d. h. deren Bereitschaft zur Übernahme der Aufgaben.[104] Empowerment war vielleicht in den 2000ern wie oben erwähnt ein Trend, jedoch keinesfalls neu. Dass diese Praxis Ende der 2010er Jahre mit dem Aufkommen von VUCA wesentlich stärker in den Mittelpunkt rückte und in diesem Zusammenhang der Begriff der Agilität so populär werden konnte, liegt also nicht daran, dass diese Themen nicht bekannt gewesen wären.[105] Man hat sie nur nicht praktiziert. Followership hat dadurch die skizzierten Formen angenommen und den Begriff unbeliebt gemacht. Verständlich, wenn man Kelleys Beschreibungen Ende der 2000er Jahr liest, wonach Follower teilweise als »niedere Wesen angesehen wurden, die der Führung, der Motivation und des Schutzes durch den Anführer bedürfen«.[106] Eine für mich unerträgliche Vorstellung. Empowerment ist somit als eine Art Befreiung

---

102 Schöffner, Günther; Hagehülsmann, Ute; Schöffner, Kerstin (2023): Zukunftsfähige Machtsysteme in Unternehmen. Die Verantwortung richtig auf die Beine stellen. Kohlhammer Verlag, Stuttgart, S. 279.
103 Staehle, Wolfgang H. (1999): Management. Eine verhaltenswissenschaftliche Perspektive. Verlag Franz Vahlen, München, 8. Aufl., S. 337.
104 Schöffner, Günther; Hagehülsmann, Ute; Schöffner, Kerstin (2023): Zukunftsfähige Machtsysteme in Unternehmen. Die Verantwortung richtig auf die Beine stellen. Kohlhammer Verlag, Stuttgart, S. 279.
105 Ebd., S. 280.
106 Kelley, Robert: Rethinking Followership. In: Riggio, Ronald E.; Chaleff, Ira; Lipman-Blumen, Jean (2008): The Art of Followership. How Great Followers create Great Leaders and Organizations. Jossey-Bass, San Francisco (CA), S. 14.

verstanden worden, obwohl die Möglichkeiten von Mitarbeiterbeteiligung bis hin zur Selbstorganisation eigentlich schon lange bekannt war. Dass so etwas möglich war und Agilität Ende der 2010er Jahre solch starken Zuspruch erhielt, obwohl die Theorien schon lange bekannt waren, lag nach der Einschätzung des Organisationstheoretikers Andreas Aulinger auch daran, dass »diese Möglichkeiten der im klassischen Management enthaltenen Lebendigkeit in vielen Jahrzehnten in ihrer realen Umsetzung schlichtweg nicht ausreichend zur Geltung gekommen sind«.[107] Dabei mag die bereits mehrmals erwähnte Leader-Zentrierung des Denkens, die lange vorherrschte, eine gewisse Rolle gespielt haben.

Empowerment hat Grenzen und ist kein Ersatz für Followership

Kein Team kann dauerhaft ohne Leitungsfunktion bestehen und erfolgreich sein.[108] Die muss nicht zwangsläufig durch eine einzelne Person erfüllt werden, sondern kann auf mehrere Schultern verteilt werden bis hin zur völligen Selbstorganisation. Aber auch dann, wenn man sie nicht mehr explizit personifiziert wahrnimmt, ist Führung vorhanden, denn keine Arbeitsgruppe ist machtfrei und Selbstorganisation bedeutet keinen machtfreien Raum.[109] Selbstorganisation braucht ebenso Führung und die Ausübung von Macht ist auch in selbstorganisierten Teams eine legitime Möglichkeit der Beeinflussung.[110] Auch bei Hierarchielosigkeit und Gleichberechtigung haben die einzelnen Teammitglieder unterschiedliche Möglichkeiten zur Machtausübung,[111] schlichtweg weil sie alle unterschiedliche Persönlichkeiten mit unterschiedlicher Beeinflussungsmacht sind. Der Erfolg der Führungstätigkeiten der einzelnen Personen hängt allerdings davon ab, ob sie von den betroffenen Personen akzeptiert und befolgt werden. Dazu ist jedoch Followership nötig. Wenn irgendwann sämtliche Leitungstätigkeiten verteilt sind, ist kein weiteres Empowerment in obigem Sinn mehr möglich. Dennoch müssen die Teammitglieder die Führung und somit die Leadership akzeptieren, und das bedeutet Followership. Empowerment ist also kein Ersatz der Followership. Empowerment hat auch Grenzen, wenn man außerhalb der Gruppe oder des Teams, sprich an seine Außenwelt, denkt. Ein Team als Zusammenschluss von drei bis ca. zwölf Personen ist

---

107 Aulinger, Andreas (2018): Agilität als Baustein innovativer Organisationen. In: Völker, Rainer; Friesenhahn, Andreas (Hrsg., 2018): Innovationsmanagement 4.0. Verlag W. Kohlhammer, Stuttgart, S. 128.
108 Edding, Cornelia; Schattenhofer, Karl (2012): Einführung in die Teamarbeit. Carl-Auer-Systeme Verlag, Heidelberg, S. 17.
109 Schöffner, Günther; Hagehülsmann, Ute; Schöffner, Kerstin (2023): Zukunftsfähige Machtsysteme in Unternehmen. Die Verantwortung richtig auf die Beine stellen. Kohlhammer Verlag, Stuttgart, S. 349.
110 Gloger, Boris; Rösner, Dieter (2017): Selbstorganisation braucht Führung. Die einfachen Geheimnisse agilen Managements. Carl Hanser Verlag, München, 2. Aufl., S. 38 f.
111 Edding, Cornelia; Schattenhofer, Karl (2012): Einführung in die Teamarbeit. Carl-Auer-Systeme Verlag, Heidelberg, S. 51.

2.2 Der Weg zur neuen Followership

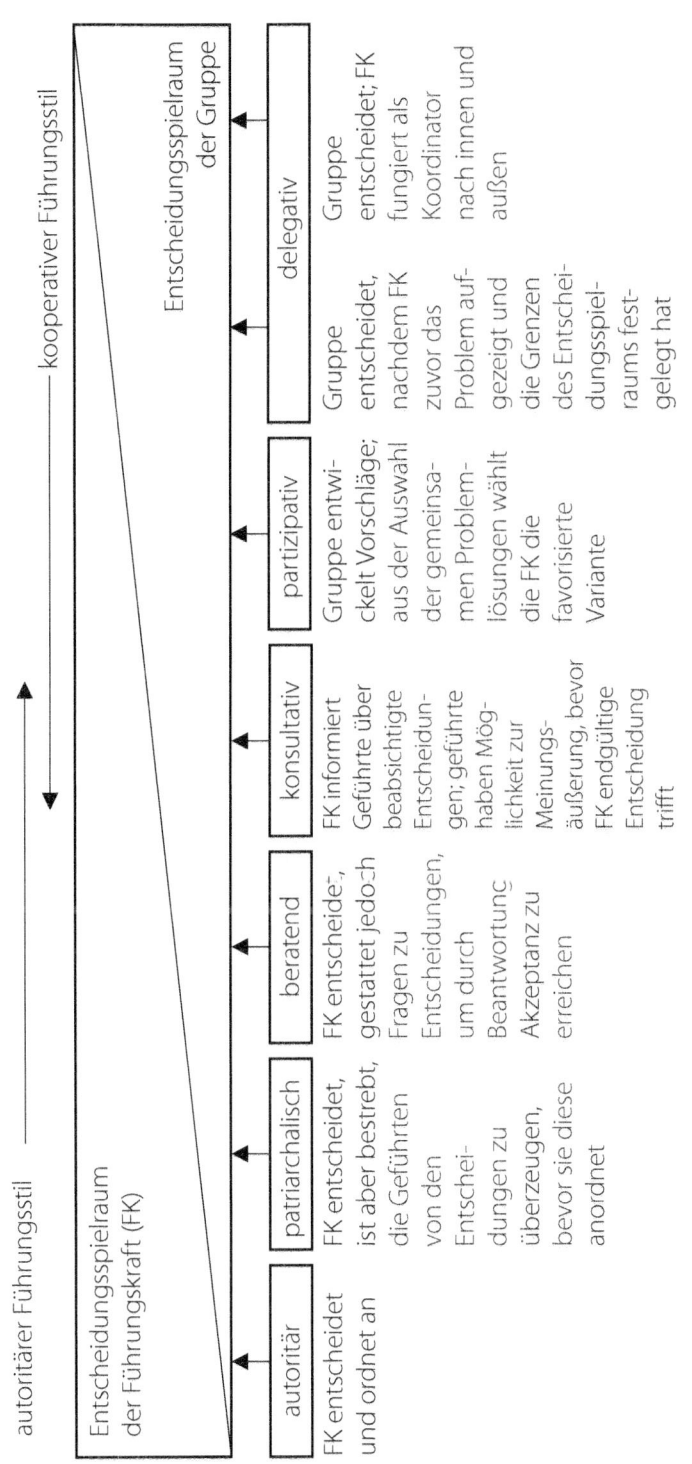

Dar. 2: Führungskontinuum nach Tannenbaum/Schmidt

immer in eine irgendwie geartete Außenwelt eingebunden.[112] Mit dieser Außenwelt muss das Team seine Arbeit koordinieren und den Rahmen des Arbeitens festlegen. Diese Funktion der externen Koordinierung findet durch Manager statt. Das kann in einem kleinen Unternehmen mit beispielsweise zehn Mitarbeitern der Geschäftsführer sein, der sein Team selbstorganisiert aufgestellt hat, aber gesetzlich nach außen nur als Einzelperson vertretungsberechtigt ist. Das kann auch ein übergeordneter Manager in einem Konzern sein, der als Ansprechpartner und Verantwortlicher für das Team fungiert. Auch wenn Letzteres vielleicht durch mehrere Personen wahrgenommen wird, so lässt sich erkennen, dass sich der Ansatz »alle haben gleich viel Verantwortung« in größeren Organisationen bald erschöpft. Es muss Menschen geben, die für gewisse Personenkreise verantwortlich sind, hierfür die entsprechenden Entscheidungen treffen müssen und ab einer gewissen Grenze diese auch nicht mehr an die Personenkreise weiterdelegieren können. Die Möglichkeiten des Empowerments enden also auch hier. Für das Konzept der »geteilten Leadership« durch Delegation bzw. Empowerment gibt es sinnvolle Grenzen und es ist wenig realistisch, alle Unterschiede zwischen den Rollen von Leadern und Followern zu beseitigen.[113] Stattdessen ist ein dynamischer Ansatz von Followership nötig, der Leadership unterstützt und ausbalanciert.[114] Followership ist also auch dann noch nötig und muss auch dann noch funktionieren, wenn die Grenzen möglichen Empowerments erreicht sind.

Motivation durch Empowerment ist begrenzt und ersetzt Followership nicht

Wie oben gezeigt findet Empowerment nach wie vor als Werkzeug zur Motivation Anwendung. Dies kann in Einzelfällen sicherlich sinnvoll sein, jedoch kann diese Maßnahme nicht dazu dienen, Mitarbeiter im großen Stil zu motivieren. Des Weiteren kann solch ein Vorgehen die Leistung einer Organisation auf der Leader- und der Follower-Seite schwächen. Beginnen wir mit Letzterem. Überträgt man Mitarbeitern zusätzliche Verantwortung, wenn sie dazu in der Lage sind, kann dadurch zum einen bei ihnen bislang brach liegendes Potential für die Organisation nutzbar gemacht werden. Zum anderen können beim Leader entsprechende Kapazitäten frei werden und nutzen somit abermals der Organisation, in welcher Form auch immer. Dies kann durch entsprechende Gestaltung von Stellenbeschreibungen und Organigrammen umgesetzt werden. Dieses Vorgehen sollte folglich primär aus Motiven von Effektivität und Effizienz heraus erfolgen, da hierdurch die Organisation dauerhaft profitieren kann. Natürlich kann solch eine Maßnahme auch vereinzelt zur Motivation eingesetzt werden, jedoch sollte dies aus den zuvor erläuterten Gründen nicht der alleinige Hauptgrund sein und nicht im großen Maßstab. Ferner begrenzt sich diese Maßnahme zur Motivation von selbst, da sie

---

112 Ebd., S. 7.
113 Chaleff, Ira (2009): The Courageous Follower. Standing up to & for our leaders. Berrett Koehler Publishers, Oakland (CA), S. 1.
114 Ebd.

nicht dauerhaft einsetzbar ist. Das Potential delegierbarer Entscheidungen ist begrenzt, sodass sich die motivierende Wirkung irgendwann erschöpft. Außerdem haben solch einschneidende Motivationsmaßnahmen nicht selten eine nur kurze Wirkungsdauer. Das Thema Motivation bzw. Motivierung soll hier nicht weiter betrachtet werden, denn es gibt hierzu mehr als genügend verfügbare Literatur. Die Erfahrung zeigt aber, dass eben der Erfolg größerer Motivierungsmaßnahmen in vielen Fällen entweder rasch verpufft oder weitere Maßnahmen verlangt werden. Eine größere Gehaltserhöhung motiviert häufig nur in der Zeit von der Ankündigung bis zum Erhalt der darauffolgenden Gehaltsabrechnung. Dass Empowerment als motivierende Maßnahme auch ins Gegenteil umschlagen kann, sehen wir im nächsten Fallbeispiel. Jenseits des Erfolgs von Motivierungsmaßnahmen steht jedoch fest, dass dies nur potentiell motivierende Maßnahmen sind, jedoch nicht den Inhalt der Followership ersetzen. Auch motivierte, weil empowerte Mitarbeiter müssen nach wie vor als Follower agieren und können nicht nur mehr ausschließlich die ihnen übertragenen Leadership-Aufgaben ausführen. Sie müssen auch ihre bisherigen Tätigkeiten wahrnehmen, die sie bereits vorher aus der Follower-Rolle heraus übernommen haben. Des Weiteren fordern auch die übertragenen Leadership-Aufgaben in einem gewissen Maße die Ausrichtung am Leader, sodass auch hierfür Followership nötig ist. Das nächste Fallbeispiel gibt die vorherige Argumentation plakativ wieder.

Fallbeispiel 3: Followership und Motivation

In einem international tätigen Unternehmen des Anlagenbaus traten vor fünf Jahren die zwei Söhne die Nachfolge ihres Vaters als Unternehmensführer an. Im Zuge dessen erfolgte eine weitreichende Neustrukturierung. Das Unternehmen wurde in die drei operativen Sparten Engineering-Leistungen, Projektmanagement und Produktion geteilt, an deren Spitze jeweils ein ergebnisverantwortliches Team bestehend aus technischem und kaufmännischem Spartenleiter stand. Der damals neue technische Spartenleiter »Produktion«, Herr Held, der in Anlehnung an die bisher etablierte Stellenbezeichnung als »Produktionsleiter« bezeichnet wurde, war von einem Konkurrenzunternehmen geholt worden, um in der Sparte für etwas frischen Wind zu sorgen. Das überraschte die Produktionsmitarbeiter damals ein wenig, war doch der bisherige Leiter der Produktionsgruppe 3, Herr Kraft, hinter vorgehaltener Hand schon heimlich als neuer Produktionsleiter gehandelt worden. Der Mittfünfziger war schon mehr als 35 Jahre im Unternehmen und kannte die Produktion aus dem Effeff. Die beiden anderen Produktionsgruppenleiter, beide Anfang 30, hatte Herr Kraft selbst ausgebildet und gefördert. Beide waren durch sein Zutun erst kurz vor dem Einstieg von Herrn Held in ihre jeweiligen Positionen gehoben worden. Herr Kraft war zwar über die ausbleibende Beförderung enttäuscht, jedoch fand er sich nach wenigen Monaten mit der neuen Konstellation ab. Mit Herrn Held, den er wegen dessen hoher Kompetenz und seines angenehmen Führungsstils schnell zu schätzen lernte, baute er nach gut einem halben Jahr eine stabile

Führungsbeziehung auf. Diese festigte sich in den darauffolgenden Jahren zusehends. Nach drei Jahren waren die vier technischen Manager der Produktion als richtig gutes Team zusammengewachsen und das Unternehmen hatte die Umstrukturierung gut überstanden. Im Zuge der fortschreitenden Digitalisierung wurde dann das Unternehmensprogramm »Mit neuen Unternehmenswerten in die digitale Zukunft« gestartet. Die bisherigen Werte wurden modernisiert und erweitert. Zur Umsetzung des neuen Wertes »Compliance« wurde in der Produktion eine neue Arbeitsgruppe eingerichtet, mit deren Leitung Herr Kraft beauftragt wurde. Diese Gruppe sollte innerhalb eines Jahres die zugehörigen Compliance-Maßnahmen in den Prozessen umsetzen und die Belegschaft entsprechend schulen. Herr Kraft freute sich über das Vertrauen, das Herr Held in ihn gesetzt hatte, war Herr Kraft doch mit Prozessen und Programmen solcher Art bisher noch sehr unerfahren gewesen. Er erzielte jedoch nach acht Monaten derart große Fortschritte, dass Herr Held ihn über den bevorstehenden Abschluss des Umsetzungsprojektes hinaus dauerhaft als »Compliance-Beauftragter Produktion« ernannte. In dieser Funktion, die den Endfünfziger sehr freute, hatte er in den drei Produktionsgruppen hinsichtlich Compliance weitrechende Weisungsbefugnisse erhalten. In den folgenden sechs Monaten etablierte sich Herr Kraft in dieser neuen Rolle gut, auch wenn es an der ein oder anderen Stelle aus den anderen beiden Produktionsgruppen Kritik wegen seiner etwas autoritären und eitlen Art der Führung zum Thema Compliance gab. In diesen sechs Monaten festigte sich die Beziehung zwischen Herrn Kraft und Herrn Held weiter. Sie arbeiteten nahezu reibungslos zusammen, obwohl ihre gegenseitigen Berührungspunkte eher geringer als mehr wurden. Herr Kraft ließ auch kaum eine Gelegenheit aus, Herrn Held und dessen Verdienste und Errungenschaften bei der Produktionsbelegschaft zu loben. In der Halbjahressitzung der Produktionsmanager lobte Herr Held auch Herrn Krafts Anstrengungen und Erfolge beim Thema Compliance. Gleichzeitig verkündete Herr Held die Beauftragung des Leiters der Produktionsgruppe 2, Herrn Meier, mit der Leitung der Arbeitsgruppe »Arbeitssicherheit«. Diese solle in den nächsten 12 Monaten für die gesamte Produktion neue und weitreichende Maßnahmen und Verhaltensregeln erarbeiten und umsetzen, damit die Leistung der Produktion hinsichtlich Arbeitssicherheit zum Standard der Branche aufschließen könne. In einem jüngst durchgeführten Audit hatte sich gezeigt, dass das Unternehmen diesbezüglich eklatante Defizite habe und sich entsprechend verbessern müsse. Herrn Kraft traf diese Nachricht bis ins Mark, da er sich aufgrund seiner langen Berufserfahrung als die hierfür kompetenteste Person in der ganzen Produktion hielt und sich ob der zu erwartenden diesbezüglichen Weisungen durch seinen ehemaligen Zögling bereits im Vorfeld gedemütigt sah. Er hatte daher von Herrn Held erwartet, dass dieser weisungsbezogene Zusatzaufgaben zukünftig ausschließlich an ihn selbst delegieren würde. Schließlich sei er die älteste und kompetenteste Führungskraft in der Produktion, und letztendlich habe er beim Thema Compliance-Umsetzung einen guten Job gemacht. Jetzt einen seiner Protegés mit solch einer wichtigen Aufgabe, die Auswirkungen auf sein normales Tagesgeschäft hat, zu beauftragen, empfand er als kränkend und unakzeptabel. Nach einigen Tagen erklärte ihm Herr Held im von Herrn Kraft initiierten Gespräch, dass er keineswegs daran denke, Herrn Meier die Leitung der Arbeitsgruppe zugunsten Herrn Krafts wieder zu entziehen. Schließlich müsse man auch jungen Führungskräften eine Chance geben und in Anbetracht des Alters von Herrn Kraft auch etwas für die Nachfolgeentwicklung tun. Des Weiteren sei Herr Kraft vor allem bei jüngeren Mitarbeitern nicht immer nur gut angekommen, was aber für die Entscheidung keinen Ausschlag gegeben hatte. Von diesem Tag an schraubte Herr Kraft sein Engagement spürbar herunter. Seine Führungsaufgabe der Produktionsgruppe machte er nach wie vor gut, auch wenn er einiges an Verantwortung, die er bislang selbst übernommen hatte, zusehends an Herrn Held »hochdelegierte«. Die Compliance-Aufgabe reduzierte er auf das absolute Minimum. Die Zusammenarbeit mit Herrn Held war zwar noch professionell, aber sehr kühl. Er vermied den Kontakt mit Herrn Held, sprang ihm nicht mehr wir früher häufig zur Seite, verteidigte seine Maßnahmen nicht mehr bei der Mannschaft und lobte auch seine Ergebnisse nicht mehr. Zwar äußerte er keinerlei ungerechtfertigte öffentliche Kritik an Herrn Held. Die Produktionsmitarbeiter hatten allerdings durchweg alle gemerkt, dass Herr Kraft Herrn Held kaum mehr als nötig unterstützte, auch wenn dies problemlos möglich und für das Unternehmen sehr hilfreich gewesen wäre. Er stellte auch die Unterstützung seiner beiden Führungskollegen nahezu ein, was man in deren Geschäftsergebnissen feststellen konnte. Nach einem halben Jahr darauf angesprochen, wich Herr Kraft der Frage aus und begründete sein reduziertes Engagement damit, dass er schon bald sechzig würde, sich sein Ruhestand näherte und er auch das ein oder andere gesundheitliche Problem hätte, das ihn zur Reduzierung seines Pensums zwänge. Die Frage von Herrn Held, ob die von ihm subjektiv wahrgenommene eingebrochene Unterstützung seitens Herrn Kraft mit der Entscheidung für Herrn Meier als Leiter der Arbeitssicherheits-Projektgruppe zu tun hätte, verneinte Herr Kraft kurz und knapp.

Herr Kraft hatte seine Unterstützung für Herrn Held und seine beiden Kollegen spürbar reduziert. So sehr ihn die Beauftragungen für das Compliance-Thema durch Herrn Held motiviert hatten, so demotiviert hatte ihn die Tatsache, dass neben ihm auch andere Führungskräfte Empowerment erhalten hatten. Er hatte erwartet, dass solche Maßnahmen nur ihm zugutekommen sollten. Schließlich sei er der erfahrenere, und von einem ehemaligen Zögling im Rahmen des Arbeitssicherheitsprojektes verbindliche Anweisungen für die eigene Produktionsgruppe erteilt zu bekommen, empfand er als demütigend und ehrverletzend. Schließlich müssten Weisungen immer »von oben nach unten«, d. h. in diesem Fall »vom Älteren zum Jüngeren« erfolgen, so die Meinung von Herrn Kraft. Dieses Fallbeispiel hat gezeigt, dass wie beschrieben Empowerment weder gute Followership ersetzt, noch dauerhaft motivierend wirken muss. Es kristallisiert sich nach unseren Überlegungen immer mehr heraus, dass Followership einer entsprechenden Haltung bzw. Einstellung bedarf. Hierauf werden wir später zurückkommen.

Followership und Leadership sind komplementär und nicht konkurrierend

Rost hatte argumentiert, dass Followership nicht mehr zeitgemäß sei und ersetzt werden müsse durch partizipierende Mitarbeit, in der Leader und die von uns als Co-Leader bezeichneten beide Leadership betreiben. Dieser Argumentation könnte man dahingehend interpretieren, dass beide Rollen konkurrierend wären und es nur eine Frage der Entscheidung des »richtigen« Leaders wären, wie viel an Leadership er den Co-Leadern zubilligt. Der Leader gäbe dem Co-Leader von seinen Aufgaben ab, was nicht immer bereitwillig geschieht, weil so dem Leader etwas verloren ginge. Auch wenn man argumentiert, dass sich der Leader dann ja Aufgaben widmen könne, die bislang liegengeblieben wären,[115] so erkennt man bei weiterem Durchdenken, dass sich dieser Ansatz bald selbst erschöpft. Leader und Follower füllen beim Beitrag an der Leistung eines Unternehmens oder einer Organisation keine konkurrierenden, sondern komplementäre Rollen aus.[116] Es spricht nichts dagegen, durch entsprechende Arbeitsplatz- und Organigramm-Gestaltung Verantwortung und Macht des Leaders auf Follower zu übertragen. So lässt sich vielleicht auch die ein oder andere Leader-Position ersetzen. Das ersetzt aber weder die Aufgaben der Leader noch die der Follower. Denn erstens müssen die Leader sowohl ihre regulären Aufgaben als auch die zusätzlich übernommenen aus der Followership-Rolle heraus in Abstimmung mit bzw. Ausrichtung auf den Leader ausführen. Sonst wäre die Leadership des Leaders nutz- und sinnlos. Zweitens müssen sie auch jene Aufgaben wahrnehmen, die der Leader nicht wahrnehmen kann, die aber jenseits der Sachaufgaben erfüllt werden müssen, damit die gemeinsamen Ziele erreicht werden können. Denn Followership ist eine aktive Rolle, die den Leader beim Erreichen von Ergebnissen unterstützt und die Rolle des Leaders dabei ergänzt.[117] Followership ergänzt Leadership,[118] beide Rollen sind komplementär. Der Follower muss also Dinge tun, damit die gemeinsamen Ziele erreicht werden, die nicht Aufgabe des Leaders sind und die dieser gar nicht tun kann. Der Follower konkurriert in dieser Hinsicht nicht mit dem Leader darum, wer welche Aufgaben, im vorherigen Sinne also die Leadership-Aufgaben, wahrnimmt, sondern erbringt jenseits der ihm übertragenen Führungs- und Sachaufgaben auch Follower-Aufgaben, die der Leader nicht erbringen kann. Wie wir noch sehen werden, handelt es sich bei diesen Aufgaben darum, sowohl den Leader

---

115 Howell, Jon P.; Méndez, María J.: Three Perspectives on Followership. In: Riggio, Ronald E.; Chaleff, Ira; Lipman-Blumen, Jean (2008): The Art of Followership. How Great Followers create Great Leaders and Organizations. Jossey-Bass, San Francisco (CA), S. 31.
116 Kelley, Robert (1992): The Power of Followership. How to create leaders people want to follow and followers who lead themselves. Currency Doubleday, New York, S. 41.
117 Howell, Jon P.; Méndez, María J.: Three Perspectives on Followership. In: Riggio, Ronald E.; Chaleff, Ira; Lipman-Blumen, Jean (2008): The Art of Followership. How Great Followers create Great Leaders and Organizations. Jossey-Bass, San Francisco (CA), S. 26 f.
118 Bennis, Warren: Introduction. In: Riggio, Ronald E.; Chaleff, Ira; Lipman-Blumen, Jean (2008): The Art of Followership. How Great Followers create Great Leaders and Organizations. Jossey-Bass, San Francisco (CA), S. xxiii.

selbst als auch die Organisation und die anderen Follower mit zu managen.[119] Jenseits der Aufgabe des Followers, den Leader zu managen (wir kommen auf die diesbezüglichen Inhalte später zurück), managt der Follower die Organisation und andere Follower aus der Follower-Rolle heraus. Dies kann jedoch nicht aus der Leader-Rolle heraus geschehen. Zum einen, weil der Informationsfluss zu Followern und zu Leadern nie eins zu eins dieselben sind und Follower Dinge erfahren, die Leader nicht erfahren. Zum anderen sind die Wege der Einflussnahme und der Machtausübung, auch wenn dies überwiegend »nur« Beeinflussungsmacht ist, bei Followern anders als bei Leadern. Die Follower-Aufgabe und die Leader-Aufgabe sind komplementär. Wird eine davon nicht richtig ausgeübt, wird sich das am Ergebnis der Organisation negativ bemerkbar machen.

Die Inhalte des Followership-Verständnisses des vorhergehenden Absatzes haben teilweise nur wenig gemein mit den für lange Zeit vorherrschenden Assoziationen, die mit den Begriffen Followership und Follower verbunden wurden. Wir erinnern uns nur an das in Kapitel 1 genannte »roboterartige Schlucken und Befolgen von Befehlen« als Assoziation für Followership oder die unter Followern verstandenen Personen, denen gesagt werden müsse, was sie tun sollten. Das war angeblich das (ganz) alte Verständnis von Followern und von Followership. Die Ansätze im vorherigen Absatz entsprangen schon einem modernen Verständnis von Followership, das wir im weiteren Verlauf noch zum Verständnis der neuen Followership ergänzen wollen. Hierzu müssen wir uns, wie weiter oben einleitend festgestellt, kurz mit den Entwicklungen der Management-Ansätze der letzten 25 Jahre beschäftigen. Jenseits der Ansätze zu agiler Führung und agilem Management der letzten fünf bis zehn Jahre sind die erwähnten Entwicklungen vor allem davon geprägt gewesen, die Verantwortung im Sinne von Empowerment immer mehr von den Leadern auf die Follower zu verlagern. Damit einher ging auch das immer stärkere Hinterfragen der Manager nicht nur hinsichtlich der Rollen und Verantwortungsbereiche, sondern auch bezüglich des Verhaltens.

Wie dargestellt, ist die Beteiligung der Mitarbeiter an den Management-Entscheidungen wie von Rost, Kelley oder Ira Chaleff angeregt stets gestiegen. Im Zuge dessen wurde vor allem bei der Management-Ausbildung darauf Wert gelegt, dass die Schulung dieser Beteiligung der Mitarbeiter nicht zu kurz kam. Gleichzeitig waren aber die Schulungen von Mitarbeitern darin, diese Aufgaben zu übernehmen und sie auch bewältigen und verantworten zu können, geschätzt wesentlich geringer ausgeprägt. Wie weiter oben schon erwähnt, lag dies zum Teil daran, dass in den letzten 25 Jahren die Ausbildung der Menschen besser wurde und auch in vielen Unternehmen professionelle Managementansätze und -prozesse eingeführt wurden. Da bleibt es zwangsläufig nicht aus, dass Mitarbeiter im Zuge der Einarbeitung die Bewältigung der Aufgaben mit erlernen. Ob dies dadurch im notwendigen Umfang geschehen ist, bleibt jedoch fraglich. Ob also die Kompetenz der Mitarbeiter in der gleichen Fülle gewachsen ist, in der Manager Aufgaben an die

---

119 Chaleff, Ira (2009): The Courageous Follower. Standing up to & for our leaders. Berrett Koehler Publishers, Oakland (CA), S. 13.

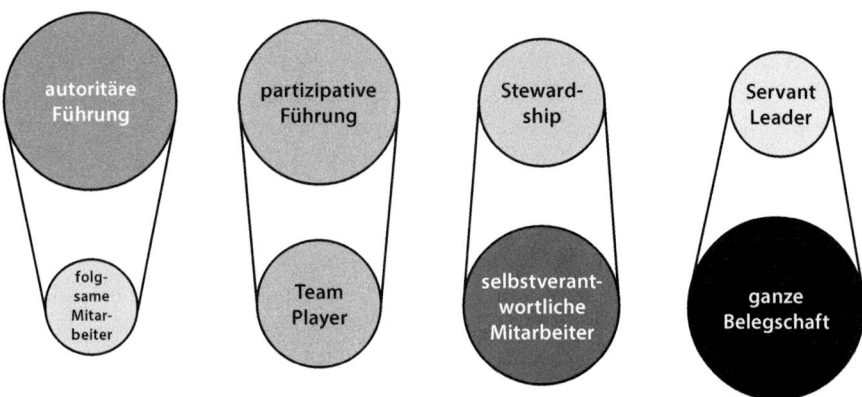

Dar. 3: Veränderung der Leadership-Ansätze über die Zeit (in Anlehnung an Daft 2015)

Mitarbeiter abgegeben haben, oder ob hier nicht eklatante Lücken geblieben sind, ist ungewiss. Genau diese Lücken möchten wir im Zuge der neuen Followership zu füllen versuchen. Darum müssen diese Lücken angesprochen und deren Ausfüllung durch die neue Followership angeregt werden. Jenseits der Verlagerung der Aufgaben hat sich vor allem auch die Ausübung der Macht von Managern in Form von Führung eklatant verändert. Bringt man mit der im Bild erwähnten autoritären Führung noch den im Kommandoton Anweisung erteilenden Chef in Verbindung, der jegliche Form von Nachfragen, Protest oder Widerspruch sofort lautstark im Keim erstickte in Verbindung, suggeriert der Begriff der partizipativen Führung bereits einen kooperativeren Führungsansatz. Der »Servant Leader« geht noch weiter und stellt sich in den Dienst anderer und hilft ihnen zu performen, zu wachsen und sich und die Organisation weiterzuentwickeln.[120] Nicht dargestellt ist die weitere Entwicklung des Level-5-Leaders, der in absoluter Bescheidenheit völlig selbstlos führt.

Auch diesbezüglich ist in die Aus- und Fortbildung der Mitarbeiter zum Umgang mit diesem Führungsansatz geschätzt wesentlich weniger Aufwand eingeflossen als in die Weiterbildung von Managern zu Level-5-Leadern. Auch hier schließt sich der Kreis zur neuen Followership im agilen Zeitalter. Sie beschreibt unter anderem, welche Anforderungen an die Rolle von Followern in Anbetracht geänderter Management- und Führungsansätze, geänderter Formen der alltäglichen Zusammenarbeit der digitalen und agilen Arbeitswelt und veränderter Sichtweisen auf und Erwartungen an die neue Arbeitswelt in Zeiten von New Work gestellt werden. Auch wenn sich im Laufe der zuvor dargestellten Veränderungen der Leadership-Praxis in den letzten 25 Jahren, vor allem aber im Rahmen der Digitalisierung und Agilisierung der letzten zehn Jahre einiges im Verständnis von Followership getan hat, so bestehen hierzu unseres Erachtens in vielen Unternehmen und weiten Teilen der Wirtschaft noch erhebliche Lücken. Diese lassen sich jenseits der im Rahmen

---

120 Daft, Richard L. (2015): The Leadership Experience. Cengage Learning, Stamford, S. 177.

von Gesprächen mit Unternehmensangehörigen gewonnenen Erkenntnisse zum Beispiel auch daran erkennen, wie sehr sich das Thema Followership mittlerweile in der Lehre oder der Fachliteratur etabliert hat. Wer sich die Mühe macht, die Angebote von Lehrinstituten, Fach- und Hochschulen sowie die Literaturlisten zu durchforsten, wird ernüchternd wenige Ergebnisse erzielen. Diese Lücke zumindest zu einem Teil zu schließen, ist Hauptzweck dieses Buches.

Ergo: Moderne Followership hat nur wenig mit dem zu tun, was oft unter dem Begriff der Followership zusammengefasst und praktiziert worden war. Damit Unternehmen im Zeitalter global gelebter Agilität und eklatanten Fachkräftemangels bestehen können, müssen sie die vorhandenen Kräfte möglichst effektiv und effizient nutzen. Dazu müssen Leader und Follower ihre komplementären Rollen möglichst optimal ausfüllen, damit die Gesamtleistung maximiert werden kann. Dieses Buch soll dazu dienen, sowohl Leadern als auch Followern die moderne Followership nahezubringen, denn beide Personenkreise sind dafür verantwortlich, sie erfolgreich in Unternehmen zu etablieren und wirkungsvoll werden zu lassen. Denn bei der Followership ist es wie bei der Kommunikation, wonach man dem ersten der fünf bekannten Axiome von Paul Watzlawick folgend »nicht nicht kommunizieren« kann:[121] »Man kann nicht nicht Follower sein«. Überall, wo Macht ausgeübt wird, gibt es Führung. Wo geführt wird, gibt es Leader. Wo es Leader gibt, gibt es Follower, sonst gäbe es keine Leader oder sie wären wirkungslos. Auch wenn man die Followership scheinbar nicht bemerkt, so ist sie doch da.

Damit zum Abschluss dieses Abschnittes noch einmal verständlich wird, weshalb Followership bis in die 2000er Jahre keine hohe Akzeptanz hatte und weshalb, wie in den vorherigen Absätzen exemplarisch gezeigt, der Begriff mit teilweise unerträglichen Konnotationen versehen war, wollen wir hier einen kleinen Ausflug in das Machtverständnis der 2000er Jahre unternehmen. Das soll jenen Lesern, die diese Zeit nicht aktiv in der Arbeitswelt erlebt haben, ein Bild davon geben, welches Selbstverständnis Mächtige und Leader damals hatten und weshalb sich damals solch ein Verständnis zur Followership eingestellt hatte. Wir wollen hier nicht diskutieren, wieso das geschehen konnte und weshalb nichts dagegen unternommen wurde. Das ist nicht das Anliegen des Buches. Es soll nur ein kurzer Eindruck vermittelt werden. Damaligen Zeitzeugen unter den Lesern, die nach den vielen Jahren keine so genaue Erinnerung an die damaligen Verhältnisse haben, kann die Darstellung hoffentlich wieder einige Erfahrungen in Erinnerung rufen. Die Darstellung basiert im Wesentlichen auf Inhalten des Buches »Wert und Werte« von Ulrich Hemel und ist zu großen Teilen dem Buch »Zukunftsfähige Machtsysteme in Unternehmen« aus dem Jahr 2023 entnommen.[122] Ich habe den Buchauszug hier nur geringfügig angepasst.

---

121 Watzlawick, Paul; Beavin, Janet H.; Jackson, Don D. (2011): Menschliche Kommunikation – Formen, Störungen, Paradoxien. Verlag Hans Huber, Bern, 12. Aufl., S. 58 ff.
122 Schöffner, Günther; Hagehülsmann, Ute; Schöffner, Kerstin (2023): Zukunftsfähige Machtsysteme in Unternehmen. Die Verantwortung richtig auf die Beine stellen. Kohlhammer Verlag, Stuttgart, S. 57 f.

Ein kurzer Ausflug in das Machtverständnis der 2000er Jahre[123]

Der ehemalige Vorstandsvorsitzende der Paul Hartmann AG, Prof. Dr. Ulrich Hemel, geht in seinem mehrfach prämierten Buch »Wert und Werte – Ethik für Manager. Ein Leitfaden für die Praxis.« aus dem Jahr 2005 im Zusammenhang mit dem Thema »Führungssysteme und Menschenbilder« auch kurz auf Organisationen ein, in denen ein Menschenbild von »Macht und Ohnmacht« herrscht. Neben Behörden oder kirchlichen Verwaltungen sieht er vor allem sehr große Unternehmen in Konzerngröße als besonders anfällig für ein von diesem Menschenbild geprägtes Umfeld. Die in Unternehmen mit solcher Prägung vorherrschende Wahrnehmung sei die von »oben« und »unten«. Diese finde dort auch so ihren sprachlichen Ausdruck. Wer unten ist, so Hemel, baut mit der Zeit ein Bild auf, in dem der Leistungsbeitrag der untergeordneten Mitarbeiter als wesentlicher Grund für das Funktionieren der Firma angesehen wird, weil »die da oben« ja keine Ahnung davon haben, wie es in der Praxis wirklich zugeht. Das mittlere Management schwanke in seinem Selbstbild zwischen Selbstmitleid und Selbstüberschätzung. Vertreter der oberen und obersten Führungsebenen sehen sich laut Hemel hingegen als die eigentlichen Verantwortungsträger im Unternehmen. Das Erreichen dieser Ebene präge nicht die Leistungsfreude, sondern der Statusstolz ihre emotionale Lebenslage. Ein großer Teil der beruflichen Energie fließe bei ihnen nicht mehr in die Bewältigung ihrer Aufgaben, sondern in die Verteidigung ihrer Position. Der Machterhalt werde zur Berufsaufgabe. Man müsse hierzu ständig wissen, »woher der Wind weht«, d. h. wessen Erwartungen man gerecht werden muss, und man muss sich dazu stets neu ausrichten. Vertrauen auf und in andere werde mehr und mehr zum Luxus. In einer solchen von »Macht und Ohnmacht« geprägten Unternehmenskultur, in der »oben« und »unten« klar sichtbar getrennt sind, werde sich am Ende auch der Vorstands- und Aufsichtsratsvorsitzende irgendwann nur noch als Zahnrad in einem Räderwerk empfinden, so Hemel, auch wenn dies dann jeweils ein sehr großes Zahnrad sein mag.

Verhältnisse ähnlich wie in der vorherigen Darstellung sind zwar auch im Jahr 2024 noch in vielen Unternehmen verbreitet. Jedoch entwickeln sie im Gegensatz zur damaligen Zeit bei viel mehr Menschen ein starkes Unbehagen. Die Darstellung suggeriert Bilder von Herrschern und Beherrschten, von Herren und Knechten, von einer herabschauenden Elite, die nur in der Verteidigung des eigenen Status, nicht aber im Dienst an den Stakeholdern ihre Hauptaufgabe sieht. Sie suggeriert kein Bild von Partnern, die Hand in Hand vertrauensvoll am gemeinsamen Ziel arbeiten. Wer damals »unten« war, hatte etwas von einem Underdog an sich, von einem Verlierer. Ein Loser, der es eben nicht »nach oben« geschafft hat, »nur« ein Follower eben. Plötzlich bekommt der bereits einige Absätze weiter oben bei Kelley zitierte Begriff des »niederen Wesens«, der damals anscheinend mit dem Begriff

---

123 Hemel, Ulrich (2005): Wert und Werte – Ethik für Manager. Ein Leitfaden für die Praxis. Carl Hanser Verlag, München, S. 129–133.

Follower konnotiert wurde,[124] jenseits seiner Unerträglichkeit eine bedrückende Präsenz.

Solche Machtsysteme mit einer Oben-unten-Welt habe ich persönlich über viele Jahre hinweg öfter aus der Perspektive »unten« und einige Male aus der Perspektive »oben« selbst erlebt, jedoch nicht nur wie beschrieben in Großunternehmen, sondern auch im Mittelstand. Dort fehlte oft das mittlere Management, sodass es nur die Unterscheidung in Führungskraft (bzw. Manager) und Mitarbeiter gab. Führungskräfte der untersten Ebene wie Team- oder Schichtleiter wurden dabei nicht als Führungskräfte betrachtet. Hier konnte man sehr schnell und sehr deutlich merken, wer »oben« oder »unten« war. Nicht selten wurden Personen aus der Gruppe »unten« von den »Oberen« regelmäßig mit einem süffisanten Lächeln behandelt, begleitet von einem belehrenden Ton, der die angenommene Hilfsbedürftigkeit und die mutmaßliche materielle und geistige Pauperität der »einfachen« Mitarbeiter sowie die scheinbar zurecht bestehende Distanz zur Führung genugtuend untermalte. In Großunternehmen zeigte sich das in der Kommunikation nicht so dramatisch wie eben für den Mittelstand dargestellt. Dafür zeigte sich dort der Unterschied deutlicher in den Statussymbolen, angefangen von Bürogröße und -ausstattung über die Entscheidung bezüglich eines Dienstwagens (denn nur die »Oberen« hatten Anspruch) bis hin zur Rundumversorgung, was die Erlösung von lästigen Arbeitspflichten oder die Versorgung mit Annehmlichkeiten betrifft (z. B. Reisebuchung und -abrechnung, Besuchserlaubnis für das Vorstandskasino, Kantinenessen ins persönliche Büro, Verfügbarkeit eines Fahrers oder des Firmenjets etc.). In Großunternehmen mit Oben-unten-Menschenbild, die ich sowohl als Mitarbeiter bzw. Manager als auch als Berater und Coach kennenlernen durfte, konnte man die Zugehörigkeit zu »oben« oder »unten« häufig an der Bezeichnung des Managementkreises erkennen, dem die jeweiligen Personen angehörten. Bezeichnungen wie Oberer Führungskreis (OFK), Oberer Managementkreis (OMK), Direktionskreis (DIR oder DK) oder natürlich selbsterklärend Vorstandskreis (VK) wiesen oft darauf hin, dass es sich um jemanden handelte, der »oben« war. Daraus darf jedoch keinesfalls im Umkehrschluss abgeleitet werden, dass in allen Unternehmen, welche die zuvor erwähnten Bezeichnungen verwenden, automatisch eine Welt von »unten« und »oben« herrscht. Die Followership der Menschen »unten« war aus heutiger Sicht retrospektiv betrachtet nur mäßig bis moderat ausgeprägt. Glücklicherweise habe ich auch zahlreiche Unternehmen kennenlernen dürfen, die keine Unten-oben-Welt hatten. In diesen war die Followership wenig überraschend deutlich stärker ausgeprägt. Wenn wir im Jahr 2024 besonders in Deutschland erleben, dass das Volk seine Unzufriedenheit mit den Regierenden in einer seit langem nicht mehr gezeigten Weise auf der Straße wieder und wieder demonstriert, so dürfen wir uns in diesem Zusammenhang berechtigterweise die Frage stellen, ob diese Menschen nicht das Gefühl haben, dass sie sich »unten«

---

124 Kelley, Robert: Rethinking Followership. In: Riggio, Ronald E.; Chaleff, Ira; Lipman-Blumen, Jean (2008): The Art of Followership. How Great Followers create Great Leaders and Organizations. Jossey-Bass, San Francisco (CA), S. 14.

befinden und die Volksvertreter sich als »Obere« betrachten, dies auch so zeigen und wie in der Darstellung von Hemel die Verbindung zu den »Unteren« etwas verloren haben.

2.3 Follower und Followership: Inhalte

Das vorherige Kapitel hat gezeigt, wie belastet die Begriffe »Follower« und »Followership« sind. So wurde in diesem Kontext von roboterartigem Befolgen von Befehlen oder gar minderwertigen Wesen gesprochen worden. Kelley hat hingegen bereits im Jahr 1992 Follower als Menschen beschrieben, die »wissen, was sie tun müssen, ohne dass man ihnen das sagt. Leute, die mit Intelligenz, Unabhängigkeit, Mut und einem ausgeprägten Sinn für Ethik handeln«.[125] Man erkennt an diesen unterschiedlichen Aussagen sehr schnell den großen begrifflichen Spannungsbogen, in dem die beiden Begriffe Verwendung finden. Daher wollen wir nun die Inhalte der Followership konkreter beschreiben, damit verständlich wird, was wir mit den Begriffen in Verbindung bringen.

Im Laufe der letzten sechs Jahre habe ich im Zuge von etlichen Transformationsprojekten mit vielen Führungskräften verschiedener Unternehmen gesprochen. Sobald es um die Themen Personalbeschaffung und -entwicklung ging, habe ich unter anderem auch immer wieder folgende einfache Frage gestellt: »Welche Leute braucht Ihr?« Darauf haben überraschend viele Menschen Antworten mit gleichem Tenor und sehr ähnlichen Details genannt, deren Inhalte in etwa folgendermaßen zusammengefasst werden können: »Leute, die für das Unternehmen mitdenken, die ihre Arbeit gut machen, selbst sehen, was zu tun ist und nicht für alles ihre Führungskraft brauchen. Leute, die sich nicht vor ihren Aufgaben drücken und dem Chef zwar zur richtigen Zeit Paroli bieten, jedoch nicht ständig aufmüpfig sind, nicht ständig gegen die Führungskräfte opponieren und ihre eigene Verantwortung wahrnehmen.« Auch wenn das etwas nach »eierlegender Wollmilchsau« klingen mag, so trifft das zum einen in großen Teilen das, was unter gutem Follower-Verhalten verstanden werden kann. Zum anderen hat das bei mir ein Bild erzeugt, das ich in der Anfangszeit meiner beruflichen Tätigkeit in den 1980er Jahren kennengelernt habe. Das waren erfahrene Fachleute mit abgeschlossener Berufsausbildung, sog. Gesellen, die ihre Arbeit selbständig und fachmännisch erledigt haben, ohne dabei eine Führungskraft benötigt zu haben, die einschätzen konnten, was zu tun war, dies auch erledigt haben und für ihre Arbeit auch den Kopf hingehalten, sprich die Verantwortung übernommen haben. Ihren persönlichen Chef haben sie respektiert, auch wenn dieser nicht immer alles richtig gemacht hat, am Unternehmen wurde nur im berechtigten Fall und sparsam Kritik geäußert, und sie hatten ein Interesse daran, dass das Unternehmen

---

125 Kelley, Robert (1992): The Power of Followership. How to create leaders people want to follow and followers who lead themselves. Currency Doubleday, New York, S. 12.

durch ihre Mitwirkung stabil und leistungsfähig blieb. Was sich etwas nach der Schilderung einer verklärten Vergangenheit liest, konnte ich jedoch in vielen Gesprächen mit Zeitzeugen bestätigen. Anfang 2024 bestätigt mir ein Unternehmensführer aus Norddeutschland, Ende 50, dass auch er diese Zeit noch kennt und dieser Einschätzung zustimmt, es diese Welt jedoch seit etwa Mitte der 19990er Jahre nicht mehr gäbe. Es handelt sich bei der Beschreibung dieser Verhältnisse keineswegs um die Schilderung einer »guten alten Zeit«, denn diese Zeit war aus meiner Sicht nicht besser als heute. Sie war anders und hatte andere Herausforderungen. Allerdings gab es damals jene Art von Mitarbeitern, die sich heute viele Unternehmer und Führungskräfte wünschen würden. Für das Unternehmen mitdenkende Mitarbeiter, ohne dass dies wie so oft gefordert »Unternehmer im Unternehmen« wären. Leute, die mutig aussprechen, was sie denken, auch wenn dies berechtigte Kritik am Unternehmen und den Chefs war. Aber nicht um der Kritik willen, sondern um konstruktiv die Organisation zu verbessern. Also keine reinen Befehlsempfänger und keine willfährigen Erfüllungsgehilfen, sondern gute Follower. Das stellte Kelley auch 1992 fest: »Wir brauchen Follower, die diese Rolle nicht nur übernehmen wollen, sondern auch können«.[126] Followership ist eine Kompetenz, wie wir in Kapitel 1 gezeigt haben. Daher kann man sie auch erlernen.

Was einen effektiven von einem ineffektiven Follower unterscheidet, sei die begeisterte, intelligente und eigenverantwortliche Mitwirkung an den Organisationszielen, so Kelley. Wirksame Follower unterscheiden sich in ihren Beweggründen für die Rolle und in deren Wahrnehmung von unwirksamen.[127] Effektive Follower sind kooperativ und kollaborativ – Eigenschaften, die für jeden menschlichen Fortschritt unerlässlich sind.[128] Kollaborativ bedeutet dabei nicht nur Zusammenarbeit mit den Kollegen im Team, der Gruppe oder der Abteilung, sondern vor allem auch mit dem Leader. Zwischen Leader und Follower besteht eine Zusammenarbeit für den gleichen Organisationszweck und für die Erreichung gemeinsamer Ziele. Sie bilden sozusagen einen Aktionskreis um ein gemeinsames Ziel.[129] Dies verdeutlicht bildhaft die in Kapitel 1 erwähnte Paarung von Leader und Follower als zwei Seiten einer Medaille.

Beide Aufgaben müssen erfüllt werden, damit der Organisationszweck erfüllt und die Ziele erreicht werden können. Zwar kann jede Rolle für sich von den jeweiligen Spielern exzellent ausgefüllt werden, jedoch wird der größte Erfolg dann erreicht, wenn beide Rollen in enger Kooperation gut gespielt werden.[130] Leader und Follower kreisen dabei um den Zweck, der Follower kreist aber nicht um den Leader.[131] Beide ergänzen sich in der Zielerreichung, Leadership und

---

126 Ebd.
127 Kelley, Robert (1988). In Praise of Followers. Harvard Business Review, 66, S. 142-148.
128 Chaleff, Ira (2009): The Courageous Follower. Standing up to & for our leaders. Berrett Koehler Publishers, Oakland (CA), S. 19.
129 Ebd., S. 2.
130 Ebd., S. 1-8.
131 Ebd., S. 13.

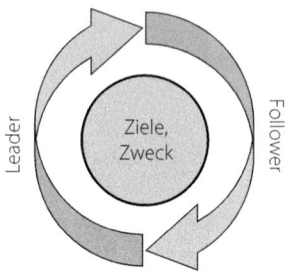

Dar. 4: Leader und Follower kreisen um den gleichen Zweck und die gleichen Ziele (in Anlehnung an Chaleff 2009)

Followership sind wie beschrieben komplementär. Der Follower folgt dabei nicht der Person des Leaders, sondern dessen Rolle. Beides kann, muss aber nicht zusammenfallen. In der »alten Arbeitswelt« vor Digitalisierung, New Work und Agilität, in denen viele Leader-Follower-Paarungen oft für sehr lange Zeit zusammenarbeiteten, war das häufig so und oftmals auch ein Erfolgsfaktor der jeweiligen Organisation. In der Zeit von Agilität und New Work mit ihrem konstanten Wandel funktioniert das jedoch oft nicht mehr. Schon allein deswegen unterscheiden sich alte und neue Followership. Dass Follower der Leader-Rolle folgen, die je nach Situation auch von mehreren Personen ausgefüllt werden kann, und nicht der Person, wird leichter verständlich und nachvollziehbar, wenn man sich im Falle von weisungsbefugten Leadern vergegenwärtigt, dass die Autorität der Position bzw. der Rolle und nicht der Person entspringt.[132] Hierbei handelt es sich um Verfügungsmacht. Anders sieht es beispielsweise bei lateraler Führung aus, die sich allein auf Beeinflussungsmacht stützt. In diesem Fall entspringt die Autorität einzig und allein der Person,[133] sodass sich Followership hier zwar nicht anders gestalten muss, der Follower sich jedoch vergegenwärtigen muss, dass es primär die Rolle des Leaders ist, der er folgt, und erst sekundär der Persönlichkeit. Der gemeinsam verfolgte Zweck ist es jedoch, der die beiden wie »Atom-Klebstoff« zusammenhält,[134] auch wenn Autorität und Beeinflussungsmacht des Leaders einmal nicht besonders hoch ausgeprägt sind. Dann ist umso stärker professionelle Followership gefragt. Neben dem gemeinsamen Zweck sind es auch die gemeinsamen Werte, die Leader und Follower zusammenschweißen.[135] Dies sorgt auch bei schwierigen persönlichen Konstellationen für entsprechenden Zusammenhalt und hinreichende Kooperation. Bemerkt der Follower, dass der Leader weniger den Organisations-

---

[132] Schöffner, Günther; Hagehülsmann, Ute; Schöffner, Kerstin (2023): Zukunftsfähige Machtsysteme in Unternehmen. Die Verantwortung richtig auf die Beine stellen. Kohlhammer Verlag, Stuttgart, S. 108 f.
[133] Ebd., S. 117 ff.
[134] Chaleff, Ira (2009): The Courageous Follower. Standing up to & for our leaders. Berrett Koehler Publishers, Oakland (CA), S. 12.
[135] Ebd., S. 13.

zweck und die gemeinsamen Ziele, sondern hauptsächlich seine persönlichen Ziele verfolgt, kann die Qualität der Followership darunter leiden, weil die genannten zusammenschweißenden Elemente nicht mehr den vollen Halt bieten. Die Partnerschaft Leader-Follower stützt sich also wesentlich auf das gemeinsamen Ziel.[136] Bei Leadership und Followership geht es darum, das Richtige zu tun, die richtigen Dinge zu sagen und sie auf die richtige Weise zu tun.[137] Follower dienen in erster Linie nicht dem Leader, sondern dem gemeinsamen Ziel.[138] Sie dienen primär direkt der Organisation und deren Stakeholdern, zu denen eben auch Leader und Mitarbeiter zählen.[139] Folglich dienen sie indirekt auch den Leadern sowie in gewisser Weise auch sich selbst. Denn bekanntlich bringen nur zufriedene Mitarbeiter dauerhaft gute Leistung. Diese nicht ganz widerspruchsfreie Aussage, dass Follower nicht den Leadern dienen, sie ihnen aber doch in gewisser Weise indirekt dienen, passt zum Paradoxon der Followership, das Chaleff aufzeigt.[140] Demnach sind wir als Mitwirkende einer Organisation, egal ob als Follower oder als Leader, für unser eigenes Tun und Unterlassen verantwortlich, und wir teilen die Verantwortung für die Handlungen derer, die wir beeinflussen können. Daher, so Chaleff, sind Follower genauso für ihre Leader verantwortlich, wie die Leader für die Handlungen und die Leistung der Follower Verantwortung tragen.[141] Ähnliches gilt für die anderen Mitarbeiter der Organisation. Verantwortliche Follower sind wie die Leader Verwalter der Ressourcen der Organisation.[142] Sie müssen daher auch auf ihre Team-Kollegen oder andere Mitarbeiter – sofern dies relevant und möglich ist – zur Erreichung der gemeinsamen Ziele einwirken. Praktisch betrachtet bedeutet dies, Leader zu unterstützen und dabei zu helfen, deren Handlungen und Entscheidungen – wenn nötig – zu korrigieren, genauso wie sie uns bei der Korrektur unserer Handlungen unterstützen.[143] Dies ist, wie wir nachfolgend noch sehen werden, in der Managementliteratur unter dem Begriff »Managing up« geläufig. Ähnliches gilt für die anderen Mitarbeiter der Organisation, die für einen Follower relevant sind. Diese Mitverantwortung für andere Mitarbeiter und für Leader ist ein wesentlicher Baustein der Followership. Die Verantwortung für die übertragenen Aufgaben zu übernehmen, wie beispielsweise das Erstellen einer Software, die Begleichung einer Lieferantenrechnung oder die fachliche Führung

---

136 Maroosis, James: Leadership: A Partnership in Reciprocal Following. In: Riggio, Ronald E.; Chaleff, Ira; Lipman-Blumen, Jean (2008): The Art of Followership. How Great Followers create Great Leaders and Organizations. Jossey-Bass, San Francisco (CA), S. 17.
137 Ebd., S. 21.
138 Chaleff, Ira: Creating New Ways of Following. In: Riggio, Ronald E.; Chaleff, Ira; Lipman-Blumen, Jean (2008): The Art of Followership. How Great Followers create Great Leaders and Organizations. Jossey-Bass, San Francisco (CA), S. 71.
139 Chaleff, Ira (2009): The Courageous Follower. Standing up to & for our leaders. Berrett Koehler Publishers, Oakland (CA), S. 15 f.
140 Ebd., S. 13.
141 Ebd.
142 Ebd., S. 15.
143 Ebd., S. 14.

einer Projektgruppe, erfüllen diese Personen aus der Mitarbeiter-Rolle. Die beschriebene Übernahme der zusätzlichen Verantwortung für die Ressourcen der Organisation durch Einflussnahme auf Leader und andere Mitarbeiter übernehmen sie aus der Follower-Rolle. Follower sein bedeutet also mehr, als ähnlich einem reinen Befehlsempfänger nur die übertragenen Aufgaben zu erledigen, wie es eine bekannte Standardformulierung in deutschen Arbeitszeugnissen so oft wiedergibt. Es bedeutet die Übernahme zusätzlicher Verantwortung und infolgedessen entsprechender Handlungen und Unterlassungen. Bringt man diese Übernahme der zusätzlichen Verantwortung für Leader und andere Mitarbeiter, und damit für die Organisation, in Verbindung mit obiger Zusammenfassung hinsichtlich benötigter Mitarbeiter, so ergeben sich klare Überschneidungen. Wer, salopp formuliert, Verantwortung für sich selbst und den direkten Chef sowie seine Kollegen übernimmt, der kümmert sich darum, dass das, was er als für die Erreichung der Unternehmensziele als notwendig identifiziert hat, auch geschieht – auch ohne, dass ihn sein Chef darum bittet oder ihm sagt, was er zu tun hat. Er scheut sich auch nicht davor, Ziele und Anweisungen des Chefs zu hinterfragen, wenn dies notwendig ist und Sinn macht, weil er sich eben für das Gesamte mit verantwortlich fühlt. Deswegen kritisiert er den Chef auch nicht unnötigerweise, weil er weiß, dass er selbst auch Fehler macht und er froh und dankbar ist, wenn ihn der Chef bei der Korrektur seiner Fehler hilft, damit das Unternehmensziel erreicht werden kann. Schließlich ist er ja dafür verantwortlich. In dieser saloppen Darstellung zeigt sich, dass das oben erwähnt Handeln der Gesellen in den 1980er Jahren sehr von gelebter Followership geprägt war, auch wenn dies zum damaligen Zeitpunkt nicht so genannt wurde. Die Mitarbeiter fühlten sich verantwortlich dafür, dass ihr Unternehmen und ihre Führungskräfte erfolgreich waren und nicht nur sie selbst. Vieles an der Followership ist also nicht neu, weshalb auch viele der prinzipiellen Followership-Ansätze auch heute noch gültig sind. Dennoch gibt es auch viele neue Inhalte zu beachten, die die digitale Arbeitswelt mit sich bringt. Diesen Inhalten werden wir uns in einem anderen Kapitel explizit widmen. An dieser Stelle wollen wir zur Verdeutlichung gelebter Followership ein reales Fallbeispiel aus den späten 1980er Jahren betrachten. Obwohl wie oben beschrieben das Followership-Verständnis damals ganz anders aussah als heute, gab es auch zu dieser Zeit bereits positive Beispiele gelebter Followership nach dem Verständnis des agilen Zeitalters.

Fallbeispiel 4: Ein Chef mit wenig Sachverstand (aber guten Followern) – Fall aus 1989

Ein großes Industrieunternehmen hatte im Laufe der 1980er Jahre seinen Maschinenpark stark modernisiert. Es verfügte damals bereits über computergesteuerte Produktionsmaschinen und setzte den neuesten Stand der damals verfügbaren Industrieroboter ein. Dementsprechend mussten die Mitarbeiter der Instandhaltungsabteilung auch stets schnell neues Knowhow aufbauen, um mit der technischen Entwicklung mithalten zu können. Der Leiter dieser Abteilung, ein Ingenieur Anfang 60, war bereits knapp 20 Jahre in dieser Position und bereits 30 Jahre im Unternehmen. Dementsprechend war er im Unternehmen auch gut vernetzt. Anfang der 1980er Jahre hatte er damit aufgehört, sich ständig auf den aktuellen Stand der Technik zu bringen. Er hatte in den Jahren einen ausgezeichnet qualifizierten Mitarbeiterstamm entwickelt, sodass er nicht mehr selbst der »oberste Techniker« sein musste. Die auf über 50 Mitarbeiter angewachsene Abteilung hätte dies auch schon aus Zeitgründen gar nicht mehr zugelassen. Er konzentrierte sich darauf, seine Mitarbeiter ständig weiterzuentwickeln, dafür zu sorgen, dass diese zur Erfüllung ihrer Aufgaben alle notwendigen Voraussetzungen hatten, dass die Abteilung reibungslos funktionierte und ihre Aufgabe auch bestens erfüllte. Er managte seine Abteilung hervorragend, die Manager der Produktion – wenn man so will die Kunden des Abteilungsleiters – waren mit der Verfügbarkeit der Maschinen und Anlagen und den jeweiligen Wartungskosten mehr als zufrieden. Der Abteilungsleiter stellte auch den kontinuierlichen Personalnachwuchs sicher, sowohl in Form eigener Auszubildender als auch durch Einstellung ausgebildeter Mitarbeiter von intern oder extern. Im Zuge dessen geschah es, dass er von der Personalabteilung die Bewerbung eines externen Instandhaltungselektronikers auf den Tisch bekommen hatte, die ihn sehr begeisterte. Zwar konnte er die in der Bewerbung genannten Maschinen- und Gerätegenerationen, an denen der Bewerber bereits Erfahrung gesammelt hatte, nicht erkennen und nicht beurteilen, ob diese Technologien für seine Abteilung relevant waren. Doch hatte er vom Bewerber insgesamt einen guten Eindruck aus der Bewerbung gewonnen und lud ihn ein. Da es sich seiner Meinung nach um eine ganz spezielle Technologie handelte, die der Bewerber mitbrächte, und dies in der neuen »Produktionsgruppe 4« besonders relevant wäre, ließ er zum Bewerbungsgespräch auch gleich den Leiter dieser Gruppe mit einladen. Da die Bewerbung schon etwas länger in der Personalabteilung gelegen hatte und der Abteilungsleiter vermeiden wollte, dass der Bewerber noch länger nichts hörte, wählte er zur Einladung den »kurzen Dienstweg«, d. h. er kontaktierte nicht alle zuständigen Personen, sondern fädelte das Bewerbungsgespräch über sein Netzwerk ein. Danach informierte er den in seiner Abteilung zuständigen Meister, in dessen Gruppe der Bewerber eventuell eingesetzt werden sollte. Dieser sagte zu seinem Kollegen, nachdem er die Bewerbung gelesen und vom Abteilungsleiter Informationen zum Stand der Einladung zum Bewerbungsgespräch bekommen hatte: »Also unser Chef, der weiß noch weniger als nichts! Der Bewerber ist zwar spitze, aber der passt doch nicht in meine Gruppe! Der muss doch zu Dir! Außerdem brauchen wir dann nicht den Leiter der Produktionsgruppe 4 dafür, sondern den der 3. Dann hat er den Vorstellungstermin auch noch an der zuständigen Stelle in der Personalabteilung vorbei über seine alte Sekretärin eingefädelt. Dadurch geht's zwar viel schneller, aber der kann sich ja gar nicht vorstellen, was das wieder für einen Wirbel auslöst. Aber mit dem Bewerber scheint er ja trotz seiner technischen Ahnungslosigkeit wieder mal ein Näschen gehabt zu haben. Wenn wir den kriegen könnten, dann hätten wir viele Probleme gelöst. Denn mit der Technologie kennen sich nicht viele aus und wenn das alles stimmt, was der Kandidat in seiner Bewerbung anführt, ist das ein Spitzenmann. Sprich Du mit dem Chef von Produktionsgruppe 3, ich fädle das mit der Personalabteilung ein und beruhige den Leiter von der 4. Dann informiere ich ihn, dass alles im Laufen ist und danke ihm für seine Hilfe. Denn auch wenn ich nichts davon haben werde, so hat der Alte doch gute Arbeit gemacht und uns den Bewerber mit seinen Verbindungen vielleicht noch gerettet. Denen würde das eine Menge helfen und es würde unser Unternehmen langfristig stärken.«

Wir wollen hier die Followership des Meisters aus dem Fallbeispiel etwas näher betrachten, denn diese war richtig gut. Er managte seinen Chef, trotz dessen technischer und verfahrensmäßiger Unbeholfenheit. Er opponierte nicht gegen ihn, sondern versuchte, dessen Fehler auszubügeln, um das Gute, das die Aktion des Chefs versprach, für seinen Kollegen und das Unternehmen zu retten. Er wies den Chef auch nicht auf dessen Fehler und Unzulänglichkeiten hin, wissend, dass dieser mit Anfang 60 seine Arbeitsweise wahrscheinlich nicht mehr drastisch ändern würde. Des Weiteren wusste er auch, dass sein Chef wegen seiner guten Vernetzung den Prozess entscheidend hatte beschleunigen können, ohne dass dabei viel »Scherben« in Form von Konflikten aufgetreten waren. Das konnte im Unternehmen nicht jeder tun und sein Chef war diesbezüglich sehr geschickt. Seinen Kollegen, der mit den Prozessen im Unternehmen wegen seiner kurzen Betriebszugehörigkeit noch nicht so vertraut war, instruierte er entsprechend und er glättete die Wogen in der Personalabteilung. Er managte also sowohl seinen Chef als auch die anderen Mitarbeiter, die für die erfolgreiche Umsetzung des Bewerbungsgesprächs relevant waren. Zudem war er seinem scheinbar inkompetenten Chef gegenüber trotz der Probleme loyal. Indem er seinen Meister-Kollegen bat, niemandem etwas über die etwas schief gelaufene Einleitung des Bewerbungsgespräches und die Fehler des Chefs zu erzählen, schützte er auch die Autorität des Chefs. Dadurch war niemandem ein Nachteil entstanden und er wusste sowohl, dass sein Chef auf anderem Gebiet auch explizite Stärken hatte, als auch, dass er selbst in gewissen Dingen nicht besonders kompetent war – beispielsweise in der Kooperation mit der Berufsschule –, bei denen er sich aber darauf verlassen konnte, dass ihm sein Chef dabei unter die Arme greifen würde. Obwohl er wusste, dass er trotz dieser Schwächen seinem Chef mittlerweile überlegen war, nutzte er die Situation diesbezüglich nicht dahingehend für sich selbst aus, dass er anderen die Inkompetenz seines Chefs »unter die Nase rieb«, um sich selbst für dessen Nachfolge ins Spiel zu bringen. Er wusste, dass dies nicht nur unanständig gewesen wäre, sondern dass man es auch ertragen müsse, wenn man selbst kompetenter als der Leader sei. Denn es könne auch bei ihm vorkommen, dass einige seiner Leute kompetenter würden als er selbst, sonst könnte er kein hochkompetentes Team formen. In solchen Situationen wäre er selbst dann auch über die Fairness seiner Mitarbeiter froh und dankbar. Darum wollte er diesbezüglich als gutes Vorbild vorangehen. Dieses Vorgehen, sich scheinbar unterlegenen Leadern zu fügen, wenn dies in der jeweiligen Situation sinnvoll und für das Ganze vernünftig ist, mag zwar nicht einfach sein. Es ist aber nicht nur ein Zeichen einer gewissen Noblesse, es kann wie erwähnt in bestimmten Situationen einfach notwendig sein, weil dies sonst der Organisation eventuell mehr schadet als nutzt. In der militärischen Führung müssen Menschen Vorgesetzten folgen und deren Befehle akzeptieren, auch wenn diese in einigen Bereichen offensichtlich weniger kompetent oder charismatisch sind als sie selbst, schlichtweg um die Autorität der Befehlskette nicht zu untergraben und so eventuell das System zu schwächen.[144] Auch wenn es im nichtmilitärischen Bereich meistens nicht um Leben und Tod geht und auch nicht befohlen wird, so kann auch dort das situativ unnötige Untergraben der Autorität eines unterlegenen Leaders mehr schaden als nutzen. Hier muss ein Follower abwägen und gegebenenfalls auch einmal einstecken können. Denn alle werden irgendwann Situationen vorfinden, in denen sie selbst die unterlegenen, die weniger kompetenten oder die fehlerbehafteten Personen sind. Hier zeigt sich, dass Followership sehr viel mit menschlichem (im Sinne von typisch menschlich und nicht von human) Verhalten zu tun hat. Die beschriebene Übernahme von Verantwortung für die Organisation beinhaltet also nicht nur, seine übertragenen Aufgaben zu erledigen, sondern auch, die Leader zu managen (Managing up), Kollegen und andere Mitarbeiter in einem gewissen Rahmen zu managen (sog. Peer Management) sowie sich selbst und seinen eigenen Wirkungsbereich zu managen. Das sind wesentliche Bausteine aktiver Followership.

Die vorherigen Ausführungen zum Inhalt von Followership waren geprägt von Management-Inhalten. Andere Personen, die Leader, aber auch sich selbst managen. Von »folgen« im Sinne von »nachfolgen«, »befolgen«, »sich leiten lassen« etc. war dabei weder die Rede, noch verbindet man solche Inhalte mit den beschriebenen Management-Inhalten. Diese würde man eigentlich eher Leadern zuordnen, die sich darum kümmern, »die Organisation am Laufen zu halten«. Doch die beschriebenen Management-Inhalte sind Aufgaben des Followers, weil sie wie erwähnt nur aus der Follower-Aufgabe heraus getätigt werden können. Damit aber die Follower-Aufgabe klar wird, müssen wir einen Bezug zu den zuvor erwähnten Begriffen der Bedeutung von »folgen« herstellen. Gäbe es solch einen Bezug nicht, wäre es widersinnig, von »Follower« zu sprechen. Wann oder wie lässt sich ein Follower vom Leader leiten, wie folgt er ihm nach und wann befolgt er dessen Weisungen?

Mit dem Begriff »Follower« wird eine Person beschrieben, welche die zentrale Führungskraft als primäre Quelle für Anleitung zur Arbeit anerkennt, unabhängig davon, wie viel formale Autorität die Führungskraft tatsächlich über diese Person hat.[145] Als Follower erkennt und akzeptiert man einen Leader als eine Person, welche abstrahiert betrachtet und salopp ausgedrückt die Leitlinien für die eigene

---

144 Willink, Jocko; Babin, Leif (2022): Die zwei Seiten der Führung. Führen und folgen – das Erfolgsprinzip der Navy SEALs. Redline Verlag, München, 2. Aufl., S. 221.
145 Yukl, Gary; Gardner, William L. (2020): Leadership in Organizations. Pearson Education, Harlow, 9. Aufl., S. 27.

Arbeit setzt und die Richtung dafür weist. Dazu müssen Follower der Rolle des Leaders Akzeptanz entgegenbringen, dessen Macht- und Führungsanspruch anerkennen, sich dementsprechend vom Leader führen lassen, der Person des Leaders angemessenen Respekt entgegenbringen und sich im Falle von Verfügungsmacht in letzter Konsequenz auch gelegentlich dem Willen des Leaders beugen.[146] Was teilweise nach Befehl und Gehorsam klingt, ist so nicht damit gemeint, denn Befehl und Gehorsam bedeuten ein entsprechendes Verhalten des Followers zu jeder Zeit und ohne Widerspruch. Im Falle »normaler« Followership kann dies auch auftreten, jedoch weder ständig noch unreflektiert bzw. nicht ohne berechtigten Widerspruch, wie wir später noch sehen werden. Führung ist, wie wir bereits mehrmals gesehen haben, die praktizierte Ausübung von Macht. Verliehene Macht gibt den Menschen einen berechtigten Führungsanspruch, der von den Followern entsprechend anerkannt werden muss, wenn das Machtsystem stabil und funktionsfähig sein soll. Das Anerkennen des Führungsanspruches bezieht sich auf die Rolle des Leaders. Aber auch der Person des Leaders ist ein gewisses Mindestmaß an Respekt entgegenzubringen, damit die Paarung Leader-Follower in der praktischen Arbeit funktionieren kann. Durch entsprechende Beeinflussungsmacht können Leader ihre Machtbasis erweitern, sodass sich ein über das Minimalmaß hinausgehendes, angemessenes gegenseitiges Respektsverhältnis etablieren kann. Wenn wir zur Erklärung von Followership von Leadern sprechen, so gehen wir von Personen mit berechtigtem Führungsanspruch aus, d. h. von Leadern, denen seitens der Organisation auch entsprechende Befugnisse übertragen wurden. Der Untertitel des wegbereitenden Buches von Ira Chaleff, »The Courageous Follower«, das für dieses Buch eine entscheidende Grundlage darstellt, lautet übersetzt sinngemäß »Wir setzen uns für unsere Leader ein und stehen zu ihnen«.[147] Damit man für jemanden einsteht bzw. zu ihm steht, ist auch ein angemessener Respekt notwendig, ohne dass dies mit Unterwürfigkeit verwechselt werden darf. Damit Führung wirksam sein kann, muss sie mit einem entsprechenden Machtpotential verbunden sein. Dies kann auch reine Beeinflussungsmacht sein, die wie erwähnt der Persönlichkeit entspringt. Das Anerkennen des Führungsanspruchs des Leaders ergibt sich dann, wenn man den beschriebenen Zusammenhang von Leadership und Followership betrachtet. Beide drehen sich um die gemeinsamen Unternehmensziele und ergänzen einander.

Wir haben in diesem Kontext umfangreich den Umstand beleuchtet, dass es ohne Follower keine Leader geben kann. Es ist aber umgekehrt genauso. Ohne Leader gibt es keine Follower. Dementsprechend müssen Follower die Notwendigkeit und infolgedessen den Führungsanspruch der Leader anerkennen. Ansonsten kann dieses komplementäre Paar nicht funktionieren. Denn der Followership-An-

---

146 Schöffner, Günther; Senne, Petra (2021): Professionelle Zusammenarbeit von Geschäftsführung und Betriebsrat. Ein Praxisleitfaden für Führungskräfte und Manager. ESV Erich Schmidt Verlag, Berlin, S. 196.
147 Chaleff, Ira (2009): The Courageous Follower. Standing up to & for our leaders. Berrett Koehler Publishers, Oakland (CA).

satz begreift Führung als einen sozialen Interaktionsprozess, zu dessen Gelingen Führende und Folgende in unterschiedlichen Rollen unter Wahrnehmung der jeweiligen Verantwortung beitragen.[148] Wer also den Followership-Ansatz akzeptiert und mit Leben erfüllen will, muss den Leadern ihren Führungsanspruch zubilligen und sich dementsprechend von ihnen leiten lassen. Das »Ob« und »Wann« dieser Akzeptanz kann dabei weder eine Sache der Situation noch der personellen Konstellation sein. Man kann den Führungsanspruch nicht in einer Situation anerkennen und in einer anderen nicht. Dasselbe gilt hinsichtlich der Personen. Damit dies aber nicht in Willkür und Unterordnung endet, bedarf der Leadership-Followership-Ansatz aber auch entsprechender Ausgestaltung, damit Follower im berechtigten Fall intervenieren und eine reine Befehl-Gehorsam-Situation vermeiden können.

Grundlage der Anerkennung des Führungsanspruchs von Leadern und infolgedessen die Bereitschaft, sich von diesen führen zu lassen, sind somit der Unternehmenszweck und die gemeinsam verfolgten Ziele, um die sich beide Rollen drehen. Beide Rollen betrachten sich im Dienst an der Organisation an derselben Sache arbeitend. In einer diesem Verständnis folgenden funktionierenden Partnerschaft von Leader und Follower konkurrieren Follower dementsprechend nicht mit dem Leader darum, wer welche Entscheidung treffen darf. Dieses komplementäre Verhältnis hatten wir bereits beleuchtet. Vielmehr stellen sich Follower, wenn sie ihrer Organisation dienen, auch in den Dienst ihrer Counterparts, der Leader. Denn nur dann kann die Arbeit am gemeinsamen Unternehmensziel gelingen. Sie sind also nicht die Diener der Leader, wie dies lange Zeit im Sinne von »Herren und Knechten« gedacht wurde, sondern sie sehen sich dahingehend als im Dienst der Leader stehen, dass diese sie zur Erreichung der gemeinsamen Ziele leiten dürfen und sie ihnen diesbezüglich folgen. Dass das Verständnis des »im Dienst des anderen Stehens« keine Einbahnstraße ist, wird schlüssig, wenn man ihm den Ansatz des Servant Leaders, also des dienenden Anführers, entgegenstellt. Dieser stellt auch das der Organisation Dienen und als deren Beteiligter infolgedessen das den Followern Dienen in den Mittelpunkt seines Handelns und vor seine Eigeninteressen.[149] Beide sehen sich somit als Dienstleister der Organisation, die sich hierfür gegenseitig Dienste anbieten und diese jeweils gegenseitig partnerschaftlich ausfüllen. In Konstellationen, in denen gewisse Personen ständig in der Leader-, andere ständig in der Follower-Rolle sind, kann es aufgrund nicht ausbleibender Diskrepanzen auch dazu kommen, dass Follower an ihre Frustrationsschwelle geraten, wenn sie sich in ihrer Rolle letztendlich immer wieder dem Willen der Leader in irgendeiner Form beugen müssen.[150] Damit dies nicht zu

---

148 Erlinghagen, Robert; Symanski, Ute (2014): It takes two to tango. Das Konzept »Followership«. Zeitschrift Wissenschaftsmanagement, Ausgabe 3 Mai/Juni, S. 54–57.
149 Daft, Richard L. (2015): The Leadership Experience. Cengage Learning, Stamford, S. 178.
150 Schöffner, Günther; Senne, Petra (2021): Professionelle Zusammenarbeit von Geschäftsführung und Betriebsrat. Ein Praxisleitfaden für Führungskräfte und Manager. ESV Erich Schmidt Verlag, Berlin, S. 196.

dauerhaften Konflikten und einem Auseinanderbrechen der Partnerschaft führt, müssen sich Leader und Follower diesem Umstand bewusst sein und ihre Zusammenarbeit dementsprechend gestalten. Erfahrene Follower integrieren daher die Bedürfnisse ihres Egos in ausreichendem Maße in die gemeinsame Verantwortung für die Organisation.[151] Somit können sie darüberstehen, dass es häufig die Leader sind, die das letzte Wort haben. Das tut ihrer Persönlichkeit und dem Selbstverständnis, mit dem sie die Follower-Rolle ausfüllen, keinen Abbruch, sodass gestandene Follower-Persönlichkeiten in der Lage sind, den Führungsanspruch von Leadern auf Dauer zu akzeptieren. In schwierigen Situationen ist ein entscheidender Faktor für das Funktionieren der Partnerschaft, dass die Follower die Ziele, die den Leadern von deren Leadern gesetzt wurden, sowie den diesbezüglichen Druck, unter dem die Leader stehen, kennen.[152] Dadurch können sie das Handeln der Leader besser einordnen und situationsbedingt die Bedürfnisse der eigenen Person auch einmal zurückstellen. Denn Followership bedeutet auch, die Bedürfnisse anderer über eigene Wünsche zu stellen und eine vertrauensvolle und loyale Beziehung zu Leader und Team aufzubauen.[153] Dazu zählt auch, Belastungen auszuhalten und unliebsame Anweisungen des Leaders zu akzeptieren. Denn letztendlich ist ein Follower eine Person, die Führung, Anweisungen oder Leadership akzeptiert und diese annimmt, um beim Erreichen von Zielen und der Bewältigung gemeinsamer Aufgaben mitzuwirken.[154] In unserem Buch »Zukunftsfähige Machtsysteme in Unternehmen« aus dem Jahr 2023 haben wir neben den Anforderungen, welche die Macht an Leader stellt, auch die notwendigen Handlungen von Followern beschrieben, damit Machtsysteme in Unternehmen funktionieren können. In diesem Kontext haben wir unser Verständnis von Followership zusammengefasst. Diese Inhalte stellen der zuvor getätigten Argumentation zum Thema »Akzeptanz von Leadern und Nachfolge durch Follower« unsere Sichtweise gegenüber. Diese entspringt zu einem großen Teil der praktischen Erfahrung, die wir als Autorenteam in vielen Jahrzehnten hinsichtlich erlebter Followership sammeln konnten. Beide Darstellungen überschneiden und ergänzen sich, daher wird diese Darstellung aus unserem Buch nachfolgend unverändert wiedergegeben,[155] sodass der Leser die Inhalte selbst gegenüberstellen und ein Verständnis des Nachfolgens entwickeln kann:

---

151 Chaleff, Ira (2009): The Courageous Follower. Standing up to & for our leaders. Berrett Koehler Publishers, Oakland (CA), S. 20.
152 Gabarro, John J.; Kotter, John P. (2005): Managing Your Boss. Harvard Business Review. January 2005, S. 92–99.
153 o. V. (2019): Follow to lead. 4th Class Orientation & Training. The Citadel. The Military College of South Carolina.
154 Duran-Stanton, Amelia; Masson, Alicia (2021): Lessons in Followership: Good Leaders Aren't Always Out Front. Association of the United States Army. https://www.ausa.org/articles/lessons-followership-good-leaders-arent-always-out-front. (Abgerufen am 30.01.2024).
155 Schöffner, Günther; Hagehülsmann, Ute; Schöffner, Kerstin (2023): Zukunftsfähige Machtsysteme in Unternehmen. Die Verantwortung richtig auf die Beine stellen. Kohlhammer Verlag, Stuttgart, S. 261.

»Follower sind Personen, die den Führungsanspruch anderer Personen anerkennen und ihr eigenes Handeln an deren Handlungen und Erwartungen anpassen. Sie lassen sich bereitwillig von den Führenden auf die relevanten Ziele hin beeinflussen und setzen ihre Energie zur Erfüllung der ihnen übertragenen Aufgaben und nicht zur regelmäßigen oder dauerhaften Opposition gegen den Führenden ein. Sie kooperieren bereitwillig mit den Führenden und widersprechen oder widersetzen sich diesen nur in jeweils berechtigten und notwendigen Fällen. Letzteres tun sie aus sachlichen Gründen und nicht, weil sie den Führungsanspruch des Führenden anzweifeln. Sie entsprechen den Anweisungen und Anforderungen, ohne reine »Ja-Sager« oder Befehlsempfänger zu sein, um die Zielerreichung und die kollektive Stabilität und Sicherheit des Unternehmens aufrechtzuerhalten. Wird das Befolgen der Führungshandlungen der Mächtigen dagegen regelmäßig verweigert, verliert die Machtausübung ihr reguläre Wirksamkeit. Daher ist nicht nur entscheidend, dass Führungskräfte über die notwendigen Führungskenntnisse und -kompetenzen verfügen, damit eine hinreichende Kooperation entsteht. Auch Follower müssen die Gefolgschaft in hinreichender Weise praktizieren.«

Weiter oben haben wir uns schon mit der Aufgabe des Followers beschäftigt, »nach oben« zu managen. Dieses als »Managing up« oder »Managing the boss« bezeichnete Tun des Followers läuft nach bestimmten Regeln ab und hat auch bestimmte Punkte zum Inhalt, denen wir uns in späteren Kapiteln dezidierter widmen werden. Ohne diesen Inhalten vorzugreifen, wollen wir hier im Kontext des Nachfolgens durch Follower einen dieser Punkte bereits vorwegnehmen. Demnach ist es für Follower im Sinne des Arbeitens an gemeinsamen Zielen angeraten, sich in der Kooperation mit dem Leader so zu verhalten, dass dieser seine Stärken ausspielen und dadurch effektiv arbeiten kann.[156] Wenig Sinn macht es hingegen, wenn der Follower so agiert, dass ständig die Schwächen des Leaders zutage treten und dieser daher wenig effektiv werden kann. Zusammengefasst geht es »vor allem darum, die jeweilige Führungskraft wirksam, effektiv und erfolgreich werden zu lassen, sowie dafür zu sorgen, dass sie ihre Stärken einsetzen und Leistung erbringen kann. Dementsprechend lässt sich ein Follower-Verhalten, das ständig die Schwächen der Führungskraft herauskehrt oder dafür sorgt, dass diese nicht effektiv arbeiten kann, eher im Bereich schlechter Followership einordnen. In solchen Fällen ist es schwer, eine dauerhaft stabile Kooperation aufzubauen, die auch in schwierigen Situationen hinreichend tragfähig ist.«[157]

Followership lässt sich somit inhaltlich im Wesentlichen in den folgenden drei Punkten zusammenfassen:

- Nachfolgen, das heißt sich vom Leader leiten zu lassen, seine Führung anzuerkennen und ihn bei der Erreichung der gemeinsamen Ziele zu unterstützen,

---

156 Drucker, Peter; Maciariello, Joseph A. (2008): Management. HarperCollins, New York, überarb. Aufl., S. 499.

157 Schöffner, Günther; Hagehülsmann, Ute; Schöffner, Kerstin (2023): Zukunftsfähige Machtsysteme in Unternehmen. Die Verantwortung richtig auf die Beine stellen. Kohlhammer Verlag, Stuttgart, S. 262.

- Verantwortung für die Organisation und die Erreichung von deren Ziele zu übernehmen und im Zuge dessen auf Leader und andere Follower einzuwirken,[158] sowie
- sich selbst entsprechend so zu managen, dass durch den eigenen Beitrag und das eigene Followership-Verhalten die Erreichung der Organisations-Ziele insgesamt möglichst optimiert wird.

Die Übernahme der genannten Verantwortung erfordert vom Follower ein großes Maß an Eigeninitiative, Beurteilungs- und Handlungsvermögen, angemessener Entscheidungsstärke und Mut. Das eigenverantwortliche Handeln zur Ausfüllung der Follower-Rolle erfordert viele Freiräume, die zum einen durch die Leader geschaffen, zum anderen aber auch durch den Follower ausgefüllt werden müssen. Bei allem Freiraum bleibt ein Follower jedoch stets zu einem gewissen Maß auf den Leader fokussiert und richtet sich nach ihm. Die ihm übertragenen Aufgaben kann er inhaltlich selbstorganisiert und verantwortlich ausführen. Bei seiner Follower-Aufgabe richtet er sich aber nach seinem Leader, damit die Stabilität des Machtsystems gewährleistet wird. Dies ist für das Funktionieren von Organisationen von fundamentaler Bedeutung. Dieses »sich nach dem Leader Richten« erfordert neben der erwähnten Akzeptanz von Leadership und Führungsanspruch sowie der personifizierten Leader-Rolle wie bereits angedeutet auch entsprechenden Respekt vor der Person des Leaders. Das bedeutet beispielsweise, Leader weder zu missachten oder zu schubladisieren (»Alle nur machtgeil.«), noch von ihnen zu erwarten, sie seien Wundermenschen. Das bedeutet, ihnen wie allen anderen Menschen auch Stärken und Schwächen zuzugestehen und mit letzteren wie erwähnt nicht zu deren Nachteil, sondern zum Wohl der Organisation umzugehen. Leader sind keine »Übermenschen« und auch sie sind menschlichen Schwächen wie beispielsweise den Verführungen der Macht ausgeliefert. Dementsprechend fair und respektvoll sollten Follower mit Leadern umgehen. Dies bedeutet mitnichten Unterwürfigkeit oder Hörigkeit, sondern ist die beschriebene komplementäre Partnerschaft auf Augenhöhe. Diese kann sich jedoch nur einstellen, wenn Follower den Leadern auch das angemessene Quantum an Respekt zukommen lassen.[159] Reflektiert man die zuvor erwähnten Inhalte und Ansätze der Followership, so verwundert es nicht, dass an der ein oder anderen Stelle Widersprüche auftreten und der Gesamtansatz in sich nicht geschlossen konsistent zu sein scheint. Es handelt sich hier um das Zusammenwirken von Menschen, also um ein komplexes, soziales System, das nicht mathematisch widerspruchsfrei und deterministisch genau beschrieben werden kann. Das Konzept des Zusammenwirkens von Leadern und Followern enthält

---

158 Dixon, Gene: Getting Together. In: Riggio, Ronald E.; Chaleff, Ira; Lipman-Blumen, Jean (2008): The Art of Followership. How Great Followers create Great Leaders and Organizations. Jossey-Bass, San Francisco (CA), S. 164.

159 Chaleff, Ira: Creating New Ways of Following. In: Riggio, Ronald E.; Chaleff, Ira; Lipman-Blumen, Jean (2008): The Art of Followership. How Great Followers create Great Leaders and Organizations. Jossey-Bass, San Francisco (CA), S. 73.

daher auch zahlreiche Paradoxien.[160] So sollen Follower eben beispielsweise tatkräftig ihren eigenen Weg gehen und als Follower ihre Freiräume nutzend andere Follower und den Leader managen, damit die Leistung der Organisation maximiert wird, gleichzeitig sollen sie sich jedoch nach den Leadern richten und sich an ihnen orientieren, obwohl sie diese ja managen sollten. Oder jemand ist »Umsetzer« und, wie wir in den nächsten Kapiteln noch sehen werden, gleichzeitig »Challenger« der Ideen des Leaders.[161] Gute Followership ist also keine einfache Aufgabe. Umso mehr muss sie erlernt werden, wenn man sie gut ausfüllen will. Weil sie aber schwierig ist und im Gegensatz zur Leadership bisher weniger Verbreitung gefunden hat, ist es wenig verwunderlich, dass die Art und Weise, wie Followership in der Praxis ausgeübt wird, eine enorme Bandbreite aufweist. Diese kann in einfachster Weise von guter bis schlechter Followership aufgezeigt werden, ähnlich wie es gute und schlechte Leadership gibt.[162] Will man sich bemühen, in einer Organisation Followership derart zu gestalten, dass sie eben zur maximalen Leistung der Organisation führt, greift diese eindimensionale Betrachtung etwas kurz. Konkreter lässt sich gezeigte Followership von Individuen einteilen, wenn man die Ausprägung der Eigenverantwortung des Followers und die Ausprägung seiner Verantwortung für den Leader in Form des ihm gewährten Supports in einer zweidimensionalen Darstellung gegenüberstellt.

Mit dieser Darstellung kann in grober Weise eingeteilt werden, wie sehr verschiedene Follower das beschriebene Kreisen von Leader und Follower um den gemeinsamen Zweck praktizieren. Eine ähnliche Darstellung könnte man durchführen, indem man die gewährte Akzeptanz des Führungs- und Machtanspruchs des Followers der gelebten Eigeninitiative bzw. dem Kümmern um Leader und Organisation im Rahmen der übernommenen Verantwortung gegenüberstellt. Mit solchen einfachen Einteilungen, die uns helfen, das Followership-Verhalten verschiedener Menschen in einer Organisation zu beschreiben, werden wir uns den praxisorientierten Kapiteln dieses Buches näher beschäftigen.

Die vorherige Einteilung wollen wir zum Abschluss dieses Kapitels anhand von zwei Fallbeispielen näher betrachten. Zum einen soll dies die Bedeutung der Inhalte der Darstellung in der Praxis erläutern, zum anderen soll dadurch der praktische Nutzen gezeigt werden. Man kann damit einfache Verhaltensmuster hinsichtlich Followership erkennen, sodass daraus entsprechende Maßnahmen zur potentiellen Verbesserung des Follower-Verhaltens abgeleitet werden können. Beide Beispiele spielten sich im selben Unternehmen ab. Zur einfacheren Darstellung und Bezugnahme sind sie jedoch getrennt dargestellt. Die beiden Beispiele sollen zeigen, wie verschieden Followership in ein und demselben Unternehmen in

---

160 Dixon, Gene: Getting Together. In: Riggio, Ronald E.; Chaleff, Ira; Lipman-Blumen, Jean (2008): The Art of Followership. How Great Followers create Great Leaders and Organizations. Jossey-Bass, San Francisco (CA), S. 161.
161 Ebd., S. 162.
162 Kellerman, Barbara (2004): Bad Leadership. What It Is, How It Happens, Why It Matters. Harvard Business School Press, Boston (MA).

Dar. 5: Einteilung des Follower-Verhaltens hinsichtlich Leader-Support und Eigenverantwortung

der Praxis aussehen kann. Ohne Inhalte der folgenden praktischen Kapitel hier schon vorwegzunehmen, sollen die beiden Beispiele zeigen, dass das gezeigte Follower-Verhalten zwar von der Unternehmenskultur beeinflusst wird, Situation und personelle Konstellation sowie vor allem der persönliche Ansatz jedes einzelnen Individuums aber entscheidende Faktoren hierfür sind.

Fallbeispiel 5: Followership aus Verantwortung (oder eben nicht)

Der Mitarbeiter der Einkaufsabteilung eines Industriebetriebs kandidierte mit Anfang 30 bei den Betriebsratswahlen, weil er etwas bewegen und endlich frischen Wind in das neunköpfige Gremium bringen wollte. Dies habe seiner Ansicht nach in den letzten vier Jahren zu wenig für die Belegschaft getan, was während der Kandidatur auch sein ständiger Tenor war. Prompt wurde er gewählt und bewarb sich auch für die Position des stellvertretenden Vorsitzenden. Damit konnte er sich im Gremium jedoch nicht durchsetzen, sodass er als reguläres Mitglied des Betriebsrates mitwirken konnte. Neben ihm waren noch zwei weitere neue Kollegen in den Rat gewählt worden, die anderen fünf Mitglieder waren schon in der zweiten Amtsperiode dabei. Der Vorsitzende des Betriebsrates, der wegen der Unternehmensgröße dieses Amt in freigestellter Position hauptberuflich ausführte, war bereits zum dritten Mal Mitglied des Rates und nun zum zweiten Mal als Vorsitzender gewählt worden. Nach einer sechsmonatigen Einarbeitungszeit, in der er neben passenden externen Schulungen auch die Routinen und Arbeitsweisen des Gremiums kennengelernt hatte, musste der junge Betriebsrat feststellen, dass es alles andere als einfach war, den von ihm angestrebten und während der Kandidatur versprochenen frischen Wind in die Arbeit des Rates zu bringen. Er musste erkennen, dass sich auch Betriebsräte an gesetzliche Vorschriften halten und mit der Geschäftsleitung eine gute Zusammenarbeit anstreben müssen. Seine Pläne, ordentliche für »Krawall« zu sorgen,[163] konnte er dadurch nicht wie geplant umsetzen. Des Weiteren mahnten ihn seine Betriebsratskollegen zu einer konstruktiveren Zusammenarbeit und Mitwirkung im Gremium, nachdem er dort mehrmals versucht hatte, etablierte Verfahrensweisen auf den Kopf zu stellen und die anderen Mitglieder für die seiner Ansicht nach antiquierte und zu sehr Geschäftsleitungs-freundliche Arbeitsweise kritisierte. Zu Guter Letzt hatte er auch Probleme mit dem Vorsitzenden, dem er neben falscher Amtsführung, egozentrischer Arbeitsweise und weiteren Verfehlungen vorwarf, seine eigenen Vorschläge nicht hinreichend zu berücksichtigen. Auch wenn er noch jung und relativ unerfahren in der Betriebsratsarbeit sei, so wisse er doch sehr genau, wie man mit der Geschäftsleitung umspringen müsse, damit sich endlich etwas ändere, so seine Argumentation. Nach einem Jahr hatte der neue Betriebsrat einige Verbesserungen durchsetzen können, sodass die Belegschaft mit der Arbeit des Gremiums zufrieden war. Für noch weitreichendere Änderungen, wie sie der junge Betriebsrat vorhatte, zeigten die Mitarbeiter aber nur wenig Verständnis. So musste er erkennen, dass seine Mitarbeit im Gremium nicht hauptsächlich darin bestand, wie von ihm geplant sukzessive eine große Veränderung nach der anderen umzusetzen, um dadurch »den Laden auf Vordermann« zu bringen, sondern dass im Tagesgeschäft viel Routinearbeit notwendig war, um für einen regulären Ablauf zu sorgen. Als er nach knapp anderthalb Jahren mit einem abermaligen Vorschlag für einschneidende Veränderungen bereits bei der Diskussion im Gremium gescheitert war und er von den anderen Mitgliedern abermals zu einer konstruktiveren Mitwirkung bei der Betriebsratsarbeit angehalten wurde, veränderte er seine Mitarbeit im Rat radikal. Er erschien zwar zu jeder Sitzung, denn er wollte nach wie vor über alles informiert sein und sein Amt definitiv nicht aufgeben. Er zeigte jedoch ein sehr passives, teilweise apathisches Verhalten. Wurde er zur Mitarbeit in einem Arbeitskreis eingeladen, lehnte er entweder ab oder wirkte nur passiv mit. Bat der Vorsitzende um Mitwirkung bei einer Betriebsversammlung oder einem Mitarbeitergespräch, tat er dies nur nach mehrmaligem Insistieren des Vorsitzenden. Sprachen ihn Mitarbeiter auf Probleme oder Beschlüsse des Betriebsrates an, antwortete er sinngemäß immer ähnlich in der Form, dass er hier nichts machen könne, da der Rat und insbesondere der Vorsitzende ohnehin machten, was sie wollten und auf ihn selbst nicht gehört wurde. Er kam seiner Verantwortung für die Organisation, das Gremium und den Vorsitzenden, die er mit seiner Wahl übernommen hatte, genauso wenig nach, wie der Verantwortung für sich selbst, seine Arbeit als Betriebsrat gut zu machen und durch

---

163 Vgl. Betriebsrats-Typ »Krawallmacher«. In: Schöffner, Günther; Senne, Petra (2021): Professionelle Zusammenarbeit von Geschäftsführung und Betriebsrat. Ein Praxisleitfaden für Führungskräfte und Manager. ESV Erich Schmidt Verlag, Berlin, S. 161.

entsprechende Followership den Erfolg der Arbeitnehmervertretung zu maximieren. Er sah sich zu diesem Verhalten von den Umständen, den Mitarbeitern, den Ratsmitgliedern und dem Vorsitzenden gezwungen, wies jedoch jeglichen Hinweis auf eigene Verantwortung für die mangelhafte Mitwirkung im Gremium zurück.

Die Rolle eines Betriebsrates beinhaltet viel Verantwortung. Für das Unternehmen, das Gremium und vor allem für die Mitarbeiter, welche die Betriebsräte wählen. Wer Betriebsrat werden und sein will, muss diese Verantwortung aber auch tragen wollen, in guten und in schlechten Situationen. Des Weiteren bedeutet Betriebsrat zu sein nicht, in dieser Rolle kein Follower mehr sein zu müssen. Zwar haben Leader hinsichtlich der Betriebsrats-Aufgabe den Räten gegenüber keinerlei Weisungsrecht.[164] Doch auch in diesem Gremium muss man wie in einem agilen Team auch entsprechende Followership zeigen und kann nicht einfach nur machen, was man will. Des Weiteren hat der Betriebsratsvorsitzende qua Amt auch eine gewisse Leitungsfunktion, die ihn zum Leader machen. Auch dies führt dazu, dass Betriebsräte eben Followership zeigen müssen, wenn ihre Aufgabe zum Wohl von Unternehmen und Mitarbeitern führen soll. Da die Betriebsratstätigkeit freiwillig ist, hätte der im Fallbeispiel beschriebene junge Betriebsrat im Hinblick auf seine Verantwortung nicht einfach nur seine Unterstützung für das Gremium durch mangelhafte Followership zurückschrauben dürfen, sondern er hätte das Amt konsequenterweise einfach niederlegen können. Zumindest hätte sich seine Followership in einem solchen Rahmen befinden müssen, dass das Gremium und der Vorsitzende ihre Aufgaben der Gesamtverantwortung entsprechend hätten erledigen können. Die Tatsache, dass sich alle Mitarbeiter eines Unternehmens auch immer wieder in einer Follower-Rolle befinden, wie auch Betriebsräte in ihrer Funktion, haben wir bereits in Kapitel 1.3 gesehen. Dass man trotz persönlicher Animositäten seine Follower-Rolle bewusst gut ausführen kann, zeigt uns das nächste Fallbeispiel.

Fallbeispiel 6: Followership aus Überzeugung

Im Industriebetrieb aus dem vorherigen Fallbeispiel führte der CFO zehn Mitarbeiter für Finance, Controlling und Accounting. Der CFO, ein Anfangsvierziger und ausgesprochener Experte, war vor zwei Jahren als Finanzgeschäftsführer in das Unternehmen gekommen. In dieser Zeit hatte er viele Verbesserungen durchgeführt und die Performance der Abteilung auf ein neues Niveau gebracht. Dafür wurde er von allen Seiten geschätzt und geachtet. Nur seine Persönlichkeit fand wesentlich weniger Wertschätzung. Er galt als überheblich und teilweise herablassend, zeigte zu Nicht-Akademikern eine deutliche Distance, ohne

---

164 Schöffner, Günther; Senne, Petra (2021): Professionelle Zusammenarbeit von Geschäftsführung und Betriebsrat. Ein Praxisleitfaden für Führungskräfte und Manager. ESV Erich Schmidt Verlag, Berlin, S. 194.

jedoch unkorrekt zu werden, führte seine Mitarbeiter sehr straff und hatte für sie nur selten freundliche Worte und Gesten übrig. Dennoch verteidigte er seine Mitarbeiter, zollte ihnen für ihre Arbeit und ihr Können Respekt und reklamierte deren Erfolge nicht für sich, auch wenn er und die meisten anderen wusste, dass sie ihren Leistungssprung seiner Leadership zu verdanken hatten. Nur wenige Mitarbeiter hatten über das notwendige Mindestmaß an Kommunikation zum CFO Kontakt, auch wenn Kommunikation und Professionalität dadurch nicht gelitten hatten. Die Leute mieden den CFO, wenn sie nicht in seiner Nähe sein mussten, scheuten aber nicht die persönliche Zusammenarbeit, wenn sie nötig war. Während eines externen Audits wunderte sich einer der Auditoren über die hohe Professionalität der Abteilung und die hohe Unterstützung für den CFO, vor allem durch den Chef-Controller, hatte der Auditor während des Audits doch die teilweise schwierige Art des CFOs mitbekommen. Vom Auditor auf die Gründe für die starke Unterstützung angesprochen, äußerte sich der Chef-Controller in einem vertraulichen Gespräch sinngemäß folgendermaßen: »Keiner mag den CFO so richtig, weil er ein arroganter Fatzke ist. Manche sagen, er sei ein A....loch. Ich kann seiner Art auch nicht viel abgewinnen. Aber er ist fair und ein Spitzen-CFO. Er setzt sich für seine Abteilung und das Unternehmen ein, er weiß, was zu tun ist, ein absoluter Vollprofi. Solange er nicht unfair, übergriffig oder ethisch verwerflich handelt, sehe ich keinen Grund, ihm nicht den vollen Support zu gewähren, auch wenn ich ihn persönlich nicht mag. Wir haben hier eine Aufgabe und eine Verantwortung zu erfüllen. Deswegen sind wir im Unternehmen, dafür werden wir bezahlt. Das tue ich nach vollen Kräften. Ich muss mit dem CFO ja weder privat verkehren, noch muss ich in der Firma über das professionelle Maß hinaus Kontakt zu ihm pflegen. Wir leisten hier zusammen eine exzellente Arbeit, das weiß jeder. Nur weil mir seine persönliche Art nicht gefällt, die aber aus professioneller Sicht nicht zu beanstanden ist, auch wenn es manchmal etwas menschlicher sein könnte, kann ich ihm daher weder meine volle Unterstützung verweigern, noch kann ich meine sonstige professionelle Verantwortung darunter leiden lassen.« Ein Profi-Follower, der auch bei schwierigen Verhältnissen eine hohe Durchschlagskraft hat.

Den Ausführungen des Chef-Controllers ist eigentlich nichts mehr hinzuzufügen. Dieser lebt seine Follower-Rolle nach Kräften, auch wenn ihm gewisse Dinge nicht gefallen. Er unterstützt den CFO, den er nicht mag, nach Kräften und übernimmt für ihn, die Organisation und die Mitarbeiter Verantwortung als Follower. Vergleicht man dies mit dem beleidigten Rückzug des jungen Betriebsrats aus dem Fallbeispiel zuvor, sieht man, dass zwischen guter und schlechter Followership die sprichwörtlichen Welten liegen können.

2.4 Warum Menschen nur Follower sein wollen – und warum nicht

Im Laufe des ersten Kapitels haben wir mehrmals festgestellt, dass Leader und Führungskräfte nur durch das Wahrnehmen der Rolle nach wie vor ein gewisses Maß an Ansehen und Bewunderung genießen, was im Gegensatz dazu bei Followern entweder nicht oder weit weniger stark auftritt. Diesbezüglich hat sich zwar in den letzte 15 bis 20 Jahren einiges getan, jedoch umgibt die Leader immer noch ein gewisser Nimbus, eine Ausstrahlung von Macht, Können, teilweise sogar Heldentum oder anderen heroischen Eigenschaften. Dennoch gibt es viele Menschen, die keine Rolle als Leader anstreben, sondern Follower sein oder bleiben wollen. Die im vorherigen Kapitel festgestellte Tatsache, dass Followership eine anspruchsvolle, schwierige Kompetenz ist, die auch erlernt werden muss, spielt dabei meist eine untergeordnete Rolle. Viele der Follower verbleiben in dieser Rolle auch nicht freiwillig, selbst wenn sie dies nicht immer offen eingestehen oder öffentlich sogar das Gegenteil behaupten. Wiederum viele sind jedoch gerne, beabsichtigt und gewollt »nur« Follower. Wir wollen nachfolgend kurz die entsprechenden Beweggründe näher betrachten und auch die Gründe für unfreiwilliges Verbleiben in der Follower-Rolle ansprechen. Das Verständnis, weshalb Menschen Follower sein wollen, ist sowohl für die Follower selbst als auch für Leader wesentlich, weil Letztere dadurch das Risiko eines Abwanderns ihrer Follower besser einschätzen können.[165] Follower sollten ihre diesbezüglichen Motive kennen, um ihre Follower-Rolle möglichst erfolgreich wahrnehmen und ausfüllen zu können.

Beginnen wir kurz mit jenen, die nicht freiwillig in der Follower-Rolle verbleiben. Wie im bisherigen Verlauf des Buches bereits mehrmals erwähnt wurde, sind nahezu alle Menschen in einer Organisation und speziell in einem Unternehmen auch irgendwann in der Rolle des Followers. Abhängig von Position und Persönlichkeit kann dies einmal mehr, einmal weniger der Fall sein. Darum betrifft das Thema Followership auch alle. Was wir speziell in diesem Abschnitt unter dem Verbleib in der Follower-Rolle verstehen, ist die Tatsache, dass Personen während ihrer regulären Beschäftigung keine oder nur in Ausnahmesituationen Führungsaufgaben übertragen bekommen und dann als Leader agieren. Im agilen Zeitalter gibt es nicht mehr nur »Dauerführungskräfte«, die regelmäßig Führungsaufgaben wahrnehmen, sondern auch temporäre. Im Rahmen eines Projektes übernehmen Personen den Team-Lead und geben diesen im nächsten Projekt an eine andere Person ab, um ihn beim übernächsten Projekt eventuell wieder zu erhalten. Dazwischen befinden sie sich hauptsächlich in der Follower-Rolle, auch wenn sie vielleicht in einem anderen Projekt kurzfristig die Leader-Aufgabe wahrnehmen. Leadership und Followership wechselt sich immer wieder ab. Wenn wir von jemandem sprechen, der auch solche temporären Leadership-Aufgaben wie erwähnt nicht oder nur in Ausnahmefällen wahrnimmt, so verstehen wir diese Person als »reinen Follower«. Unfreiwillig

---

165 Kelley, Robert (1992): The Power of Followership. How to create leaders people want to follow and followers who lead themselves. Currency Doubleday, New York, S. 50.

geschieht das dauerhafte Verbleiben in dieser Rolle durch die Entscheidungen anderer Personen. Die direkte Führungskraft lehnt beispielsweise eine Übernahme von Führungsaufgaben durch diese Person ab, sodass sie dafür keine Gelegenheit erhält. Oder eine zuständige Person in der Personalabteilung trifft diese Entscheidung mit der Konsequenz, dass niemand im gesamten Unternehmen die betroffene Person dauerhaft oder zumindest für eine gewisse Zeit in eine Leader-Position versetzt. Die Gründe für das Fällen solcher Entscheidungen durch die entsprechenden Personen sind mannigfaltig, jedoch haben sich einige davon in vielen Unternehmen häufig wiederholt:

- Im Laufe der Zeit wurde erkannt, dass die Person kein ausreichendes Potential zur Wahrnehmung von Führungsaufgaben hat und dementsprechend auch nicht für eine Leader-Funktion entwickelt werden kann.
- Die Person hat in einer temporären oder dauerhaften Leader-Position gezeigt, dass sie als Leader dauerhaft ungeeignet ist.
- Die Person ist auf einem bestimmten Fachgebiet hochqualifiziert. Würde man sie zum Leader machen, wäre ihre Expertise teilwiese oder ganz für eine gewisse Zeit oder dauerhaft für das Unternehmen oder die Abteilung, Gruppe etc. verloren. Durch die Verweigerung von Leader-Aufgaben versucht man, die Person in der Position und damit die Expertise dauerhaft verfügbar zu machen.
- Die Person ist bei jemandem »in Ungnade gefallen«, d. h. jemand fühlte sich von der Person hintergangen, gedemütigt, herabgesetzt oder ähnliches und möchte sich durch das Verbauen der beruflichen Entwicklung dauerhaft dafür revanchieren. Das Gleiche kann passieren, wenn sich andere durch die Person in ihrem beruflichen Alltag bedroht und/oder ihre Entwicklung durch die Person gefährdet sehen (»Ich werde dafür sorgen, dass diese Person in diesem Unternehmen nie eine Führungsposition bekleiden wird.«).

Ob sich die betroffenen Personen dann dauerhaft für den Verbleib im jeweiligen Unternehmen oder der Arbeitsgruppe entscheiden oder ihren Arbeitsplatz wechseln, steht auf einem anderen Blatt. Verbleiben sie langfristig in ihren Positionen, besteht die Gefahr, dass sich bei ihnen schlechte Followership einstellt. Wie sich das in der Praxis äußern kann, werden wir in einem späteren Kapitel aufgreifen. Leader sollten sich solchen Konstellationen bewusst sein, um durch geeignete Interventionen einem eventuell schlechten Follower-Verhalten zu begegnen.

Jenseits der zuvor dargestellten Umstände gibt es viele Menschen, die sich selbst für eine längere Zeit oder dauerhaft für die Follower-Rolle entscheiden. Längere Zeit bedeutet dabei mehrere Monate oder Jahre und nicht nur einige Tage oder Wochen. Damit ist also nicht der zeitweise Verzicht auf eine Projekt- oder Teamleitung, sondern eine längerfristige Betätigung als Follower zu verstehen. Die Motive hierfür können beispielsweise darin liegen, sich beruflich orientieren oder Erfahrung sammeln zu wollen, bevor man zu einem späteren Zeitpunkt weitere Entscheidungen zum beruflichen Weg trifft. Manche begeben sich mit einem gewissen Kalkül bewusst in eine bestimmte Follower-Position, um sich dort in der

Nähe potentieller Förderer oder anderer Leader zu beweisen und sich dadurch für höhere Aufgaben im Unternehmen zu empfehlen.[166] Und manche entscheiden sich bewusst dafür, Follower zu bleiben und können sich die Übernahme einer Leader-Aufgabe gar nicht vorstellen. Kelley argumentiert, dass die bewusste Entscheidung für eine Follower-Rolle auch dadurch geschehen kann, dass Menschen die Attraktivität erkennen, die bestimmte Follower-Laufbahnen für sie in ihren jeweiligen Lebenssituationen bieten.[167] Kelley zeigt in diesem Zusammenhang sieben verschiedene Wege der Followership auf. Abhängig vom Schwerpunkt ihrer augenblicklichen und vielleicht auch zukünftigen beruflichen Absichten schlagen demnach Follower einen dieser Wege ein. Zur Verortung dieser Schwerpunkte stellt Kelley in einer Dimension die Neigung des Followers, ob er sich selbst Ausdruck verleihen möchte, der Neigung der persönlichen Weiterentwicklung gegenüber. Mit der zweiten Dimension bewertet Kelley, ob die Kooperation aus der Follower-Rolle mit anderen Personen, auch dem Leader, eher vom Streben nach guten persönlichen

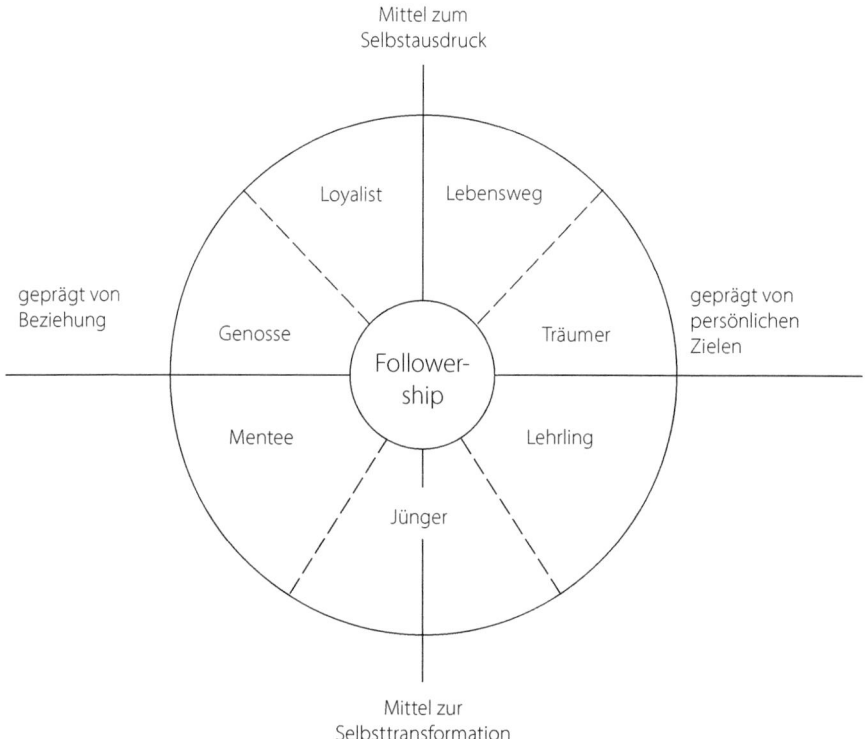

Dar. 6: Pfade der Followership (eigene Darstellung nach Kelley 1992)

---

166 Kelley, Robert (1988). In Praise of Followers. Harvard Business Review, 66, S. 142–148.
167 Kelley, Robert (1992): The Power of Followership. How to create leaders people want to follow and followers who lead themselves. Currency Doubleday, New York, S. 50.

Beziehungen oder vom Erreichen persönlicher Ziele geprägt ist. Je nach Verortung auf beiden Achsen ergibt sich somit eine typische Motivation für eine Follower-Rolle, die sich dann auf einem der sieben beschriebenen Pfade befindet. Diese Pfade verändern sich dabei meistens im Laufe des Berufslebens.[168] Nachfolgend sind diese sieben Pfade nur kurz mit typischen Beispielen beschrieben, weil die Inhalte für den Kontext dieses Buches keine allzu große Rolle spielen. Hier geht es eher darum zu wissen, dass es verschiedene Motivationen und Wege zum Einschlagen einer »Follower-Karriere« gibt. Darüber hinaus ist die Darstellung von Kelley nur eine Möglichkeit, es könnte in diesem Zusammenhang auch andere Beschreibungen durch eine andere Wahl der jeweiligen Dimensionen bzw. Achsen geben.

1. Lebensweg
   - Ist überzeugt, dass die Follower-Rolle für ihn am lohnenswertesten ist
   - Bevorzugt diese Rolle, weil sie seiner Persönlichkeit am meisten entspricht
   - Stellt für ihn eine Arte des Dienstes und der Hilfe für andere dar
   - Fühlt sich glücklicher, wenn er mit dem Leader ergänzend an den Unternehmenszielen arbeiten kann, anstatt mit ihm zu konkurrieren
   - Geht in die Follower-Rolle, weil er rational entschieden hat, dass er das will
2. Träumer
   - Verfolgt seinen persönlichen Traum, egal ob in der Leader- oder der Follower-Rolle
   - Folgt dem Leader, weil dieser die Idee oder das Ziel repräsentiert
   - Ist zuerst an der Botschaft und dann am Leader interessiert
3. Lehrling
   - Möchte Leader werden
   - Weiß, dass man dafür das Handwerk lernen und Lehrgeld zahlen muss
   - Möchte das Vertrauen von Kollegen und Führungskräften gewinnen
   - Lernt Leadership aus der Follower-Rolle
   - Gängiger Followership-Ansatz in großen Hierarchien, die Karriere- und Entwicklungsmöglichkeiten bieten
4. Jünger
   - Haupttriebfeder ist Identifikation
   - Möchte eng mit dem Leader in Verbindung stehen und ahmt ihn nach
   - Ist bereit, Teil eines neuen Ganzen zu werden, das größer, besser oder wichtiger ist, als er als Individuum sein kann
   - Gibt die momentane Persona auf, um eine neue anzunehmen, die ihn größer macht
   - Kann ein wertvoller Kanal der Organisationskultur und des Wissens in die Belegschaft hinein sein
5. Mentee
   - Folgt dem Mentor zur Verbesserung der eigenen Persönlichkeit
   - Wählt die Follower-Rolle, um sich selbst zu transformieren

---

168 Ebd., S. 51–53.

- Sucht persönliche Reife
6. Genosse
    - Zugehörigkeitswunsch und gemeinschaftliche Unterstützung sind dominierende Motive
    - Gegenseitiges Wohlwollen und die Überzeugung, dass Teilen und sich umeinander Kümmern den besten Erfolg liefern, leiten die Handlungen
    - Zusammengehörigkeit ist wichtiger als individuelle Rolle
7. Loyalist
    - Persönliche Verbundenheit mit dem Leader
    - Loyalität wird als inhärente Pflicht betrachtet
    - Gibt sein Wort und bekennt sich zur treuen Gefolgschaft
    - Beziehung zum Leader und weniger das Miteinander ist wichtig
    - Persönliche Weiterentwicklung spielt keine entscheidende Rolle
    - Unerschütterliches Commitment für den Leader

Wie erwähnt sind diese von Kelley vorgeschlagenen Pfade nur eine Möglichkeit der Darstellung. Es sind auch andere denkbar. Darum darf nicht überraschen, wenn man sich selbst in keinem der beschriebenen Pfade oder gleichzeitig in mehreren wiederfindet oder sich mit dem Ansatz nicht auf den ersten Versuch anfreunden kann. Das liegt in der Natur von Modellen, speziell wenn sie menschliches Verhalten zeigen sollen. Bei anderen Modellen zu Motivation oder Kommunikation verhält es sich oft ähnlich. Darum ist beim Umgang mit solchen Modellen oder Kategorisierungen, wie wir sie am Ende des letzten Abschnittes für eine erste Einteilung von Follower-Verhalten getan haben, immer eine gewisse Vorsicht geboten. Man sollte sich mit den Modellen und den betroffenen Menschen intensiv befassen, um aufgrund der eingeschränkten Genauigkeit und Aussagekraft solcher Modelle und ihrem in der Regel für ein sehr breites Spektrum von Menschen gestalteten Ansatz keine falschen Schlüsse zu ziehen oder fehlerhafte Kategorisierungen vorzunehmen. In manchen Fällen sind solche Modelle schlichtweg nicht anwendbar, weil die vorliegenden Inputs nicht passen, zu ungenau oder in ihrem Umfang zu gering sind. Hier lassen sich Parallelen zur Erhebung und Beschreibung von Unternehmenskulturen ziehen, die trotz vieler existierender Modelle und mittlerweile guter verfügbarer Tools auch immer wieder nur sehr ungenaue oder manchmal sogar falsche Ergebnisse liefern. Behält man diese Zusammenhänge bei der Verwendung solcher Modelle und Einteilungen im Hinterkopf, können sie in den meisten Fällen jedoch wertvolle Dienste leisten.

Neben diesen relativ kategorischen, auf Prinzipien beruhenden Motiven einer Entscheidung für die Follower-Rolle, habe ich in meiner langen beruflichen Tätigkeit noch andere Beweggründe dafür kennengelernt, weshalb sich Menschen für eine längere Dauer oder gar für das gesamte (restliche) Berufsleben für die Follower-Rolle entscheiden. Diese Motive folgen anderen Überlegungen, anderen Hintergründen oder gar Zwängen und sind dabei meist weniger prinzipienbasiert. Folgende Motive für die bewusste Entscheidung zur Follower-Rolle habe ich in vielen verschiedenen Unternehmen immer wieder gehört oder gelesen:

- Kein Zutrauen zu sich selbst:
  »Führung? Das kann ich nicht, das lerne ich nie.«
- Verantwortungsvermeidung:
  »Ich will nachher nicht für die ganze Sache und für die vielen Leute den Kopf hinhalten. Das verkrafte ich nicht.«
- Stressvermeidung:
  »Eine Führungsrolle ist mir zu anstrengend.«
- Andere persönliche Motive der Lebensgestaltung:
  »Die Familie ist mir wichtiger.«
- Bewusste Reduzierung von Tempo und Verantwortung:
  »Als Mittfünfziger will ich jetzt kürzertreten und gebe meinen Führungsposten daher ab. Ich gehe gerne in die Sachaufgaben und kann meine Expertise und meine Erfahrung auch aus der Follower-Rolle weitergeben.«
- Will Sachaufgabe und nicht Management zum Arbeitsinhalt haben:
  »Ich habe keine Lust auf Führungsaufgaben. Ich will nahe an der Technik/den Menschen bleiben. Führung und Leadership machen mir keinen Spaß.«

Der letzte Punkt zählt zu den typischen Charakteristika von Followern, die sich in der Management-Literatur immer wieder finden lassen.[169] Darunter befinden sich auch Elemente wie eine hohe Zufriedenheit mit Job und Führung sowie die gute Zusammenarbeit mit Kollegen auf Sachebene. Dies sind erfahrungsgemäß ebenfalls häufige Motive dafür, dass Menschen bewusst und gerne die Follower-Rolle einnehmen. Sucht man in der im Vergleich zu Management-Themen relativ spärlich verfügbaren Literatur zu Followership, so lassen sich Motive finden, die sich mit den zuvor genannten, meiner persönlichen Erfahrung entspringenden Punkten decken. Darüber hinaus werden beispielsweise auch noch folgende Motive für eine Followership-Entscheidung genannt:[170]

- Ökonomische Alternativen:
  »Ich verdiene mit einer anderen Tätigkeit mehr, als wenn ich Leader bin.«
- Mangel an Vertrauen:
  »In diesem Unternehmen muss man schnell/gut vernetzt sein, wenn man ein Leader werden will.«
- Mangel an Inklusion:
  »Die Führungskräfte hier sind ein geschlossener Kreis, in den man als ›externer‹ nicht hineinkommt, auch wenn man hier schon lange arbeitet.«
- Subjektiv empfundener sozialer Status:

---

169 Yukl, Gary; Gardner, William L. (2020): Leadership in Organizations. Pearson Education, Harlow, 9. Aufl., S. 32.
170 Adair, Rodger: Developing Great Leaders, One Follower at a time. In: Riggio, Ronald E.; Chaleff, Ira; Lipman-Blumen, Jean (2008): The Art of Followership. How Great Followers create Great Leaders and Organizations. Jossey-Bass, San Francisco (CA), S. 140 f.

»In dieser Liga kann ich nicht mitspielen, da bin ich zu klein dafür, das lässt meine Herkunft nicht zu.«
- Fehlende Überzeugung:
»Führung ist nichts für mich, weil ich anderen Leuten keine Vorschriften machen will.«
- Bequemlichkeit oder Selbstzufriedenheit:
»Ich bin mit meinem Job und meinem Status zufrieden. Ich muss mir den Kopf nicht über andere Menschen zerbrechen.«
- Diskrepanz zwischen den persönlichen Werten und jenen des Unternehmens bzw. des Führungskreises:
»Ich kann nicht so führen, wie es das Unternehmen oder der Chef es von mir verlangen würde. Das lässt meine Überzeugung nicht zu.«

Der letzte Punkt ist nicht selten ein Grund dafür, dass Menschen in Unternehmen keine Führungsverantwortung übernehmen wollen, auch wenn der Inhalt zunächst ein wenig widersprüchlich erscheinen mag. Obwohl dieser Punkt nicht in der obigen Liste meiner persönlichen Erfahrungen explizite Erwähnung findet, denn dort sind nur die häufigsten Punkte aufgelistet, habe ich solche Fälle ein paar Mal selbst miterlebt. Die betroffenen Personen argumentieren dann in etwa folgendermaßen: »Hier will ich keine Führungskraft werden. Denn dann müsste ich ja die Menschen so behandeln, wie die Chefs es mit uns machen. Und das kann und will ich nicht.« Obwohl diese Argumentation nachvollziehbar ist, fragt sich der ein oder andere vielleicht, weshalb solche Menschen im Unternehmen verbleiben und nicht den Job wechseln. Denn es handelt sich üblicherweise um Menschen im wechselfähigen Alter, denen eine Führungsposition angetragen wird. Weshalb geben sie sich lieber mit einer Follower-Position »zufrieden«, wo sie doch anscheinend Potential zur Führung haben, und warum ertragen sie diese Art der Führung, mit der sie selbst nicht konform gehen können? Auf diese Frage gibt es viele Antworten. Es gibt örtliche oder finanzielle Zwänge, die Menschen zum Verbleib in einem Unternehmen bewegen, obwohl sie eigentlich gerne wechseln würden. Manche bringen nicht den Mut auf, nach vielen Jahren in einem Unternehmen, das vielleicht das einzige ist, in dem sie gearbeitet haben, dieses zu verlassen. Die Ängste vor dem Ungewissen sind dann oft größer als der Unmut über die Führung im bekannten Unternehmen. Neben diesen Beispielen gibt es wie erwähnt noch viele andere diesbezügliche Motive, die wir hier weder alle auflisten können, noch bewerten wollen. Menschen bleiben schlichtweg im Unternehmen und in der Follower-Rolle, obwohl sie sich mit der Art und Weise der Führung in dieser Organisation nicht so weit identifizieren könnten, als dass sie sich selbst in die Führungsposition begeben würden. Dies nehmen sie gerne in Kauf, wissentlich, dass sie einerseits sich als Follower einbringen und für die Organisation wertvolle Beiträge liefern können, sowie andererseits in der Follower-Position den Führungskräften nicht einfach so hilflos ausgeliefert sind, auch wenn sie deren Führungsansätze nicht zu 100 Prozent billigen. Denn effektive Follower sind alles andere als machtlos, und sie sind sich dessen meist bewusst.[171] Mächtige in Unternehmen oder anderen Organisationen, und damit Leader, können durch ihre Follower sehr schnell zu Ohnmächtigen gemacht werden.[172] Dadurch bilden Follower hinsichtlich der Führung einen Gegenpol zu den Leadern und können für entsprechende Korrekturen sorgen, auch wenn es hierbei deutliche Grenzen gibt.

Es gibt verschiedene Gründe, weshalb Menschen bewusst und oft auch gerne in der Follower-Rolle verbleiben. Sind diese bekannt, können die Umstände im Unternehmen oft entsprechend gestaltet werden, dass sie dies auch gerne bleiben. Denn genauso, wie der Führungskräfte-Nachwuchs in einem Unternehmen gesichert werden muss, um die dauerhafte Funktion zu gewährleisten, so müssen auch der Bestand und der Nachwuchs an Followern sichergestellt werden. Denn es gibt keine Leader ohne Follower. Bei den zuvor beschriebenen Motiven haben wir das Thema Ansehen noch nicht ausreichend berücksichtigt. Manche Personen wählen die Leader-Funktion, um der scheinbar glanzlosen, unrühmlichen und nur wenig Ansehen spendenden Rolle des Followers zu entkommen. Manche könnten dabei als Follower wesentlich mehr bewegen und dem Unternehmen mehr Nutzen bringen, wenn sie in der Follower-Rolle blieben. Daher ist ein entscheidender Aspekt für die Sicherung eines ausreichend großen Follower-Stammes in einem Unternehmen die scheinbare Glanzlosigkeit des Follower-Daseins zu durchbrechen. Eine entsprechend wertschätzende Unternehmenskultur ist hier ein entscheidender Faktor. Darum werden wir dies bei der Implementierung guter Followership-Strukturen und -Kulturen in einem späteren Kapitel näher betrachten. Followership ist nicht gleichbedeutend mit Schwäche.[173] Follower zu sein bedeutet nicht, ein Loser zu sein. Wie wir noch sehen werden, können Unternehmen durch die Schaffung entsprechender Karriere-Modelle für Follower und eine wertschätzende Unternehmenskultur entscheidende Impulse für gute Followership setzen. Die beiden folgenden Fallbeispiele zeigen, wie sich die Entscheidung für die Followership-Rolle mit hohem Ansehen und machtvoller Position vereinbaren lassen.

Fallbeispiel 7: Followership aus Berufung

Nach Studium und anschließender Promotion zum Dr.-Ing. begann ein junger Elektroingenieur bei einem Konzern seine Laufbahn zunächst als Projektierungs-Ingenieur. Dabei lernte er viel über elektrische Systeme und Anlagen. Nach einem Jahr wechselte er in die Entwicklungsabteilung für ein spezielles Segment elektrischer Systeme, da er schon immer Entwicklung machen wollte. So konnte er hautnah an der Technik sein und seiner Ingenieurs-Kreativität freien Lauf lassen. Die Arbeit machte ihm sehr Spaß und er erzielte hervorragende Ergeb-

---

171 Daft, Richard L. (2015): The Leadership Experience. Cengage Learning, Stamford, S. 202.
172 Schöffner, Günther; Hagehülsmann, Ute; Schöffner, Kerstin (2023): Zukunftsfähige Machtsysteme in Unternehmen. Die Verantwortung richtig auf die Beine stellen. Kohlhammer Verlag, Stuttgart, S. 255 und S. 286.
173 Chaleff, Ira (2009): The Courageous Follower. Standing up to & for our leaders. Berrett Koehler Publishers, Oakland (CA), S. 19.

nisse, weshalb man ihm nach zwei Jahren im Rahmen seiner Entwicklung die Leitung eines kleinen Forschungsteams anbot. Er nahm das Angebot an, weil er Karriere machen wollte. Doch in den folgenden drei Jahren konnte er nur durchschnittliche Ergebnisse erzielen und er war mit seiner Arbeit auch weniger zufrieden. Im Gespräch mit dem HR-Partner stellte sich heraus, dass seine Leadership-Qualitäten trotz intensiver Schulungen unter den Erwartungen geblieben waren. Er selbst, seine damalige Führungskraft und der HR-Partner hatten erkannt, dass er für Führungsaufgaben nicht geeignet war. Das Unternehmen und die Technik gefielen ihm aber und auch das Unternehmen war daran interessiert, ihn mit seiner exzellenten Expertise im Unternehmen zu halten. Daher wurde ein Karrierepfad entwickelt, der ihn im Laufe der nächsten zehn Jahre zu einem Top-Experten für den ganzen Konzern machen sollte. Er baute in den folgenden Jahren in mehreren Fach- und Forschungspositionen in der Follower-Funktion seine Expertise in weiteren zukunftsträchtigen Fachgebieten aus. Er wurde auch in verschiedenen Sachgebieten in Arbeitsgruppen internationaler Forschungsverbände und in zwei Normungsgremien entsandt. Im Laufe der zehn Jahre konnte er sich auf internationaler Fachebene hohes Ansehen aufbauen. Das hatte er auch innerhalb des Konzerns, wo seine Expertise in den verschiedenen Unternehmensbereichen bis in die Vorstandsebene hinein gefragt war. Er konnte sich dadurch enormen Einfluss verschaffen und erwarb eine hohe Beeinflussungsmacht. Diese baute er durch seine hervorragende Vernetzung im Unternehmen, in den internationalen Fachgremien und Fachverbänden sowie bei Wettbewerbern aus. Er hatte auch gute Verbindungen zu den Arbeitnehmervertretern der einzelnen Unternehmensbereiche. Durch dieses Machtpotential konnte er nicht nur auf fachlicher Ebene Einfluss nehmen, sondern sich auch auf Arbeitsebene für die positive Entwicklung der Beschäftigungssituation im Unternehmen stark machen, wenn er dies für die Zukunft des Unternehmens als sinnvoll erachtete. Dadurch machte er sich im Unternehmen zwar nicht nur Freunde. Seine starke Machtposition verhinderte jedoch, dass er als »One Man Show« zum Spielball intriganter Widersacher wurde. Er blühte in dieser Fachposition als Follower auf und konnte für das Unternehmen unschätzbare Werte schaffen.

Nicht jeder will oder kann Leader sein. Das muss nicht bedeuten, dass diese Menschen unfähig, unmotiviert oder ambitionslos sind. Ihre Stärken und Interessen können schlichtweg auf anderen Gebieten liegen. Für ein Unternehmen kann ein bekennender Follower, der sein fachliche Arbeit hervorragend macht und seine Follower-Rolle gut ausfüllt, wesentlich wertvoller sein als ein schlechter Leader, der auf Biegen und Brechen seinen beruflichen Weg nur in der Leader-Rolle sucht. Das nächste Fallbeispiel zeigt uns, dass Follower auch deshalb bewusst in diese Rolle gehen, weil sie dadurch ihre persönliche Expertise am besten entfalten können.

Fallbeispiel 8: Follower-Rolle als Karriereweg

In der CNC-Fertigung eines familiengeführten Automobilzulieferers hatte sich ein Mittdreißiger seit seiner Lehre durch Weiterqualifikation und praktische Erfahrung zum unangefochtenen Experten für praktische Fertigungstechnik entwickelt. Auch die Ingenieure der Entwicklungsabteilung zollten seiner hohen Fachexpertise Tribut. Ein Jahr nach der Unternehmens-Übernahme und erfolgreichen Integration in einen internationalen Konzern wurde die Personalabteilung auf den CNC-Experten aufmerksam. Man bot ihm an, die Leitung einer großen Produktionsfachgruppe mit 50 Mitarbeitern zu übernehmen. Dies lehnte er ab, weil er einerseits dann kaum mehr an der Maschine arbeiten könne, er dort aber seine berufliche Heimat sah, und andererseits dann nicht mehr die hohe Fachexpertise haben könne und er nicht wisse, ob er sich in der Rolle einer Führungskraft ebenso hohes Ansehen erarbeiten könne, wie er es als Fertigungsfachmann im gesamten Konzern geschafft hat. Er blieb in der Follower-Rolle und wollte seinen Nimbus als Experte nicht durch eine neue Rolle gefährden. Dies akzeptierte man in der Personalabteilung und förderte daraufhin durch entsprechende Weiterbildungen und kreativem Spielraum die Festigung seiner Expertenrolle im Konzern.

In agilen Zeiten brauchen Unternehmen mehr denn je gute Follower. Bereits in klassischen Hierarchien ist das Verhältnis von Leadern zu Followern sinnvollerweise beschränkt, d. h. auf einen Leader kommen je nach Organisation durchschnittlich ungefähr zwischen sieben und zwölf Follower. Dementsprechend sind die Möglichkeiten für Mitarbeiter, die »Karriere machen« wollen, begrenzt, wenn damit nur die Übernahme von Führungsaufgaben verstanden wird. In einem großen Konzern wurde dies vor einigen Jahrzehnten ambitionierten Mitarbeitern mit folgendem Satz nähergebracht: »Wir brauchen auch Krieger, nicht nur Häuptlinge.« Dieser wenig charmante Satz eines ohnehin problematischen Themas hatte damals dazu geführt, dass kompetente Karriereaspiranten das Unternehmen verlassen haben. Flache Hierarchien bedeuten aber, dass es weniger Stellen mit ausgeprägten Führungsaufgaben gibt, sodass sich im Falle eines Unternehmens mit reinen »Aufstiegskarrieren« (Karrieren, die mit Führungsaufgaben verbunden sind) durch die stets zunehmenden Bildungsmöglichkeiten immer mehr Interessierte um immer weniger attraktive Führungspositionen bemühen.[174] Flache Hierarchien vermindern die hinlänglich bekannten klassischen Karrierechancen bzw. Aufstiegsmöglichkeiten.[175] Der Wandel eines Unternehmens von einer hierarchisierten zu einer möglichst flachen Struktur erzeugt somit internen Wettbewerbsdruck um

---

174 Schöffner, Günther; Hagehülsmann, Ute; Schöffner, Kerstin (2023): Zukunftsfähige Machtsysteme in Unternehmen. Die Verantwortung richtig auf die Beine stellen. Kohlhammer Verlag, Stuttgart, S. 255 und S. 364.

175 Sprenger, Reinhard K. (2007): Vertrauen führt. Worauf es im Unternehmen wirklich ankommt. Campus Verlag, Frankfurt/New York, 2. Aufl., S. 149.

Führungspositionen, sofern nicht andere Karrieremöglichkeiten angeboten werden. Das Resultat kann je nach HR-Politik ein massiver Wettbewerb sein, der dadurch Unternehmen mit flachen Hierarchien für Spitzenkräfte unattraktiv macht.[176] Umso wichtiger wird es, Follower-Aufgaben entsprechend attraktiv zu gestalten und diesen die notwendige Aufmerksamkeit und Wertschätzung zu geben. Im agilen Zeitalter sind es nicht nur die flachen Hierarchien, die zu den genannten Effekten führen. In Organisationen mit selbstorganisierten Teams gibt es immer weniger Dauerführungskräfte, da die Führungsaufgabe immer öfter situationsbedingt zugewiesen wird. Umso mehr müssen Unternehmen hier die Follower-Rolle stärken, wenn sie als Arbeitgeber attraktiv bleiben wollen. Gerade im Mittelstand ist hier wegen der oftmals sehr stabilen Personalsituation eine gewisse Umstellung nötig. Nicht selten besetzen gewisse Personen Führungspositionen über mehrere Jahrzehnte, sodass diesbezüglich wenig Attraktivität für Nachwuchspersonal besteht. Erschwerend kommt hier häufig dazu, dass durch die lange Kontinuität der Führungskreise die Gefahr der Lagerbildung von Führung und Normalmitarbeiter entsteht, wie wir dies in Kapitel 2.2 beim Thema »unten/oben« gesehen haben. In solchen Fällen sind Follower-Positionen häufig nicht nur entsprechend wenig attraktiv gestaltet, Follower genießen auch nur geringes Ansehen. Karrieren sind in dieser Konstellation kaum möglich. Ich habe bereits mehrere mittelständische Unternehmen dieser Ausprägung erlebt, die trotz ihrer oftmals prominent angepriesenen Marktführerschaft in den 2020er Jahren kaum mehr Nachwuchspersonal finden konnten. Zu unmodern und zu unattraktiv erschienen Führungsansatz und Follower-Rollen, als dass junge, kompetente Kräfte hier wesentlich länger als die Probezeit im Unternehmen verblieben wären. Wer in der agilen Zeit gute Mitarbeiter möchte, muss die Follower-Rolle im Unternehmen entsprechend aufwerten und attraktiv gestalten und die Follower dafür entsprechend qualifizieren, damit sie diese Rollen auch gut ausfüllen können. Letzteres klingt auf den ersten Blick vielleicht befremdlich. Aber Führungskräfte werden beim Einstieg in die erste Führungsaufgabe in der Regel auch dafür qualifiziert, weil dieses Wissen in den seltensten Fällen vom Himmel fällt oder den Kandidaten in die Wiege gelegt wird.

---

176 Pfeffer, Jeffrey (2010): Power. Why some people have it and others don't. HarperCollins Publishers, New York, S. 5.

3 Praktizierte Followership in Unternehmen

3.1 Followership-Stile

Followership beschreibt inhaltlich persönliches Verhalten von Menschen. Im Organisations- oder Unternehmenskontext beinhaltet diese Beschreibung im Speziellen das Verhalten von Mitarbeitern in der Zusammenarbeit mit Führungskräften und anderen Mitarbeitern. Dabei ist wichtig, dass in der jeweiligen Situation die Funktion des Leaders in irgendeiner Form eine Rolle spielt, sei es durch eine Anweisung, durch allgemeine Statements, die in der Situation eine Rolle spielen, oder gar durch sein direktes Eingreifen in der Situation. Würden wir nur die Zusammenarbeit mit anderen Mitarbeitern betrachten, würden wir eher von Kollegialität, Teamwork oder Kooperation sprechen. Sobald jedoch die Funktion und/oder die Person des Leaders Bedeutung hat, sprechen wir von Followership. Sie ist konkret für unser Buch also eine Beschreibung des Verhaltens von Mitarbeitern im Kontext von Arbeitsbeziehungen mit Leadern, Führungskräften oder Managern.[177] Da die Beschreibung menschlichen Verhaltens nicht einfach ist, bedient man sich zur Vereinfachung meist gewisser Parameter, anhand derer man bestimmte Verhaltensmuster nachvollziehbar beschreiben kann. Im Fall von Leadern, Führungskräften oder Managern beschreibt die zugehörige Literatur deren typisches Verhalten während der Ausübung der Führungsaufgabe u. a. als Führungsstil, Managementstil oder Leadership Style. Wir vermischen hier die Begriffe wegen der im ersten Kapitel bereits erwähnten inhaltlichen Überschneidung und der mangelnden Trennschärfe der Ausdrücke. Ich möchte hier nicht einzelne Stellen der hierzu mehr als umfänglichen Literatur zu Führung und Leadership zitieren, sondern nur einige Beispiele für sehr bekannte Modelle und Eingruppierungen von Führungsstilen erwähnen, wie beispielsweise der autoritäre oder der partizipative Führungsstil, Kontingenzansätze oder die schon mehrmals erwähnten Leadership Styles Servant Leader oder Level 5 Leader. Der geneigte Leser kann sich bei Interesse in die jeweilige Fachliteratur vertiefen. Unter all diesen Beschreibungen gibt es auch Ansätze, die durch das Gegenüberstellen zweier Verhaltensdimensionen anhand derer jeweiligen Ausprägungen verschiedene Felder generieren, wie

---

177 Rost, Joseph: Followership: An Outmoded Concept. In: Riggio, Ronald E.; Chaleff, Ira; Lipman-Blumen, Jean (2008): The Art of Followership. How Great Followers create Great Leaders and Organizations. Jossey-Bass, San Francisco (CA), S. 58.

wir dies beispielsweise in Kapitel 2.4 als erster Ansatz zur Beschreibung von Follower-Verhalten getan haben. Ein Beispiel hierzu ist das auf Gary Yukl et al. zurückgehende Konzept der vier Führungsstile im Hinblick auf die jeweilige Ausprägung der Fokussierung des Leaders auf die Beziehungen zum Mitarbeiter vs. auf die Arbeitsinhalte, besser bekannt als Gitter zum aufgabenorientieren bzw. personenorientierten Führungsstil.[178]

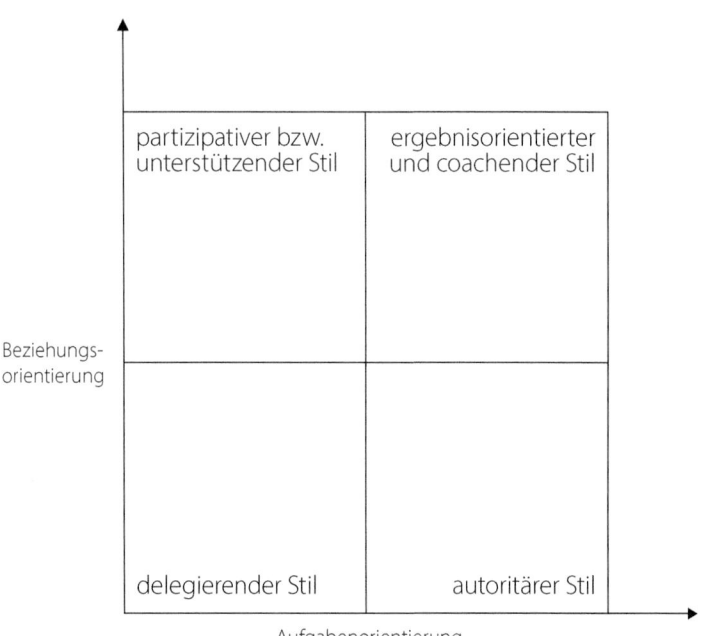

Dar. 7: Führungsstile nach Yukl et al. (Daft 2015)

Ähnlich dieser Beschreibung von Führungsstilen lassen sich auch Followership-Stile einteilen und typische Ausprägungen beschreiben. Hier stellt sich natürlich die berechtigte Frage, welche Achsen bzw. Parameter verwendet werden sollen, um eine entsprechend aussagekräftige Beschreibung zu erreichen. Kelley hat hierzu die zwei Parameter abhängiges/unabhängiges, kritisches Denken und aktiv/passiv gewählt. Hinsichtlich des ersten Parameters beschreibt Kelley die besten Follower als Individuen, die eigenständig denken, konstruktive Kritik geben, ihre eigene Person sowie innovativ und kreativ sind.[179] Am anderen Ende des Spektrums – also die schlechtesten Follower, wenn man so will – sieht Kelley Menschen, denen man sagen muss, was sie tun sollen, die es »alleine nicht ins Badezimmer schaffen« und

---

178 Daft, Richard L. (2015): The Leadership Experience. Cengage Learning, Stamford, S. 68.
179 Kelley, Robert (1992): The Power of Followership. How to create leaders people want to follow and followers who lead themselves. Currency Doubleday, New York, S. 93.

»nicht denken«.[180] Dazwischen gibt es, so Kelley, die typischen Follower, die Weisungen annehmen und den Leader oder die Gruppe nicht challengen.

Da wir den Begriff später noch verwenden werden, wollen wir die Bedeutung, mit der der Begriff »challengen« verwendet werden soll, gleich an dieser Stelle klären. Von den vielen Übersetzungen, die für das Wort »to challenge« angeboten werden, und deren prominenteste Übersetzung »herausfordern« ist, soll »challengen« in unserem Kontext mit »hinterfragen« übersetzt werden. Es geht also nicht darum, den Leader in Form eines Duells oder ähnlichem herauszufordern, sondern seine Meinungen, Anweisungen oder Zielsetzungen hinsichtlich des gemeinsamen Ziels kritisch zu hinterfragen, zu diskutieren und gegebenenfalls andere Lösungsvorschläge zu unterbreiten. Sobald diese Fragen geklärt sind, was nicht unbedingt in einem Konsens enden muss, akzeptieren Follower die weitere Vorgehensweise, auch wenn dies u. U. nur die mit Macht ausgesprochene Weisung des Leaders sein mag, und machen sich an die gemeinsame Umsetzung. Dieses Hinterfragen als Übersetzung für »challengen« wird auch in der Welt der Unternehmensberatung häufig Verwendung. Dort werden beispielsweise Daten, Informationen oder Hypothesen regelmäßig hinterfragt, das heißt »gechallengt«. Diese eingedeutschte Verwendung englischer Begriffe hat sich breit etabliert, weshalb wir sie hier verwenden, auch wenn das stilistisch gesehen grenzwertig sein mag.

Zurück zu den Beschreibungen von Kelley. Er versteht in diesem Zusammenhang Follower als selbstständige und konstruktiv kritische Menschen, die mit Kreativität an Lösungen arbeiten. Kritisches Denken bedeutet, mit Nachdenken an Situationen und Probleme heranzugehen und unvoreingenommen Ideen und Informationen zu sammeln und zu bewerten, und die Implikationen verschiedener Alternativen möglichst objektiv zu durchdringen.[181] Anhand der meines Erachtens nicht sehr wertschätzenden Darstellung sog. »schlechter Follower« erkennt man, dass Kelley damit keine völlig unabhängigen Menschen meint, sondern solche, die sich an ihren Leadern orientieren. In diesem Verständnis unabhängige, kritische Denker sind sich der Auswirkungen ihrer Handlungen und ihres Verhaltens sowie das anderer Personen auf das Erreichen organisatorischer Ziele bewusst.[182] Dementsprechend können sie die Auswirkungen von Entscheidungen auf Vision und Ziele der Leader abwägen und entsprechend konstruktive Kritik üben.[183] Das Bild, das Kelley hier von einem guten Follower zeichnet, hat somit eine sehr große Überschneidung mit den in Kapitel 2.4 genannten »Leuten, die mitdenken«. Umgekehrt erwägt ein abhängiger, unkritischer Denker keine Möglichkeiten, die über das hinausgehen, was ihm aufgetragen wurde, trägt nicht zur Entwicklung der Organisation bei und akzeptiert die Ideen des Leaders, ohne sie zu beurteilen oder zu bewerten.[184]

---

180 Ebd.
181 Daft, Richard L. (2015): The Leadership Experience. Cengage Learning, Stamford, S. 199.
182 Ebd.
183 Ebd.
184 Ebd.

Hinsichtlich des zweiten Parameters »aktiv/passiv« charakterisiert Kelley die besten Follower als jene, die Initiative zeigen, Verantwortung übernehmen, aktiv teilnehmen, Eigeninitiative zeigen und im Job über sich hinauswachsen.[185] Die schlechtesten Follower hingegen beschreibt er als »passive und faule Menschen, die ständig angestoßen werden müssen, dauernd Aufsicht benötigen oder sich vor der Verantwortung drücken«.[186] Bei dieser sehr wenig schmeichelhaften Beschreibung schlechter Follower möge man Kelley zugutehalten, dass er ein Extremum beschreibt und seine Ausführung aus den frühen 1990er Jahren stammt. Wenn man dies berücksichtigt, kann man seinen Worten gut entnehmen, was er damit meint. Passive Personen machen nichts, was nicht explizit beauftragt wurde und vermeiden jegliche zusätzliche Verantwortung.[187] Zwischen den beiden Extremen des besten und des schlechtesten Followers sieht Kelley den typischen Follower, der seinen Job ohne Aufsicht ausführt, nachdem ihm gesagt wurde, was er tun muss, sein Fähnchen in den Wind dreht und »cover your ass« (Anmerkung: Im Original »CYA«) betreibt.[188] Der Sinn dieser harten Worte lässt sich auch hier im Gesamtkontext erkennen.

Kelley erwähnt hier auch die bereits im Kapitel 2.3 angesprochenen Paradoxien, die dem Konzept der Followership innewohnen. Berechtigterweise fragt er, ob Menschen eigenständig denken und gleichzeitig aktiv die Follower-Rolle annehmen können.[189] Oder ob das Akzeptieren der Follower-Rolle nicht gleichbedeutend damit ist, in gewisser Weise den Anforderungen des Leaders zu folgen, also einem anderen das Denken zu überlassen, und das sich somit selbst widerspricht. Vorbildliche Leader, so Kelley, müssen diese beiden Anforderungen in guter Balance halten.[190] Anhand der Gegenüberstellung der beiden erwähnten Parameter beschrieb Kelley fünf typische Followership-Stile.[191] Diese waren für die weitere Followership-Forschung wegweisend und sind auch heute noch in weiten Teilen sehr aktuell. Deshalb betrachten wir diese fünf grundlegenden Followership-Stile nachfolgend kurz etwas genauer.

Exempel

Vorbildliche Follower können ihren Job machen und gleichzeitig mit anderen auf eine solche Art und Weise zusammenarbeiten, dass dies für das Unternehmen Mehrwert schafft.[192] Dabei verhalten sie sich gegenüber jeder Person gleich, unab-

---

185 Kelley, Robert (1992): The Power of Followership. How to create leaders people want to follow and followers who lead themselves. Currency Doubleday, New York, S. 94.
186 Ebd.
187 Daft, Richard L. (2015): The Leadership Experience. Cengage Learning, Stamford, S. 199.
188 Kelley, Robert (1992): The Power of Followership. How to create leaders people want to follow and followers who lead themselves. Currency Doubleday, New York, S. 94.
189 Ebd.
190 Ebd., S. 95.
191 Daft, Richard L. (2015): The Leadership Experience. Cengage Learning, Stamford, S. 199.
192 Kelley, Robert (1992): The Power of Followership. How to create leaders people want to

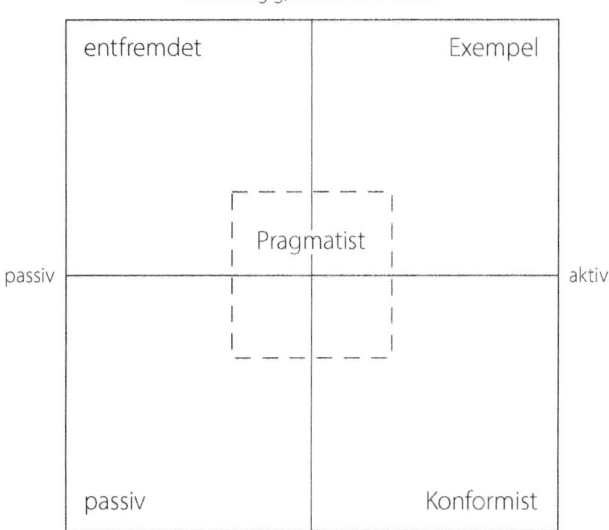

Dar. 8: Quadranten-Darstellung der Follower-Stile nach Kelley (weiterhin als »Q1« bezeichnet)

hängig was dessen Position in der Organisation sein mag.[193] Was sie eben von jemandem unterscheidet, der nur »gute Arbeit« macht, ist der durch ihre Followership geschaffene Mehrwert, mit dem sie die Organisation als Ganzes voranbringen.[194] Sie versuchen nicht, Risiken zu vermeiden oder Konflikten unbedingt aus dem Weg zu gehen. Effektive Follower, wie vorbildliche Follower auch bezeichnet werden, haben den Mut, Veränderungen anzustoßen und Risiken sowie Konflikte zu meistern, auch – wenn sie dies tun müssen – solche mit ihren Leadern, um das Beste für die Organisation zu erreichen.[195]

Konformist

Konformisten nehmen gerne Anweisungen entgegen, um sich der Autorität des Leaders zu beugen und geben seinen Ansichten und Einschätzungen gerne nach.[196] Sie führen jede Art von Anweisung aus, ganz egal welcher Art diese sein mögen.[197] Sie wirken gerne bereitwillig mit, aber ohne die Konsequenzen dessen,

---

 follow and followers who lead themselves. Currency Doubleday, New York, S. 129.
193 Daft, Richard L. (2015): The Leadership Experience. Cengage Learning, Stamford, S. 200.
194 Kelley, Robert (1992): The Power of Followership. How to create leaders people want to follow and followers who lead themselves. Currency Doubleday, New York, S. 130 f.
195 Daft, Richard L. (2015): The Leadership Experience. Cengage Learning, Stamford, S. 200.
196 Kelley, Robert (1992): The Power of Followership. How to create leaders people want to follow and followers who lead themselves. Currency Doubleday, New York, S. 108.
197 Daft, Richard L. (2015): The Leadership Experience. Cengage Learning, Stamford, S. 200.

wozu sie aufgefordert wurden, zu bedenken, auch mit dem Risiko, dass sie an einem gefährlichen oder fragwürdigen Unterfangen teilnehmen.[198] Konformisten kennen ihren Platz in der sozialen Ordnung und stellen diesen auch nicht infrage, sondern sie haben Gefallen an den Strukturen und daran, jemanden »über sich« zu haben.[199]

Passive Follower

Sie zeigen weder Initiative noch einen Sinn für Verantwortung.[200] Ihre Aktivität beschränkt sich auf das, was ihnen aufgetragen wurde, und sie erledigen ihre Aufgaben nur mit einem beträchtlichen Maß an Aufsicht.[201] Im Extremfall handeln passive Follower nach ihrem Herdeninstinkt und agieren wie Schafe.[202] Passive Followership ist oft die Antwort auf die Erwartungen des Leaders, wenn dieser die Follower wie Schafe behandelt und Angst als Mittel einsetzt, um die Follower unter Kontrolle zu halten.[203]

Entfremdete

Entfremdete Follower sind häufig effektive/exemplarische Follower, die Rückschläge oder Enttäuschungen erlebt haben wie etwa gebrochene Versprechen von Führungskräften.[204] Irgendetwas hat sie ruhiggestellt und dazu geführt, dass sie sich zurückgezogen haben.[205] Sie sehen sich als Opfer, die auf unfaire Weise den Kürzeren gezogen haben.[206] Trotz ihrer Fähigkeiten fokussieren sie sich fast ausschließlich auf die Mängel der Organisation oder die Probleme anderer Leute.[207] Häufig zynisch sind entfremdete Follower durchaus zu unabhängigem Denken in der Lage, tragen aber nicht dazu bei, Lösungen für die Probleme oder Unzulänglichkeiten, die sie wahrnehmen, zu erarbeiten.[208]

---

198 Ebd.
199 Kelley, Robert (1992): The Power of Followership. How to create leaders people want to follow and followers who lead themselves. Currency Doubleday, New York, S. 108 f.
200 Daft, Richard L. (2015): The Leadership Experience. Cengage Learning, Stamford, S. 200.
201 Ebd.
202 Kelley, Robert (1992): The Power of Followership. How to create leaders people want to follow and followers who lead themselves. Currency Doubleday, New York, S. 123.
203 Ebd., S. 123 f.
204 Daft, Richard L. (2015): The Leadership Experience. Cengage Learning, Stamford, S. 200.
205 Kelley, Robert (1992): The Power of Followership. How to create leaders people want to follow and followers who lead themselves. Currency Doubleday, New York, S. 100.
206 Ebd.
207 Daft, Richard L. (2015): The Leadership Experience. Cengage Learning, Stamford, S. 200.
208 Ebd.

Pragmatiker

Sie lieben den Mittelweg und hinterfragen zwar die Entscheidungen des Leaders, aber nicht zu oft und nicht zu kritisch.[209] Sie führen ihre Aufgaben aus, wagen sich aber nur selten darüber hinaus.[210] Sie haben zwar in gewissem Maße die Qualitäten und Eigenschaften aller vier vorherigen Follower-Stile, aber sie wählen in einer Situation oft jeweils den, der für sie am besten dazu passt, ihr persönliches Risiko zu minimieren und – oftmals aus politischen Gründen – den Status quo zu festigen.[211] Deshalb nennt man sie auch die pragmatischen Überlebenden (Pragmatic Survivors).[212] Das Bild eines Wetterhahnes ist ein gutes Symbol für das Verhalten solcher Pragmatiker, ohne dass dies in jedem Fall zutreffen muss.

Neben Kelley ist auch wie bereits mehrfach erwähnt Chaleff einer der wesentlichen Begründer der moderneren Followership-Theorie. Auf ihn geht das Followership-Modell des »Courageous Followers«, also des mutigen Followers, zurück, das im Wesentlichen auf die Neuausrichtung der Beziehungen zwischen Leadern und Followern setzt.[213] Der Ansatz des Modells, das erstmals Mitte der 1990er Jahre erwähnt wurde, ist in Anbetracht der in Kapitel 2.4 bis dato üblichen Sichtweise von Followern damals mehr als notwendig gewesen. Chaleff argumentierte, dass die lange Zeit übliche negative Vorstellung von Followern, die beispielsweise die Anweisungen von Leadern nicht hinterfragen durften oder wollten, weil man dies »einfach nicht tue«, durch eine positive Vorstellung von Followern ersetzt werden müsse, die mutig, verantwortungsvoll und proaktiv handeln.[214] Wie Kelley hat auch Chaleff vier verschiedene Follower-Stile beschrieben. Er verwendete hierfür andere Parameter, blieb aber bei der zuvor bei Kelley gezeigten Darstellung typischer Vertreter der Stile in vier Quadranten. Chaleff nennt als »die zwei kritischen Dimensionen mutiger Followership«

- den Grad der Unterstützung, die ein Follower dem Leader gibt, und
- den Grad, zu dem der Follower bereit ist, Verhalten und Politik des Leaders zu »challengen«, sofern diese die Ziele des Unternehmens gefährden oder dessen Werte untergraben.[215]

Dies gilt nach Chaleff für alle Ebenen von Leadern und Followern. Abhängig davon, wie stark die beiden Dimensionen bei einem Follower jeweils ausgeprägt sind, kann

---

209 Kelley, Robert (1992): The Power of Followership. How to create leaders people want to follow and followers who lead themselves. Currency Doubleday, New York, S. 117.
210 Ebd.
211 Daft, Richard L. (2015): The Leadership Experience. Cengage Learning, Stamford, S. 200.
212 Ebd., S. 199 f.
213 Chaleff, Ira (2009): The Courageous Follower. Standing up to & for our leaders. Berrett Koehler Publishers, Oakland (CA), S. 4.
214 Yukl, Gary; Gardner, William L. (2020): Leadership in Organizations. Pearson Education, Harlow, 9. Aufl., S. 293.
215 Chaleff, Ira (2009): The Courageous Follower. Standing up to & for our leaders. Berrett Koehler Publishers, Oakland (CA), S. 39.

dessen Follower-Stil im Diagramm verortet werden. Ähnlich wie zuvor Kelley hat Chaleff den vier resultierenden Quadranten jeweils vier typische Followership-Stile zugewiesen, welche Positionen mit starken bzw. deutlichen Ausprägungen der jeweiligen Dimensionen entsprechen.[216]

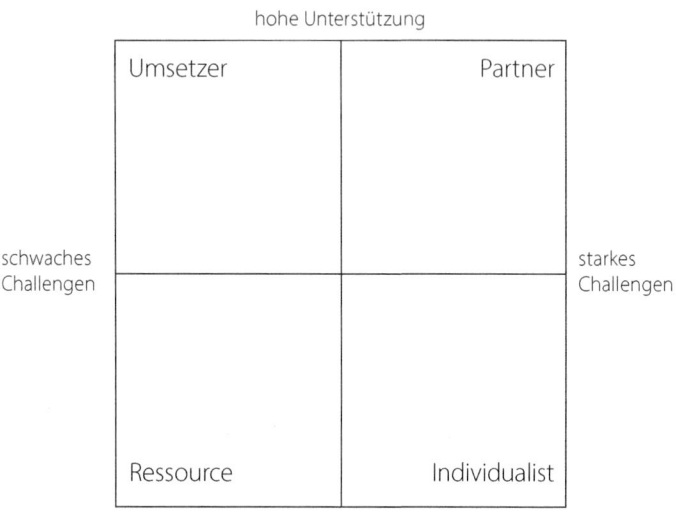

Dar. 9: Quadranten-Darstellung nach Chaleff (Q2)

Die nachfolgenden Kurzerläuterungen der Charakteristiken dieser vier typischen Followership-Stile sind eine Zusammenfassung von Chaleffs ausführlicheren Beschreibungen.[217]

Partner

Er gibt dem Leader kraftvoll Unterstützung, stellt aber gleichzeitig dessen Ansätze immer wieder (unternehmens-)zielorientiert infrage. Er übernimmt die volle Verantwortung für sein eigenes Verhalten und das des Leaders und handelt auch entsprechend.[218] Solche Personen kann man, so Chaleff, als wirkliche Partner des Leaders bezeichnen, ganz im Sinne seiner etwas später noch genauer erklärten Theorie der »Courageous Followership«. Typische Haltungen und Verhaltensweisen: Zielorientierung, Verantwortungsbewusstsein, Risikoaffinität, Akzeptanz von Autorität.

---

216 Ebd., S. 40.
217 Ebd., S. 40–43.
218 Chaleff, Ira: Creating New Ways of Following. In: Riggio, Ronald E.; Chaleff, Ira; Lipman-Blumen, Jean (2008): The Art of Followership. How Great Followers create Great Leaders and Organizations. Jossey-Bass, San Francisco (CA), S. 75.

Umsetzer

Follower dieser Art tun, was zur Erledigung der Aufgaben nötig ist, ohne dass sie viel Aufsicht oder Erklärungen benötigen. Für viele Leader war diese Art von Followern lange Zeit erste Wahl.[219] Doch es besteht hier das Risiko, dass Follower nicht vor kostspieligen Fehlern des Leaders warnen.[220] Denn solche Follower werden es dem Leader nicht sagen, wenn sie feststellen, dass dieser einen falschen Weg einschlägt, oder sie werden ihr Hinterfragen nicht weiterverfolgen, wenn der Leader ihre ersten Ansätze zurückweist. Typische Haltungen und Verhaltensweisen: Rücksichtnahme, Zuverlässigkeit, Konformität, Respekt vor Autorität.

Individualist

Sie zögern nicht, dem Leader oder anderen Gruppenmitgliedern zu sagen, was sie von dessen oder deren Aktionen oder Ansätzen halten. Solche Personen sind zwar für die Ausgewogenheit einer Gruppe potentiell wichtig. Weil sie aber für den Support des Leaders nicht die gleiche Energie aufbringen wie dafür, »den Mund aufzumachen«, drängen sie sich selbst oft ins Abseits. Ihre Kritik wird vorhersehbar und ermüdend, sodass sie nicht selten ausgeschlossen werden. Typische Haltungen und Verhaltensweisen: Selbstbewusstsein, Direktheit, Konfrontationsaffinität, respektloses und rebellisches Verhalten, unbeeindruckt von Autoritäten.

Ressourcen

Sie machen ihre Arbeit, um in ihrer Position zu bleiben, gehen aber nicht über das hinaus, was man von ihnen unmittelbar erwartet oder wofür sie bezahlt werden. Sie leisten jenseits ihrer direkten inhaltlichen Tätigkeit keine bedeutenden Beiträge für die Organisation. Typische Haltungen und Verhaltensweisen: Präsenz und Verfügbarkeit, kein Engagement, Orientierung an Minimalanforderungen, Interessen außerhalb der Organisation, Vermeidung des Kontakts mit Autoritäten.

Der Begriff »Ressourcen« für die letzte Gruppe mag aus inhaltlicher Sicht zutreffen, hinsichtlich unseres Themas Followership meiner Meinung nach weniger. Mitarbeiter, die innerlich gekündigt haben, zeigen häufig das beschriebene Verhalten. Wie man an diesem Ausdruck sieht, ist es alles andere als einfach, für die typischen Ausprägungsformen solcher Kategorisierung treffende, prägnante und dennoch akzeptabel wertschätzende Begriffe zu finden.

Chaleffs Beschreibungen der vier speziellen Follower-Stile beinhalten auch typische Haltungen und Verhaltensmuster. Diese haben auf den ersten Blick nicht

---

219 Kelley, Robert: Rethinking Followership. In: Riggio, Ronald E.; Chaleff, Ira; Lipman-Blumen, Jean (2008): The Art of Followership. How Great Followers create Great Leaders and Organizations. Jossey-Bass, San Francisco (CA), S. 13.
220 Chaleff, Ira: Creating New Ways of Following. In: Riggio, Ronald E.; Chaleff, Ira; Lipman-Blumen, Jean (2008): The Art of Followership. How Great Followers create Great Leaders and Organizations. Jossey-Bass, San Francisco (CA), S. 74.

immer sofort Bezug zu Followership-Inhalten. Risikoaffinität oder Rücksichtnahme können auch ohne Followership-Bezug sinnvoll diskutiert werden. Anhand solcher typischen Verhaltensweisen lassen sich ebenfalls Quadranten-Darstellungen zur Followership erstellen, wenn diese anstatt von direkt Followership-bezogenen Dimensionen für die jeweiligen Achsen verwendet werden. Ein Vertreter hierzu ist das »4-D Followership Modell« von Rodger Adair, das ebenfalls prägnant das typische Veralten verschiedener Follower zusammenfasst und kategorisiert.[221] Die Bezeichnung der Achsen und die jeweiligen typischen Vertreter der einzelnen Quadranten in Darstellung 10 sprechen für sich, sodass diesbezüglich keine weitere Erörterung notwendig erscheint. Da diese Darstellung wie erwähnt jedoch wenig direkten Bezug zu unseren Followership-Inhalten zeigt, wollen wir diesen Ansatz hier nicht weiter vertiefen.

	hohe Jobzufriedenheit/Produktivität	
	Jünger	Macher
geringe Wechsel-bereitschaft bzw. Fluktuation	der richtige Mann zur richtigen Zeit am richtigen Ort	gute Arbeitsethik, aber die Kirschen in Nachbars Garten…
	kein Interesse am Job, kein Wunsch zur Verbesserung	verärgert und bereit, das Schiff zu verlassen
	unmotiviert	unzufrieden
	geringe Jobzufriedenheit/Produktivität	

(Linke Achse: geringe Wechselbereitschaft bzw. Fluktuation; rechte Achse: hohe Wechselbereitschaft bzw. Fluktuation)

Dar. 10: Quadranten-Darstellung nach Adair (Q3)

Mit der beschriebenen Systematik der Quadranten lassen sich also viele verschiedene Kategorisierungen von Followership-Stilen oder von Follower-Verhalten beschreiben. Natürlich gibt es auch andere Instrumente zur Beschreibung von Followership-Stilen.[222] Wir wollen aber bei den Quadranten bleiben. Denn dies ermöglicht auf relativ einfache Weise eine Darstellung der Follower-Situation in

---

221 Adair, Rodger: Developing Great Leaders, One Follower at a time. In: Riggio, Ronald E.; Chaleff, Ira; Lipman-Blumen, Jean (2008): The Art of Followership. How Great Followers create Great Leaders and Organizations. Jossey-Bass, San Francisco (CA), S. 144.
222 Chaleff, Ira: Creating New Ways of Following. In: Riggio, Ronald E.; Chaleff, Ira; Lipman-Blumen, Jean (2008): The Art of Followership. How Great Followers create Great Leaders and Organizations. Jossey-Bass, San Francisco (CA), S. 75.

unterschiedlichen Organisationen und macht somit den Followership-Ansatz auch für solche Unternehmen zugänglich, zu denen die gezeigten Standard-Modelle aus irgendwelchen Gründen weniger gut oder vielleicht auch gar nicht passen. Mit einer gründlichen Analyse und kreativer Formulierung lassen sich auch für komplizierte Organisationen sehr oft passende Beschreibungen finden. Wir wollen hier daher im Hinblick auf die in Kapitel 2.4 beschriebenen wesentlichen drei Inhalte guter Followership noch weitere Quadranten-Modelle aufzeigen. Als Startpunkt hierzu ist es vorteilhaft festzuhalten, dass sich die Dimensionen »unabhängiges, kritisches Denken« von Kelley und »Challengen« von Chaleff inhaltlich sehr ähnlich sind.[223] Bei einer kurzen Reflexion der obigen Ausführungen hierzu lässt sich dies schnell verifizieren. Die beiden jeweils anderen Dimensionen weisen diese Ähnlichkeit hingegen nicht auf, da Kelley »aktiv« eher allgemein und weniger im Hinblick auf die Ausrichtung auf Leader oder Organisation beschreibt, Chaleff »Unterstützung« hingegen direkt bezogen auf den Leader sieht.

In Kapitel 2.3 haben wir drei Punkte als wesentliche Inhalte der Followership beschrieben:

- Nachfolgen, das heißt sich vom Leader leiten lassen und ihn zu unterstützen,
- Verantwortung für die Organisation zu übernehmen und auf Leader und andere Follower einwirken, sowie
- sich selbst so zu managen, dass die Erreichung der Organisations-Ziele insgesamt möglichst optimiert wird.

In diesem Kontext hatten wir auch schon eine erste Einteilung des Follower-Verhaltens in Quadranten vorgenommen, welche die Eigenverantwortung, also den letzten dieser drei Punkte, dem Support für den Leader, also dem ersten der Punkte, gegenüberstellt. Wie wir mittlerweile wissen, ist eben dieser Leader-Support eine der Dimensionen der Followership-Stile von Chaleff.

Wir wollen nun weitere Standard-Einteilungen finden, welche zum einen die drei Punkte noch stärker in den Fokus rücken und den bislang noch nicht hinreichend betrachteten zweiten Punkt der Verantwortung für die Organisation explizit berücksichtigen. Zum anderen wollen wir die im Vergleich zu den Entstehungszeiten der Kategorisierungen von Kelley und Chaleff stattgefundenen Veränderungen organisationaler Arbeit und Zusammenarbeit berücksichtigen, indem wir die Anforderungen der digitalen und agilen Arbeitswelt berücksichtigen. Im agilen Zeitalter geht es eben nicht mehr nur um reinen Support für den Leader. Denn oft müssen sich Mitarbeiter allein managen oder dies geschieht in selbstorganisierten Teams. Im Vergleich zu früheren Jahrzehnten ist zudem der Kontakt zum Leader oft nicht mehr von Angesicht zu Angesicht sowie zeitlich meist deutlich kürzer. Außerdem wechselt die Paarung Leader-Follower mittlerweile wesentlich häufiger. In diesen Konstellationen ist eine direkte Unterstützung des Leaders oft

---

223 Ebd.

3 Praktizierte Followership in Unternehmen

Dar. 11: Quadranten-Darstellung der Follower-Stile nach Schöffner 1 (Q4)

nur schwer oder kaum möglich. Man kann ihm aber indirekt Support leisten, indem man die eigenen Handlungen am Leader ausrichtet. Wird beispielsweise einem selbstorganisierten Team vom Leader eine Projektaufgabe übertragen und nimmt die gewählte Team-Leitung die Koordinierung des Teams wahr, so können und müssen die Team-Mitglieder zwar in erster Linie der Team-Leitung als Follower folgen. Sie können aber auch dem originären Leader indirekt dadurch folgen, dass sie ihre Arbeit im selbstorganisierten Team für die Dauer des Projektes am Leader ausrichten. Es geht also mehr um eine Leader-Orientierung als um einen reinen Leader-Support. Natürlich sind auch andere Konstellationen denkbar, bei denen keine solchen temporären, selbstorganisierten Strukturen herrschen. Auch dabei geht es letztendlich darum, zu welchem Grad der Follower seine Handlungen an den Vorstellungen, Meinungen oder Anweisungen des Leaders ausrichtet. Daher wollen wir in diesem Kontext von Leader-Orientierung anstatt von Leader-Support sprechen. Berücksichtigen wir nun als erste Dimension wie oben erwähnt die Orientierung des Followers an der Organisation, also Punkt 2 der drei Followership-Inhalte, so können wir in Anlehnung an die Quadranten-Darstellung von Kelley vier typische Follower-Typen des agilen Zeitalters definieren, wenn wir als zweite Dimension die zuvor ausgeführte Leader-Orientierung benutzen.

Menschen mit hoher Organisationsorientierung zeigen ein Verhalten, welches das Unternehmen, die eigene Abteilung, das Team, die Aufgabe, die Ziele, die Follower unterstützt; sie denken mit und handeln proaktiv. Eine ausgeprägte Leadership-Orientierung liegt bei Followern dann vor, wenn diese dem Leader folgen, dessen Führungsanspruch anerkennen und ihn direkt und indirekt unterstützen, sich leiten lassen, keine unnötigen Probleme machen und potentielle Entscheidungen antizipieren. Wir gehen bei unserem Ansatz positiver Leader-

3.1 Followership-Stile

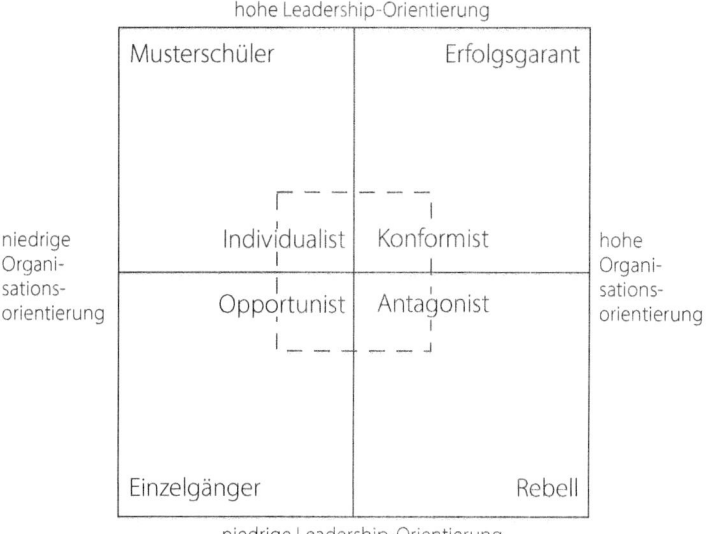

Dar. 12: Quadranten-Darstellung der Follower-Stile nach Schöffner 2 (Q5)

Orientierung davon aus, dass Follower dies übereinstimmend mit Kelley und Chaleff unabhängig kritisch denkend tun, also den Leader challengen. Es wäre auch denkbar, diese Dimension in ihrer gesamten Bandbreite noch zu berücksichtigen. Dies würde jedoch zu dreidimensionalen Darstellungen führen, die wir hier vermeiden wollen. Wie zuvor bei Kelley und Chaleff sollen die verschiedenen Typen nachfolgend kurz beschrieben werden. Abweichend von Kelley sind im pragmatischen Bereich in der Mitte des Kreuzes die Vertreter dort nicht alle als Pragmatiker bezeichnet, sondern den jeweiligen Quadranten entsprechend etwas genauer spezifiziert. Der bei Kelley erwähnte Pragmatismus ist ihnen jedoch allen gemein.

Erfolgsgarant

Sie richten sich am Leader aus und orientieren ihre Arbeit daran, dass die Organisation ihre Ziele erreichen kann. Dazu managen sie den Leader und die anderen Follower nach ihren Kräften und Möglichkeiten in fairer Weise, nicht aus der Leader-Rolle heraus, sondern als Follower oder Peer. Sie ergänzen möglichst, was Leader und Team nicht tun können oder zu leisten vermögen und wo es eben auf ihr Tun ankommt. Loyalität, die klare Übernahme von Verantwortung (Ownership) und hohe Flexibilität zeichnen sie aus.

Musterschüler

Eine faire, zielgerichtete und mutige Unterstützung des Leaders ist zwar ihr Credo, denn sie challengen den Leader zweckorientiert und richten ihr Handeln auch bei indirektem Support an ihnen aus. Sie möchten dem Leader ja gefallen, sie wollen, dass sie ihm nützlich sind und dieser das auch merkt und weiß. Dabei managen sie sich jedoch bestenfalls selbst und kümmern sich wenig um die Notwendigkeiten der Organisation. Egal, ob purer Eigennutz, mangelnder Wille oder fehlender Blick die Ursachen sind, sie tun kaum etwas zur Förderung der Teamarbeit, sie unterstützen und challengen ihre Kollegen nicht und sie leisten nicht dort ihren sehr wohl möglichen Beitrag, wo sie zu einem größeren Erfolg der Organisation als Ganzes imstande wären. Sie haben meist eine hohe Anpassungsfähigkeit und neigen zur selektiven Verantwortungsflucht sowie zur Eigennutzorientierung.

Einzelgänger

Sie machen ihr eigenes Ding und sind bemüht, dass sie damit so gut wie möglich durchkommen. Anweisungen des Leaders sehen sie bestenfalls als nett gemeinte Handlungsempfehlungen. Denn entweder sie akzeptieren die Autorität von Leadern nicht besonders, oder sie vertrauen deren Kompetenz und deren guten Absichten nicht. Sie sehen nur sich selbst als berechtigt und kompetent an, ihre Handlungen zu leiten. Dabei schießen sie sich meistens ins Aus, denn der Rest der Organisation interessiert sie ebenso wenig wie der Leader. Oft haben sie eine hohe Expertise in ihrer Position, doch je allgemeiner ihre Profession und je mittelmäßiger ihre Performance ist, umso häufiger werden sie abgeschoben. Sie neigen daher typischerweise zu Eigenbrötlerei, sind oft notorische Kritiker an allem und jedem und zeigen kaum Anpassungsvermögen.

Rebell

Organisation und Kollegen sind ihnen wichtig, und für die würden sie auch fast alles tun. Doch mit dem Leader stehen sie auf Kriegsfuß, egal wer diese Rolle gerade innehat. Denn sie halten ihn für überflüssig oder durchgehend inkompetent und dies lassen ihn auch spüren. Sie könnten und möchten durch ihren Team-Ansatz der Organisation viel Gutes tun, doch ecken ständig bei der Führung an, weil sie fast gegen alles sind, was von dem Leader kommt. Egal was, aber Hauptsache gegen das, was »von oben« kommt, scheint die Devise zu sein. Der trotzdem meistens noch gegebene Mehrwert für das Unternehmen, der durch ihre inhaltliche Arbeit entsteht und aus der meist große Unterstützung für Team und Organisation resultiert, hält sie im Unternehmen. Voreingenommenheit prägt dementsprechend ihre Kooperation mit Leadern: Mit Schuldzuweisungen an Leader sind sie beispielsweise meist schnell, auch wenn noch gar nicht feststeht, wodurch ein Problem entstand. Engstirnigkeit und Kompromissschwäche zeigen sich hier und da auch mit den Kollegen, da dies von ihrer Kooperation mit den Leadern dann herüberschwappt.

Bei der Beschreibung des »Rebellen« zeigt sich eine Parallele zu Chaleffs »Individualist«. Auch dieser hat nicht viel für Autoritäten übrig und neigt zu rebellischem Verhalten. Trotz dieser und einiger weiterer Parallelen sind Rebell und

Individualist nicht ein und derselbe Follower-Typ. Durch die Berücksichtigung der jeweiligen Dimensionen der Darstellungen lässt sich dies schnell erschließen. Ergänzend sei zum Typ »Rebell« angemerkt, dass dieser in extremer Ausprägung auch oft als »Aufständischer« bezeichnet und nicht mehr unbedingt als Follower betrachtet wird.[224]

Aus den vorherigen Darstellungen der vier Typen, die Vertreter der vier Quadranten mit stark ausgeprägten Kriterien der jeweiligen Achsen sind, lässt sich zu den vier Pragmatiker-Typen sehr leicht die jeweils abgeschwächte Form finden. Die vier genannten Schlagwörter geben zudem einen Hinweis, wo in den jeweiligen Fällen »die Reise meist hingeht«. Zwar sind diese vier Vertreter vielleicht nicht ganz selbsterklärend, jedoch sind die Inhalte durch Schlagwort und Position doch intuitiv herleitbar. Daher lässt sich hier ohne großen inhaltlichen Verlust auf eine ausführlichere Beschreibung verzichten, zumal dies dem Leser noch einen gewissen Interpretationsspielraum lässt.

In den vorherigen Erklärungen der beiden Typen »Einzelgänger« und »Rebell« wurde explizit und implizit erwähnt, dass die Akzeptanz des Führungsanspruchs von Leadern ein wichtiger Einflussfaktor auf das Follower-Verhalten ist. Diese Akzeptanz ist meist ein Thema der Einstellung der Menschen gegenüber Macht und Machtstrukturen und ändert sich daher meistens nicht situativ, sondern kann sich eher langfristig durch Erfahrungen oder andere Erkenntnisse verändern. Dementsprechend haben Menschen meist eher langfristig eine bestimmte Grundhaltung bezüglich Machtakzeptanz und somit zur Akzeptanz des Führungsanspruchs. Diese Grundhaltung kann dabei von Person zu Person etwas unterschiedlich ausgeprägt sein, ohne dass dies gleich in einer Unterscheidung in der Akzeptanz bzw. Ablehnung des Führungsanspruchs münden muss.

Ganz allgemein betrachtet kann jeder Wert, jede Tugend oder jedes Persönlichkeitsmerkmal nur dann eine konstruktive Wirkung entfalten, wenn es sich in »ausgehaltener Spannung« bzw. in Balance zu einem passenden positiven Gegenwert, einer sog. »Schwestertugend«, befindet.[225] Die Darstellung der dabei entstehenden Spannungsfelder erfolgt häufig zweckmäßigerweise mittels der bereits auf Aristoteles zurückgehenden Werte- und Entwicklungsquadrate.[226] Bei diesen Wertequadraten wird nicht davon ausgegangen, dass es nicht nur einen genauen Fixpunkt gibt, der ein Phänomen exakt beschreibt, sondern dass es eine in Balance befindliche Bandbreite dafür gibt, was für psychologische Phänomene im Gegensatz zu naturwissenschaftlich exakt beschreibbaren Phänomenen besonders vor-

---

224 Yukl, Gary; Gardner, William L. (2020): Leadership in Organizations. Pearson Education, Harlow, 9. Aufl., S. 27.
225 Schulz von Thun, Friedemann (2014): Miteinander reden 2: Stile, Werte und Persönlichkeitsentwicklung. Rowohlt Taschenbuch Verlag, Reinbek bei Hamburg, Sonderausgabe, S. 43.
226 Schöffner, Günther; Hagehülsmann, Ute; Schöffner, Kerstin (2023): Zukunftsfähige Machtsysteme in Unternehmen. Die Verantwortung richtig auf die Beine stellen. Kohlhammer Verlag, Stuttgart, S. 332.

teilhaft ist.²²⁷ Wert und positiver Gegenwert können nach dieser Vorstellung durch eine »entwertende Übertreibung« zu einem »Unwert« verkommen, wobei der eine Unwert eine Überkompensation des anderen Unwertes darstellt.²²⁸ Wenden wir diese Systematik zur Darstellung der Akzeptanz des Führungsanspruchs von Leadern an, ergibt sich angelehnt an die entsprechende Darstellung der Machtakzeptanz eine nachvollziehbare Beschreibung,²²⁹ in welcher Bandbreite diese auftreten kann und ab welcher Ausprägung sie zur entwertenden Übertreibung verkommt.

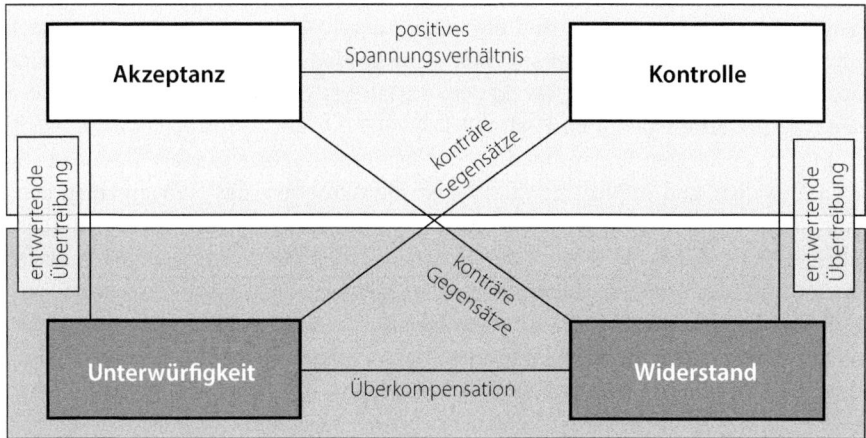

Dar. 13: Wertequadrat zur Anerkennung des Führungsanspruches von Leadern durch Follower

Kontrolle bedeutet dabei, dass der Führungsanspruch anerkannt wird, Führungspersonen jedoch hinsichtlich der Ausübung ihrer Macht (was unserer Definition nach ja Führung bedeutet) berechtigterweise »auf die Finger geschaut« werden muss, um Missbrauch oder Entgleisungen zu vermeiden. Unterwürfigkeit bedeutet zwar Akzeptanz, jedoch in einer Form, die Missbrauch durch Führungskräfte Tür und Tor öffnet, was damit guter Followership nicht mehr förderlich ist. Letzteres ist auch beim Widerstand der Fall, weil das für das Funktionieren einer Organisation notwendige Maß an Anerkennung des Führungsanspruchs nicht mehr aufgebracht wird.²³⁰ Jedes Team braucht stabilisierende Elemente wie Rollen, Normen oder Strukturen. Dazu zählt auch die Präsenz von Macht, denn kein Unternehmen

---

227 Schulz von Thun, Friedemann (2014): Miteinander reden 2: Stile, Werte und Persönlichkeitsentwicklung. Rowohlt Taschenbuch Verlag, Reinbek bei Hamburg, Sonderausgabe, S. 45.
228 Ebd., S. 44 f.
229 Schöffner, Günther; Hagehülsmann, Ute; Schöffner, Kerstin (2023): Zukunftsfähige Machtsysteme in Unternehmen. Die Verantwortung richtig auf die Beine stellen. Kohlhammer Verlag, Stuttgart, S. 452.

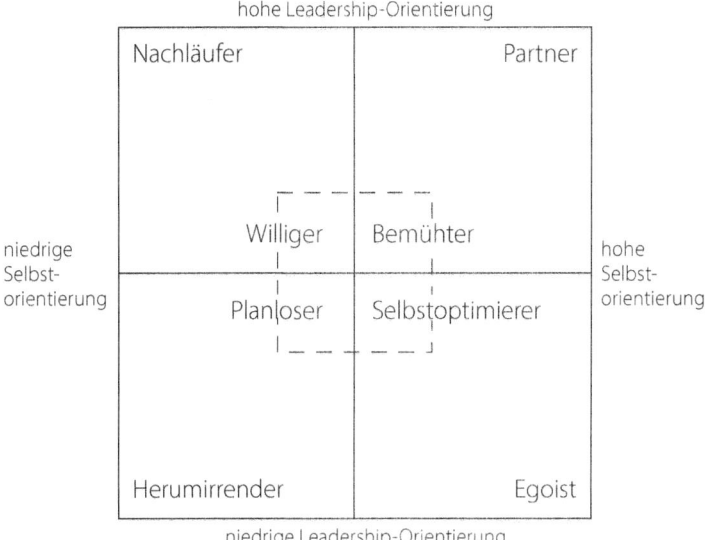

Dar. 14: Quadranten-Darstellung der Follower-Stile nach Günther Schöffner 3 (Q6)

kann machtfrei existieren,[231] und präsente Macht bedeutet, dass bestimmten Personen gewisse Führungsaktivitäten zugesprochen werden. Die Position, in welchem Bereich des Wertequadrates die Grundhaltung eines Followers zum Thema »Anerkennung des Führungsanspruchs« liegt, hat einen gewissen Einfluss darauf, zu welchem Follower-Typ die betreffende Person neigt. Befindet sie sich irgendwo zwischen Akzeptanz und Kontrolle, ist ein für eine konstruktive Followership hinreichendes Maß an Akzeptanz vorhanden, auch wenn dies je nach Position auch durchaus zu kontroversen Situationen führen kann. Lehnt hingegen eine Person den Führungsanspruch von Leadern ganz oder in weiten Teilen ab, so wird sie sich damit schwertun, sich am Leader zu orientieren und ihm tatkräftigen Support zu geben. Dabei ist es häufig nicht die Person des Leaders, die nicht unterstützt wird, sondern dessen Rolle. Dies ist jedoch sogar in so disziplinorientierten Metiers wie im Militär nötig, denn auch dort weiß man, dass exzessive Disziplin, die sich strikt nur an Regeln und Anweisungen hält, das selbständige Denken beeinträchtigen kann.[232] Dies kann dann zu einem umgedrehten System von Befehl und Gehorsam werden, das von der Follower-Seite ausgeht, weil auch dort nur noch ungefragt Gehorsam geleistet wird, wo dies von der Leader-Seite

---

230 Edding, Cornelia; Schattenhofer, Karl (2012): Einführung in die Teamarbeit. Carl-Auer-Systeme Verlag, Heidelberg, S. 16.
231 Schöffner, Günther; Hagehülsmann, Ute; Schöffner, Kerstin (2023): Zukunftsfähige Machtsysteme in Unternehmen. Die Verantwortung richtig auf die Beine stellen. Kohlhammer Verlag, Stuttgart, S. 236.
232 Willink, Jocko; Babin, Leif (2022): Die zwei Seiten der Führung. Führen und folgen – das Erfolgsprinzip der Navy SEALs. Redline Verlag, München, 2. Aufl., S. 179.

weder verlangt noch gewünscht ist. Die beiden unteren Positionen im Wertequadrat sind somit keine guten Voraussetzungen für die Entwicklung eines starken und dauerhaft konstruktiven persönlichen Followership-Stils.

Auf die gezeigte Weise ließen sich noch etliche andere Quadranten-Darstellungen erstellen. Wir wollen es jedoch hier damit bewenden lassen, weil die gezeigten Beispiele für unsere Zwecke ausreichend sind und die zugrunde liegende Systematik inzwischen erklärt wurde. Der Vollständigkeit halber sei in Ergänzung der vorherigen Quadranten-Darstellung noch die Ausführung mit der Selbstorientierung bzw. dem Selbstmanagement in Kombination mit der Leader-Orientierung aufgelistet. Eine aussagefähige Beschreibung der jeweiligen Follower-Typen in den Quadranten müsste der geneigte Leser inzwischen auch selbst herzuleiten in der Lage sein.

Welche Position Menschen in den jeweiligen Quadranten bzw. Quadraten einnehmen, hängt von mehreren Faktoren ab. Wir wollen hier vier wesentliche davon kurz betrachten.

1. Wie wir zuvor beim Wertequadrat der Akzeptanz des Führungsanspruches gesehen haben, spielt die persönliche Prädisposition der Menschen hinsichtlich verschiedener Faktoren eine große Rolle. Einer dieser Faktoren ist eben beispielsweise die Akzeptanz von Macht und Autorität ganz allgemein und speziell der Führungsanspruch von Leadern. Weitere diesbezüglich relevante Faktoren, die dem Menschen eine gewisse Prädisposition hinsichtlich des Verhaltens in Kooperation mit Leadern geben, sind Erziehung und Herkunft, persönliches Temperament und Veranlagung, sowie die persönliche Lebenssituation. Ein temperamentvoller Mittzwanziger, der am Anfang seiner Karriere steht und seinen beruflichen Arbeitsstil noch finden muss, wird seinen Leader vielleicht etwas öfter und auf forschere Weise challengen als ein zurückhaltender Enddreißiger mit zwei Kindern, der gerade Haus gebaut hat und in den nächsten Jahren erst einmal keinen Ausstieg aus seinem sicheren und gut bezahlten Job riskieren möchte. Oder der Sohn eines mittelständischen Unternehmens wird mit seinem gerade absolvierten Maschinenbaustudium den Teamleiter vielleicht regelmäßiger und präziser challengen, während er ihm gleichzeitig größtmöglichen Support gibt, als ein gleichaltriger Arbeitersohn, der als Gewerkschaftsmitglied seinen Support etwas mehr dosiert und wegen bestehender fachlicher Defizite, die er mit seiner geplanten Meisterausbildung aufholen möchte, dem Teamleiter etwas weniger tief und direkt Paroli bietet.
2. Der organisationale Kontext hat ebenso großen Einfluss auf das Follower-Verhalten von Menschen. Ist ein Controller in seinem Team, das in einem Konzern internationale Anlagenprojekte weitgehend selbständig abwickelt, ein fachliches Ass, das für Projektleiter, Kollegen und Team jenseits der fachlichen Arbeit durch seine hervorragende Followership eine äußerst wichtige Ergänzung darstellt, so kann der Controller als Mitglied eines Sonderprojektes, das zur geplanten Übernahme eines Wettbewerbers dieses Projektteam mit der Durchführung einer Due Diligence beauftragt hat, ein ganz anderes Follower-Verhalten zeigen. Jenseits der Art der Organisation (im vorherigen Beispiel festes Team vs. Sonderpro-

jektteam) kann auch die Ansiedlung im Organigramm eine Rolle spielen. Wechselt der genannte Controller vom operativen Projektteam in eine Stabsabteilung nahe der Vorstandsebene, so kann sich trotz fachlich ähnlicher Tätigkeiten ein spürbar anderes Follower-Verhalten einstellen. Es kann auch sein, dass man beispielsweise für bestimmte Organisationsteile, Gruppen oder Teams nicht gerne arbeiten will (auch nicht temporär), was sich trotz professioneller fachlicher Arbeit in entsprechendem Follower-Verhalten manifestieren kann.

3. Follower und Leader gehen eine Beziehung ein, ansonsten kann es keine Aktion zwischen Leadership und Followership geben. Die jeweiligen Persönlichkeiten haben aber Einfluss auf die Ausbildung dieser Beziehung. Nicht jede Person ist einem gleich angenehm, und auch wenn man in professioneller Manier Persönlichkeit, Person und Rolle gut auseinanderzuhalten versteht, so hat die Persönlichkeit letztendlich doch irgendwelche Auswirkungen auf die Beziehung. Muss man für einen Teamleiter arbeiten, dessen Arbeitsweise einem nicht liegt oder den man sogar nicht mag, so kann vieles professionell getrennt werden. Dennoch wird sich zu einem Teamleiter, der einem sympathisch ist, unterm Strich eine andere Beziehung einstellen. Die Beziehung zum Leader hat jedoch Einfluss auf das Follower-Verhalten. Dementsprechend haben persönliche Faktoren großen Einfluss darauf, welche Position man in den Followership-Quadraten einnimmt. Das gilt nicht nur für die Beziehung zum Leader, sondern auch für die Beziehungen im Team. Dies überrascht nicht, weil Followership ja wie erläutert auch die Verantwortung für andere Follower und das Team beinhaltet. Sind die Beziehungen zu anderen Teammitglieder angespannt, wird sich ein anderer Follower-Stil einstellen. Man kennt in diesem Zusammenhang Äußerungen wie »Mit dem/für dieses Team arbeite ich nicht«, die im Vorfeld entsprechender Projekte oft zu hören sind.

4. Nicht in jeder Situation sind die gleichen Handlungen gleich wirksam. Ist die Situation im Team angespannt, kann ein weniger intensives Challengen zu besseren Ergebnissen führen, als wenn dadurch eventuelle »Öl ins Feuer« gegossen würde. Im gleichen Team kann in einer anderen Situation mit euphorischer Stimmung hingegen ein forscheres Challengen noch mehr Erfolg bringen, weil die beteiligten Personen geradezu danach »lechzen«. Menschen und Teams sind nicht jederzeit gleich, sodass das aktuelle Follower-Verhalten an die jeweilige Situation angepasst werden kann, ohne dass dies gleich als Opportunismus missverstanden werden muss. Solche Ansätze, mit denen sich Follower bestimmte persönliche Vorteile versprechen, existieren jedoch auch. Diese werden wir in Kapitel 4 näher betrachten. Dies ausschließend können jedoch persönliche Achtsamkeit und das damit gestaltete situative Anpassen des aktuellen Follower-Verhaltens zur Steigerung der Organisationsleistung beitragen.

Spätestens an dieser Stelle des Buches müssen wir alle bemerkt haben, dass Followership ein sehr personenabhängiges und emotionsbeladenes Thema ist. Jeder Mensch wird sich in seinem Follower-Verhalten in derselben Situation anders verhalten als alle anderen Anwesenheiten, auch wenn diese Andersartigkeit noch so gering sein mag. In der Realität ergeben sich häufig merkliche, manchmal auch deutlich Unterschiede, die letztendlich der Einzigartigkeit jedes Menschen geschuldet sind. Infolgedessen wird eines umso klarer: Derselbe Leadership-Ansatz wird nicht bei allen Menschen zum selben Follower-Verhalten führen. Bei gleicher Leadership wird es zu unterschiedlich ausgeübter Followership der beteiligten Personen führen und das hat Auswirkungen auf den Gesamterfolg der Organisation. Auch wenn ein Unternehmen Rahmenbedingungen schafft, die noch so gute Followership fördern, so bleibt Followership letztendlich doch in einem gewissen Maß etwas Persönliches. Dabei spielen Emotionen eine große Rolle, wie wir im Kapitel 4 genauer sehen werden. Dementsprechend muss man hier auch konstatieren, was wir in Kapitel 1 mehrfach diskutiert haben: Erfolg und Misserfolg einer Organisation oder eines Unternehmens sind nie allein dem Leader geschuldet, sondern immer ein Gesamtergebnis der Arbeit aller Beteiligten. Im Misserfolgsfall ohne nähere Betrachtung sofort die toxische, schlechte, narzisstische etc. Führung des Leaders als wichtigste und eventuell einzige Ursache aufzutischen, ist daher völlig unangemessen. Dasselbe gilt für den Erfolgsfall, der viel zu oft noch einzig und allein der erfolgreichen Arbeit und dem guten Management bzw. der guten Leadership eines Leaders oder eines Führungsteams zugeschrieben wird.

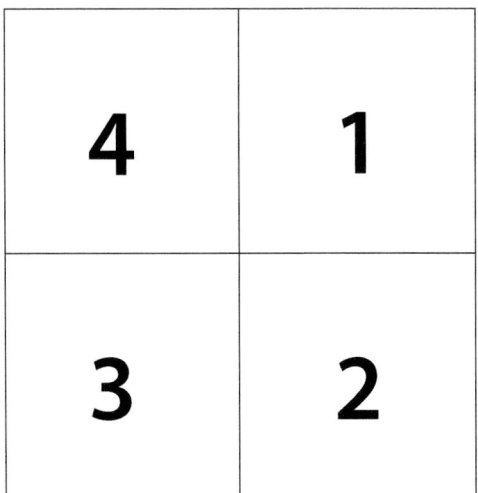

Dar. 15: Nummerierung der Quadranten

Das Follower-Verhalten eines Menschen ist aufgrund des erwähnten dispositiven Einflusses häufig über viele Jahre sehr ähnlich. Jedoch kann es sich mit wachsender Lebens- und Berufserfahrung teilweise sogar radikal ändern. Dazu können auch organisationale Faktoren beitragen, die einen Menschen für eine gewisse Zeit ein Follower-Verhalten annehmen lassen, das eigentlich nicht zu ihm passt. Wir wollen so eine Entwicklung anhand eines Fallbeispiels betrachten. Dieses Fallbeispiel nutzen wir auch, um die Anwendung und den Nutzen der zuvor beschriebenen Quadranten-Darstellungen praktisch zu untermauern. Wir betrachten die Entwicklung eines Ingenieurs in einem Großunternehmen über mehrere Jahre und sehen uns an, welches Follower-Verhalten er in verschiedenen Phasen seiner Entwicklung einnimmt. Das Follower-Verhalten werden wir in jeder Phase mit jedem der gezeigten Quadranten-Darstellungen vornehmen. Dem mathematischen Vorgehen folgend, befindet sich der erste Quadrant immer oben rechts, die restlichen Quadranten werden im Uhrzeigersinn umlaufend nummeriert.

Die Pragmatiker-Typen finden aus Gründen der Übersichtlichkeit in diesem Fallbeispiel keine Berücksichtigung. Wir weisen den einzelnen Karriereabschnitten, in denen der Ingenieur sein Follower-Verhalten verändert, die jeweilige Position in den sechs verschiedenen Quadranten-Modellen zu (Q1–Q6). Zur einfachen und kurzen Darstellung zählen wir einfach die jeweilige Nummer des Quadranten aus, die Zahlen folgen obiger Reihenfolge der Auflistung. Beispiel: 1/1/2/1/3/5 bedeutet Quadrant 1 in Q1, Quadrant 1 in Q2, Quadrant 2 in Q3 etc.

Fallbeispiel 9: Wechsel des Follower-Stils getriggert durch Leadership

Nach dem Abschluss seiner Lehre zum Maschinenschlosser wurde der aus einfachen Verhältnissen stammende Karl Kleff von seinem Ausbildungsbetrieb in einer Festanstellung übernommen. Die Arbeit gefiel ihm gut, aber nachdem er einen hervorragenden Abschluss gemacht hatte und ihm die Berufschullehrer geraten hatten, unbedingt eine höhere Ausbildung zu machen, entschied er sich, zum nächsten Semester an der nahegelegenen Fachhochschule Maschinenbau zu studieren. Hierzu musste er allerdings noch in zwei weiteren Jahren seine Fachhochschulreife nachmachen.

Nach sechs harten Jahren konnte Karl schließlich seine Urkunde zum Master of Science Maschinenwesen entgegennehmen. Sein Studium hatte er mit guten und teilweise sehr guten Ergebnissen abgeschlossen, sodass er auch nicht lange nach einer passenden Stelle hatte suchen müssen. Sein früherer Ausbildungsbetrieb hatte ihm nichts Adäquates anbieten können. In einem Großunternehmen nahm Karl seine Stelle als Produktionsingenieur auf. Dort war er für Instandhaltung und Betrieb der schweren Maschinen und Anlagen zuständig, musste jedoch keinen Schichtdienst leisten. Von Beginn an hatte man ihm einen Karriereweg aufgezeichnet, auf dem er es im Erfolgsfall innerhalb von 10 Jahren sogar bis zum Leiter eines Produktionswerkes bringen könnte. Entsprechend legte sich Karl auch ins Zeug, denn er wollte in diesem Unternehmen langfristig Karriere machen, nachdem er als einziger der gesamten Familie eine akademische Ausbildung absolviert hatte. Seine Führungskraft, mit der er sich auf Anhieb gut verstand, versprach ihm und dem zuständigen HR-Partner der Personalabteilung, sich um seine Entwicklung zu kümmern. Mit seinen Kenntnissen aus der Lehre und dem anschließenden halben Jahr als Facharbeiter konnte er mühelos in den Job einsteigen, denn er wusste bereits, wie es in der Industrie zugeht. Er zeigte großes Interesse am Unternehmen, übernahm bereitwillig Verantwortung für sein Tun und Handeln, auch wenn dies manchmal hieß

»eins auf den Deckel zu bekommen«, dachte in allen Bereichen seines Wirkungsfeldes mit und unterstützte seinen Chef und Förderer, wo es nur ging. Für das erste Jahr im neuen Job, in den er sich bemerkenswert schnell eingearbeitet und Fuß gefasst hatte, könnte man sein Follower-Verhalten mit (1/1/4/1/4/1) beschreiben. Im ersten Jahresgespräch erhielt Karl auch entsprechendes Lob. Nur an seiner Teamorientierung müsse Karl noch »gewaltig« arbeiten, weil er bei allem Engagement fast ausschließlich als Solist arbeite und sich weder ausreichend ins Team einbringe, noch seine Teamkollegen bei deren Anfragen hinreichend gut unterstütze. Er müsse ein besserer Teamplayer werden, das wäre die Aufgabe für das nächste Jahr. Karl war zwar etwas über dieses von ihm als ungerechte Kritik empfundene Feedback verärgert, schließlich habe er sein Bestes gegeben und viel erreicht, und schließlich, so seine Argumentation, kämpfe er ja für seine eigene Karriere und nicht dafür, dass andere mit seinem Können den Aufstieg schafften. In ähnlicher Form sagte er dies seinem Chef im Jahresgespräch, worauf dieser ihm den Unterschied des Follower-Verhaltens eines Musterschülers und eines Erfolgsgaranten verdeutlichte. Dies aufgreifend, arbeitete er im folgenden Jahr hart an seiner Teamorientierung, sodass er nach dem zweiten Jahr, an dessen Ende man sein Follower-Verhalten durchaus mit (1/1/4/1/1/1) beschreiben konnte, ein großes Lob von seinem Chef erhielt. Wenn er so weitermache, so sein Chef, wäre Karl nach einem weiteren Jahr reif für den Schritt in eine erste Führungsposition.

So kam es auch. Nach insgesamt drei Jahren im Unternehmen wurde er in einem anderen Produktionsbereich Leiter eines kleinen Instandhaltungsteams. Er erkannte schnell, dass er auch hier nach wie vor in der Follower-Rolle war, musste er doch mit den anderen fünf Team-Leadern, wie sein neuer Jobtitel lautete, regelmäßig im Team zusammenarbeiten. Zudem hatte er nun auch gleich zwei Chefs: Seine neue Hauptführungskraft und einen ihm gegenüber für die Arbeitsinhalte weisungsbefugten Chef. Mit beiden kam er von Anfang an nicht klar. Sie hatten einen Leadership-Ansatz an sich, der ihm so gar nicht entsprach. Auch mit seinen Team-Leader-Kollegen tat er sich schwerer als in seiner vorherigen Stelle, denn auch diese waren anders. Seine beiden neuen Chefs, die wesentlich jünger waren als sein vorheriger und die selbst noch den Weg der Karriereleiter beschritten, waren wesentlich unnachsichtiger mit Karl, wenn es Fehler gab, und sie ließen ihm auch nicht so viel Handlungsspielraum wie sein alter Chef. Er durfte wie seine Kollegen auch kaum an der Entwicklung der Abteilungsziele mitarbeiten, und obwohl seine Chefs für kritisches Denken und Reflektieren offen waren, wollten sie dies seltener und nicht in der offenen Form, wie Karl es bislang gewohnt war. Nach einem Jahr im neuen Job, in dem er sich nicht nur einen Rüffel eingefangen hatte, stand das Jahresgespräch mit seinem direkten Chef an. In diesem Zeitraum hatte sich sein Follower-Verhalten spürbar verändert zu einem (1-2/1-4/4-3/1-2/1-3/1-2), es gab also Zwischenpositionen in den Quadraten. Denn er hatte seine Unterstützung für die Chefs deutlich heruntergeschraubt und richtete sein Handeln nicht mehr so stark an ihnen aus. Er behielt aber sein Ziel fest im Auge, im Unternehmen Karriere zu machen. Sein Chef, den er auch nach einem Jahr nicht besonders mochte, sagte ihm, dass er noch viel lernen müsse. Darum soll er im nächsten Jahr erst einmal seine fachliche Arbeit und seine Führungstätigkeit verbessern. Das tat er auch, nur wurde weder das Verhältnis zu seinem Chef besser, noch wurde die Kritik an seiner Arbeit weniger, was er bei aller Selbstreflexion nicht immer als gerecht empfand. Dementsprechend hatte sich in diesem Jahr sein Follower-Verhalten entwickelt zu (2/4/3/2/3/2), auch wenn die Extrapositionen in den Quadranten nicht so ganz passten, weil Karl nach wie vor engagiert, nur jedoch wesentlich abgestumpfter geworden war. Er hatte sich zwar noch nicht aufgegeben, war jedoch hinsichtlich seiner zukünftigen Karriere desillusioniert. Als er im Jahresgespräch hörte, dass sein Chef in wenigen Monaten eine neue Position einnehme und er einen anderen Chef bekäme, jubelte Karl innerlich. Mit dem neuen Chef kam Karl wieder besser zurecht und nachdem ihm dieser beim Antrittsgespräch versichert hatte, sich wieder mehr um Karls etwas eingeschlafene Weiterentwicklung zu kümmern, gab Karl ihm künftig auch wieder richtig Support. Nur mit dem Engagement für die Organisation ließ es Karl weiterhin langsamer angehen, hatte er doch in den letzten Jahren viel dafür getan, jedoch nur wenig zurückerhalten. Nun würde er mehr auf sich und nicht mehr so sehr auf andere achten. Nach einem Jahr stand dann das erste Jahresgespräch mit seinem neuen Chef an und Karl hatte Erwartungen, dass dieser ihm zum nächsten Karriereschritt verhelfen würde. Sein Follower-Verhalten könnte man nach diesen 12 Monaten in etwa mit (1/1/4/1/3/1) beschreiben. Nach weiteren 12 Monaten, in denen sich Karl angestrengt hatte, erwartete er für das Jahresgespräch klare Perspektiven für seine weitere Karriere. Doch er führte das Gespräch mit einem für ihn abermals neuen Chef, weil sein bisheriger kurz vorher »wegbefördert« wurde. Auf seinen versprochenen nächsten Karriereschritt angesprochen sagte ihm sein neuer Chef, dass sein vorheriger nichts diesbezügliches unternommen oder in die Personalakte eingetragen hätte. Das traf Karl mit großer Wucht, er fühlte sich veräppelt. Hatte er sich dafür sieben Jahre abgerackert und sich hinhalten lassen? Im Folgejahr fuhr er daraufhin sein Engagement weitgehend zurück. Er war sich unsicher, ob es an ihm gelegen hatte und fragte sich, ob er wirklich Potential habe. Sein Follower-Verhalten konnte man in diesen sechs Monaten ungefähr mit (3/3/3/3/3/3) umschreiben. Danach übernahm er für seinen Werdegang wieder selbst die Verantwortung und fasste den Entschluss, sich in den nächsten 12 Monaten auf einen Unternehmenswechsel vorzubereiten, was er lange ausgeschlossen hatte, und er zeigte in diesem letzten Jahr seines Verbleibens im Unternehmen ein Follower-Verhalten von ungefähr (4/2/2/2/3/2). Dann verließ er das Unternehmen.

Das Followership-Verhalten von Karl Kleff im Fallbeispiel wurde offensichtlich weitgehend durch fragwürdige Leadership-Praktiken getriggert. Das ist leider nicht ungewöhnlich, es muss aber nicht immer so sein. Es gibt auch Fälle, in denen bei hervorragenden Leadership-Ansätzen fragwürdige Follower-Praktiken an der Tagesordnung stehen, weil Follower eigennützig, einfältig oder mangelhaft qualifiziert sind. Mehr hierzu werden wir in Kapitel 4 betrachten.

Das Fallbeispiel zeigt den Nutzen der Quadranten-Darstellungen bzw. der Kenntnis des Follower-Verhaltens. So können Leader proaktiv handeln und für ein gutes Miteinander mit den Followern sorgen, oder sie können erkennen, was zu tun ist, um unmotivierte Follower wieder zu motivieren oder wechselgefährdete Follower wieder besser ans Unternehmen zu binden. Gerade in der Zeit akuten Fachkräftemangels ist dies eine nicht zu unterschätzende Funktion. Follower können die verschiedenen Darstellungen und Typen nutzen, um sich selbst und andere Follower zu managen. Das ist wie bereits mehrfach beschrieben fester Bestandteil der Followership. Follower können so das Follower-Verhalten von Team- oder Gruppenmitgliedern identifizieren und damit ihr eigenes Verhalten, das anderer Follower und das von Leadern besser vorhersehen.[233] Das hilft entscheidend dabei, diese Gruppen zu managen, was eben zur Verantwortung engagierter Follower zählt.

Es ist naturgemäß sehr schwierig, das Verhalten anderer Menschen vorhersehen zu wollen, wie es im letzten Absatz erwähnt wurde. In bestimmten Situationen ist dies jedoch zumindest wesentlich leichter, weil die gegebenen Umstände bestimmte Handlungsmuster erwarten lassen. Tritt es beispielsweise häufiger oder dauerhaft auf, dass in der Organisationen Zustände herrschen oder Vorgänge ablaufen, die den Grundüberzeugungen oder Haltungen von Mitarbeitern widersprechen, tritt bei den Menschen meist ein Konflikt auf, der einer Lösung bedarf. Ähnlich war es bei Karl, der das Versprechen des Unternehmens, ihn zu fördern, ernst nahm, im Laufe der Jahre und speziell während einiger Führungsgespräche jedoch feststellen musste, dass einige Unternehmensvertreter dies nicht getan hatten. Zudem stellte er weiter fest, dass sein Verständnis von Führung und Zusammenarbeit im Unternehmen nicht hinreichend genug damit kongruierte, wie dies im Unternehmen praktiziert und gelebt worden war. So stand er vor der Entscheidung: Akzeptiere ich das langfristig und passe meine Erwartungen und Vorstellungen entsprechend an, damit ich vor weiteren Enttäuschungen möglichst bewahrt bleibe, oder verlasse ich das Unternehmen, denn ich glaube nicht, dass sich die Verhältnisse alsbald signifikant ändern werden und falls doch, muss dies ja nicht unbedingt nach meinen Vorstellungen ablaufen. In letzter Konsequenz wählte Karl die zweite Option. Solche konflikthaften Zustände, in denen gewisse Handlungen zu eigenen Überzeugungen, Gefühlen oder Werten in Konflikt stehen, sind unter dem Begriff der kognitiven Dissonanz geläufig.[234] Längerfristige kognitive Dissonanzen dieser Art lösen sich in der Regel entweder dadurch auf, dass sich die eigene Werte- oder Haltungsbasis verändert oder der Schauplatz der ablaufenden Handlungen, sprich die Organisation bzw. das Unternehmen,

---

233 Adair, Rodger: Developing Great Leaders, One Follower at a time. In: Riggio, Ronald E.; Chaleff, Ira; Lipman-Blumen, Jean (2008): The Art of Followership. How Great Followers create Great Leaders and Organizations. Jossey-Bass, San Francisco (CA), S. 149.
234 Zimbardo, Philip G. (1992): Psychologie. Springer-Verlag, Berlin/Heidelberg, 5. Aufl., S. 580.

verlassen wird.²³⁵ Denn länger anhaltende Konflikte dieser Art und die entstehenden inneren Spannung können zu körperlichen und seelischen Krankheiten führen.²³⁶ Insofern ist in einem gewissen Maße vorhersehbar, wie sich Follower verhalten könnten, wenn sie sich in einem entsprechenden Konflikt oder Dilemma befinden und ihr Follower-Verhalten dementsprechend ändern. Es kommt entweder zur mittelfristigen Anpassung von Erwartungen, Haltungen oder Werteeinstellungen, was meist ebenso Auswirkungen auf das folgende Follower-Verhalten und die sonstige Arbeits-Performance hat, oder die betroffenen Personen wechseln den Arbeitsplatz, um die Spannungen zu lösen.

Jenseits der zuvor gezeigten Darstellungen in Quadranten, die sich auf die Kategorisierung von Followern in zwei Dimensionen stützen und durch bestimmte Follower-Typen repräsentiert werden, hat Patsy Blackshear als Ergänzung dieser Darstellungen ein weiteres Followership-Modell präsentiert. Das sog. »Followership-Kontinuum« stellt auf einer Achse verschiedene Stufen der Followership dar, ähnlich dem bekannten Machtkontinuum nach Larry Greiner. Letzteres stellt die Verteilung der Macht zwischen Leader und Follower in einem gewissen Spektrum dar.²³⁷ Am linken Ende übt der Leader die Macht völlig allein aus, am rechten Ende nur der Follower und in den Zwischenstufen erfolgt eine jeweilige Verteilung der Macht zwischen den beiden Personen.

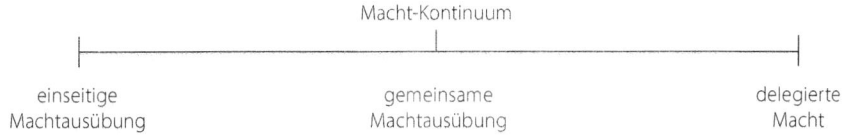

Dar. 16: Macht-Kontinuum in Anlehnung an Greiner²³⁸

Beim Followership-Kontinuum nach Blackshear befindet sich am linken Ende der »einfache« Mitarbeiter, der die geringste Follower-Aktivität bzw. Follower-Kompetenz zeigt. Am rechten Ende des Kontinuums befindet sich der beispielhafte Follower, der mit dem beispielhaften Follower aus dem ersten Quadranten von Kelleys Quadranten-Darstellung identisch ist.²³⁹ Diese beiden Positionen sind mit

---

235 Schöffner, Günther; Hagehülsmann, Ute; Schöffner, Kerstin (2023): Zukunftsfähige Machtsysteme in Unternehmen. Die Verantwortung richtig auf die Beine stellen. Kohlhammer Verlag, Stuttgart, S. 295.
236 Bauer-Jelinek, Christine (2017): Die helle und die dunkle Seite der Macht. Wie Sie Ihre Ziele durchsetzen, ohne Ihre Werte zu verraten. Ecowin Verlag, Wals bei Salzburg, 13. Aufl., S. 64.
237 Staehle, Wolfgang H. (1999): Management. Eine verhaltenswissenschaftliche Perspektive. Verlag Franz Vahlen, München, 8. Aufl., S. 942.
238 Ebd.
239 Blackshear, Patsy B. (2003): The followership continuum: A model for increasing organizational productivity. Public Manager 32 (2), S. 25–30.

den Stufen 1 und 5 gekennzeichnet, dazwischen zeigt das Modell zur besseren Verständlichkeit die weiteren Stufen 2 bis 4. Die Inhalte der fünf Stufen können wie folgt zusammengefasst werden:[240]

1. Mitarbeiter:
   Bereitstellung von Arbeitsleistung gegen Bezahlung
2. Verpflichtet:
   Mitarbeiter hat Verbindung zu Mission, Idee und Organisation oder hat ein inneres Versprechen an eine Person
3. Engagiert:
   Aktiver Unterstützer, der bereit ist, mehr als nur die Routine zu tun
4. Effektiv:
   Fähig und verlässlich
5. Vorbildlich:
   Könnte leicht der Leader sein, stellt sein Ego beiseite und unterstützt den Leader

Dar. 17: Followership-Kontinuum nach Blackshear

Dieses Konzept beruht darauf, dass die individuelle Leistung einer Person nicht immer konstant ist, sondern zeitlichen Änderungen unterworfen ist, sodass sich die Leistung eines Followers abhängig von der personellen Konstellation oder der Situation in einem Projekt verändern kann.[241] Ein vorbildlicher Follower kann also in einem Projekt, bei dem er mit den anderen Teammitgliedern oder dem Projektleiter nur schwer zurechtkommt, durchaus nur Stufe 3 oder 4 erreichen, wohingegen er in anderer Konstellation wieder Stufe 5 erreicht. Die Entwicklungen von Karl Kleff im vorherigen Fallbeispiel lassen sich so ebenfalls mit diesem Modell erklären und nachvollziehen. Das Kontinuum-Modell fokussiert sich aber auch auf die Produktivität der Mitarbeiter, weil es davon ausgeht, dass dauerhaft oder zeitweilig leistungsschwächere Personen durch entsprechende Entwicklungen zu besseren Followern gemacht werden und so einen höheren Leistungsbeitrag erbringen können.[242] Das bedeutet, dass Follower einen höheren Output erzielen und einen größeren Beitrag leisten können, wenn sie mehr Followership-Kompetenz

---

240 Dietner, Iris (2006): Understanding your Leader – The Art of Followership. Bachelor Thesis, Faculty of Business and Enterprise, Swinburne University of Technology, Melbourne, S. 25 f.
241 Blackshear, Patsy B. (2003): The followership continuum: A model for increasing organizational productivity. Public Manager 32 (2), S. 25–30.
242 Ebd.

erwerben und diese in der Praxis auch anwenden. Damit dies besser geschehen kann, propagiert Blackshear Maßnahmen wie die Veränderung organisationaler Strukturen, den Austausch von Leadern oder die Anpassung der Systeme und Prozesse.[243] Ruft man sich die seit der Publikation des Modells vergangenen zwei Jahrzehnte mit allen Veränderungen der Arbeitswelt in Erinnerung, die wir in den vorangegangenen Kapitel bereits betrachtet haben, empfiehlt sich davon die Stärkung der Followership-Kompetenz als vielversprechende Maßnahme. Auch wenn das Modell keine weitere große Verbreitung gefunden hat, so wird es uns später bei einem Fallbeispiel noch zum Verständnis der jeweiligen Dynamik behilflich sein.

3.2 Praktizierte Followership

Zu Beginn der nachfolgenden Betrachtungen aus der Unternehmenspraxis wollen wir uns zunächst noch einmal die Inhalte der Followership in Erinnerung rufen und deren Bedeutung für die Ausgestaltung von Followership in der Praxis verdeutlichen. Followership hat drei wesentliche Punkte zum Inhalt:

- Nachfolgen, das heißt sich vom Leader leiten lassen, ihn unterstützen,
- Verantwortung für die Organisation übernehmen, dazu auf Leader und andere Follower einwirken, sowie
- sich selbst managen, damit die Organisations-Ziele möglichst optimal erreicht werden.

Das im zweiten Punkt erwähnte »Einwirken auf den Leader« wird oft als »Managing up«, »Managing the boss« oder »Führung von unten« bezeichnet. Auch wenn diese einzelnen Begriffe jeweils etwas unterschiedliche Inhalte haben, so beschreiben sie doch einen gemeinsamen Kern: Follower wirken auf ihren Leader ein, damit dieser seine Entscheidungen und Handlungen möglichst an diesem Einwirken ausrichtet oder daran anpasst. Auch in den 2020er Jahren mag dieses Ansinnen wie vor vielen Jahrzehnten noch an der Tagesordnung als unüblich, verdächtig oder gar ungehörig anmuten.[244] Denn damals wie heute gibt es noch viele Menschen mit streng hierarchischem Verständnis, nach dem Weisungen nur von Leader zu Follower fließen und ein Hinterfragen des Leaders oder gar eine Kritik an dessen Entscheidungen oder Handlungen nur in Ausnahmefällen opportun sind. Die Mehrheit der heute in Unternehmen tätigen Menschen ist in einer Zeit aufgewachsen und sozialisiert worden, in der dieses Gedanken gut in weiten Teilen sehr verbreitet war. Erst ab der Generation Z, d.h. Geburtsjahrgänge ab 1996, hat sich dieses Verständnis in deren Erziehung geändert. In der Zeit seit der Jahrtausend-

---

243 Ebd.
244 Gabarro, John J.; Kotter, John P. (2005): Managing your Boss. Harvard Business Review, Januar 2005, Reprint des Originalartikels von 1980.

wende hat sich das stringente Hierarchiedenken in großen Teilen der Wirtschaft ebenfalls geändert. Mit dem Einstieg der Generation Z in den Arbeitsmarkt gegen Ende der 2010er Jahre hat daher ein spürbares Umdenken zum Thema Hierarchien stattgefunden. Damit werden wir uns in Kapitel 4 noch näher beschäftigen. Hier wollen wir es zuerst mit dieser Darstellung bewenden lassen. Bei vielen Menschen herrscht also auch in den 2020er Jahren noch zu spürbaren Teilen das genannte Denken, wonach es unüblich sei, Leader zu kritisieren, ihre Anweisungen zu hinterfragen oder ihnen Alternativvorschläge zu unterbreiten. Diese Handlungen, die wesentliche Bestandteile des im vorherigen Kapitel eingeführten »Challengen« der Leader sind, waren und sind auch heute noch zu einem gewissen Teil deswegen verpönt, weil viele Menschen mit einem Leader, der dies zulässt, Punkte verbinden wie mangelnde Qualifikation, Führungsschwäche oder Inkompetenz. Doch spätestens seit dem Beginn des Informationszeitalters sind die Zeiten vorbei, sofern sie je existiert haben sollten, dass ein Leader »alles weiß und alles kann«, oder zumindest überall mitwirken und entscheiden kann, was seinen Verantwortungsbereich betrifft. Von den drei genannten Beispielen dieses noch immer nicht selten verbreiteten Denkmusters ist vor allem bei Letzterem nachvollziehbar, dass dies in vielen Fällen nicht mehr funktionieren kann. Mit dem Beginn der Informationszeitalters hat sich die Arbeitswelt dahingehend verändert, dass unzählige Einheiten einer Organisation dezentral mit unterschiedlichen Information schnell unabhängig voneinander an gleichen oder ähnlichen Zielen arbeiten, ohne dass diese alle von einer klassischen Hierarchie koordiniert werden könnten, weshalb eben ein anderer Ansatz von Führung, Leadership und eben auch Followership notwendig wurde.[245] Einsetzende Digitalisierung und die Notwendigkeit der Einführung agiler Ansätze haben dies weiter getrieben, sodass sich in den letzten zehn Jahren in weiten Teilen der Wirtschaft andere Ansätze von Führung, Zusammenarbeit und Leadership etabliert haben. Wegen des schon mehrfach erwähnten »Mauerblümchendaseins«, welches das Konzept der Followership seit nun mehr als 30 Jahren in Europa und Deutschland immer noch fristet, hat sich dementsprechend kein hinreichendes Pendant in Form einer modernen, für das agile Zeitalter zeitgemäßen Followership etabliert. Schon zum erwähnten Beginn des Informationszeitalters um die Jahrtausendwende war es in vielen Organisationen bereits schon so, dass eben nicht ausschließlich die Meinung und die Interpretation eines Leaders dominieren muss, sondern dass sich eben auch die Interpretationen von Followern durchsetzen können, wenn sie zu einem besseren Ergebnis führen.[246] Doch dies erfordert Leader, die starke Follower zulassen und fördern, eine Unternehmenskultur, die dies dem Leader nicht als Schwäche oder Inkompetenz etc. anrechnet, und Follower, die sich trauen, »nach oben zu managen«, sprich den Boss zu managen oder »von unten« zu führen. Wie erwähnt ist Letzteres u. a. noch eine Generationenfrage. Doch auch Vertreter der jüngeren Generationen Y, Z und A

---

245 Chaleff, Ira (2009): The Courageous Follower. Standing up to & for our leaders. Berrett Koehler Publishers, Oakland (CA), S. 4.
246 Ebd.

sind nicht automatisch »geborene Follower«, auch wenn sie sich mit dem Ansatz durch ihre andere private und berufliche Sozialisierung damit leichter tun als ältere Generationen. Viele Menschen, egal welcher Generation sie angehören, möchten Führungskräfte, die eine gewisse Macht über sie haben, zufriedenstellen, sie nicht mit unangenehmen Dingen konfrontieren, ihnen nicht widersprechen oder deren Ideen und Entscheidungen infrage stellen, schlichtweg aus dem Motiv des Eigenschutzes.[247] Doch langfristig schadet diese Strategie des Selbstschutzes dem Leader, der Organisation und somit auch dem Follower,[248] weshalb es Aufgabe von beiden ist, die notwendigen Voraussetzungen für aktive Followership zu schaffen.

»Nach oben« zu managen bedeutet nach unserem Verständnis von Followership u. a., wie erwähnt die Gedanken, Handlungen und Entscheidungen des Leaders zu hinterfragen und ihm zu ermöglichen, vom Follower zu lernen.[249] Das ist das kritische Denken bzw. das Challengen, das Kelley und Chaleff einfordern. Managing up bedeutet, dem Leader Einblicke, Informationen, Initiativen und Begleitung anzubieten, damit alle Mitarbeiter das bestmögliche für die Organisation leisten können.[250] Es bedeutet aber auch, dazu beizutragen, dass der Leader erfolgreich ist und ein guter Leader sein kann.[251] Durch entsprechende Maßnahmen kann der Follower den Leader entsprechend beeinflussen und sein Verhalten dadurch auf eine gewisse Weise lenken. Unter Führung wird eine zielorientierte, soziale Einflussnahme zur Erfüllung gemeinsamer Aufgaben in einer strukturierten Arbeitssituation verstanden,[252] sie ist die bewusste und zielbezogene Einflussnahme auf Menschen.[253] Daher kann man bei den beschriebenen Maßnahmen der Follower auch zu Recht von »Führung von unten« oder »nach oben« sprechen. Management ist aber die Transformation von Ressourcen in Nutzen.[254] Die vorhandenen »Human Resources« zielorientiert durch koordinierten Personaleinsatz in entsprechenden Nutzen zu verwandeln kann somit ebenfalls als Management interpretiert werden, auch wenn sich Menschen bzw. Mitarbeiter natürlich nicht 1:1 mit anderen Ressourcen wie Maschinen oder Kapital vergleichen lassen und man unter diesem Aspekt nicht von »Management von Menschen« sprechen sollte. Diese Unterscheidung berücksichtigend, ist die Aussage in unserem vereinfachten Kon-

---

247 Daft, Richard L. (2015): The Leadership Experience. Cengage Learning, Stamford, S. 197.
248 Ebd.
249 Chaleff, Ira (2009): The Courageous Follower. Standing up to & for our leaders. Berrett Koehler Publishers, Oakland (CA), S. 5.
250 Daft, Richard L. (2015): The Leadership Experience. Cengage Learning, Stamford, S. 196.
251 Ebd., S. 205.
252 Wunderer, Rolf; Grunwald, Wolfgang (1980): Führungslehre. Band I: Grundlagen der Führung. Walter de Gruyter, Berlin, New York.
253 von Rosenstiel, Lutz (2009): Grundlagen der Führung. In: von Rosenstiel, Lutz; Regnet, Erika; Domsch, Michel E. (Hrsg., 2009): Führung von Mitarbeitern. Handbuch für erfolgreiches Personalmanagement. Schäffer-Poeschel Verlag, Stuttgart, 6. Aufl., S. 3–27.
254 Malik, Fredmund (2007): Management. Das A und O des Handwerks. Campus Verlag, Frankfurt/New York, S. 33.

text jedoch durchaus statthaft, sodass die zuvor erwähnten Maßnahmen eben auch richtigerweise als Managing up oder Managing the boss bezeichnet werden können.

Damit dieses Managing up in der Praxis gelingen und die gewünschten Effekte erzielen kann, brauchen Follower Mut. Daher nennt Chaleff sein Followership-Modell auch »Courageous Followership«, mutige Followership. Das ist auf den ersten Blick einfach zu verstehen, denn sie brauchen Mut, um den Leader zu challengen und sich damit aus der zuvor beschriebenen häufig bestehenden Sicherheits- oder Komfortposition herauszubewegen. Chaleff nennt aber insgesamt fünf Punkte, wofür Follower Mut brauchen. Diese werden wir nachfolgend kurz betrachten und um einige Überlegungen ergänzen. Chaleffs sieben Dimensionen der mutigen Followership sind:[255]

- Mut, Verantwortung zu übernehmen,
  für sich selbst, die Organisation und damit auch für den bzw. die Leader.
- Mut zu dienen
  und für den Leader, andere Follower und die Organisation hart zu arbeiten. Dazu nehmen sie auch neue oder zusätzliche Verantwortung auf sich, um Leader oder Organisation zu entlasten.
- Mut zu challengen,
  nicht nur wie zuvor beschrieben die Ideen und Entscheidungen des Leaders. Auch dann, wenn das Leader-Verhalten über das eigene Gerechtigkeitsempfinden hinausgeht.
- Mut, an Transformationen teilzunehmen ...
  ... und Verhalten, welches das Gesamtziel des Unternehmens gefährdet, zu verändern, bei sich und anderen Personen. Im agilen Zeitalter, in der Veränderungen an der Tagesordnung sind, ist das umso wichtiger.
- Mut, ethisch und moralisch zu handeln,
  aufzustehen und einzuschreiten, wenn Leader unakzeptabel handeln. Das betrifft sowohl das Handeln gegenüber Menschen als auch hinsichtlich Businessethik (Compliance, Whistleblowing).
- Mut, sich an die Hierarchie zu wenden,
  d. h. in Organisationen mit mehreren Hierarchieebenen auch höhere Instanzen einzuschalten, wenn der eigene Leader die Organisation schädigt und eigene Vorstöße zu ihm unwirksam bleiben. Dies gilt jedoch nur für berechtigte Fälle und nicht für missbräuchliche Zwecke zum Aushebeln des Chefs etc.
- Mut, Followern zuzuhören,
  das gilt sowohl für Leader, die ein offenes Ohr für ihre Follower haben sollten, als auch für Follower, die andere Follower im Zuge ihrer Followership managen wollen.

---

255 Chaleff, Ira (2009): The Courageous Follower. Standing up to & for our leaders. Berrett Koehler Publishers, Oakland (CA), S. 5–9.

Diese Liste hätte ich um zwei weitere Punkte ersetzt, die seit Chaleffs Publikation vor allem durch die digitale Transformation und die agile Arbeitswelt erheblich an Bedeutung gewonnen haben. Chaleff hat die beiden letzten Punkte seiner Liste ebenfalls etwa zehn Jahre nach Publikation seiner ersten Liste hinzugefügt, nachdem diese durch die sich verändernde Arbeitswelt relevant geworden waren.

In der digitalen, mehr und mehr selbstorganisierten Arbeitswelt der 2020er Jahre sehe ich für gute Followership den Mut als notwendig, sich selbst Fehler und Unzulänglichkeiten einzugestehen sowie diese anderen zuzugestehen. Je stärker und je häufiger ein Follower challengt, umso häufiger können solche Fehler zu Tage treten und anderen bewusst bzw. bekannt werden. Es wäre dem Challengen kontraproduktiv, in solchen Fällen eigene Fehler zu vertuschen, zu verschleiern, zu verharmlosen oder zu negieren. Jenseits der Frage der Glaubwürdigkeit würde es das noch zu erläuternde zentrale Thema der Beziehung zwischen Follower und Leader stark belasten. Um Fehler und den eigenen Verbesserungsbedarf jedoch immer wieder einzugestehen, ist meines Erachtens durchaus eine gewisse Portion Mut nötig. Denn auch wenn dieser Mut schon seit langem in der Managementwelt gefordert wird, nicht erst mit der beginnenden Digitalisierung, so hat sich dieser weder breit und umfassend etabliert, noch wird er seitens der Führungssysteme hinreichend gewürdigt und belohnt. Im Gegensatz zur analogen Arbeitswelt spielt der Mut, sich und anderen Fehler einzugestehen, in der digitalen Welt jedoch eine entscheidend größere Rolle, sodass gute Followership im agilen Zeitalter wesentlich davon abhängt.

Als zweite Ergänzung von Chaleffs Liste für das agile Zeitalter schlage ich den Mut vor, sich auf moderne Arbeitsmethoden und Ansätze trotz eventueller Unsicherheit bewusst einzulassen. Das sind zum Beispiel Selbstorganisation, Agilität oder disruptive Verfahren. Diese umfassen Praktiken wie beispielsweise mit einem Projekt zu beginnen, obwohl vorab noch nicht die allermeisten Details geklärt sind und noch Fragen zur Planung offen sind. Diese Fragen müssen aus zeitlichen oder Verfügbarkeitsgründen erst während des Projektverlaufs geklärt werden. Wird trotz geringer Datenverfügbarkeit nicht mit dem Projekt begonnen, sind Zeitplan und Projekterfolg gefährdet. Diese Realität ist seit vielen Jahren schon in vielen Unternehmen angekommen, jedoch wird sie noch nicht in allen Branchen genutzt oder akzeptiert. Ältere Mitarbeiter neigen hier häufig eher zur Skepsis, weil sie aus ihrer bisherigen Erfahrung oft nur umfassende Planung kennen und um die Risiken unzureichender Planung bei Projekten wissen. Umso wichtiger wird es hier, sich bewusst auf diese Risiken einzulassen, wenn das sich geänderte Arbeitsumfeld dies verlangt. Das bedeutet beispielsweise bildhaft ausgedrückt, dass sich Follower bewusst darauf einlassen und den Leadern vertrauen bzw. eventuelle Probleme und Rückschläge mittragen, wenn der Leader sagt »Go!«. Das von Kelley und Chaleff geforderte Challengen und unabhängige Denken muss hierauf Rücksicht nehmen und daran angepasst, nicht jedoch eingestellt werden. Agile Verfahren verlangen den Followern mehr ab. Das bedeutet mehr Unsicherheit, mehr Aktivität, mehr Verantwortung und damit letztendlich auch mehr Risiko. Dieses Risiko erfordert Mut, und Mut zählt zu den agilen Werten.[256]

»Nach oben« zu managen braucht neben Mut aber auch

- Akzeptanz,
- Respekt und
- Toleranz,

die der Follower für den Leader aufbringen muss. Sonst kann das komplementäre Kreisen beider Rollen um den gemeinsamen Zweck bzw. das gemeinsame Ziel nicht dauerhaft erfolgreich funktionieren. So wie Mitarbeiter ein hinreichendes Maß an Respekt, Wohlwollen und Wertschätzung für ihre Rolle als Follower erhalten müssen (als Mensch steht ihnen dies ohnehin zu), so muss dies auch Leadern zuteilwerden.

3.2.1 Akzeptanz

In Kapitel 1.3 haben wir gesehen, dass es Leader geben muss, ansonsten wäre die Rolle der Followers sinnlos und andersherum. In Kapitel 2.3 haben wir gezeigt, dass Leader zurecht einen Führungsanspruch erheben dürfen. Dementsprechend müssen ihnen Follower auch die diesbezügliche Akzeptanz gegenüberbringen, sowohl für die Rolle als Leader als auch für den Führungsanspruch. Follower müssen den Wert von Führungskräften und Leadern anerkennen und den entscheidenden Beitrag, den sie zu den Bemühungen von Followern und Organisation Bemühungen leisten, wertschätzen.[257] Effektive Follower sind kollegial und kooperativ, ihr Wert zeigt sich darin, wie sehr sie dem Leader und der Organisation bei der Erreichung der gemeinsamen Ziele helfen.[258] Dies erfordert jedoch die Akzeptanz des Leaders und lässt keinen Spielraum für regelmäßiges oder kontinuierliches Infragestellen der Rolle des Leaders oder ein stetig wiederkehrendes Aufbegehren gegen den Leader, nur der Existenz der Rolle wegen. Das gilt auch in agilen Organisationen, auch wenn vielfach noch die Meinung vorherrscht, agiles Arbeiten brauche keine Leader. Die in diesem Kontext häufig genutzte Redewendung »Agile Führung ist eine Art Indianer-Führung, in der es echte Häuptlinge nicht mehr gibt« drückt dies plakativ aus.[259] Selbstorganisation braucht jedoch Führung und die Ausübung von Macht ist auch in selbstorganisierten Teams eine legitime Möglichkeit der Beeinflussung.[260] Das haben sogar die stärksten Verfechter agilen

---

256 Sauter, Roman; Sauter, Werner; Wolfig, Roland (2018): Agile Werte- und Kompetenzentwicklung. Wege in eine neue Arbeitswelt. Springer Gabler, Berlin, S. 25.
257 Chaleff, Ira (2009): The Courageous Follower. Standing up to & for our leaders. Berrett Koehler Publishers, Oakland (CA), S. 3.
258 Ebd., S. 19.
259 Hofert, Svenja (2018): Agiler führen. Einfache Maßnahmen für bessere Teamarbeit, mehr Leistung und höhere Kreativität. Springer Gabler Verlag, Wiesbaden, 2. Auflage, S. vii.
260 Gloger, Boris; Rösner, Dieter (2017): Selbstorganisation braucht Führung. Die einfachen Geheimnisse agilen Managements. Carl Hanser Verlag, München, 2. Auflage, S. 38 f.

Arbeitens eingeräumt. Denn gewählte oder andersartig bestimmte interne Team-Leader selbstorganisierter Teams ersetzen die Aufgabe eines externen Team-Leaders, der das Team in irgendeiner Weise in der Organisation verankert, nicht, und die Hauptaufgabe des internen Team-Leaders ist, den Prozess der Entscheidungsfindung und -umsetzung im Team zu koordinieren und zu erleichtern.[261] Gelebte Followership ist hier ebenfalls hilfreich, weil sie bei richtiger Umsetzung den Team-Leader ergänzt und die eigene sowie die Performance der Team-Kollegen stärkt. Leader müssen daher bei den Followern Akzeptanz finden, wenn Followership erfolgreich sein soll.

3.2.2 Respekt

Um effektiv »nach oben« managen zu können, müssen Follower für die Person und die Rolle des Leaders auch angemessenen Respekt aufbringen. Auch schon vor mehreren Jahrzehnten, als noch die weitgehend Leader-zentrierte Denkweise Standard war, kam es häufig vor, dass Follower ihre Leader nicht respektierten und sich offen abfällig und zynisch über sie äußerten.[262] Das geschieht auch in den 2020er Jahren immer noch. Mit dem Beginn der Digitalisierung wurde die Forderung nach mehr Wertschätzung für »normale« Mitarbeiter berechtigterweise präsenter und mündete nicht erst seit dem bestehenden Fachkräftemangel der 2020er Jahre in einem wesentlich wertschätzenderen Umgang zwischen Führungskräften und Mitarbeitern. Doch wie die Mitarbeiter haben auch Führungskräfte ein hinreichendes Maß an Wertschätzung und Respekt verdient. Denn genauso, wie ein Herunterputzen oder öffentliches Lächerlichmachen von Mitarbeitern durch Führungskräfte im digitalen Zeitalter nichts mehr verloren hat,[263] so sind sonstige Aktivitäten, die Person und Autorität des Leaders unterminieren, wie ein schnippischer, respektloser Umgangston seitens der Follower, ebenso unakzeptabel. Wertschätzung hat etwas mit der Reversibilität im Sprachverhalten zu tun.[264] Das bedeutet, dass der Sender einer Botschaft mit dessen Empfänger so kommuniziert, dass der Empfänger dies auch in gleicher Weise umgekehrt mit dem Sender tun darf, ohne dass die gegenseitige Beziehung gefährdet wird. Wer vom Leader Respekt und Wertschätzung verlangt, muss dies in gleicher Weise zurückgeben. Das Zusammenspiel von Leadern und Followern gelingt am besten, wenn die Beteilig-

---

261 Yukl, Gary; Gardner, William L. (2020): Leadership in Organizations. Pearson Education, Harlow, 9. Aufl., S. 319.
262 Chaleff, Ira: Creating New Ways of Following. In: Riggio, Ronald E.; Chaleff, Ira; Lipman-Blumen, Jean (2008): The Art of Followership. How Great Followers create Great Leaders and Organizations. Jossey-Bass, San Francisco (CA), S. 73.
263 Schöffner, Günther; Hagehülsmann, Ute; Schöffner, Kerstin (2023): Zukunftsfähige Machtsysteme in Unternehmen. Die Verantwortung richtig auf die Beine stellen. Kohlhammer Verlag, Stuttgart, S. 403.
264 Schulz von Thun, Friedemann (2014): Miteinander reden 1: Störungen und Klärungen. Rowohlt Taschenbuch Verlag, Reinbek bei Hamburg, Sonderausgabe, S. 187.

ten die sog. »Grundposition des Respekts« einnehmen.[265] Darunter versteht man eine Einstellung gegenüber sich selbst und anderen Menschen, aus der heraus man sich selbst grundsätzlich in gleicher Weise wertschätzt und vertritt, wie man dies auch anderen Menschen zugesteht.[266] Dabei hat sich für respektvollen Umgang im Management-Coaching das Bild der sog. »+/+«-Haltung etabliert, das ausdrückt: »Ich bin etwas wert und Du auch!«[267] Nehmen Follower diese Grundhaltung ein, auch wenn die Realität sie aufgrund menschlicher Unzulänglichkeiten an der ein oder anderen Stelle immer wieder enttäuschen wird, kann sich eine erfolgreiche Wechselwirkung zwischen Follower und Leader etablieren.

3.2.3 Toleranz

Mit dem vorherigen Punkt des Respekts ist auch eine hinreichende Toleranz für Unzulänglichkeiten von Leadern eng verbunden. Auch Leader sind wie Follower nur Menschen mit Stärken und Schwächen. Überzogene Erwartungen von Followern an Kompetenz und Verhalten von Leadern stellen eine der größten Hürden für die Etablierung effektiver Follower-Leader-Beziehungen dar.[268] Leader sind, wie alle anderen Menschen auch, unvollkommen und fehlbar, haben nicht unbegrenzt Zeit, haben kein enzyklopädisches Wissen und keine übersinnliche Wahrnehmung.[269] Es ist nachvollziehbar, dass von Leadern hinreichende Kompetenzen in den für die Aufgabe jeweils notwendigen Disziplinen erwartet wird, es ist jedoch naiv und unrealistisch von ihnen zu erwarten, dass sie überall perfekt sind.[270] Anstatt sich ständig über die Fehler von Leadern zu beschweren, sollten Follower, die berechtigte Bedenken haben, dem Leader stattdessen dabei helfen, sich zu verbessern.[271] So wie erwartet wird, dass Leader einen hinreichenden Toleranz-Korridor für Kompetenz und Verhalten von Followern aufbringen und auch Fehler zulassen, so muss auch den Leadern eine diesbezügliche Toleranz-Bandbreite zugestanden werden. Kritik am Leader oder Widerspruch zu dessen Aussagen, beides berechtigte und wichtige Elemente des Challengens, müssen angemessen und im Hinblick auf ein realistisches Leader-Bild wohldosiert sein.[272]

Für ein im Rahmen guter Followership wirksames Manging up sind neben dem von Chaleff beschriebenen Mut die drei vorher erläuterten Faktoren wesentliche

---

265 Schöffner, Günther; Hagehülsmann, Ute; Schöffner, Kerstin (2023): Zukunftsfähige Machtsysteme in Unternehmen. Die Verantwortung richtig auf die Beine stellen. Kohlhammer Verlag, Stuttgart, S. 263.
266 Ebd.
267 Ebd.
268 Daft, Richard L. (2015): The Leadership Experience. Cengage Learning, Stamford, S. 207.
269 Gabarro, John J.; Kotter, John P. (2005): Managing your Boss. Harvard Business Review, Januar 2005, Reprint des Originalartikels von 1980.
270 Daft, Richard L. (2015): The Leadership Experience. Cengage Learning, Stamford, S. 207.
271 Yukl, Gary; Gardner, William L. (2020): Leadership in Organizations. Pearson Education, Harlow, 9. Aufl., S. 293.
272 Daft, Richard L. (2015): The Leadership Experience. Cengage Learning, Stamford, S. 205.

Einflusskräfte. Wie wir später noch sehen werden, haben Haltung und Einstellung von Followern zu Leadern und der Leader-Follower-Kombination entscheidende Bedeutung. Ohne diese Inhalte hier bereits vorwegzunehmen, ist es jedoch an dieser Stelle opportun, die Grundhaltung von Followern hinsichtlich Leadern kurz zu reflektieren. Wie wir in den Kapitel 1 und 2 gesehen haben, existiert in großen Teilen der Wirtschaft noch das Gedankenmodell, dass Misserfolge überwiegend schlechter Führung oder Missmanagement seitens der Leader zuzuschreiben sind. Dass Follower hierzu auch wesentlich beitragen, wird dabei meist nicht erwähnt. In ähnlicher Weise herrschen auch breit etablierte Gedankenmuster und Einstellungen, dass Leader häufig unfähig, cholerisch, narzisstisch und anderweitig unzureichend qualifiziert oder von der Persönlichkeit her für die Leader-Funktion ungeeignet ausgestattet sind. Nicht selten werden Leadern a priori solche Label umgehängt. Manager und Leader sind aber keine »bösen Feinde«,[273] weder der Organisation noch der Follower. Dennoch findet sich nach wie vor in vielen Köpfen ein ähnliches wie das zuvor beschriebene Gedankenmuster. In den wenigen Fällen, in denen in der deutschsprachigen Literatur die praktische Führung »von unten« oder »nach oben« reflektiert wird, geschieht dies leider häufig mit dem Fokus darauf, dass sich Follower dem Einfluss »schlechter Chefs« in einem gewissen Rahmen entziehen müssen oder »nervige Chefs« in die Schranken zu weisen sind. So wird »Führung von unten« beispielsweise unter anderem unter dem Aspekt erläutert, den Chef als »ewige Spaßbremse« zu »einem besseren Chef« zu machen, auch wenn Mitarbeiter keinen dementsprechenden Coachingauftrag ihm gegenüber hätten.[274] Oder die richtige Führung des Chefs und des oberen Managements wird erklärt für die Fälle, dass der Chef die Mitarbeiter »nervt«, »übertriebene Anforderungen« stellt oder »extreme Macken« hat.[275] Solche Situationen gibt es in der Arbeitspraxis zweifellos und vielleicht sind die beschriebenen Methoden dann auch angemessen und wirkungsvoll. Wir betrachten hier das Managing up, die Führung »von unten« oder »nach oben«, jedoch aus einem anderen Blickwinkel. Wir betrachten es als festen Bestandteil der Followership-Arbeit eines Followers an jedem Tag und in jeder Situation, auch für die Fälle, in denen es nicht um die scheinbare »Emanzipation des Followers aus den Fängen eines unqualifizierten oder persönlich ungeeigneten Leaders« geht. Wir gehen auch nicht per se davon aus, dass Leader die beschriebenen Makel haben oder dass es keine guten Chefs gibt. Überall gibt es schwarze Schafe. Doch mein Menschen- und Leader-Bild geht vom Guten aus. Und das ist der entscheidende Unterschied: Managing up ist im Zuge der Followership für die größtmögliche Erreichung der gemeinsamen Unternehmensziele auch bei guten Chefs und auch in normalen Situationen und nicht

---

273 Gabarro, John J.; Kotter, John P. (2005): Managing your Boss. Harvard Business Review, Januar 2005, Reprint des Originalartikels von 1980.
274 Grannemann, Ulrich (2021): Führung von unten. Cheffing – die Kunst, als Mitarbeiter den Chef zu lenken. Verlag C. H. Beck, München, S. 7 f.
275 Groth, Alexander (2008): Führungsstark in alle Richtungen: 360-Grad-Leadership für das mittlere Management. Campus Verlag, Frankfurt/New York, S. 201–255.

nur den genannten Beispielen unzufriedenstellender Kooperation möglich und sinnvoll.

Managing up bedeutet, dass Follower den Leader beeinflussen und dadurch sein Tun und Handeln in einer gewissen Weise lenken. Wir müssen uns vergegenwärtigen, dass diese Art der Führung, die, wie wir zuvor gesehen haben, zwar eine wirkliche Führung darstellt, sich jedoch entscheidend von der herkömmlichen oder klassischen Führung unterscheidet, bei der der Leader einem Follower einen Auftrag erteilt und der Follower diesen in einem gewissen Rahmen ausführen muss. In Kapitel 2 haben wir gesehen, dass diese klassische Führung auf der Weisungsbefugnis des Leaders beruht, wir haben die zugehörige Macht deshalb als Verfügungsmacht bezeichnet. Wenn es hart auf hart kommt, kann der Leader die Handlung oder den Auftrag auch anordnen, soweit Inhalt und Ausführung im rechtlichen Rahmen bleiben. Solche Möglichkeiten bestehen bei der Führung »nach oben« oder dem Managing up nicht. Entstehende Konflikte können zwar vom Leader durch direkte Weisung gegenüber dem Follower in einer gewissen Form gelöst werden,[276] die umgekehrte Möglichkeit besteht jedoch nicht. Denn mit der Weisungsbefugnis ist wie in Kapitel 2 gezeigt meist auch kein Sanktionierungspotential verbunden. Der Leader kann auch zusätzlich oder ausschließlich seine Beeinflussungsmacht einsetzen, um den Follower zu führen, diese hat ja weder Anweisungscharakter, noch verfügt sie über ein vergleichbares Sanktionierungspotential, und sie entspringt ausschließlich der Persönlichkeit des Leaders. Genau damit und ausschließlich damit kann jedoch der Follower »nach oben« führen: Durch die Benutzung seiner Beeinflussungsmacht gegenüber dem Leader. Damit diese aber wirksam werden kann, muss sie ausreichend hohes Potential haben. Dies kann durch das persönliche Auftreten des Followers, seine Eloquenz, seine Expertise oder seine Meriten geschehen.[277] Ein entscheidender Faktor dafür, wie sehr dieses Potential an Beeinflussungsmacht jedoch beim Leader wirksam wird, ist die Qualität der Beziehung zwischen Follower und Leader. Die Beziehungen zwischen einem Leader und seinen Followern sind sehr wichtig und haben großen Einfluss auf den Erfolg eines Teams.[278] Eine gute Beziehung zwischen Leader und Follower ist Grundlage für bestmögliche Ergebnisse von Organisation, Leadern und Followern.[279] Und genau darum dreht sich der Kern der Followership. Eine gute wechselseitige Beziehung zu etablieren und beizubehalten, ist somit im Interesse von Leadern und Followern und damit auch deren beider Aufgabe. Zwischen jedem Leader und jedem Follower entwickelt sich ein einzigartiges Beziehungsverhält-

---

[276] Wunderer, Rolf (1992): Managing the boss – »Führung von unten«. Zeitschrift für Personalforschung ZfP, Ausgabe 3/92, Hampp-Verlag, Mering, S. 297.

[277] Schöffner, Günther; Hagehülsmann, Ute; Schöffner, Kerstin (2023): Zukunftsfähige Machtsysteme in Unternehmen. Die Verantwortung richtig auf die Beine stellen. Kohlhammer Verlag, Stuttgart, S. 245–247.

[278] Bossidy, Larry (2007): What Your Leader Expects of You. Harvard Business Review, April 2007.

[279] Gabarro, John J.; Kotter, John P. (2005): Managing your Boss. Harvard Business Review, Januar 2005, Reprint des Originalartikels von 1980.

nis,[280] das keinem anderen gleicht. Die Wichtigkeit der Beziehung von Kooperierenden in Unternehmen zeigt sich beispielsweise auch an der Paarung zwischen Geschäftsführung und Betriebsrat. Damit die Zusammenarbeit beider Parteien trotz teilweise konträrer Interessen funktionieren und Ergebnisse generieren kann, ist eine vertrauensvolle Zusammenarbeit beider Partner nicht nur gesetzlich vorgeschrieben, sondern auch aus praktischen Gründen eine Voraussetzung.[281] Diese kann sich auf Dauer jedoch nur einstellen, wenn die gegenseitige Beziehung auf hinreichend sicheren Beinen steht. Verschiedene Studien haben aufgezeigt, wie förderlich eine gute Beziehung des gegenseitigen Austauschs zwischen Leader und Follower wirkt.[282] Demnach führt dies seitens der Leader zu mehr Delegation und weniger Dominanz, mehr Mentoring und Anerkennung sowie weniger intensivem Monitoring des Followers. Seitens der Follower führt dies zu stärkerem Support für den Leader, ehrlicherer Kommunikation und einem verminderten Einsatz druckerzeugender Beeinflussungstaktiken. Gute Beziehungen führen demnach insgesamt zu größerer Zufriedenheit im Job, einem stärkeren Engagement im Unternehmen, größerer Rollenklarheit und letztendlich weniger Fluktuation.[283] Aus diesen Tatsachen folgen spätestens hier zwei Erkenntnisse.

Erstens ist es wichtig, dass jede Leader-Follower-Beziehung individuell gestaltet werden muss, damit sie möglichst erfolgreich sein soll. Denn wie wir in dem vorherigen Kapitel gesehen haben, können sich Verhalten und Entscheidungen von Individuen eklatant unterscheiden. Wollen Leader aus einem falschen Verständnis von Gleichbehandlung daher mit jedem Follower eine gleichartige Beziehung aufbauen, sozusagen alle Follower »über einen Kamm scheren«, wird sich keine optimale Performance einstellen können. Da es sich aber um eine wechselseitige Beziehung handelt, tragen Follower auch ihren entsprechenden Anteil an der Ausbildung einer gedeihlichen Beziehung.

Zweitens erkennen wir die Bedeutung der drei zuvor erklärten Faktoren Akzeptanz, Respekt und Toleranz für die Beziehung. Wenn ein Follower beispielsweise unrealistische Erwartungen hinsichtlich Kompetenz und Persönlichkeit an den Leader hat, kann sich trotz exorbitanter Anstrengungen des Leaders keine vernünftige Beziehung ihm einstellen. Follower nutzen Informationen hinsichtlich der Handlungen des Leaders, seiner Erfolge und Misserfolge und unter welchen Bedingungen diese zustande kamen,[284] um sich vom Leader ein Bild zu machen und dies mit ihren Erwartungen zu vergleichen. Zu diesem Bild können auch Stimmungen beitragen.[285]

---

280 Yukl, Gary; Gardner, William L. (2020): Leadership in Organizations. Pearson Education, Harlow, 9. Aufl., S. 275.
281 Schöffner, Günther; Senne, Petra (2021): Professionelle Zusammenarbeit von Geschäftsführung und Betriebsrat. Ein Praxisleitfaden für Führungskräfte und Manager. Erich Schmidt Verlag, Berlin, S. 61–151.
282 Yukl, Gary; Gardner, William L. (2020): Leadership in Organizations. Pearson Education, Harlow, 9. Aufl., S. 279.
283 Ebd.
284 Ebd., S. 287 f.
285 Ebd., S. 288.

Man erkennt sehr schnell, dass eben auch das Bild, das sich der Follower vom Leader macht, neben seiner Erwartungshaltung einen großen Einfluss auf die Beziehung hat, und wie wichtig es daher ist, dass auch dieses Bild möglichst objektiv und realistisch gezeichnet wird.

Damit sich ein Follower ein möglichst realistisches Bild des Leaders machen kann, muss er diesen und seine jeweilige Rolle und Situation möglichst gut verstehen können. Ein wesentlicher Aspekt für gelingendes Managing up ist daher, den Leader zu verstehen.[286] Dafür müssen Follower mindestens die Ziele des Leaders und den Druck, dem dieser ausgesetzt ist, kennen, denn ohne diese Informationen sind vergleichbar einem Blindflug Probleme vorprogrammiert.[287] Neben diesen minimalen Informationen ist es sinnvoll, die Bedürfnisse des Leaders kennenzulernen, seine Stärken und Schwächen, ihn betreffende organisationale Einschränkungen sowie seinen bevorzugten Arbeitsstil.[288] Effektive Follower kennen die Präferenzen des Leaders und passen sich diesen in einem akzeptablen Rahmen an,[289] ohne dass dies in Anbiederei oder Unterwürfigkeit ausufert. Damit dieses Anpassen gelingen und erfolgreich sein kann, muss der Follower jedoch auch sich selbst verstehen und seine eigenen Präferenzen und Einschränkungen kennen.[290] Mit einem klaren Verständnis des Leaders und von sich selbst kann der Follower in der Regel eine Art der Zusammenarbeit finden, die zu beiden passt, die von eindeutigen gegenseitigen Erwartungen geprägt ist und beiden dabei hilft, produktiver und effektiver zu sein.[291]

An dieser Stelle wird wiederum das Thema Haltung und Einstellung wichtig. Eine Einstellung, die ich auch in den 2020er Jahren noch in vielen Unternehmen kennenlernen konnte, die Leadern keinerlei Schwächen zubilligt und sämtliche Verantwortungen auf sie ablädt, für die Follower aber gleichzeitig eine große Fehlertoleranz einfordert und möglichst viel Verantwortung von sich weist, kann keine hinreichend stabile Beziehungsbasis für eine gelingende Zusammenarbeit von Leader und Follower darstellen. Auch wenn die jeweils extrem dargestellten Einstellungselemente abgeschwächt werden, wird eine derart ausgeprägte Einstellung keine hinreichend gute Followership ermöglichen. Es muss sich eine Beziehung einstellen, die eine Zusammenarbeit möglich macht. Dazu müssen Leader und Follower hinreichend zusammenpassen, sprich von den Werten, Einstellungen und Zielen in einem Mindestmaß kompatibel sein. Zu einer kompatiblen sprich verträglichen Beziehung gehört aber auch, die Stärken des anderen zu nutzen und dessen Schwächen selbst in einem gewissen Maß auszugleichen.[292] Das bedeutet

---

286 Daft, Richard L. (2015): The Leadership Experience. Cengage Learning, Stamford, S. 202.
287 Gabarro, John J.; Kotter, John P. (2005): Managing your Boss. Harvard Business Review, Januar 2005, Reprint des Originalartikels von 1980.
288 Daft, Richard L. (2015): The Leadership Experience. Cengage Learning, Stamford, S. 202 f.
289 Ebd.
290 Gabarro, John J.; Kotter, John P. (2005): Managing your Boss. Harvard Business Review, Januar 2005, Reprint des Originalartikels von 1980.
291 Ebd.
292 Ebd.

aber inhärent, dem anderen Schwächen zuzubilligen, so wie man auch gerne selbst einen gewissen Rahmen an Schwächen und Fehlern für sich zugestanden haben möchte. Entscheidend für eine hinreichend dauerhafte Beziehungsbasis sind neben einer passenden Haltung bzw. Einstellung gegenüber Leadern auch entsprechende Handlungen, die Follower im Tagesgeschäft berücksichtigen sollten, damit diese Beziehungsbasis entstehen und bestehen kann. Der Managementvordenker Peter Drucker hat bereits in den 1970er Jahren darauf hingewiesen, dass gewisse Schritte und Handlungen notwendig sind, um »den Boss zu managen«. Er nennt sieben spezifische Schlüsselfaktoren, die für eine erfolgreiches Managing up entscheidend sind:[293]

- Ein Liste relevanter Leader erstellen, denn man hat meistens nicht nur einen einzigen.
- Die Leader um deren Input bitten und das eigene Input geben.
- Die Leader informiert und auf dem Laufenden halten.
- Die Leader vor Überraschungen bewahren und schützen.
- Die Leader zur Leistung befähigen bzw. verhelfen.
- Die Stärken der Leader ausspielen und nutzen.
- Die Leader nie unterschätzen.

Die Punkte benötigen an sich kaum der weiteren Erläuterung. Man kann sie in gewisser Weise zusammenfassen in die drei Punkte

- Leader identifizieren und respektieren,
- hinreichend kommunizieren und
- sie dabei unterstützen, erfolgreich sein zu können.

Letzteres bedeutet, dafür zu sorgen, dass ein Leader auch ein guter Leader sein kann.[294] Gerade dieser Umstand sorgt, wie wir in Kapitel 4 noch sehen werden, häufig dafür, dass Follower keine gute Followership zeigen. Unangenehme Überraschungen für Leader oder sie zu unterschätzen, belasten die Beziehung und kann auch dazu führen, dass diese schlagartig abgebrochen wird.

3.2.4 Taktik für »Managing up«

Ergänzend zur hinreichend guten Beziehungsbasis zwischen Leader und Follower ist ein entscheidender Schritt für erfolgreiches Managing up, für den Leader eine Ressource zu sein.[295] Effektive Follower identifizieren sich nicht nur mit Vision und Zielen des Unternehmens, sondern richten sich auch an den Zielen des Leaders

---

293 Drucker, Peter; Maciariello, Joseph A. (2008): Management. HarperCollins, New York, überarb. Aufl., S. 499.
294 Daft, Richard L. (2015): The Leadership Experience. Cengage Learning, Stamford, S. 205.
295 Ebd.

aus.²⁹⁶ Hier schließt sich der Kreis zu den drei Punkten der Followership. Neben Übernahme von Verantwortung für und Beeinflussung von Leadern und anderen Followern ist das Thema Nachfolgen ein entscheidender Punkt. Dieser ist ja namensgebend für den Begriff des Followers. Follower folgen ihrem Leader dadurch, dass sie dessen Ziele kennen und akzeptieren und ihre eigenen daran ausrichten, damit die des Leaders erreicht werden können. Somit stellen Follower eine weitgehend (Menschen als komplexe soziale Wesen sind niemals voll planbar) planbare Ressource für den Leader dar, durch deren Koordination er sie zum Nutzen für die Organisation transformieren, sprich managen kann (▶ Malik: Management ist die Transformation von Ressourcen in Nutzen.²⁹⁷). Dieses Nachfolgen bewahrt den Follower auch davor, die Einflussnahme auf den Leader eventuell manipulativ oder ausschließlich von eigenen Interessen getrieben vorzunehmen, was vielleicht seinen Eigennutz, eventuell aber nicht den Nutzen der Organisation mehren würde. Dies ist wiederum eines der bereits erwähnten Paradoxien des Followership-Ansatzes, weil der Follower jenem Leader folgt und sein Handeln und seine Ziele an ihm ausrichtet, den er gleichzeitig »von unten« managt oder führt.²⁹⁸ Dieses Nachfolgen entspricht auch dem eingangs ausgeführten Mut zu dienen, den Chaleff beschrieben hat. Sich in den Dienst von Organisation und Leader zu stellen bedeutet, jenen Dienst zu leisten, der von diesen erwartet wird, und nicht einfach sein eigenes Ding zu machen. Die Rolle des Followers besteht zum einen darin, Verantwortung für Organisation, andere Follower und die Leader zu übernehmen und diese dabei wie erwähnt zu challengen, zum anderen besteht sie aber einfach auch darin, die Entscheidungen des Leaders umzusetzen, dessen Bedürfnissen gerecht zu werden und seine Anweisungen (alles im jeweils akzeptablen rechtlichen und ethischen Rahmen) auszuführen.²⁹⁹

Die vorherigen Ausführungen eines idealen Followers, der seine Handlungen am Leader ausrichtet und für diesen sowie die anderen Follower und die gesamte Organisation Verantwortung übernimmt, mag für den ein oder anderen durchaus übertrieben wirken. Diese fast schon pathetisch klingende Formulierung suggeriert vielleicht sogar das Bild eines selbstlosen Followers in ähnlicher Form, wie es zu Beginn der weiten Verbreitung des agilen Arbeitens Mitte der 2010er Jahre in ähnlicher Form häufig vom begeistert mitwirkenden und stets seine maximalen Kräfte aufwendenden agilen Teamkollegen gezeichnet wurde. Ich möchte hier keine der durchaus etwas verklärend wirkenden Darstellungen des agilen Heroen, die es in vielen Büchern und Artikeln damals gegeben hat, zitieren. Solch ein Bild soll mit obigen Formulierungen zu Followership und dem Agieren guter Follower

---

296 Ebd.
297 Malik, Fredmund (2007): Management. Das A und O des Handwerks. Campus Verlag, Frankfurt/New York, S. 33.
298 Dixon, Gene: Getting Together. In: Riggio, Ronald E.; Chaleff, Ira; Lipman-Blumen, Jean (2008): The Art of Followership. How Great Followers create Great Leaders and Organizations. Jossey-Bass, San Francisco (CA), S. 162.
299 Yukl, Gary; Gardner, William L. (2020): Leadership in Organizations. Pearson Education, Harlow, 9. Aufl., S. 293.

gar nicht erreicht werden. Diese vielleicht übertrieben idealisierte Darstellung soll der Deutlichkeit dienen, um besser zu verstehen, was sich hinter diesem wie erwähnt nicht frei von Paradoxien befindlichen Konzept verbirgt. Denn Themen mit paradoxen Inhalten sind meist nicht einfach zu verstehen. Dennoch ist Followership ein Ansatz für die Praxis, was ich hier noch einmal explizit betonen möchte. Soweit es ihnen möglich ist, agieren Follower natürlich auch in ihrem eigenen Interesse, genauso wie Leader dies auch tun.[300] Es kommt jedoch darauf an, dass eine hinreichende Balance besteht zwischen dem, was Follower für sich selbst und für den Leader sowie die Organisation tun. Besteht eine hinreichende Ausgewogenheit, dass jede der Parteien das bekommt, was nötig ist und unterm Strich gesehen die Organisation sich in Anbetracht der jeweiligen Umstände im Bereich bestmöglicher Ergebnisse befindet, sind ein angemessener Eigennutz und ein gesundes Eigeninteresse von Followern nicht nur akzeptabel, sondern sogar notwendig. Denn unzufriedene Follower, die sich zugunsten des Unternehmens abgerackert haben, selbst jedoch hinter ihren berechtigten Interessen zurückbleiben, werden über kurz oder lang entweder nicht mehr oder nicht mehr in dieser Form für das Unternehmen tätig sein. Dies berücksichtigend wird klar, dass sämtliche Formulierungen so zu verstehen sind, dass Bemühungen und Anstrengungen nicht überwiegend zulasten einer Seite und Nutzen und Benefits überwiegend zugunsten der anderen Seite gehen dürfen. Leader und Follower kreisen in komplementären Rollen um die gemeinsamen Unternehmensziele. Das ist mein Verständnis von Followership. Wird dies konsequent gelebt und in die Praxis umgesetzt, sind Lasten und Nutzen für die Beteiligten in ausgewogener Balance.

Mit dem geklärten Verständnis, wie die beschriebenen Konzepte und Ansätze praktisch einzuordnen sind, wollen wir uns nun wieder der gelebten Followership in der Praxis zuwenden. Wir hatten zuvor betrachtet, welch hohe Bedeutung eine funktionierende Beziehung zwischen Follower und Leader hat und wie wichtig es dafür für den Follower ist, den Leader und dessen Bedürfnisse sowie auch die eigenen und sich selbst zu verstehen. Wir haben die sieben Schlüsselpunkte von Drucker betrachtet, die helfen, dass Followership gelingt. Darüber hinaus haben sich auch andere Autoren und Praktiker Gedanken darüber gemacht und Erfahrungen dazu gesammelt, was Leader von Followern brauchen und sich von ihnen in der täglichen Arbeit wünschen, um als Leader erfolgreich zu sein. Und dies ist ja eine der Kernpunkte von Druckers Punkten: Den Leader erfolgreich zu machen. Daher betrachten wir nachfolgend noch einige Ansätze verschiedener Autoren, die Followern dabei helfen sollen, ihre Leader gut zu verstehen und zu wissen, was sie tun sollten, damit diese einen guten Job machen können. Mehrere der nachfolgenden Punkte gehen auf einen Artikel des ehemaligen CEOs von Honeywell, Larry Bossidy, zurück. Andere sind zusätzlichen Quellen entnommen. Der Einfachheit halber werden wir vor der Aufzählung die benutzten Quellen nur einmal zitieren, um die Zahl der Fußnoten einerseits gering zu halten, andererseits die Möglichkeit

---

300 Kellerman, Barbara (2007): ... What Every Leader Needs to Know About Followers. Harvard Business Review, Dezember 2007.

zu nutzen, einzelne Punkte besser aufzufächern, die von mehreren Autoren in ähnlicher Weise verwendet werden. Das erhöht die Vielfalt der Inhalte und die Einfachheit beim Lesen. Die Punkte werden stichpunktartig aufgelistet und mit eigenen Kommentaren verdeutlicht.

Was sich Leader von Followern im Arbeitsalltag für die Ausbildung einer guten Leader- und Followership wünschen:[301]

- die Erwartungen des Leaders an die Follower aktiv klären
- sich aktiv am Tagesgeschäft beteiligen und sich einbringen
- Kooperationsbereitschaft zeigen, auch mit schwierigen Menschen und in schwierigen Situationen
- selbst Initiative ergreifen und nicht ausschließlich auf Führung warten
- Probleme mit einer lösungsorientierten »Wir kriegen das hin!«-Haltung angehen
- für anstehende Aufgaben selbst Ideen und Lösungen generieren
- notwendige Veränderungen unterstützen
- der jeweiligen Situation entsprechend angemessen reagieren und handeln
- vorgebrachte Inhalte klar darstellen und verständlich und nachvollziehbar argumentieren
- in guten und in schlechten Lagen gleichbleibend verlässliche Unterstützung bieten
- Bereitschaft, auf der Höhe aktueller Entwicklungen zu bleiben
- vorausschauend handeln
- Bereitschaft und Eigeninitiative zur eigenen beruflichen Weiterentwicklung zeigen
- den Leader bei dessen beruflicher Entwicklung unterstützen
- bei Bedarf als Coach und Ratgeber des Leaders agieren
- dem Leader Lob und Anerkennung zuteilwerden lassen

Die genannten Punkte helfen Followern, die Beziehung zu Leadern zu verbessern oder sie auf hohem Niveau zu halten. Eine gute Beziehung schafft das notwendige Vertrauen, das Leader und Follower zueinander brauchen, damit das Wahrnehmen der komplementären Aufgaben gelingen kann. Dieses Vertrauen ist unverzichtbar, wenn Follower dienen und Leader und Organisation beeinflussen sollen.[302] Die

---

301 Bossidy, Larry (2007): What Your Leader Expects of You. Harvard Business Review, April 2007; Kellerman, Barbara (2007): ... What Every Leader Needs to Know About Followers. Harvard Business Review, Dezember 2007; Yukl, Gary; Gardner, William L. (2020): Leadership in Organizations. Pearson Education, Harlow, 9. Aufl., S. 296-299; Daft, Richard L. (2015): The Leadership Experience. Cengage Learning, Stamford, S. 198; Wunderer, Rolf (1992): Managing the boss – »Führung von unten«. Zeitschrift für Personalforschung ZfP, Ausgabe 3/92, Hampp-Verlag, Mering, S. 287-311.
302 Chaleff, Ira (2009): The Courageous Follower. Standing up to & for our leaders. Berrett Koehler Publishers, Oakland (CA), S. 29.

Beziehung zwischen Follower und Leader braucht wie alle anderen Beziehungen auch regelmäßige Pflege. Dazu gehört eben auch, sich dem Gegenüber in einer gewissen Weise anzupassen, damit dieser erfolgreich sein kann, und sich mit den Veränderungen, die der Leader durchläuft, in einem gewissen Rahmen mit zu verändern. Followership erschöpft sich eben nicht in bloßem Challengen des Leaders. Gene Boccialettis Buch »It Takes Two: Managing Yourself When Working with Bosses and Other Authority Figures« beschäftigt sich mit der Beziehung zwischen Follower und Leader und »stellt nicht dar, wie man den Boss managt, sondern wie man sich in der Beziehung zum Boss selbst managt«.[303] Wirksames Selbstmanagement ist eben auch ein expliziter Bestandteil einer guten Pflege der Beziehung des Followers zum Leader.[304] Um eine Beziehung pflegen oder verbessern zu können, muss man um deren Zustand wissen. Die Pflege der Beziehung zwischen Follower und Leader ist eine Sache beider Parteien, also auch der Follower. Dementsprechend müssen Followership und Feedback Hand in Hand gehen.[305] Nur so kann der Follower jenseits seiner eigenen Einschätzung, die immer in irgendeiner Weise subjektiv gefärbt ist, wissen, wie es um die Beziehung zum Leader steht. In offenen, ehrlichen Leader-Follower-Beziehungen existiert daher idealerweise ein kontinuierlicher Strom ehrlichen Feedbacks sowie ein Challengen in beide Richtungen.[306] Doch ehrliches und konstruktives Feedback zu geben, fällt auch so manchem Leader schwer, weshalb der Follower im Interesse einer guten Beziehung den Leader regelmäßig zum Feedback ermutigen kann und sollte.[307] Feedback zu hören ist jedoch bekanntermaßen nicht immer angenehm, besonders in schwierigen Zeiten oder wenn sich seitens des Feedback-Empfängers Fehler und Probleme gehäuft haben. Mutige Follower müssen daher lernen, eine etwaige Scheu gegenüber Kritik zu überwinden und ehrliches Feedback zu fördern.[308] Unzureichendes oder unehrliches Feedback durch den Leader kann unerwünschtes Follower-Verhalten nach sich ziehen. Dies kann wie in Kapitel 3.1 erwähnt dazu führen, dass sich vorbildliche Follower zu entfremdeten entwickeln, wenn zu irgendeinem Zeitpunkt reales Feedback mit negativem Inhalt in verbaler Form oder in Handlungen wie etwa einer ausgebliebenen Beförderung einschlägt.

---

303 Boccialetti, Gene (1995): It Takes Two: Managing Yourself When Working with Bosses and Other Authority Figures. Jossey-Bass, San Francisco.
304 Yukl, Gary; Gardner, William L. (2020): Leadership in Organizations. Pearson Education, Harlow, 9. Aufl., S. 299.
305 Maroosis, James: Leadership: A Partnership in Reciprocal Following. In: Riggio, Ronald E.; Chaleff, Ira; Lipman-Blumen, Jean (2008): The Art of Followership. How Great Followers create Great Leaders and Organizations. Jossey-Bass, San Francisco (CA), S. 18.
306 Dixon, Gene: Getting Together. In: Riggio, Ronald E.; Chaleff, Ira; Lipman-Blumen, Jean (2008): The Art of Followership. How Great Followers create Great Leaders and Organizations. Jossey-Bass, San Francisco (CA), S. 175 f.
307 Yukl, Gary; Gardner, William L. (2020): Leadership in Organizations. Pearson Education, Harlow, 9. Aufl., S. 297.
308 Chaleff, Ira (2009): The Courageous Follower. Standing up to & for our leaders. Berrett Koehler Publishers, Oakland (CA), S. 43.

Ohne hinreichendes Feedback bleibt der Follower zwangsläufig hinter seinen Möglichkeiten, gute Followership zu zeigen, zurück. Denn Feedback hat dieselbe Wirkung wie Kennzahlen im Management, wie der Tachometer im Auto, wie der Höhenmesser im Flugzeug. Wer ständig unzureichende Rückmeldungen erhält, kann die Zielgröße nicht hinreichend ausregeln und ist nicht in der Lage, maximale Performance zu bringen. Das gilt umgekehrt für den Leader genauso. Auch er kann kein möglichst guter Leader sein, wenn er nicht ständig ehrliches Feedback erhält. Follower sollen aber wie gezeigt dazu beitragen, dass der Leader ein guter Leader sein kann, weshalb die Aufforderung, regelmäßig Feedback zu geben, auch für den Follower gilt. Damit sich ein wirksamer Feedbackprozess einstellen kann, müssen neben dem Willen und Bemühen der Beteiligten auch die Voraussetzungen stimmen. Follower müssen beispielsweise offenes Feedback geben können, ohne irgendwelche beruflichen Nachteile für sich befürchten zu müssen. Wie ehrliches und offenes Feedback in der Praxis aussieht, kann der hierzu mehr als reichlich verfügbaren Fachliteratur entnommen werden. Dass ehrliches Feedback im Zusammenleben und -arbeiten von Menschen nicht erst seit Beginn des Informationszeitalters oder seit dem Beginn der Digitalisierung wichtig ist, können wir dem nachfolgend dargestellten Gedicht »Der wahre Freund« von Christian Fürchtegott Gellert aus dem 18. Jahrhundert entnehmen:

Der wahre Freund
Der ist mein Freund, der mir stets den Spiegel zeigt,
den kleinsten Flecken nicht verschweigt,
mich freundlich warnt, mich ernstlich schilt,
wenn ich nicht meine Pflicht erfüllt'.
Das ist mein Freund – so wenig wie er's scheint!

Doch der, der mich stets schmeichelnd preist,
mir alles lobt, nie was verweist,
zu Fehlern mir die Hände beut,
und mir vergibt, eh' ich bereut
– das ist mein Feind –
so freundlich er auch scheint!

Followership bedeutet vereinfacht formuliert u. a., den Boss, die Kollegen und sich selbst zu managen, damit die Organisation bestmöglich ihre gesetzten Ziele erreicht. Um den Boss zu managen, ist neben dem Aufbau der zuvor dargestellten Beziehung zum Chef und der Kenntnis dessen Ziele, Arbeitsweise und Präferenzen der weitere entscheidende Schritt, den Boss in seinem Denken und Handeln zu beeinflussen. D. h. seine Ideen und Entscheidungen zu reflektieren und zu hinterfragen – was wir als Challengen kennengelernt haben –, bei Bedarf auch andere Gesichtspunkte oder Lösungsvorschläge zu präsentieren und dadurch letztendlich das situative Verhalten des Chefs auf die gemeinsamen Ziele hin zu beeinflussen. Dieses Beeinflussen auf gemeinsame Ziele haben wir in Kapitel 3.1 als Inhalt der Definition von Führung kennengelernt. Follower führen also den Leader in einem gewissen Rahmen. Das ist wiederum das bekannte Paradoxon des Followership-Ansatzes, dass Follower dem Leader folgen und ihn gleichzeitig führen.[309] Diese Führung des Leaders »von unten« darf jedoch von den Followern nicht verwechselt werden mit dem steten Versuch, mehr und mehr Aufgaben, Verantwortung und Entscheidungsbefugnisse des Leaders an sich zu ziehen, aus welchen Motiven auch immer. Es darf auch nicht verwechselt werden mit einem aktiven Challengen des Leaders und einem gleichzeitigen Verlagern der Verantwortung des Followers auf den Leader. Salopp ausgedrückt bedeutet das nicht, im Führungsprozess des Leaders mitreden, gleichzeitig aber die eigene Verantwortung ablehnen und sie dem Leader aufbürden zu wollen. »Nach oben« managen darf auch nicht damit verwechselt werden, die eigene Verantwortung, auch für die Sachinhalte und nicht nur für die Follower-Aktivitäten, »nach oben« sprich zum Leader weg zu delegieren. Und das aktive, praktische Managen »nach oben« darf keinesfalls damit verwechselt werden, ständig Kritik am Leader, am Leadership-System, den getroffenen Entscheidungen und sonstigen Aktivitäten und Unterlassungen des bzw. der Leader zu üben. »Nach oben« managen bedeutet kein Dauernörgeln am Chef, kein automatisches Anzweifeln der Richtigkeit von Leader-Entscheidungen, kein Challengen, wo dies nicht richtig, wichtig und sinnstiftend ist, kein Hinterfragen um des Hinterfragens willen. »Nach oben« managen ist kein Selbstzweck, sondern dient nur der Verbesserung von Effektivität und Effizienz der Organisation. Wenn es an Entscheidungen von Leadern nichts zu rütteln gibt, weil sie inhaltlich, situativ, sachlich und fachlich richtig und angemessen sind, muss sie der Follower nicht challengen, sondern einfach umsetzen, ohne dass dies mit blindem Gehorsam oder Ambitionslosigkeit des Followers verwechselt werden darf.

Wenn Follower ihren Leader wie beschrieben führen, üben sie ihre Beeinflussungsmacht aus, denn Führung ist die praktizierte Ausübung von Macht.[310] Ihre Beeinflussungsmacht entspringt, wie bereits mehrmals erwähnt, dabei nur ihrer eigenen Person, womit sich schnell erkennen lässt, dass eine gute Beziehung zur beeinflussten Person, also auch zu einem Leader, der Wirksamkeit der Beeinflussungsmacht sehr förderlich ist. Doch letztendlich spielt es keine Rolle, ob Beeinflussungsmacht auf einen Leader oder einen anderen Follower ausgeübt wird. Daher unterscheidet sich das »Managen zur Seite«, sprich die Beeinflussung anderer Follower zum Nutzen der Organisation als fester Bestandteil der Followership, vom Managing up gegenüber Leadern nur in den Details der Ausgestaltung. Das Prinzip ist jedoch nahezu dasselbe. Auch in vielen selbstorganisierten, agilen Organisationen ist es nach wie vor nicht unüblich, dass Follower gegenüber Leadern mit Verfügungsmacht (Weisungsbefugnis, Berechtigung zur Erteilung von Abmahnun-

---

309 Dixon, Gene: Getting Together. In: Riggio, Ronald E.; Chaleff, Ira; Lipman-Blumen, Jean (2008): The Art of Followership. How Great Followers create Great Leaders and Organizations. Jossey-Bass, San Francisco (CA), S. 162.
310 Schöffner, Günther; Hagehülsmann, Ute; Schöffner, Kerstin (2023): Zukunftsfähige Machtsysteme in Unternehmen. Die Verantwortung richtig auf die Beine stellen. Kohlhammer Verlag, Stuttgart, S. 238.

gen, Möglichkeiten zur Erhöhung des Gehaltes etc.) diesbezüglich etwas vorsichtiger agieren als gegenüber anderen Followern oder Leadern, die ihnen gegenüber keine Verfügungsmacht haben, denn oftmals scheuen Menschen wegen der bereits erwähnten Neigung zum Selbstschutz davor zurück, mit Leadern genauso zu verfahren wie mit anderen Followern.[311] Machtausübung ist ein Wechselwirkungsprozess zwischen Menschen.[312] Sie vollzieht sich durch Kommunikation und Handlung.[313] Damit die eigene Beeinflussungsmacht bei anderen möglichst wirksam wird, ist ihr richtiger Einsatz entscheidend, denn ein noch so wirksames Mittel kann falsch eingesetzt völlig wirkungslos bleiben. Eine der bekanntesten Taktiken, damit die eigene Beeinflussungsmacht bei anderen wirksam wird, ist beispielsweise, einen guten Eindruck bei den Menschen zu hinterlassen und dafür zu sorgen, dass sie einen mögen.[314] Mit Lob, freundlichem Auftreten und höflichem Agieren sowie dem Anbieten von Hilfe lässt sich diesbezüglich in einem Unternehmen häufig bereits viel erreichen.[315] Diese verblüffend einfache Taktik ist in der Praxis nachgewiesenermaßen zwar sehr wirksam. Sie kann jedoch auch auf die gleiche einfache Weise manipulativ oder unethisch eingesetzt werden. Daher wollen wir zur Beschreibung des Führens von Leadern und anderen Followern an dieser Stelle ausschließlich gute und zielführende Absichten unterstellen und annehmen. Jenseits der beiden vorher genannten Methoden gibt es eine Reihe weiterer sog. »Einflusstaktiken«, anhand derer man in einem gewissen Rahmen die eigene Beeinflussungsmacht wirksam zur Führung anderer Personen einsetzen kann. Gary Yukl, emeritierter Professor für Management und Koryphäe auf dem Gebiet der Leadership, beschreibt elf solcher proaktiver Taktiken,[316] die nachfolgend mit den im Buch »Zukunftsfähige Machtsysteme in Unternehmen« gemachten Erläuterungen und für unseren Zweck hier getätigten Ergänzungen nachfolgend kurz beschrieben sind:[317]

- Rationale Überzeugung:
  Anwendung logischer Argumente und Fakten zum Nachweis, dass Vorschläge oder Ideen für die Zielerreichung einer Aufgabe machbar oder relevant sind.
- In Kenntnis setzen:
  Den Leader oder Follower darüber informieren, welcher Nutzen der Organisation oder ihm selbst entsteht, wenn er dem beeinflussenden Follower »folgt«.

---

311 Daft, Richard L. (2015): The Leadership Experience. Cengage Learning, Stamford, S. 197.
312 Schöffner, Günther; Hagehülsmann, Ute; Schöffner, Kerstin (2023): Zukunftsfähige Machtsysteme in Unternehmen. Die Verantwortung richtig auf die Beine stellen. Kohlhammer Verlag, Stuttgart, S. 7.
313 Ebd., S. 69.
314 Daft, Richard L. (2018): Management. Cengage Learning, Boston (MA), 13. Aufl., S. 521.
315 Yukl, Gary; Gardner, William L. (2020): Leadership in Organizations. Pearson Education, Harlow, 9. Aufl., S. 172.
316 Ebd., S. 172–178.
317 Schöffner, Günther; Hagehülsmann, Ute; Schöffner, Kerstin (2023): Zukunftsfähige Machtsysteme in Unternehmen. Die Verantwortung richtig auf die Beine stellen. Kohlhammer Verlag, Stuttgart, S. 329 ff.

- Inspirierende Appelle:
  Appelle an Werte oder Ideale, um Unterstützung für Ideen oder Vorschläge zu erreichen
- Konsultation:
  Frage um Rat oder Hilfe bei der Planung eines Projektes oder einer Aufgabe, für die die Genehmigung des Leaders oder eines anderen Followers nötig ist.
- Aktive Zusammenarbeit:
  Anbieten von Hilfe oder Unterstützung für den Fall, dass der Leader/Follower der Anfrage bzw. Initiative des Followers zustimmt.
- Anbiederung:
  Komplimente, Erfüllung ungefragter Gefallen, unterwürfiges und übermäßig respektvolles Verhalten, besondere Freundlichkeit, leichte Schmeicheleien.
- Fragen um Unterstützung:
  Bitten um Hilfe und Unterstützung aus Freundschaft, Kollegialität oder als Bitte um einen Gefallen.
- Tauschgeschäfte:
  Anbieten eines Incentives für die Gewährung von Unterstützung, Bitte um Hilfe mit dem Angebot der Unterstützung des Leaders/Followers zu einer anderen Gelegenheit nach dem Motto »Quid pro quo«, d. h. »dieses für das« (Gibst Du mir, geb' ich Dir.).
- Koalitionen und Verbündete:
  Aus bestehenden Kontakten Verbündete machen, um bei Bedarf von ihnen Unterstützung zur Beeinflussung des Leaders/Followers zu bekommen.
- Legitimierungstaktik:
  Versuch, das eigene Anliegen in irgendeiner Form zu legitimieren, um die eigene Autorität für die Berechtigung der Anfrage an den Leader/Follower zu bestätigen.
- Aufbau von Druck:
  Einsatz von Forderungen, regelmäßigem Nachfragen oder hartnäckigen Erinnerungen.

Inwieweit diese Taktiken, insbesondere die letzte, seitens eines Followers gegenüber einem Leader Anwendung finden und erfolgreich sein können, hängt von den Persönlichkeiten, der Situation und letztendlich der Beziehung der beiden zueinander ab. Dementsprechend ist neben der Kenntnis dieser Taktiken ein weiterer wichtiger Faktor zu wissen, wann welche Taktik die richtige ist und welchen Spielraum der Follower jeweils bei deren Anwendung hat. Des Weiteren muss bei der Verwendung dieser Taktiken darauf geachtet werden, wie häufig sie zur Anwendung kommen. Rigidere Taktiken, wie das erwähnte Druck machen, abstruse Forderungen stellen oder gar das Aussprechen von Drohungen seitens der Follower (sog. »pressure tactics«),[318] können längerfristig entweder zur Gewöhnung führen

---

318 Yukl, Gary; Gardner, William L. (2020): Leadership in Organizations. Pearson Education, Harlow, 9. Aufl., S. 279.

und werden damit eher nutzlos, oder sie führen zur Beschädigung der Beziehung zwischen Follower und Leader. Freundlichkeit kommt in der Regel meistens gut an. Das hat bereits in den 1990er Jahren eine Umfrage unter Managern in der Schweiz gezeigt, wonach Freundlichkeit und rationale Überzeugung die erfolgreichsten Einflussstrategien sind, um »nach oben« zu managen.[319] Wird dies jedoch übertrieben und verkommt zur in der Liste von Yukl genannten Anbiederung, kann dies bei so manchem Leader auch Ablehnung hervorrufen. Jenseits dessen muss jeder auch für sich entscheiden, welche Taktiken er anwenden will, weil nicht alle genannten Punkte für jeden gleichermaßen akzeptabel sind oder jeder bei allen Punkten gleich geschickt vorzugehen weiß. In Yukls Liste ist das »Einschalten höherer Instanzen«, d.h. das Kontaktieren von Personen, die in der offiziellen Hierarchie höher stehen als der zu beeinflussende Leader, um dessen Hilfe bei der Lösung eines Problems oder einer Aufgabe zu erwirken, nicht explizit aufgeführt, kann jedoch in den Punkt »Koalitionen und Verbündete« aufgenommen werden, auch wenn andere Autoren dies als separate Taktik auflisten.[320] An dieser Stelle schließt sich der Kreis zu Chaleffs »Mut, zur Hierarchie zu sprechen«, der in sachlich und ethisch berechtigten Fällen eben nicht nur notwendig sein kann, sondern dann auch opportun und legitim ist.

Neben den zuvor beschriebenen Punkten sind der Unternehmenspraxis häufig noch weitere Taktiken zur Beeinflussung von Leadern und anderen Followern verbreitet. Hierbei handelt es sich oft um ethisch fragwürdige Kommunikationen und Handlungen wie täuschen, austricksen oder »Tatsachen schaffen«. Durch letzteres werden beispielsweise durch Follower nicht mit dem Leader abgesprochene Entscheidungen getroffen und dadurch Kommunikationen getätigt oder Handlungen unternommen, welche die Handlungs- und Entscheidungsfreiheit des Leaders einschränken, um diesen dadurch zu einer bestimmten Handlung zu bewegen oder ihn in seiner Reaktionszeit zu beeinflussen. Diese Maßnahmen sollen an dieser Stelle nur erwähnt, nicht jedoch näher betrachtet werden.

»Nach oben« und »zur Seite«, sprich andere Follower, zu managen, unterscheidet sich somit in der Praxis kaum. Doch auch hier muss man vorsichtig sein, denn der zuvor erwähnte Selbstschutz, den viele im Umgang mit Leadern praktizieren, ist auch bei Followern nicht völlig unangebracht. Schließlich weiß man nie genau, über welche Beeinflussungsmacht andere Follower im Unternehmen verfügen und einem somit schaden können. Schließlich bedeutet nach oben und zur Seite managen auch, Missstände aufzuzeigen, welche die Unternehmensleistung bremsen. Diese haben jedoch nicht selten Komfortzonen anderer als Ursache, sodass das Anprangern solcher Missstände nicht immer nur gern gesehen ist. Doch im Sinne des Unternehmens »nach oben« und »zur Seite« zu managen bedeutet auch, die Unternehmenskultur nach eigenen Möglichkeiten positiv zu beeinflussen, und dazu kann auch das Abschaffen von Komfortzonen zählen. Die Unterstützung

---

319 Wunderer, Rolf (1992): Managing the boss – »Führung von unten«. Zeitschrift für Personalforschung ZfP, Ausgabe 3/92, Hampp-Verlag, Mering, S. 287–311.
320 Ebd.

notwendiger Veränderungen ist eine der wesentlichen Aufgaben von Followern,[321] mit der sie Leader und andere Follower entsprechend beeinflussen können. Managing up bedeutet auch, weniger starken Leadern bei der Erfüllung ihrer Aufgaben zu helfen. Dies erfordert Follower mit starkem Commitment für die Organisation.[322] Wie wir zuvor beim Thema »Akzeptanz des Leaders« gesehen haben, verhalten sich Follower kooperativ und kollegial. Durch das Pflegen kooperativer Arbeitsbeziehungen können Follower zur Effektivität eines Teams oder einer Gruppe beitragen.[323] Dies bedeutet auch einen offenen, toleranten, integrierenden und hilfsbereiten Umgang unter den Kollegen.[324] Auch Leader sind letztendlich Kollegen, sodass diese Form des Umgangs auch für die Kooperation mit Leadern gelten muss. Das bedeutet u. a. beispielsweise den festen Willen, Konflikte möglichst konstruktiv lösen und nicht unnötig eskalieren zu wollen, auch wenn das nicht immer im Konsens enden muss; Intrigen und andere die Organisation schädigende Vorgänge zu unterbinden und eine dem Zweck und den Zielen zuwiderlaufende Politik in der Belegschaft (Leader und Follower) sofern möglich zu bekämpfen. Das kann durch Follower beispielsweise auch in Form eines konstruktiven Dissens geschehen.[325] Solch kooperatives Verhalten inklusiv der entsprechenden Einflussnahme auf Leader und andere Follower gilt dabei sowohl für das Arbeiten im Team als auch für die Arbeit als Individuum außerhalb eines solchen Verbundes. Denn Teamarbeit ist nicht in jedem Fall sinnvoll oder möglich.[326] Zur Seite zu managen ist aber sehr wohl innerhalb und außerhalb eines Teams und für den Fall einzeln arbeitender Mitarbeiter möglich und sinnvoll. Denn auch in Hierarchien braucht man gute Follower und auch Einzelarbeiter müssen geführt werden und sind ihrerseits Follower, auch wenn sie keinerlei agile Werkzeuge verwenden. Ein wesentlicher Aspekt darf genau an dieser Stelle nicht vergessen werden: Auch Leader sind üblicherweise gleichzeitig in der Follower-Rolle. Als Leader arbeiten sie häufig nicht mit ihren Leader-Kollegen agil im Team, sondern sind mehr oder weniger allein. Sie arbeiten bestenfalls in kleinen Kreisen zusammen, die ihrerseits nicht immer agil gestaltet sind. Auch diese Leader müssen bis hin zum Vorstand gute Follower sein, ganz ohne agile Gedanken.

---

321 Yukl, Gary; Gardner, William L. (2020): Leadership in Organizations. Pearson Education, Harlow, 9. Aufl., S. 297.
322 Ebd., S. 293.
323 Ebd., S. 292.
324 Stroebe, Rainer W.; Stroebe, Guntram H. (1996): Grundlagen der Führung. Sauer-Verlag GmbH, Heidelberg, 9. Aufl., S. 56.
325 Yukl, Gary; Gardner, William L. (2020): Leadership in Organizations. Pearson Education, Harlow, 9. Aufl., S. 292.
326 Gellert, Manfred; Nowak, Claus (2014): Teamarbeit – Teamentwicklung – Teamberatung. Ein Praxisbuch für die Arbeit in und mit Teams. Verlag Christa Limmer, Meezen, 5. Aufl., S. 26.

3.3 Gelebte Followership-Praxis in Unternehmen

Nachdem wir in den vorangegangenen Kapiteln Inhalt, Voraussetzungen und Vorgehensweise von Followership diskutiert haben, wollen wir dies nun anhand realer Fallbeispiele in der praktischen Umsetzung betrachten. Dadurch wird deutlich, wie Followership in der Praxis dem Unternehmen förderlich oder dysfunktional umgesetzt werden kann, welche Folgen daraus resultieren können und wie schwierig es ist, das Follower-Verhalten anderer Menschen zu beschreiben, auch wenn man die zuvor hergeleiteten Modelle benutzt. Diese praktische Reflexion der theoretischen Konzepte soll ein besseres Verständnis der Natur der Followership erzeugen und somit dem Leser die Möglichkeit geben, das eigene Follower-Verhalten oder das anderer Personen zu beschreiben, zu verstehen und zu verändern. Dadurch wird es möglich, Followership zukunftsfähig und wirksam in Unternehmen zu etablieren, in denen das Konzept noch nicht, nur rudimentär oder unzureichend umgesetzt wird. Dadurch soll es auch dem Individuum möglich werden, sein eigenes Follower-Verhalten zu verbessern, falls Followership in seiner Organisation bereits nutzbringend praktiziert wird und er an der ein oder anderen Stelle Verbesserungsbedarf bei seinem eigenen Follower-Verhalten festgestellt hat. Beginnen wir mit einem Fallbeispiel, in dem die praktizierte Followership zweier Manager zunächst dem Unternehmen förderlich zu sein scheint, weil sie Verantwortung übernehmen. Doch durch eine fehlgeleitete Werteorientierung entwickelt sich ihre Followership dysfunktional.

Fallbeispiel 10: Managing up aus Eigennutz

Nach fast 30 Jahren an der Spitze seines erfolgreichen Automobilzulieferunternehmens übergab Helmut Wessels die Führung des seit 75 Jahren bestehenden Familienbetriebs an seinen Sohn Martin Wessels. Die Übergabe war vor zwei Jahren seitens der Gesellschafter (Helmut und Martin Wessels sowie Helmut Wessels Tochter Marlies als stille Teilhaberin) beschlossen und vorbereitet worden. Helmut Wessels stellte von Anfang an klar, dass er nach seinem Abgang für Unternehmensbelange nur mehr als Aufsichtsrat zur Verfügung stehen und sich nicht ins operative Management einmischen würde. Das wurde allen Kunden und Lieferanten sowie den etwa 350 Mitarbeitern frühzeitig kommuniziert, sodass sich jeder in der zweijährigen Übergangszeit darauf einstellen und für die Zeit danach vorbereiten konnte.

Helmut Wessels war ein charismatischer Manager mit detailliertem Sachverstand, dessen Grundlage ein Maschinenbaustudium sowie eine vorherige Lehre als Werkzeugmacher waren. Mit seinem unternehmerischen Geist und hervorragenden kommunikativen Eigenschaften war es ihm in den 30 Jahren gelungen, das Unternehmen zu diversifizieren und sich in der Nische der Sonderfahrzeughersteller (Luxuslimousinen, Supersportwagen, Spezial-SUVs, Sonder-Nutzfahrzeuge) mit kleinen Stückzahlen und hohen Preisen zu etablieren. Das Unternehmen war dabei von knapp 100 Mitarbeitern auf über 350 Mitarbeiter gewachsen und sehr profitabel geworden. In den letzten zwei Jahren vor der Übergabeentscheidung war eine gewisse Stagnation eingetreten, was die Gesellschafter zur zügigen Umsetzung der ohnehin anstehenden Entscheidung bewogen hatte, durch einen neuen CEO frischen Wind in das Unternehmen zu bringen.

Martin Wessels war zwar seit Kindesbeinen im Firmenunternehmen »Wessels Technologie« engagiert. Er unterschied sich als Person aber sehr von seinem Vater, der das Unternehmen von dessen Vater als kleines, mittelständisches Werkzeugbauunternehmen übergeben bekommen hatte. Martin Wessels hatte Kunstgeschichte und Wirtschaftswissenschaften studiert, weil er sich mit technischen Inhalten von Anfang an schwergetan hatte. Auch war er weniger energisch und durchsetzungsstark wie sein Vater, hatte jedoch ausgewiesene Stärken im zwischenmenschlichen Bereich. So konnte er regelmäßig in Konfliktsituationen erfolgreich vermitteln und meistens für alle zufriedenstellende Lösungen finden, sowohl bei Problemen mit Kunden oder Lieferanten als auch bei Schwierigkeiten mit Belegschaft und Betriebsrat. Er war ein hervorragender Netzwerker, was mit einer der Gründe dafür war, dass sich das Unternehmen mit seinen Produkten in der Nische so gut hatte etablieren können. So war »Wessels Technologie« zu einem Premium-Lieferanten mit zwei Business-Units geworden. Business Unit 1 konzentrierte sich auf Interieur, Musterbauten und Sonderanfertigungen hinsichtlich Karosserien, Business Unit 2 umfasste das Angebot Exterieur, Prototypenbau und Sonderanfertigungen hinsichtlich Fahrwerke. Beide Units wurden von erfahrenen BU-Leitern geführt, Herrn Meier und Herrn Braumüller, die Helmut Wessels vor gut 25 Jahren von Wettbewerbern zu sich geholt hatte. Sie waren ihm und dem Unternehmen gegenüber äußerst loyal und betrachteten Helmut Wessels als ihr großes Vorbild und absoluten Leader. Dennoch waren sie vom Leadership-Ansatz her keine reinen »Konformisten« (Quadrat Kelley), sondern eher als sehr aktive Follower in der mittleren Ausprägung als Exempel zu betrachten. Denn ihrem Chef so richtig zu widersprechen, trauten sie sich nicht, und sie glaubten auch nur selten daran, dass ihre eigenen Lösungen besser hätten sein können als die ihres großen Vorbilds Helmut Wessels. Dennoch challengten sie dessen Ansätze regelmäßig und konnten dadurch in vielen Jahren große Beiträge zu Wachstum und Entwicklung des Unternehmens beitragen. Im Chaleff-Quadrat waren sie als »Partner« im mittleren Bereich zu verorten, im Quadrat von Adair waren sie absolute »Jünger« des Chefs und des Unternehmens. In den anderen Followership-Quadraten wären sie jeweils in mittlerer Ausprägung als »Dynamit«, »Erfolgsgaranten« und »Partner« zu verorten gewesen.

Nach dem Abgang seines Vaters konnte sich Martin Wessels zwar bei Kunden, Lieferanten und Wettbewerbern gut etablieren und war dort geschätzt und akzeptiert. Innerhalb des Unternehmens konnte er jedoch kaum Fuß fassen, weil die beiden BU-Leiter dies von Anfang an nicht unterstützt hatten. Sie mochten Martin Wessels zwar als Person, akzeptierten ihn jedoch nicht als neuen Firmenchef. Dafür gab es mehrere Gründe. Die großen Fußstapfen seines

Vaters waren, neben der Tatsache, dass er knapp 20 Jahre jünger war als die beiden Endfünfziger, eine große Hypothek. Des Weiteren waren die BU-Leiter der Meinung, dass ein Kaufmann, d. h. ein reiner Wirtschaftswissenschaftler, das Unternehmen nicht führen könne, auch nicht mit aktiver Unterstützung und Zuarbeit kompetenter Manager. Martin Wessels hat sich ihrer Meinung nach in den letzten 15 Jahren auch nicht sonderlich um das Unternehmen verdient gemacht, denn die guten Kontakte zu den Kunden waren ihrer Meinung nach nur dem Namen geschuldet gewesen. Dementsprechend waren sie der Meinung, Martin Wessels hätte es nicht verdient Firmenchef zu werden, nur weil er Gesellschafter und der Sohn vom altehrwürdigen Helmut Wessels sei. Sie selbst hätten sich hingegen in den letzten 20 Jahren für das Unternehmen abgeschuftet und es zu dem gemacht, was es heute sei. Darum sahen sie es als gerecht an, dass sie beide die weiteren Geschicke der Firma bestimmen und lenken dürfen. »Denn«, so deren Tenor, »das bisschen Unternehmensführung und Management, das Martin Wessels studiert hatte, macht man doch nebenbei, da reicht Erfahrung ohne solide Grundausbildung locker aus.« Martin Wessels hatte ihrer Ansicht nach »keine Ahnung vom Geschäft, in den letzten Jahren nichts geleistet und es deswegen nicht verdient, Chef zu sein«.

Daher rissen die beiden BU-Leiter nach dem Stabwechsel die Führung inoffiziell an sich und bestimmten fürderhin die Geschicke des Unternehmens. Sie degradierten Martin Wessels für mehr als zwei Jahre mehr oder weniger zu ihrer Marionette. Dazu ließen sie ihn regelmäßig inhaltlich auflaufen und durch seinen mangelnden technischen Sachverstand konnte Martin Wessels daher kaum unternehmerische Entscheidungen treffen. Des Weiteren hielten sie wichtige Informationen von ihm fern, indem sie ihre Mitarbeiter zur Kommunikation an sich selbst verpflichteten. Bei nahezu jeder Gelegenheit handelten sie so, dass die Schwächen von Martin Wessels publik wurden (wenig technischer Sachverstand, Führungs-, Entscheidungs- und Handlungsschwäche, Gutmütigkeit, Harmoniebedürfnis), seine Stärken (Kundenpflege, strategisches Denken, Controlling, Konfliktlösung, Unternehmensfinanzierung) aber kaum Erwähnung fanden. Sie handelten auch regelmäßig so, dass Martin Wessels kaum erfolgreich sein konnte, weil sie seine Schwächen für sich ausnutzten und seine Stärken fast unwirksam werden ließen. Sie unternahmen häufig genau das Gegenteil der Schritte, die Drucker für das erfolgreiche »Managen des Bosses« empfiehlt. Sie hatten sich nach Kelleys Definition zwar zu »exemplarischen Follower« entwickelt, dienten jedoch nicht dem Leader und nur ein wenig der Organisation, sondern im Wesentlichen sich selbst. Nach Chaleffs Definition waren sie daher »Individualisten« geworden, die sich beide zwar in Ruhe ließen, jedoch nicht mehr an einem Strang zogen, sondern jeweils versuchten, ihre eigene Business Unit nach ihren eigenen Vorstellungen und zu ihrem persönlichen Nutzen (Ansehen, Prestige, Macht, Boni) zu entwickeln. Sie zeigten fast keinen Support und keine Orientierung am offiziellen Leader mehr und nahmen in den betreffenden Quadranten die Positionen »Selbstoptimierer«, »Einzelgänger« und »Egoist« ein. Konsequenz war, dass sich das Unternehmen nicht wie von den

Gesellschaftern zwei Jahre vor der Übergabe geplant wieder stärker auf den Kurs von Wachstum und Profitabilität bewegen konnte. Im Gegenteil, nach zwei Jahren schrieb man zum ersten Mal seit 25 Jahren rote Zahlen, was mit den Marktbedingungen und der schwachen Führung bzw. den »Managementfehlern« seitens Martins Wessels begründet wurde. Helmut Wessels schaltete sich wie versprochen nicht aktiv ins Geschäft ein, beauftragte aber in seiner Funktion als Aufsichtsratsvorsitzender eine Unternehmensberatung, die gemeinsam mit seinem Sohn eine Lösung des Problems erarbeiten und umsetzen sollte.

Die Unternehmensberater identifizierten relativ schnell unzureichende Leadership, dysfunktionale Followership und eine nicht unternehmenszielorientierte Kooperation zwischen den BU-Leitern untereinander und mit Martin Wessels als Ursachen. Von seinen beiden langjährigen Gefolgsleuten Meier und Braumüller tief enttäuscht, schlug Helmut Wessels dem Aufsichtsrat die Neubesetzung der beiden BU-Leitungspositionen vor. Davon rieten die Berater ab. Die beiden BU-Leiter hatten große Kundenakzeptanz und großes, strategisch wichtiges Detailwissen, sodass deren Abgang kurzfristig ein herber Verlust für Wessels Technologies gewesen wäre. Des Weiteren waren deren jeweilige Führungsmannschaften stark auf sie eingeschworen, sodass eine Neubesetzung Folgen wie Abgang von Schlüsselpersonal oder einer gewissen Verweigerungshaltung gegenüber den neuen Managern hätte haben können. Außerdem war die Personaldecke hinsichtlich kompetenter, zupackender Manager, die man für die Veränderung des Unternehmens in dieser Phase dringend brauchte, sehr dünn. Die Berater empfahlen eine andere Lösung, die bei den Gesellschaftern Akzeptanz fand und umgesetzt wurde.

Die Organisation wurde dahingehend geändert, dass von den bestehenden Business Units jeweils der Anteil »Sonderanfertigungen« herausgetrennt und als eigenständige dritte Business Unit aufgestellt wurde. Diese BU3 wurde von einem erfahrenen Change-Manager geleitet, den man von extern verpflichtet hatte. Dieser war vor allem auf die Transformation von Unternehmenskulturen und Organisationen spezialisiert, hatte aber in vielen Jahren auch Produktionserfahrung gesammelt. Dieser sollte als Gegenpol zu den Herren Meier und Braumüller wirken und wieder ein leistungsfähiges System von Leadership und Followership etablieren. Dies missfiel den beiden bisherigen BU-Leitern anfänglich, weil ihr Verantwortungsbereich beschnitten worden war und sie Macht verloren hatten. Denn der neue Leiter der BU 3, Herr Niederlechner, hatte zusammen mit Martin Wessels ein Managementsystem eingeführt, das dem Firmenchef organisatorisch wieder wesentlich mehr Kontrolle und Handlungsfähigkeit erlaubte. Herr Niederlechner managte Martin Wessels aktiv dahingehend, dass er ihm regelmäßig passend zuarbeitete und ihn als Management-Coach »von unten« in seine Rolle hineinentwickelte. Als Meier und Braumüller aber sahen, dass Niederlechner kompetent war und nicht gegen sie selbst, sondern für die Zwecke und Ziele des Unternehmens arbeitete und auch sie beide diesbezüglich managte, gaben sie Stück für Stück ihren Widerstand auf. In ihnen keimte wieder stärker die einst so stabil gewesene Orientierung am

Unternehmen auf, sodass sie ihre Handlungen wieder mehr an den Interessen des Unternehmens anstatt fast nur an ihren eigenen ausrichteten. Im Laufe von zwei Jahren managte Niederlechner Martin Wessels zielorientiert dahingehend, dass dieser seine Stärken ausspielen und als Firmenchef auch sichtbare Erfolge vorweisen konnte. Daraufhin schlossen sich mehr und mehr Mitarbeiter dem Kurs des Firmenchefs an, sodass Meier und Braumüller sich auch zunehmend den Ansätzen von Martin Wessels öffnen und seinen Führungsanspruch anerkennen mussten. Denn, so der Satz, der in der Belegschaft mehr und mehr zum geflügelten Wort geworden war, »gehört ihm ja schließlich zu einem großen Teil das Unternehmen und die Gesellschafter wollen, dass er das Unternehmen führt, auch wenn er nicht so gut ist wie sein Vater war«. Nach gut drei Jahren hatten sich die Herren Meier und Braumüller mit Martin Wessels und Herrn Niederlechner als Managementteam zusammengerauft und konnten das Unternehmen wieder auf Wachstums- und Erfolgskurs bringen. Die beiden BU-Leiter nahmen in den Followership-Quadranten wieder unterstützende Rollen ein und orientierten sich kurz vor ihrem jeweiligen Ruhestand wieder stark an den Interessen von Organisation und Leader. Mit ihrer fast gleichzeitig erfolgten Verrentung wurde der Stab an ein neues Dreigestirn von Jung-Business-Leitern aus den eigenen Reihen weitergegeben, denn auch der Change-Experte Niederlechner hatte das Unternehmen nach erfolgreicher Transformation der Führungs- und Followership-Kultur wieder verlassen. Niederlechner hatte in den gut drei Jahren seines Managens der anderen Follower Meier und Braumüller vor allem auf rationale Überzeugung, inspirierende Appelle, aktive Zusammenarbeit sowie die Etablierung von Koalitionen und den Aufbau von Verbündeten in der Belegschaft als Taktiken zur Beeinflussung seiner beiden Management-Kollegen gesetzt (▶ Beeinflussungstaktiken nach Yukl).

Das Fallbeispiel zeigt, wie wichtig Werte für eine zielorientierte Ausrichtung der gelebten Followership sind. Zur dysfunktionalen Entwicklung der beiden BU-Leiter hat auch die Leadership-Lücke beigetragen, die der alte Firmenchef hinterlassen hat und die der neue nicht hatte schließen können. Dies geschah erst durch die aktive Followership des neuen BU-Leiters, indem er den Chef »von unten« coachte und seine beiden Kollegen lateral managte. Die beiden langjährigen BU-Leiter hatten es zwar gut gemeint, sie hatten jedoch nicht bemerkt, dass ihnen der Fokus ihrer Followership weg von ihrem Leader und der Organisation hin zu ihren eigenen Interessen entglitten war. Sie managten zwar aktiv und wirkungsvoll »nach oben«, jedoch mit der falschen Zielsetzung. Im nächsten Fallbeispiel sehen wir aktives Managen anderer Follower, bei dem der aktive Follower bewusst und willentlich die Fokussierung auf Leader und Organisation zur Seite gestellt hat. Sein Verhalten zeigt teilweise auch manipulative und intrigante Facetten, was einer ethikorientierten Followership widerspricht.

Fallbeispiel 11: Managing aside an den Zielen vorbei

In einem global agierenden Industriekonzern gab es in einem Geschäftsbereich drei verschiedene Geschäftszweige, die ihre Produkte auf den gleichen Märkten herstellten und vertrieben, inhaltlich aufgrund der klaren technischen Trennung jedoch kaum Berührungspunkte miteinander hatten. Die Geschäftszweige arbeiteten daher unter dem Dach des Geschäftsbereichs als nahezu eigenständige Einheiten, die auch als Einzelunternehmen außerhalb des Konzerns funktioniert hätten. Lediglich das globale Netzwerk und der Name des Konzerns waren wichtige Funktionen, die den Geschäftszweigen entsprechende Marktzugänge ermöglichten. Die Geschäftszweige waren dementsprechend mit eigenem Management, Entwicklung, Engineering, Produktion und Stabsabteilungen strukturiert. Die Produktion eines speziellen Geschäftszweiges hatte fünf globale Werke, die jeweils von einem lokalen Produktionsleiter geführt wurden. Das Controlling des Geschäftszweiges erfolgte in der Firmenzentrale, in der sich auch Stabsabteilungen für IT, HR, Qualität und Produktionssupport befanden. Die Stabsabteilungen unterstützten die Werke bei Bedarf dann, wenn diese die jeweiligen Inhalte vor Ort nicht allein bewältigen konnten. Jedes Werk hatte eine eigene kleine Abteilung für Accounting und Controlling, um die kaufmännischen und finanziellen Belange des Werkes vor Ort abzuarbeiten. Sämtliche Geschäfts- und Kennzahlen wurden monatlich an die zentrale Controlling-Abteilung weitergeleitet, deren Leiter, Herr Jablonski, daraus für die Geschäftszweigleitung (CEO Herr Hugo und CFO Herr Mang) ein entsprechendes Reporting anfertigte. Herr Hugo und Herr Mang führten auf Basis dessen regelmäßige Monatsgespräche mit den Werksleitern, um Erfolge und Probleme zu diskutieren, weitere Entwicklung zu besprechen und die finanziellen und qualitätsbezogenen Ergebnisse der Werke zu reflektieren. Die einzelnen Werksleiter erhielten dabei den Gesamtreport nicht, sondern mussten sich bei der Einschätzung ihrer eigenen Lage und Performance im Wesentlichen nur auf die eigenen Kennzahlen und Informationen stützen. Dies hatte Herr Mang so eingeführt, damit sich zwischen den Werken hinsichtlich der Ergebnisse und der Weiterentwicklung »ein gesunder Wettbewerb« entwickeln könne. Dementsprechend war es nicht gewünscht, dass sich die Werksleiter zum Austausch von Kennzahlen untereinander in Verbindung setzten. Dies erschwerte die Argumentationsfähigkeit der Werksleiter immer wieder, weil sie Fehlentwicklungen meistens nur mit eigenen Handlungen und Unterlassungen begründen konnten, nicht jedoch mit externen oder Konzerninternen Entwicklungen, die auch die anderen Werke betrafen. Dieser Umstand spornte die Werksleiter in der Tat an, sodass sich der Geschäftszweig innerhalb von drei Jahren auf dem Weltmarkt hinsichtlich Umsatz und Wirtschaftlichkeit von Position drei auf Position zwei vorarbeiten konnte.

Als Herr Mang vor drei Jahren seine Position als CFO angetreten und die beschriebene Vorgehensweise zur Schaffung des internen Wettbewerbs eingeführt hatte, wäre Herr Jablonski gern selbst Werksleiter geworden. Es gab bereits Gespräche mit der Personalabteilung und der damals 41-jährige Controller hätte die Position des General Managers des Werkes in der Türkei auch bekommen, wenn Herr Mang dies nicht wegen der Bedenken, die er hinsichtlich der Qualifikation von Herrn Jablonski hatte, noch in letzter Sekunde verhindert hätte. Herr Jablonski hatte eine kaufmännische Lehre abgeschlossen und war mit Mitte 20 zum Konzern gestoßen. Dort hatte er sich in vielen Jahren zum Controller des Geschäftszweiges mit vier Mitarbeitern hochgearbeitet. Zwar hatte er zahlreiche Weiterbildungen besucht. Doch sein Verständnis hinsichtlich Produktion, der verbundenen Technologie, der Führung eines großen Produktionsteams mit 250 Mitarbeitern und der Zusammenarbeit im internationalen Kontext schienen Herrn Mang nicht ausreichend zu sein. Daher wurde statt Herr Jablonski Herr Messner Werksleiter, den Herr Jablonski schon viele Jahre kannte und den er wegen dessen technischer Brillanz, die er als Elektroingenieur hatte, und dessen oft gelobter Leadership-Stärke nicht besonders leiden konnte. Zudem erachtete er Herrn Messner mit seinen nur 37 Jahren als zu jung für die Stelle. Doch nach einem halben Jahr hatte sich Herr Jablonski mit seinem neuen Chef Mang zusammengerauft und die beiden etablierten eine gute Zusammenarbeit.

Die Zusammenarbeit Herrn Jablonskis mit den Werksleitern und deren jeweiligen lokalen Controllern gestaltete sich hingegen nicht in allen Fällen nur positiv. Jablonski agierte von der deutschen Zentrale aus der Position des Stärkeren heraus, der im Auftrag des Managements die jeweiligen Kennzahlen einforderte und für die monatlichen Besprechungen Stellungnahmen der Werksleiter für seinen Bericht erwartete. Je nachdem, ob er den Werksleitern und seinen Mitarbeitern zu- oder abgeneigt war, gestaltete sich dieses Einfordern der Informationen. Dies konnte in ein »vor sich Hertreiben« der Werksleiter ausarten, wenn die Zahlen nicht exakt auf die Stunde genau geliefert wurden, die Kommentare zu viel technische Details enthielten oder das Werk im abgelaufenen Monat seiner Meinung nach zu gute Ergebnisse erzielt hatte, wenn er den Werksleiter nicht mochte. So geschah es über mehrere Jahre in der Zusammenarbeit mit Herrn Messner, dessen Beschwerde bei Herrn Mang über das Verhalten von Herrn Jablonski ergebnislos geblieben war. Mit seinem englischen Kollegen Johnson verfuhr Herr Jablonski ähnlich, nur nicht ganz so rüde. Mit den Werksleitern in Mexiko und Indien pflegte Herr Jablonski eine sachliche, professionelle Zusammenarbeit und war dabei meistens sehr kurz angebunden. Lediglich mit dem Werksleiter in Brasilien, Herrn Silva, arbeitete Herr Jablonski sehr positiv, fast schon freundschaftlich zusammen. Er lieferte Herrn Silva regelmäßig zusätzliche Infos von Kunden, anderen Geschäftszweigen oder sogar den anderen Werken weiter, wodurch Herr Silva nicht nur seine Lage besser einschätzen, sondern auch seine monatlichen Berichte besser formulieren konnte. Diese Informationen halfen Herrn Silva auch, in seinem Werk regelmäßig bessere Ergebnisse zu erzielen.

Zwischen den Werken hatte sich ein durchaus förderliches Wettbewerbsdenken entwickelt. In halbjährigen Abständen fanden auch gegenseitige Benchmarkings statt, sodass die anderen Werke von den jeweiligen Entwicklungsfortschritten, die ein Werk zwischenzeitlich gemacht hatte, profitieren konnten. Dennoch stellte sich zwischen den einzelnen Werksleitern kein über ein Mindestmaß hinausgehendes kollegiales Verhältnis ein, weil ihnen ja seitens Herrn Mang ein umfangreicher gegenseitiger Austausch untersagt worden war. Zu diesem Umstand trug aber auch wesentlich die Tatsache bei, dass Herr Jablonski bei den verschiedenen Werksleitern Aussagen der anderen Werksleiter über sie platzierte, die Kritik oder Ablehnung beinhalteten. Lob, Anerkennung oder Glückwünsche der anderen Werksleiter über einen der Kollegen, die Herr Jablonski im Einzelgespräch auch erhalten hatte, gab er hingegen nicht an die betreffenden Personen weiter. Ausnahme hierzu war wiederum Herr Silva, dem er im Gegenteil negative Botschaften der Werksleiterkollegen nicht weiterleitete. So entwickelte sich wie beschrieben der Geschäftszweig in drei Jahren relativ gut, auch wenn das gegenseitige Vertrauen innerhalb der Produktionsmanager nicht sonderlich hoch war.

Nach diesen drei Jahren wechselte Herr Jablonski in einen anderen Geschäftsbereich, weil man dort, so seine Aussage, endlich sein Potential erkannt hatte und man ihn dort zum Leiter einer kleinen Produktions-Unit beförderte. An seine Stelle rückte sein bisheriger Mitarbeiter Herr Klausner, Mitte 50, der die Kommunikation seitens Herrn Jablonski zwar stets missbilligt, diese Praxis jedoch für sich behalten hatte, weil man seinem Werteverständnis nach »seinen Chef nicht an höherer Stelle verpetzen darf«. Diesem dem Verständnis von Chaleffs Ansatz des Mutes, zu übergeordneten Hierarchien zu sprechen, zuwiderlaufenden Verhalten von Herrn Klausner war es zum großen Teil geschuldet, dass das eigennutzorientierte Kommunizieren von Herrn Jablonski in der Organisation weitgehend unbemerkt geblieben war. Herr Klausner praktizierte hingegen ein sehr offenes, faires und partnerschaftliches Verhältnis zu den Werksleitern und stellte die Optimierung der Gesamtleistung des Geschäftszweiges in den Mittelpunkt seiner Handlungen. Er insistierte auch auf die Lieferung der Informationen, wenn die Daten bereits überfällig waren, ohne jedoch unverschämt fordernd zu sein, wie dies Herr Jablonski immer wieder getan hatte. Insgesamt stellten sich eine wesentlich kollegialere, freundlichere und vertrauensvollere Kommunikation und Zusammenarbeit zwischen dem zentralen Controlling und den Werken sowie zwischen den Werksleitern untereinander ein, ohne dass diese dabei gegen die Anweisung von Herrn Mang, untereinander keine Geschäftszahlen auszutauschen, verstoßen hätten. Dies machte sich auch in der Leistung der Werke sowie im geschäftlichen Ergebnis des Geschäftszweigs bemerkbar, das ohne erwähnenswerte Maßnahmen oder Vorkommnisse plötzlich 15 Prozent über dem budgetierten Wert lag. Positiv davon überrascht, wollte der CEO diesem Erfolgsgeheimnis auf die Spur komme, denn keiner konnte sich den Erfolg so richtig erklären. Dazu verlängerte er die jährliche Management-Konferenz um einen Tag, um das Geheimnis zu ergründen. Dabei wurde sukzessive das Agieren von Herrn Jablonski als ursächlich identifiziert. In der anschließenden Reflexion mir einem Unternehmensberater wurden dem CEO die Zusammenhänge klar und er erkannte die mangelhafte Followership von Herrn Jablonski. Dieser hatte seine Eigeninteressen in den Fokus seines Handelns gerückt, statt die Interessen der Organisation. Er zeigte »nach oben« zwar noch akzeptable Followership, doch waren die Fehlinformation von CEO und CFO durch Herrn Jablonski in Form nicht weitergegebener Informationen bereits durchaus zweifelhaft. Das der Organisation definitiv nicht nur förderliche Managen zur Seite, sprich der anderen Follower in Personen der Werksleiter, wurde klar als schlechte Followership eingestuft. Sinn und Nutzen des Followership-Konzeptes erkennend, beschloss der CEO daraufhin, dass ein eigenes entsprechendes Konzept in den nächsten 24 Monaten im gesamten Geschäftszweig eingeführt werden müsse.

Praktizierte Followership in Form des Managens »nach oben« und »zur Seite« ist gut und richtig, wenn es gut gemacht wird und den richtigen Fokus hat. Wird es wie im vorherigen Fallbeispiel beschrieben missbräuchlich für eigene Zwecke missbraucht, kann handwerklich gut praktizierte Followership dem Unternehmen sogar schaden. Herr Jablonski missbrauchte seine Position dazu, einige Werksleiter zu schikanieren und ihren Erfolg zu schmälern. Dies ging zu Lasten des Unternehmens, weil dadurch die Rendite hinter den Möglichkeiten zurückgeblieben war, wie man nach Jablonskis Abgang gesehen hatte. Neid, Missgunst und der Frust über die eigene Nicht-Beförderung waren vielleicht die Motive, die Jablonski zu dieser fehlgeleiteten Followership bewogen hatten. Wir erkennen daraus, dass es ähnlich wie bei gutem und richtigem Management, das der St. Galler Management-Experte Fredmund Malik propagiert,[327] auch bei der Followership darauf ankommt, sie gut und richtig zu praktizieren und dabei die richtigen Dinge richtig zu tun. Das gilt dabei unabhängig davon, in welche Richtung der Follower managt. Das trifft somit auch auf das Selbstmanagement im Sinne des Unternehmens zu. Ein kurzes Beispiel ist hierzu der Fall eines leitenden Qualitätsmanagers, dessen kleine Abteilung nach einem Digitalisierungsprojekt und einem Produktionswechsel plötzlich aufgelöst worden war. Folglich lag seine Auslastung nur noch bei 60 Prozent. Der geschäftsführende Gesellschafter schätzte ihn aber sehr und hielt an ihm fest, wies ihm jedoch keine neuen Aufgaben zu. Stattdessen forderte er den ehemaligen Qualitätschef sogar dazu auf, es ruhiger angehen zu lassen. Damit unzufrieden, suchte sich der ehemalige Q-Leiter selbst ein weiteres Betätigungsfeld als »Leiter Datenschutz und Integrationsbeauftragter für schlecht Deutsch sprechende Mitarbeiter«, denn er wollte dem Unternehmen helfen und für sein Gehalt auch wirksam werden. Dazu bekam er den Segen des Firmenchefs, der ihn auch ohne dieses Zusatzengagement weiter beschäftigt hätte. Doch Menschen wollen von sich aus wirksam sein. Gelebte Followership bietet hierfür, wie im Beispiel betrachtet, eine gute Gelegenheit dazu, sofern sie wie erwähnt gut praktiziert wird, den richtigen Werten folgt und vom Unternehmen auch zugelassen und gefördert wird.

---

327 Malik, Fredmund (2009): Führen Leisten Leben. Wirksames Management für eine neue Zeit. Campus Verlag, Frankfurt/Main, Sonderausgabe manager magazin, S. 20–29.

Im vorherigen Fallbeispiel von Herrn Jablonski haben wir bereits gesehen, wie falsch verstandene Loyalität ein Unternehmen schädigen kann. Hätte Herr Klausner rechtzeitig genügend Mut gezeigt, mit CEO oder CFO über das zweifelhafte Handeln Herrn Jablonskis zu sprechen, wäre dem Unternehmen eventuell einiges an Schaden erspart geblieben. Mut ist ein wichtiges Element guter und gelebter Followership. Deswegen wollen wir nachfolgend anhand einiger Fallbeispiele den Nutzen des Mutes der Followership verdeutlichen und somit deren praktische Einsatz aus einem anderen Blickwinkel betrachten. Beginnen wir mit dem Mut, Verantwortung für sich und die Organisation zu übernehmen. Das bedeutet eben nicht nur, die übertragenen Aufgaben gut und richtig zu erledigen, sondern darüber hinaus Verantwortung zu übernehmen, ohne dabei gleich sämtliche Dinge an sich zu reißen. Das bedeutet beispielsweise, auf den Unternehmenswerten basierend die Aktivitäten des Unternehmens im Außenverhältnis zu stärken, indem man Möglichkeiten am Markt und bei Lieferanten erkennt und nutzt, hierzu die internen Prozesses verbessert und dabei nicht immer ausschließlich auf die Initiative und die Autorisierung durch den Leader wartet.[328] Gleichzeitig bedeutet dies, nicht unangemessen eigenmächtig zu handeln oder Schritte einzuleiten, die den Zielen des Leaders oder der Organisation zuwiderlaufen. Dieser Mut benötigt also auch Kompetenz und Augenmaß, um einschätzen zu können, wann die Ergreifung der Initiative durch den Follower opportun ist. Das folgende Fallbeispiel soll dies verdeutlichen.

Fallbeispiel 12: Mut, Verantwortung zu übernehmen

In einem globalen Konzern leitete ein mit 36 Jahren relativ junger General Manager ein Produktionswerk im Europäischen Ausland bereits im dritten Jahr. Ihm war bewusst, dass er mit Ablauf des Geschäftsjahres den Konzern verlassen würde, da sich für ihn anderweitig eine Karrierechance aufgetan hatte. Zudem konnte er sich immer weniger mit den Werten und Ansätzen des Konzerns identifizieren, setzte man dort doch sehr auf Stabilität und Zielerreichung. So hatte er im letzten Geschäftsjahr eine Rüge erhalten, weil das Geschäftsergebnis seines Werkes um 15 Prozent über dem Zielwert lag und man im Unternehmen angehalten war, die Ziele in einem Korridor von -2 Prozent bis +5 Prozent einzuhalten. Er hatte im letzten Jahr sehr gut gewirtschaftet und wollte den plötzlich entstehenden zusätzlichen Ertrag nicht irgendwo sinnlos investieren. Auch wenn er Verständnis dafür hatte, dass bei börsennotierten Unternehmen stabile Ergebnisse einen hohen Stellenwert haben, so tat er sich einfach schwer damit, hohe Erträge und gute Entwicklungsmöglichkeiten »auf dem Altar der stringenten Zieleinhaltung zu opfern«. Daher entschloss er sich, das Angebot eines anderen Konzerns zur Leitung eines Geschäftszweiges anzu-

---

328 Chaleff, Ira (2009): The Courageous Follower. Standing up to & for our leaders. Berrett Koehler Publishers, Oakland (CA), S. 6.

nehmen. Gleichzeitig fühlte er sich aber nach wie vor seinem Leader und seiner Organisation verpflichtet, solange er diese Aufgabe ausfüllte. Dementsprechend trieb er die Weiterentwicklung seines Werkes voran, so gut er konnte. Dazu modernisierte er Prozesse und Infrastruktur, leitete die digitale Transformation ein, brachte neue Produktverbesserungen auf den Weg und akquirierte frühzeitig neue Großaufträge. Damit sollte sichergestellt werden, dass das Werk in den nächsten Jahren zweistellige Wachstumsraten und großzügige Renditen erreichen konnte. Diese zusätzlichen Anstrengungen hatte er nicht von seinem Leader als Ziel bekommen, sondern er hatte die Möglichkeiten am Markt erkannt und wollte sie für sein Werk genutzt wissen. Denn die Ergebnisse seiner mutigen Handlungen würden erst dann Früchte tragen, wenn er bereits nicht mehr im Unternehmen sein würde. Die damit verbundenen Lorbeeren in Form von Anerkennung, Lob und Boni würde also definitiv ein anderer ernten und sein bisheriger Chef würde in den nächsten Jahren entscheidend davon profitieren. Da er wusste, dass sich die Maßnahmen bereits im laufenden Geschäftsjahr dadurch bemerkbar machen könnten, dass sein Ergebnis wiederum etwa 6 Prozent über dem Zielwert liegen könnte und dies abermals in einem Tadel oder dem Stopp der Maßnahmen enden würde, holte er sich von seinem Chef dafür nicht explizit das »Go!« ab. Stattdessen zeigte er diesem in Form eines möglichen Zukunftsszenarios bestehende Chancen und die damit verbundenen Risiken auf. Als auch sein Chef zustimmend nickte und feststellte, dass es »natürlich hervorragend wäre, wenn wir wo etwas erreichen könnten«, stand für ihn die Entscheidung zur Umsetzung der Maßnahmen fest. So trieb er die Entwicklung voran und brachte das Projekt auf dem Weg. Als er drei Monate vor dem Ende des Geschäftsjahres kündigte und er den Chef über den Stand der Umsetzung sowie die positiven Auswirkungen auf das laufende, vor allem aber auf die zukünftigen Geschäftsjahre mitteilte, war dessen Verärgerung über die Kündigung des Managers und die Prognose, dass sein Jahresziel wahrscheinlich sogar um 8 Prozent übertroffen werden würde, schnell vorbei. Denn er wusste, dass er für das diesjährige Überschießen des Zielwertes zum einen auf den General Manager verweisen können würde und somit die Konsequenzen für ihn selbst nur milde ausfallen würden. Zum anderen hatte er sofort erkannt, welch großartige Möglichkeiten sich dadurch für seine Unit für die nächsten Jahre ergeben hatten, und dass er dem scheidenden General Manager dafür richtig dankbar sein müsste. Denn ohne dessen Mut und Tatkraft hätte diese Chance nicht genutzt werden können, weil er der Firmenräson folgend das Projekt wahrscheinlich hätte stoppen müssen. So war für ihn und die gesamte Organisation ein großer Schritt in Richtung Sicherung der Zukunft getan worden, der dem Mut und der fürsorglichen Followership des General Managers geschuldet war. Die Risiken des Scheiterns waren so gering und überschaubar, dass im unwahrscheinlichen Falle des Scheiterns das Jahresergebnis immer noch über dem Zielwert gelegen hätte. Daher dankte er dem General Manager aufrichtig, auch wenn er dessen Weggang bedauerte und er sich deshalb auf eine Rüge seitens des Vorstands gefasst machen werden muss, der sicherlich fragen würde, weshalb man solch fähige Menschen nicht im Unternehmen hielte. Der General Manager selbst bekam jedoch nicht seinen ganzen Jahresbonus ausgezahlt, weil eben das Ergebnis zu hoch war und dies fester Bestandteil der Vergütungsregelung war. Er hatte die Maßnahmen dennoch nicht bedauert, weil er wusste, für seinen Leader und die Organisation mittelfristig das Richtige getan zu haben.

Dieser etwas nobel klingenden Heldenstory eines scheinbar selbstlosen Gutmenschen liegt jedoch ein wahrer Fall zugrunde. Dem Manager war es zuwider, Chancen für ein Unternehmen nicht nutzen zu können und somit den Erfolg zukünftiger Jahre aufs Spiel zu setzen, nur weil ein kurzfristiges Ziel knapp verfehlt wurde, was in diesem Fall sogar Zielübererfüllung geheißen hatte. Dies machte ihm klar, dass sein Verständnis von Unternehmertum, Management und Erfolg nicht hinreichend gut mit den Vorstellungen des Unternehmens kongruierte. Auch wenn sein Bonus dadurch etwas geringer ausfiel, so konnte er es sich selbst gegenüber nicht verantworten, für die ihm anvertrauten Menschen diese Zukunftschancen nicht zu nutzen. In einem Unternehmen steht aber die Erfüllung der Erwartungen, die an die eigene Rolle gestellt werden, dann im Vordergrund, wenn nicht so sehr Initiative, sondern mehr Regelkonformität und Kontrolle im Zentrum des Handelns stehen.[329] Das war dem General Manager klar geworden und als Mann der Tat wollte er sich seine Initiative und Tatkraft nicht durch Kontrolle und Regelkonformität nehmen lassen, sodass für ihn der Unternehmenswechsel der logische Schritt war. Die Werte des Unternehmens und die des General Managers passten schlichtweg nicht ausreichend gut zusammen.

Das Thema Werte spielt im Zusammenhang mit dem ethischen Verhalten von Unternehmen oder darin agierenden Personen ebenfalls eine wesentliche Rolle. Erinnert man sich knapp zwei Jahrzehnte zurück, lassen sich zahlreiche Fälle von Bilanzbetrug oder Finanzskandalen auffinden. Auch wenn seit dem prominenten Fall der Enron-Pleite im Jahr 2001 und der Finanzkrise in den Jahren 2008 bis 2010 viele Maßnahmen zur Vermeidung solcher Fälle geschaffen wurden, gibt es auch im digitalen Zeitalter noch solche Vorfälle. Man denke nur an den Kollaps des Zahlungsdienstleisters Wirecard im Jahr 2020, für den mutmaßliche Manipulationen in der Darstellung der Geschäftszahlen verantwortlich sein sollen. Ein Verfahren ist hierzu noch im Gange. Nicht alle Unternehmen haben aber seither diesbezüglich einen Whistleblowing-Kanal eingerichtet, durch den Mitarbeiter in ihrer Follower-Rolle unlautere oder unethische Vorgänge im Unternehmen an entsprechende Stellen melden könnten. Unethische Vorgänge müssen sich ferner nicht nur auf die unsaubere Darstellung der Geschäftszahlen oder unlauteres Vorgehen im Geschäftsbetrieb mit Kunden oder Lieferanten beziehen. Auch Themen wie Diskriminierung von Personen oder unethische Leadership können diesbezüglich vorkommen. Solche Fälle bei Leadern, dem Firmenchef oder eventuell externen

---

329 Hemel, Ulrich (2005): Wert und Werte. Ethik für Manager – Ein Leitfaden für die Praxis. Carl Hanser Verlag, München/Wien, S. 181.

Stellen zu melden und anzusprechen, kann von Followern durchaus großen Mut verlangen. Sorgt sich ein Follower beispielsweise um das Unternehmen und dessen Arbeitsplätze und möchte er deshalb die unlauteren Praktiken seines Leaders, welche eben das Unternehmen gefährden, offen ansprechen, ist dies nicht immer einfach. Denn man weiß nicht immer, wie der direkte Leader oder die Ebenen darüber damit umgehen. Sorgen um den eigenen Arbeitsplatz oder Angst vor zukünftigen Repressalien wegen »Nestbeschmutzung« mussten sich in ähnlichen Fällen schon viele berechtigterweise machen. In solchen Situationen wegen der ethischen Diskrepanz die Missstände bei entsprechenden Stellen offen anzusprechen, erfordert daher von Followern zweifellos einen gewissen Mut. Mut auch deshalb, weil sich für den Fall der Fälle, dass es tatsächlich zu Repressalien oder Kündigung kommt, die eigene Lebenssituation merklich ändern kann. Daher muss hier jeder selbst entscheiden, wie er in der jeweiligen Situation reagiert. Doch es drohen nicht immer gleich solch scharfe Konsequenzen. Sind diese überschaubar und akzeptabel, ist es als Follower durchaus opportun, solche Missstände im Sinne des Wohls von Unternehmen und Mitarbeitern in geeigneter Weise anzusprechen. Aber auch dafür ist nicht selten ein gewisser Mut notwendig. Doch die Natur der guten Followership mit dem Ziel der positiven Entwicklung von Organisation und Menschen gebietet es, diesen Mut im notwendigen und richtigen Maß aufzubringen und nicht stattdessen die Fehlentwicklungen zwar zu missbilligen, aber dann doch stillschweigend zu dulden. Mutige Follower wissen, wann es Zeit ist aufzustehen und sich deutlich von dem zu distanzieren, was Leader entscheiden oder propagieren, weil sie es als notwendige Antwort aus dem Blickwinkel anderer oder übergeordneter Werte als unvermeidlich erachten.[330]

Das nächste Fallbeispiel dreht sich im Wesentlichen um den Mut eines HR-Managers, in einer sehr schwierigen Situation als Follower der Organisation und dem Leader zu dienen und harte Arbeit zu leisten. Davor, so argumentiert Chaleff, schreckt der Follower in seinem Mut zu dienen nicht zurück, und er steht auch in schwierigen Situation zum Leader und verteidigt diesen und dessen Handlungen, wenn diese dem mittel- bis langfristigen Wohl der Organisation förderlich sind, auch wenn sie vielleicht kurzfristig schmerzen.[331] Dieser Mut, den Leader zu entlasten und der Organisation zu dienen, hält den Follower wachsam für die Bereiche, in denen seine eigenen Stärken die Kompetenz des Leaders wirksam ergänzen können.[332] Der HR-Manager im nachfolgenden Fallbeispiel wurde sich der Bedeutung dieses Mutes und der entsprechenden Handlungen erst dann bewusst, als das Unternehmen, in dem er jahrelang beschäftigt war, durch Misswirtschaft in eine existenzbedrohende Schieflage kam und nur durch eine konsequente Sanierung vor dem endgültigen Aus bewahrt werden konnte.

---

330 Chaleff, Ira (2009): The Courageous Follower. Standing up to & for our leaders. Berrett Koehler Publishers, Oakland (CA), S. 7.
331 Ebd., S. 6 f.
332 Ebd., S. 7.

Fallbeispiel 13: Mut zu dienen

Nach dem Tod des Gründers des mittelständischen Industrieunternehmens »Wertmeier GmbH« hatten sich seine beiden Söhne, die künstlerische Berufe erlernt hatten, bewusst dafür entschieden, nicht die Nachfolge ihres Vaters im Unternehmen anzutreten. Sie übergaben die Firmenleitung einem externen Manager, Herrn Borstig, und nahmen als Gesellschafter die Rollen der Aufsichtsräte wahr. Herr Borstig war beim Einstieg in das Unternehmen Anfang 50 und hatte bereits an zwei vorherigen Positionen Branchen- und Managementerfahrung gesammelt. Die Rolle des Geschäftsführers bei Wertmeier war sein erstes Engagement an der Spitze eines Unternehmens und gleichzeitig seine erste Geschäftsführer-Position. Das Unternehmen war zur Zeit der Übernahme gesund und finanziell stabil, nur beim Thema »Innovation und Erneuerung« bestand bekannter Handlungsbedarf. In den folgenden fünf Jahren konnte Herr Borstig ein drittes Standbein bei Wertmeier aufbauen, sodass der Rückgang des Umsatzes in den beiden vorhandenen Produktsparten mehr als kompensiert werden und das Unternehmen hinsichtlich Umsatz und Ergebnis wachsen konnte. Nach diesen fünf Wachstumsjahren war die Mitarbeiterzahl von 250 auf 350 gestiegen. Zu diesem Zeitpunkt ging der Personalchef planmäßig in den Ruhestand und an seine Stelle trat Herr Wilke als neuer HR-Chef ins Unternehmen ein. Herr Wilke hatte damals mit Ende 40 aus einem Konzern kommend bewusst eine Position im Mittelstand gesucht, um mehr Handlungs- und Entscheidungsfreiheiten zu bekommen. Zwar tat er sich im ersten Jahr mit den Unterschieden zwischen Mittelstand und Konzern noch schwer, doch hatte er sich durch seine offene und kollegiale Art nach gut 12 Monaten gut integrieren können und war in seiner Rolle akzeptiert. In den Folgejahren nahm seine Beliebtheit bei Belegschaft und Betriebsrat zu, weil er eine sehr mitarbeiterorientierte Haltung eingenommen und viele Verbesserungen bei Entlohnung und Arbeitsbedingungen auf den Weg gebracht hatte. Das ging nicht immer ohne Konfrontationen mit Herrn Borstig aus, da dieser durch die im Vergleich zum Umsatz stets überproportional ansteigende Mitarbeiterzahl und die stetig steigenden Kosten für Aus- und Weiterbildung sowie für soziale Einrichtungen im Unternehmen kritisch sah. Jahr für Jahr war der Ertrag wegen der steigenden Personalkosten trotz guter Auftragslage gesunken. Mit der Zeit gab dies Herrn Wilke zwar zu denken. Er war jedoch der Überzeugung, dass man immer erst beim Unternehmensgewinn und dann beim Personal sparen müsse. Wenn wie bei Wertmeier in den letzten vier Jahren geschehen die Produktivität der Mitarbeiter kontinuierlich abnimmt, so müsse der Gesellschafter eben in einen moderneren Maschinenpark investieren. Das war zwar in den vier Jahren geschehen, jedoch hatten es sich die Mitarbeiter bei der guten Lage des Unternehmens etwas bequem gemacht, sodass die Gesamtproduktivität trotz Neuinvestitionen im Vergleich zum Stand des Eintritts von Herrn Wilke um fast 10 Prozent gesunken war. Dementsprechend waren im Unternehmen nur mehr wenige Rücklagen vorhanden, um den Veränderungen am Markt mit der Entwicklung einer neuen Produktreihe, wie Herr Borstig dies nach seinem Einstieg durchgeführt hatte, zu begegnen. Im zehnten Jahr der Tätigkeit von Herrn Borstig musste das Unternehmen zwei herbe Rückschläge einstecken. Ein seit Jahren angestammter Großkunde verlagerte eine Produktreihe von Wertmeier zu einem anderen Lieferanten, nachdem es bei Wertmeier damit in den letzten drei Jahren zunehmende Qualitätsprobleme gegeben hatte. Dieser mit einem Umsatzverlust von knapp 20 Prozent verbundene Umstand konnte nicht kurzfristig durch andere Aufträge kompensiert werden. Des Weiteren ging ein in den letzten beiden Jahren neu entwickelter Kunde, für den man bei Wertmeier eine neue Maschine beschafft hatte, plötzlich und unerwartet insolvent. Auch dieser Umsatzverlust von weiteren 15 Prozent konnte nicht kurzfristig kompensiert werden. Wegen der nicht ausreichenden Rücklagen hatte man es vor zwei Jahren nicht gewagt, in eine neu entstehende Marktnische einzusteigen. Dadurch sah sich das Management von Wertmeier trotz allen Bemühens aufgrund der Branchenverhältnisse schlagartig der Situation gegenüberstehen, dass man die nächsten zwei Jahre mit einem guten Drittel weniger Umsatz zurechtkommen musste. Dies hätte dem Unternehmen massive Verluste beschert. Die geringen Rücklagen hätten nicht einmal ausgereicht, das erste Jahr zu finanzieren. Wegen der bis dato fehlenden belastbaren Zukunftsperspektiven schien auch die Beschaffung von Überbrückungskrediten alles andere als einfach, sodass plötzlich das Gespenst der Insolvenz im Unternehmen umhergeisterte. Die beiden Gesellschafter, die Söhne des alten Wertmeiers, zuckten schreckartig zusammen, als sie davon erfuhren, war doch so etwas für sie niemals denkbar gewesen. In der daraufhin kurzfristig einberufenen Aufsichtsratssitzung konnte Herr Borstig nur das Schreckensszenario, jedoch keine Lösungsmöglichkeit anbieten. Borstig hatte nie große Krisen gemeistert und auch keinerlei Sanierungserfahrung. Darum entschieden die beiden Gesellschafter kurzerhand, Herrn Borstig freizustellen und die Geschäftsführerstelle durch einen erfahrenen Sanierungsmanager zu besetzen. Nur dadurch hielten sie eine schnelle Rettung des Unternehmens für möglich.

Als einen Monat nach der Aufsichtsratssitzung Herr Fellner seine Stelle als Sanierungs-Geschäftsführer antrat, war die erste Welle des Entsetzens, der Angst und der Paralyse in der Belegschaft bereits etwas abgeklungen. Die Gesellschafter hatten die Mitarbeiter in einer Mitarbeiterversammlung offen und ehrlich über die Lage informiert und bereits einschneidende Schritte angekündigt. Nur so könne das Unternehmen gerettet und vor dem Aus bewahrt werden, das habe den Gesellschaftern ein kurzfristig erstelltes Gutachten einer Unternehmensberatung bestätigt. Herr Fellner hatte bereits drei Unternehmen erfolgreich saniert. Er führte zu Beginn zusammen mit den anderen Managern im Unternehmen eine Analyse durch und legte zügig die umzusetzenden Maßnahmen und den zugehörigen Zeitplan fest. Für die meisten Manager war dieses Vorgehen unbekannt und ungewohnt, denn es wurden harte Maßnahmen nötig. Dazu zählte u. a. die Entlassung von mehr als 50 Mitarbeitern, die Streichung freiwilliger Sonderzahlungen und die Reduzierung vereinbarter Mitarbeiterboni.

Diese Maßnahmen mussten zusammen mit dem Betriebsrat verhandelt und entschieden sowie anschließend auch umgesetzt werden. Dabei spielte Herr Wilke eine sehr große Rolle. Dieser hatte während der Analyse und der anschließenden Maßnahmenerarbeitung zur Sanierung erkannt, dass er mit seinem sehr mitarbeiterorientierten Ansatz der letzten fünf Jahre einen entscheidenden Anteil an der Entstehung der Unternehmensmisere hatte. Er erinnerte sich an viele Fälle, in denen er Herrn Borstig Zugeständnisse für die Arbeitnehmer abgerungen hatte, die Herr Borstig mit Kommentaren kommentiert hatte wie »Das wird sich rächen« oder »Dafür werden wir noch die Quittung bekommen«. Herr Wilke gestand sich schmerzlich ein, dass er damals oft zu einseitig, mit mangelndem Sachverstand und zu wenig Überblick gehandelt und Entscheidungen durchgedrückt hatte. Er erkannte auch, dass der schmerzhafte Ansatz von Herrn Fellner tatsächlich die einzige Chance war, um das Unternehmen vor dem Aus zu bewahren. Das war für ihn persönlich sehr wichtig, denn er wollte mit nun Mitte 50 nicht unbedingt vor der Situation stehen, sich noch einmal eine neue Stelle suchen zu müssen. Darum entschied er sich dafür, Herrn Fellner und das Unternehmen nach all seinen Kräften zu unterstützen, um die Sanierung des Unternehmens gelingen zu lassen. Natürlich, so sagte sich Herr Wilke, dürfen trotz aller Härte der Maßnahmen gewisse Grenzen nicht überschritten werden, wie etwa die Einhaltung bestehender Gesetze oder ein respektvoller Umgang, auch wenn mit harten Bandagen gespielt werden würde. Das war für ihn ein wichtiger Punkt, denn er konnte persönlich nicht sonderlich an Herrn Fellner andocken. Herr Fellner war zwar immer fair, höflich und zielgerichtet. Er konnte jedoch auch manchmal sehr hart, unpersönlich und deutlich, wenn auch nicht verletzend, wirken. Häufig wenn es darum ging, die Verantwortlichen für die Misere zu ermitteln, musste sich Herr Wilke gefallen lassen, dass seine damaligen Fehlentscheidungen thematisiert wurden, wenn auch in sachlicher und fairer Form. Doch trotz all dieser manchmal fast demütigenden Situationen, deren Notwendigkeit er aber selbst zähneknirschend eingestehen musste, unterstützte er Herrn Fellner nach Kräften. Auch in solchen Fällen, wenn Herr Fellner in seiner sehr sachlichen, professionellen Art seinem Geschmack nach vielleicht wieder einmal zu sehr die Verantwortung der einzelnen Personen pointiert und somit die Verfehlungen von Herrn Wilke in der Vergangenheit zum Thema gemacht hatte. In den Verhandlungen mit dem Betriebsrat zeigte sich Herr Wilke ungewöhnlich hart und unnachgiebig. In den Betriebs- und Mitarbeiterversammlungen bezeichnete er die Maßnahmen regelmäßig als notwendig und alternativlos, auch wenn ihm das viel Kritik seitens der Belegschaft einbrachte. Und er verteidigte das konsequente und teilweise sehr harte Vorgehen von Herrn Fellner regelmäßig sowohl in den Betriebsversammlungen als auch in den täglichen Gesprächen. Er bemühte sich auch nach Kräften, Herrn Fellner zu unterstützen und diesem dort unangenehme Diskussionen und Entscheidungen abzunehmen, in denen er aufgrund seiner längeren Betriebszugehörigkeit besser und effektiver als Herr Fellner hatte agieren können. Nach über einem Jahr, als die schlimmsten Maßnahmen umgesetzt waren und die gekündigten Mitarbeiter das Unternehmen verlassen hatten, wurde Herr Wilke während einer regulären Sitzung mit dem Betriebsratsgremium gefragt, weshalb er sich im letzten Jahr so sehr für Herrn Fellner eingesetzt und sich von diesem »vor den Karren habe spannen lassen«. Schließlich sei er selbst dabei ja regelmäßig nicht besonders gut davongekommen, musste zusehen, wie viele seiner früheren Errungenschaften wieder zurückgenommen wurden, und schließlich war ja auch die teils knallharte Art von Herrn Fellner nicht nur ihm, Herrn Wilke, sondern auch vielen Mitarbeitern ein Dorn im Auge. Herr Wilke antwortete darauf sehr besonnen und gelassen: »Nicht Herr Fellner hat die Misere angerichtet, sondern wir selbst. Was Herr Fellner tut, ist für das Unternehmen gut, richtig und alternativlos. Darum muss ich ihn mit allen Kräften unterstützen. Ich muss ihn auch dort in Schutz nehmen, wo ihm Unrecht geschieht. Natürlich ist seine Art nicht einfach. Doch sie ist weder unfair noch ungerecht. Vielleicht menschlich manchmal einfach zu kühl. Aber erstens haben wir alle unsere Eigenarten und zweitens tut Herr Fellner dies wahrscheinlich auch deshalb, damit er die notwendige Härte so lange durchhalten kann, solange sie für die Gesundung des Unternehmens nötig ist. Herr Fellner wird nicht ewig im Unternehmen bleiben und danach sieht es wieder anders aus. Bis dahin sind wir ihm aber im Sinne des Unternehmens und der verbliebenen Mitarbeiter unsere Unterstützung schuldig. Darum müssen wir ihm auch gute Follower sein, weil es sein muss und weil er es verdient hat. Denn er tut das, was er tut, nicht zum reinen Eigennutz. Sondern er setzt seine ganze Kraft für das Unternehmen ein. Und das ist für ihn selbst oft auch nicht sehr angenehm.«

Was im vorherigen Fallbeispiel nicht explizit erwähnt oder deutlich herausgestellt wurde ist die Tatsache, dass Herr Wilke in seiner Rolle als Follower von Herrn Fellner keineswegs als reiner »Ja-Sager« oder »Abnicker« auftrat. Als Ja-Sager, im Original »Yes-People«, hat Kelley in seiner Einteilung der Follower-Typen alternativ jene Gruppe bezeichnet, die er Jahre später in seinem Buch wie in Kapitel 2 aufgeführt als »Konformisten« bezeichnet hatte.[333] In diesem Artikel bezeichnete er die als passiv bezeichneten Fälle alternativ auch als »Schafe«, da sie nur passiv und abhängig vom Leader seien und keinerlei kritisches Denken an den Tag legten. So agierte aber Herr Wilke nicht. Er challengte Ansatz und Verhalten von Herrn Fellner regelmäßig und empfahl ihm beispielsweise auch immer wieder, beim bevorstehenden Gespräch mit dem Betriebsrat aus taktischen Gründen vielleicht weniger hart zu verhandeln. Das nahm Herr Fellner auch immer wieder, wenn auch nicht immer, dankend an. Daher war die gelungene Sanierung nicht nur ein Verdienst von Herr Fellner geworden, sondern auch die beteiligten Manager, darunter auch Herr Wilke, hatten ihren Anteil daran. Dieses Challengen verlangte von Herrn Wilke anfänglich Mut, wusste er doch um seinen eigenen Anteil an der

---

333 Kelley, Robert (1988): In Praise of Followers. Harvard Business Review, November 1988.

Misere, und er wusste gleichzeitig nicht, wie der ihm noch unbekannte Herr Fellner reagieren würde. Die Situation erforderte von Herrn Wilke eine große Portion Mut zu dienen, sowohl dem Unternehmen als auch dem etwas harten Herrn Fellner. Dienen wird zwar von einem »Serving Leader« als Selbstverständlichkeit erwartet. Für Follower hat der Begriff des Dienens aber nach wie vor einen gewissen Touch von Unterwürfigkeit und Unterlegenheit. Damit er seine eigenen Fehler etwas geraderücken und an der Beseitigung der Unternehmensschieflage glaubhaft mitwirken konnte, musste sich Herr Wilke von seiner starken Position als akzeptierter HR-Leader teils verabschieden und sich stärker in die Rolle des dienenden Followers begeben. Das erforderte zweifelsohne Mut, denn erstens musste er die entsprechende Situation für sich emotional meistern, und zweitens musste er damit rechnen, dass sein Ansehen, das er sich über Jahre im Unternehmen erworben hatte, durch diese stärker betonte Rolle auch nicht unerheblich hätte leiden können. Sich hier nach guter Abwägung für das Dienen zu entscheiden, nötigt ihm eine gehörige Portion Mut ab. Der von Herrn Wilke gezeigte Mut, Herrn Fellner trotz seiner eigenen großen Fehler immer wieder zu challengen, ist für gute Follower aber auch in anderen Situationen der täglichen Arbeit nötig, die nicht in solch drastischen Lagen wie der des Unternehmens im vorherigen Fallbeispiel, sondern im täglichen Geschäft entstehen. Durch das Challengen sollen Vorschläge oder Entscheidungen von Leadern noch einmal auf den Prüfstand gestellt und reflektiert werden, ob sie angemessen und geeignet sind oder ob sie eventuell nicht noch durch die Mitwirkung der Follower verbessert werden können. Nicht alle Leader sind aber für diesen Ansatz gleich aufgeschlossen und auch bei denen, die es sind, kann es diesbezüglich zeitliche und inhaltsbedingte Schwankungen geben. Damit aber dadurch dennoch keine suboptimalen oder gar falschen Entscheidungen umgesetzt werden, kann es manchmal auch sinnvoll sein, dass Follower am Leader vorbei mit höheren Hierarchieebenen sprechen. Damit Top-Leader richtige Entscheidungen für das Wohl des Unternehmens treffen können, müssen sie eben auch die notwendigen Informationen haben. Um dies auch sicherzustellen, benötigen laut Chaleff Follower deshalb auch manchmal den Mut, an ihrem direkten Leader vorbei mit Leadern höherer Ebenen zu sprechen.[334] Dabei sollte jedoch kein intrigantes oder dem direkten Leader gegenüber illoyales Verhalten an den Tag gelegt werden. Ein solches Unterfangen kann beim betreffenden Leader sehr schnell dahingehend aufgefasst oder derart interpretiert werden. Umso schwieriger wird es häufig für Follower, diesen Weg auf geeignete Weise zu beschreiten, wenn sie von dessen Notwendigkeit überzeugt sind, und umso mehr Mut ist hierfür oft notwendig. Manchmal reicht es auch schon, im Diskurs mit dem Leader das Hinzuziehen höherer Hierarchieebenen zu erwägen. Das sollte dabei jedoch nicht als Drohung verpackt werden. Ein kleines Beispiel ist hier der Fall eines Werksleiters, dessen zuständiger Bereichs-CFO die freiwilligen Boni der Werks-Manager nicht auszahlen wollte, obwohl diese im abgelaufenen Geschäftsjahr hervorragende

---

334 Chaleff, Ira (2009): The Courageous Follower. Standing up to & for our leaders. Berrett Koehler Publishers, Oakland (CA), S. 8.

Ergebnisse erzielt hatten. Der CFO wollte vermeiden, dass die Manager der anderen Werke, die in diesem Jahr Pech gehabt hatten, völlig leer ausgehen sollten, wohingegen besagte Werks-Manager mit vollen Taschen nach Hause gegangen wären. Als der Werksleiter dies beim CFO monierte, wiegelte dieser die Forderungen nach voller Bonuszahlung mit vorheriger Begründung zurück. Erst als der Werksleiter in der Diskussion die Option ins Spiel brachte, die Meinung des Vorstandes zu diesem Sachverhalt einzuholen, lenkte der CFO ein und beide konnten einen akzeptablen Kompromiss erringen. Entscheidend für die Lösung dieser nicht ganz einfachen Situation war, dass das Insistieren des Werksleiters und das Erwägen des Einholens der Vorstandsmeinung vom CFO nicht so hatte interpretiert werden können, als würde ihm der Werksleiter drohen oder als würde er ihn nicht ernst nehmen. Hier war es sehr wichtig, dass der Werksleiter dem CFO spüren ließ, dass er sich trotz des Konflikts ihm gegenüber loyal verhalten würde.

Loyalität

Das Thema »Loyalität zum Leader« spielt nicht nur im Zusammenhang des Fallbeispiels und der gezeigten Dynamik des Kontaktierens höherer Ebenen eine Rolle, sondern ist generell für die Kooperation zwischen Leader und Follower von hoher Bedeutung. Zudem ist Loyalität im agilen Zeitalter noch einmal anders auszugestalten als in den Jahrzehnten zuvor. Die Beschreibung, wodurch sich gute Loyalität eines Mitarbeiters gegenüber seiner Führungskraft auszeichnet, ist mit herkömmlichem Verständnis bereits mehr als schwierig. Sie wird in subjektiver Betrachtung in völlig unterschiedlicher Ausprägung als jeweils hinreichend erachtet, und reicht in einer großen Bandbreite von der gehorsamen Befolgung und Umsetzung legitimer Anweisungen der Führungskraft über strikten Konformismus bis hin zu einem für die Organisation und die beteiligten Personen schädlichen »Kadavergehorsam«.[335] Nicht erst mit der beginnenden großflächigen Einführung von Agilität und Selbstorganisation hat sich in der Beziehung zwischen Leader und Follower einiges getan. Schon mit der einsetzenden Digitalisierung Anfang der 2000er Jahre und der dadurch fortschreitenden globalen Vernetzung hat sich nicht nur die Machtbalance zugunsten der Follower verschoben.[336] Für Leader hat sich in den Folgejahren eine neue Realität eingestellt und damit haben sich deren Rollen nachhaltig verändert, vom Stabilisierer zum Change Manager, von der Rolle des Kontrollierenden zu jener des Ermöglichers oder vom verehrten Helden zum bescheidenen Anführer.[337] In der digitalen Welt ist oftmals ein klares Entweder-oder nicht mehr ausreichend. Die Welt des Managers und Leaders ist eben ambi-

---

335 Schöffner, Günther; Hagehülsmann, Ute; Schöffner, Kerstin (2023): Zukunftsfähige Machtsysteme in Unternehmen. Die Verantwortung richtig auf die Beine stellen. Kohlhammer Verlag, Stuttgart, S. 165.
336 Chaleff, Ira (2009): The Courageous Follower. Standing up to & for our leaders. Berrett Koehler Publishers, Oakland (CA), S. xiv.
337 Daft, Richard L. (2015): The Leadership Experience. Cengage Learning, Stamford, S. 7 f.

guous, also mehrdeutig geworden. Der Ende der 2010er Jahre bekannt gewordene Begriff VUCA, ein Akronym für volatile, uncertain, complex und ambiguous, machte dies vielen schlagartig deutlich. Dementsprechend mussten sich die Rollen von Managern und Leadern verändern, wenn sie den Geschäftserfolg sichern wollten. So mussten sich viele erst daran gewöhnen, dass es nicht nur Unternehmens- und Managerwerte gibt, die alle ungefähr in dieselbe Richtung deuten, sondern dass man in einer Welt teils konkurrierender Werte leben und arbeiten muss. So benötigen Unternehmen und Organisationen oftmals zur gleichen Zeit sowohl Stabilität als auch Veränderung.[338] Bei solchen Rollenveränderungen seitens der Leader kann es nicht ausbleiben, dass sich Zusammenarbeit mit und Beziehungen zu den Followern zwangsläufig mit verändern müssen. Tun sie das nicht, kann sich kein optimaler Erfolg von Führung und Zusammenarbeit einstellen. Spätestens mit dem erwähnten Beginn der Digitalisierung in den 2000er Jahren, jedoch häufig bereits zuvor schon im Rahmen der Globalisierung während der 1990er Jahre, sind die Zeiten vorbei, zu denen Leader und Follower über viele Jahre, manchmal Jahrzehnte in der gleichen oder einer ähnlichen Konstellation miteinander kooperiert haben. In diesen Fällen hat sich oft eine ganz besondere Loyalität zwischen einzelnen Individuen ausgeprägt. Mit der digitalen Arbeitswelt häuften sich die Wechsel dieser Konstellationen und neue Formen, beispielsweise virtuelle Teams in den 2000er Jahren, kamen hinzu. In Zeiten, in denen Homeoffice und Web-Meetings Gang und Gäbe sind, hat sich auch die Qualität der Beziehungen der Menschen untereinander, auch die zwischen Leader und Follower, verändert. Diese sich stetig in Konstellation und Qualität verändernden Beziehungen stellen hinsichtlich der Ausbildung einer persönlichen Loyalität zwischen Leader und Follower daher zunehmend ein Problem dar.[339] Denn die persönlichen Beziehungen sind in der digitalen und agilen Welt wesentlich häufiger einem Wandel unterzogen als früher. Führungsbeziehungen sind mitunter nur mehr sehr kurzlebig im Zeitraum von Tagen, wohingegen sie früher wie erwähnt nicht selten viele Jahre bestanden haben. Zudem können sie sich auch rasch und wiederkehrend umkehren, sodass der Mitarbeiter von heute die Führungskraft bzw. der Leader von morgen sein kann. Auch das gegenseitige Vertrauen der Menschen untereinander hat sich dadurch in der Qualität häufig verändert, ohne dass dies nachteilig gewesen sein muss. Konnten sich früher Leader und Follower aufgrund der langjährigen Zusammenarbeit oft blind vertrauen, ist dies schon allein wegen der beschriebenen Schnelllebigkeit heute nur noch selten in dieser Form möglich. Zudem haben sich auch Verständnis und Sichtweise von Vertrauen zwischen Follower und Leader bei den Menschen verändert. Blindes, bedingungsloses Vertrauen genießt in der agilen Arbeitswelt vielfach nicht mehr den Stellenwert wie in den Jahrzehnten zuvor. Gegenseitiges Vertrauen muss nicht ausschließlich absolut sein, sondern muss

---

338 Quinn, Robert E.; Bright, David S.; Sturm, Rachel E. (2021): Becoming A Master Manager. A Competing Values Approach. John Wiley & Sons, Hoboken (NJ), 7. Aufl., S. 11.
339 Chaleff, Ira (2009): The Courageous Follower. Standing up to & for our leaders. Berrett Koehler Publishers, Oakland (CA), S. 17.

auch an manchen Stellen gewissen Erschütterungen standhalten, es muss gleichzeitig konstruktiv bleiben und darf nicht blind machen, weshalb Vertrauen aber auch erst recht nicht bedingungslos sein darf.[340] Hier bekommt dann schnell der im vorherigen Abschnitt angeführte Begriff des Kadavergehorsams plakativ Bedeutung. Umso klarer und verständlicher wird dann aber die Aussage von Chaleff, der der Loyalität im Zuge mutiger Followership in der digitalen Arbeitswelt eine neue Bedeutung zuschreibt. Wenn man Leadership und Followership als Formen des Verwaltens der Belange des Unternehmens betrachtet, dann richtet sich die Loyalität auf den Zweck und die Ziele der Organisation und ihrer Stakeholder.[341] Der Follower zeigt seine Loyalität zur Organisation gegenüber deren Personen, sprich den anderen Followern und den Leadern. Dabei kann sich auch eine persönliche Loyalität einstellen, muss sich jedoch nicht zwangsläufig. Denn wie wir in den vorherigen Fallbeispielen gesehen haben, kann ein Follower einem Leader gegenüber auch dann loyal sein, wenn er ihn als Person nicht sonderlich schätzt. Die Loyalität gilt der Rolle des Leaders und der Person, die diese Rolle gerade ausführt. Sie muss dabei aber nicht automatisch auch gegenüber der Persönlichkeit des die Rolle ausfüllenden Leaders sein. Gerade in der agilen Welt mit ständig wechselnden Leader-Follower-Beziehungen gilt die Loyalität des Followers eben allgemein der Rolle des Leaders und speziell der Person der jeweiligen Situation. Dadurch wird ein Mindestmaß an organisationsorientierter Loyalität auch dann möglich, wenn man den Leader als Persönlichkeit nicht oder nicht besonders mag.

In der agilen und digitalen Arbeitswelt sind nicht nur die Leader-Follower-Beziehungen einem steten Wandel unterworfen. Insgesamt ist in der digitalen Arbeitswelt das Thema Veränderung Teil des Tagesgeschäftes geworden. Das lange Zeit typische Vorgehen im Rahmen des Change Managements, die Verhältnisse im Unternehmen zu verändern und dann wieder eine gewisse Stabilität herbeizuführen, ist im digitalen Zeitalter mehr und mehr der kontinuierlichen Transformation gewichen, infolge derer ständig am Unternehmen, den Prozessen, Strukturen und Abläufen gearbeitet wird.[342] Daher ist Chaleffs Forderung nach Mut des Followers, Veränderungen aktiv zu unterstützen, aktueller denn je. Dass dies vielen Followern nicht selten Mut abverlangt, wollen wir im nächsten Fallbeispiel betrachten.

Fallbeispiel 14: Mut, Veränderungen zu unterstützen

Nach mehr als 60 Jahren war ein familiengeführtes Unternehmen der Automobilzulieferindustrie in der Branche fest etabliert. Das Traditionsunternehmen

---

340 Sprenger, Reinhard K. (2007): Vertrauen führt. Worauf es im Unternehmen wirklich ankommt. Campus Verlag, Frankfurt/New York, 3. Aufl., S. 70–77.
341 Chaleff, Ira (2009): The Courageous Follower. Standing up to & for our leaders. Berrett Koehler Publishers, Oakland (CA), S. 17.
342 Schöffner, Günther; Finkel, Michael (2021): Unternehmenskultur – Die Strippenzieherin bei der Organisationsgestaltung. Zeitschrift für Führung und Organisation ZFO, Schäffer-Poeschel-Verlag, Stuttgart, Januar 2021, S. 15.

»Johann Schäufele GmbH« lieferte sowohl an andere Zulieferer als auch direkt an einige Automobilhersteller. Dementsprechend hoch waren die Ansprüche an die Qualität von Prozessen und Produkten. Die drei Produktsparten »Werkzeugbau«, »Serienteile« und »Komponentenfertigung« waren in den vielen Jahrzehnten meist kundenorientiert an die jeweiligen Marktveränderungen angepasst worden. Die Sparte Werkzeugbau hatte bei diesem Innovations- und Erneuerungsprozess in den letzten fünf Jahren jedoch spürbar an Fahrt verloren. Vor sechs Jahren war der langjährige Bereichsleiter Werkzeugbau in den Ruhestand getreten. Seine Nachfolge trat Herr Leitmeier an, ein Mittvierziger, der im Unternehmen bereits seine Berufsausbildung gemacht und dann jahrzehntelang im Werkzeugbau in mehreren Positionen gearbeitet hatte. Für Herrn Leitmeier war es längst überfällig, dass ihm die Leitung übertragen wurde, müsse doch, so seine damalige Meinung, wieder mehr Stabilität in den Werkzeugbau. Sein Vorgänger hatte viele neue Verfahren zur Konstruktion und zur Herstellung der Werkzeuge eingeführt und war schon frühzeitig auf digitale Prozesse und Systeme umgestiegen. Das hatte nach Ansicht von Herrn Leitmeier nicht nur Vorteile, denn »in gewissen Fällen ist die althergebrachte Verfahrensweise den neuen immer noch überlegen«, so seine Meinung. Das war zwar korrekt, jedoch lag der prozentuale Anteil dieser Fälle weit unter zehn Prozent. Hätte sein Vorgänger nicht rechtzeitig auf digitale Verfahren umgestellt, hätte das für den Werkzeugbau von Schäufele mittlerweile das Aus bedeutet. Das sah Herr Leitmeier als Verfechter traditioneller Verfahren erwartungsgemäß etwas anders. »Die Zahlen kann man so und so sehen«, war regelmäßig seine Antwort auf den Hinweis, dass die digitalen Verfahren die konventionellen bald völlig ablösen würden. Dementsprechend fokussierte sich der Werkzeugbau in den Jahren seiner Leitung nicht mehr so stark auf Innovation und Weiterentwicklung der Digitalisierung. Stattdessen feilte man an den traditionellen Verfahren und perfektionierte diese. In der Branche war der Werkzeugbau von Schäufele daher als absoluter Marktführer für diese alten Verfahren anerkannt. Herr Leitmeier war stolz darauf, dass er dies nach drei Jahren unter seiner Leitung erreicht hatte. Das war im Wesentlichen seinem Sachverstand, aber auch seiner stringenten Führungsweise geschuldet. Er traf die meisten Entscheidungen allein, hielt seine Mitarbeiter und die Projektleiter an der »kurzen Leine« und war ein großer Freund von Hierarchien. Er hatte nach der Übernahme von seinem Vorgänger die Prozesse dementsprechend gestrafft und einige Stellen umbesetzt. Denn, so seine feste Überzeugung, die Mitarbeiter müssten es sich schon verdienen, gewisse Stellen zu erreichen, und das erfordere nun mal viel Sachverstand und Erfahrung. Dementsprechend schwer hatten es jüngere Mitarbeiter, sich und ihre Ideen einzubringen.

Doch trotz der Marktführerschaft in der kleinen Nische der traditionellen Werkzeuge ging der Auftragseingang für den Werkzeugbau kontinuierlich zurück. Nach fünf Jahren war der Umsatz um mehr als 20 Prozent geschrumpft. Herr Leitmeier machte regelmäßig die Vertriebskollegen dafür verantwortlich, die es »schlichtweg nicht schaffen, den Kunden die Qualität und Überlegenheit der traditionellen gegenüber den digitalen Verfahren zu erklären und den höheren Preis mit dem höheren Kundennutzen zu rechtfertigen«. Herr Leitmeier hatte sich gegen die Entwicklungen am Markt gestemmt und versucht, mit seiner Haltung und Vorgehensweise die Veränderungen auf Kundenseite aufzuhalten. Durch die ausgebliebene Weiterentwicklung der von seinem Vorgänger eingeführten digitalen Verfahren verlor der Werkzeugbau von Schäufele sukzessive Akzeptanz und Anteile im Markt. Dazu beigetragen hatten auch die immer häufiger auftretenden Qualitätsprobleme. Nach fünf Jahren rutschte der Werkzeugbau zum ersten Mal in der Firmengeschichte in die roten Zahlen. Zwar war die Mitarbeiterzahl durch regelmäßige Verrentungen mit den sinkenden Umsatzzahlen zurückgegangen. Doch die erwähnten Qualitätsprobleme hatten mit der stagnierenden Produktivität die Kosten erhöht und wegen den ausgebliebenen Innovationen im digitalen Bereich hatte man nur noch weniger hochpreisige Aufträge an Land ziehen können. Herrn Leitmeiers Strategie, die traditionellen Verfahren wieder zu stärken und mit dieser Nische richtig Geld zu verdienen, war gescheitert.

Ein »vorhersehbares Scheitern mit Ansage« war der Kommentar des Unternehmensberaters Karl Kellner, den der Geschäftsführer Janick Schäufele nach dem Erreichen der Verlustzone im Werkzeugbau engagiert hatte. Ein relativ kleines Unternehmen wie Schäufele kann Innovation und Entwicklungen am Automotive-Markt nicht verhindern oder aufhalten, so Kellner, und die Nische der traditionellen Verfahren ist viel zu klein, als dass Schäufele damit den Werkzeugbau füllen, geschweige denn damit wachsen könne. Dementsprechend müssten schleunigst die digitalen Prozesse und Verfahren erneuert und auf den aktuellen Stand gebracht werden, so Kellners Empfehlungen. Des Weiteren, so der Berater, müssten die Strukturen im Werkzeugbau modernisiert werden, weg von der zeitraubenden Hierarchie hin zu mehr selbstorganisierten Verfahren und partizipativer Führung. Zur Innovation müsse auch eine personelle Verjüngungskur hinzukommen, denn fast kein Mitarbeiter im Werkzeugbau war unter 30 und der Altersdurchschnitt lag bei 49 Jahren. Diese von Herrn Kellner vorgeschlagene Verjüngungskur des Werkzeugbaus hinsichtlich Verfahren, Organisation und Personen war Herrn Leitmeier ein Dorn im Auge. »Nur über meine Leiche!«, war sein diesbezüglicher Kommentar. Zwar wollte Janick Schäufele Herrn Leitmeier mit seiner Expertise und seiner Erfahrung nicht verlieren. Die Ausführungen von Herrn Kellner und die Geschäftszahlen haben ihm jedoch deutlich gemacht, dass es entweder der schnellen Umsetzung der vorgeschlagenen Maßnahmen des Beraters durch Herrn Leitmeier bedürfe oder dieser bei dessen Verweigerungshaltung in seiner Leitungsfunktion abgelöst werden müsse. Wie man ihn dann im Unternehmen halten und beschäftigen könne, müsse dann eben beraten werden. Mit einem »Weiter so!« konnte man nach Überzeugung von Herrn Schäufele die Krise aber auf keinen Fall lösen. Damit konfrontiert, reagierte Herr Leitmeier geschockt und entsetzt. »Die werden schon sehen, wie weit sie ohne mich und mit ihren modernen Verfahren kommen!« – solche und ähnliche Gedanken gingen Herrn Leitmeier am Wochenende nach dem Freitagnachmittag, als ihm die Inhalte in einem Gespräch mitgeteilt worden waren, durch den Kopf. Nachdem sich nach zwei Tagen seine Wut und seine Verärgerung etwas gelegt hatten, ging er gedanklich die Zukunftsoptionen durch. »Mit Anfang, fast Mitte fünfzig noch einmal in ein anderes Unternehmen wechseln? Ich habe doch noch nie in einem anderen Unternehmen gearbeitet. Nimmt mich überhaupt noch jemand und wenn ja, in welcher Position? Kann ich dort erfolgreich sein, und wie wird dort mit dem Thema Innovation umgegangen?« Nach einer schlaflosen Nacht ging Herr Leitmeier am Montag im verabredeten Gespräch auf Herrn Schäufele zu und signalisierte seine Kooperation für die anstehenden Veränderungen.

»Vielleicht kann man mich dabei unterstützen, diese vielen neuen Dinge zu bewältigen«, war die kleinlaute Bitte Herrn Leitmeiers am Ende seiner Ausführungen. Herr Leitmeier hatte den Mut aufgebracht, seine stetige Position der Stärke zu verlassen und den Bedarf an Weiterbildung und Unterstützung einzuräumen. Er brachte auch den Mut auf, sich auf neue Inhalte und Arbeitsverfahren einzulassen. Sein Mut wurde gewürdigt und belohnt. Mit der Unterstützung durch Herrn Kellner wurden die notwendigen inhaltlichen und organisationalen Veränderungen im Werkzeugbau konzeptioniert und umgesetzt. Herr Leitmeier erhielt Trainings und Weiterbildungen zu den Themen Innovation, digitale Verfahren sowie moderne Formen von Führung und Zusammenarbeit. Man brachte ihm das Konzept von Leadership und Followership bei, letzteres sowohl »von oben nach unten« als auch »von unten nach oben«. Herr Leitmeier erkannte und verstand mehr und mehr, dass es seine Position als Leiter Werkzeugbau nicht schwächte, sondern stärkte, wenn er die modernen Formen der Zusammenarbeit praktizierte und unterstützte, dass er mit dem Loslassen als Führungskraft und Leader mehr gewann als er verlor. Er erkannte auch, dass sich das Rad der technischen und technologischen Entwicklungen nicht zurückdrehen lässt und eine falsche Vorstellung von Nostalgie und Tradition ein Unternehmen schnell gefährden kann. Nach einem guten Jahr hatte der Werkzeugbau bemerkenswerte Fortschritte gemacht. Die Organisation war verändert, die digitalen Verfahren waren verstärkt und in neue Technologien war investiert worden. Das Miteinander in der Werkzeugbau-Belegschaft hatte sich fast radikal erneuert. Das fiel den meisten der langjährigen Mitarbeiter nicht leicht. Doch die Einstellung mehrerer junger Hochschulabsolventen und die Übernahme einiger Azubis brachten den nötigen frischen Wind. Das Nachwuchsproblem stellte sich dann als das gravierendste heraus, denn »Maschinen lassen sich beschaffen, wenn auch mit Lieferzeit, doch qualifizierte Mitarbeiter findet man nicht so leicht«, so Herr Leitmeier. Er hatte erkannt, dass er für die Entwicklung des Unternehmens und seiner eigenen die anstehenden Veränderungen des Unternehmens sowie dessen kontinuierliche Weiterentwicklung unterstützen musste. Er dankte nach der schweren Übergangszeit Janick Schäufele explizit, dass dieser ihn damals mehr oder weniger dazu gezwungen hatte, den Mut für die Unterstützung der Unternehmenstransformation aufzubringen. Sonst wäre er, so Herr Leitmeier, wahrscheinlich nicht, zumindest aber nicht so gut in seine neue Follower- und Leader-Rolle hineingewachsen, die er jetzt ausfüllt.

Der Mut, notwendige Transformationen der Organisation zu unterstützen, zeigt sich laut Chaleff eben dadurch, dass Follower trotz aller Schwierigkeiten, die die Transformation mit sich bringt, zum Leader und zur Organisation stehen und die Herausforderungen der Transformation annehmen.[343] Follower müssen sich dazu auch selbst reflektieren und den eigenen Veränderungsbedarf erkennen und anerkennen, so wie es Herr Leitmeier im Fallbeispiel zuließ, wenn auch anfangs nur gezwungenermaßen. Durch entsprechende Veränderungen am eigenen Handeln, an der Organisation und in der Zusammenarbeit unterstützen sie den Wandlungsprozess nach Kräften.[344] Auch wenn es vielen Führungskräften noch immer schwerfällt, Mitarbeitende in Entscheidungen einzubinden und Selbstorganisation zuzulassen,[345] so ist dies dennoch eine notwendige Transformation, die das agile Zeitalter fordert. Nur wenn sich die Menschen auf diese Notwendigkeit einlassen, können sie wirkungsvolle Follower und gegebenenfalls auch Leader werden oder bleiben. Die Etablierung und Förderung guter Followership muss und sollte jedoch nicht immer oder nur mit Zwang erfolgen, so wie dies im Fallbeispiel bei Herrn Leitmeier geschehen ist. Das kann wie bei Herrn Leitmeier erfolgreich sein, dafür gibt es aber keine Garantie. Bescheidene und zurückhaltende Führungsansätze wie beispielsweise der in Kapitel 2 erwähnte »Level 5 Leader« können eventuell effektiver sein.[346]

---

343 Chaleff, Ira (2009): The Courageous Follower. Standing up to & for our leaders. Berrett Koehler Publishers, Oakland (CA), S. 7.
344 Ebd.
345 Hays (2021): HR-Report 2021. Schwerpunkt New Work. Hays AG, S. 19. https://www.hays.de/documents/10192/118775/hays-hr-report-2021-new-work-de.pdf (Abgerufen am 19. März 2024).
346 Collinson, David L. (2006): Rethinking Followership: A Post-Structuralist Analysis of Follower Identities. The Leadership Quarterly, April 2006.

4 Einflussfaktoren auf die gelebte Followership

4.1 Handlungsdeterminanten und Organisationsfaktoren als Ausgangspunkte

Damit Menschen in Unternehmen wirksam werden und dadurch Wertschöpfung erbringen können, müssen gewisse Voraussetzungen erfüllt sein. Das gilt sowohl für die einzelnen Personen als auch für die Organisation, sprich das Unternehmen selbst. Für Letzteres sind es zunächst sehr profan anmutende Dinge wie ein Arbeitsplatz (Werkstatt, Büro oder Homeoffice), Arbeitseinrichtungen (Werkzeuge, Laptop, Telefon etc.) oder Arbeitsmaterial (Papier, Werkstoffe, Software). Auch bei den Personen müssen gewisse rudimentäre Voraussetzungen erfüllt sein, wie die Fähigkeit, den beabsichtigten Dienst im Unternehmen prinzipiell erfüllen zu können oder ausreichend gesund und je nach Arbeitsplatz eventuell auch hinreichend körperlich konstituiert zu sein. Diese und mehrere Faktoren haben Einfluss auf die erzielten individuellen und kollektiven Arbeitsergebnisse und somit auf die Leistung des Unternehmens. Arbeitsteilige Arbeitsweise vorausgesetzt, muss man davon ausgehen, dass sich bei der Erfüllung gewisser Grundvoraussetzungen auch ein irgendwie geartetes System von Leadership und Followership einstellen wird, auch wenn dies keine aktive Ausgestaltung finden sollte. Dennoch wird es immer existieren. Ähnlich wie man die Voraussetzungen für die Erbringung von Arbeit gut oder schlecht ausgestalten kann, und sei es nur die richtige Verfügbarkeit der zuvor genannten einfachen Dinge, so kann man auch die Voraussetzungen für die Existenz eines guten oder eines schlechten Systems von Leadership und Followership beeinflussen. Wie ganz am Anfang des Buches erwähnt, gibt es mehr als genügend Ansätze und Vorgehensweisen dafür, wie die Voraussetzungen aussehen sollten, damit sich in einem Unternehmen gute Leadership etabliert. Wir wollen uns dem Auftrag des Buches gemäß daher nun damit beschäftigen, welche Voraussetzungen oder Bedingungen dafür geeignet sind, dass sich in einem Unternehmen gute Followership einstellen kann. Dazu präzisieren wir zunächst die eingangs erwähnten Voraussetzungen auf institutioneller (unternehmensbezogener) und personeller (mitarbeiterbezogener) Seite und systematisieren diese auf sehr einfache, grundlegende Weise. Dann wählen wir daraus auf Basis von Wissen und langjähriger Erfahrung die uns am wichtigsten erscheinenden Faktoren aus und betrachten diese näher. So wollen wir sehen, was Unternehmen tun können, damit sich gute Followership einstellen kann, oder was hinderlich oder gar kontraproduktiv dafür ist.

4 Einflussfaktoren auf die gelebte Followership

Für die zuvor genannten Zwecke der Systematisierung notwendiger Faktoren und Einflussgrößen gibt es viele Modelle. Wir wählen hier zwei grundlegende Ansätze, die bereits lange bekannt und etabliert sind. Sie zeichnen sich durch ihre Einfachheit und eine nahezu generelle Einsatzfähigkeit aus. Ihr Detaillierungsgrad ist für unsere Zwecke absolut hinreichend, weshalb es keiner komplizierteren oder detaillierteren Modelle bedarf. Wir werden beide Modelle nur geringfügig für unsere Zwecke anpassen bzw. umformulieren, damit die Inhalte besser zugeordnet werden können. Für beide Modelle gibt es inzwischen viele weitere Modelle, die auf den beiden ursprünglichen Ansätzen beruhen und an den jeweiligen Zweck angepasst wurden. Die zuvor genannte Vorgehensweise ist daher nichts Ungewöhnliches und hilft uns stattdessen sehr dabei, die relevanten Faktoren einfach darzustellen und nachvollziehbar aufzubereiten.

Der mittlerweile verstorbene Organisationspsychologe Lutz von Rosenstiel hat ein Modell publiziert, welches die Einflussfaktoren auf das Handeln oder Nicht-Handeln von Menschen in Organisationen beschreibt, die sog. »Handlungsdeterminanten«. Die Grundlagen dieses Konzeptes haben sich auch in agilen Zeiten nicht oder nur unwesentlich verändert, sodass wir diese Handlungsdeterminanten als guten Ausgangspunkt für unsere Betrachtungen verwenden können.

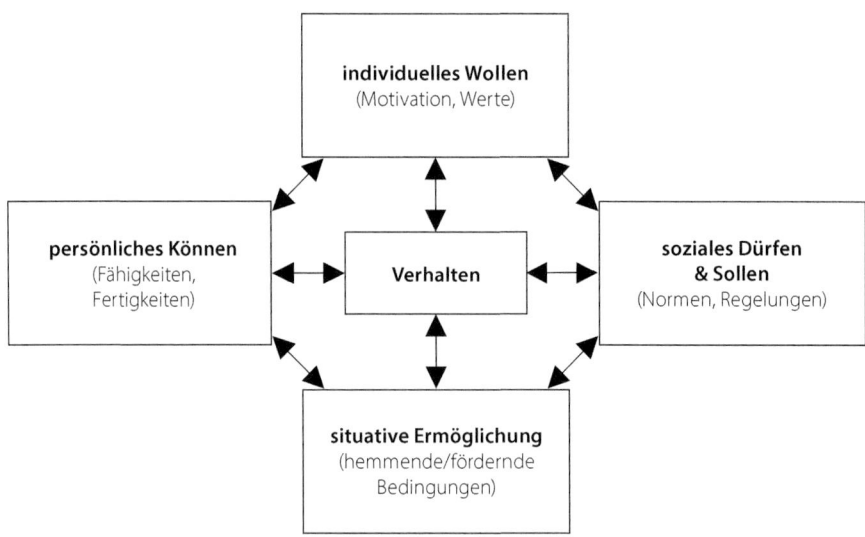

Dar. 18: Handlungsdeterminanten nach von Rosenstiel[347]

Rosenstiels Modell lässt sich dahingehend interpretieren, dass das Verhalten eines Mitarbeiters in einem Unternehmen von dessen persönlichen Fähig- und Fertig-

---

347 von Rosenstiel, Lutz (1998). Wertewandel und Kooperation. In: Spieß, Erika (Hrsg.): Formen der Kooperation. Bedingungen und Perspektiven, Verlag für Angewandte Psychologie, Göttingen, S. 279-294.

keiten (seinem »Können«) und dessen persönlicher Motivation sowie dessen Werte (ausgedrückt als sein »Wollen«) beeinflusst wird. Weitere Einflussgrößen auf das Verhalten sind die jeweiligen Bedingungen, die ein Handeln des Mitarbeiters fördern oder unterbinden, sowie der soziale Kontext im Unternehmen, die ihm das jeweilige Handeln erlauben oder verbieten. Eine der erwähnten Abwandlungen dieses Modells hat sich vor allem im Kontext von Unternehmen weit etabliert, weil es das Modell vereinfacht und für die Belange in Unternehmen anpasst.

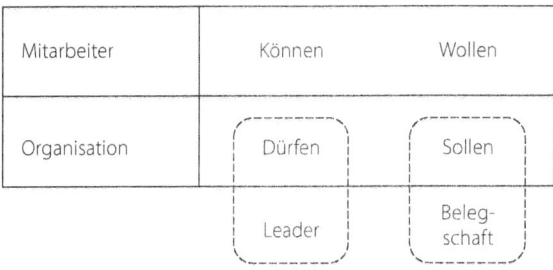

Dar. 19: Vereinfachte Handlungsdeterminanten

Demnach liegt es zum einen am Mitarbeiter, ob er in einer bestimmten Situation entsprechend handeln kann, weil er über die notwendigen Kenntnisse und Fertigkeiten verfügt, und ob er überhaupt handeln will. Die dieses Können und Wollen des Mitarbeiters hinsichtlich guter Followership beeinflussenden Faktoren werden wir im übernächsten Kapitel näher betrachten.

Zum anderen wird das Handeln eines Mitarbeiters auch wesentlich von der Organisation beeinflusst. Das geschieht sowohl durch den Leader, der den Mitarbeiter in der jeweiligen Situation handeln lässt oder nicht bzw. dies von ihm erwartet oder nicht. Dies ist im prägnanten Begriff des »Dürfens« zusammengefasst. Das geschieht aber auch durch die anderen Personen im Unternehmen, die auf den Mitarbeiter direkt oder indirekt Einfluss nehmen und ihn dazu bewegen, in dieser Situation wie vom Leader erwartet oder davon abweichend zu handeln, weil dies eventuell den Vorstellungen einer Gruppe oder gar der Unternehmenskultur zuwiderlaufen würde. Diese Inhalte sind im Begriff des Sollens zusammengefasst. Diese einfache Version des Rosenstielschen Modells hat in vielen Büchern und Managementtrainings seinen Platz als prägnantes »Können, Wollen, Dürfen, Sollen« gefunden. Deshalb benutzen wir diese vier Faktoren auch als Grundlagen unserer Systematisierung, wissentlich, dass dies eine sehr starke Vereinfachung der realen Zusammenhänge ist. Für die Erklärung der einer Followership förderlichen oder hinderlichen Faktoren ist dies jedoch ausreichend. Eine komplexere Darstellung würde hingegen auch eine etwas umfangreichere Darstellung der Faktoren erfordern, die jedoch für das grundlegende Verständnis davon, wie sich gute Followership etablieren oder was dem entgegenwirken kann, nicht wesentlich besser vermitteln würde. Daher bleiben wir bei der einfachen Darstellung, die einen leichten Zugang zum Thema ermöglicht.

4 Einflussfaktoren auf die gelebte Followership

Trotz der gewünschten Einfachheit hat diese Vereinfachung gerade auf der Seite der Organisation jedoch einige Einschränkungen. Denn jenseits des Leaders und der anderen Mitarbeiter sind in einem Unternehmen eben noch einige wesentliche Bedingungen zu erfüllen, damit ein Mitarbeiter wirksam handeln kann. Dazu zählt eben unter anderem auch, ein guter Follower zu sein. Daher ergänzen wir das oben beschriebene »Dürfen« und »Sollen« durch ein paar weitere Punkte, die wir aus dem sog. »7S-Modell der Organisation«, auch als Modell von Peters/Waterman oder McKinsey-Modell bekannt, ableiten. Die beiden Erfinder des Modells, Thomas Peters und Robert Waterman, haben sieben Erfolgsfaktoren beschrieben, die Unternehmen dazu befähigen sollen, nachhaltig Spitzenleistungen zu erbringen.[348] Im englischen Original beginnen diese sieben Punkte jeweils mit dem Buchstaben »S«, weshalb das Modell als 7S-Modell der Organisation bekannt wurde.[349]

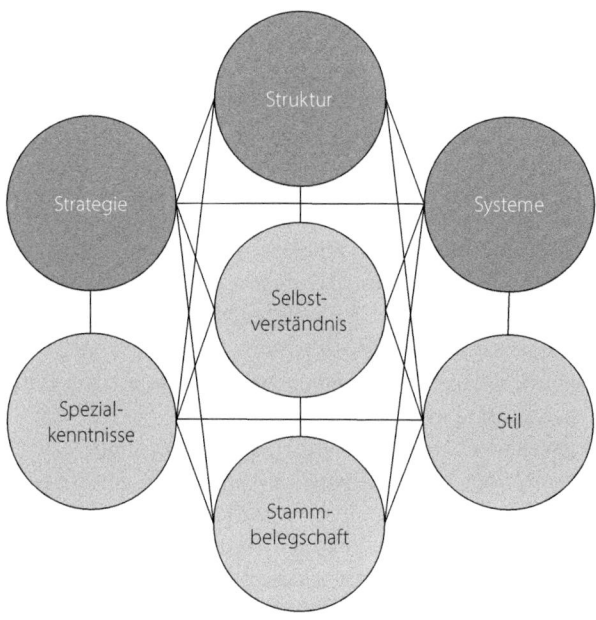

Dar. 20: 7S-Modell der Organisation

Von diesen 7S haben die folgenden fünf auf Organisationsseite direkt wesentlichen Einfluss darauf, wie sich Followership im Unternehmen ausbilden wird (in Anlehnung an die Beschreibungen von Pölzl et al.):[350]

---

348 Pölzl, Georg; Simma, Elmar; Wallmann, Carsten (2015): Erfolgreiche Unternehmensführung: 111 Konzepte, die Sie kennen sollten. Verlag Georg Pölzl, Mödling, S. 112 f.
349 Peters, Thomas J.; Waterman, Robert H. (1993): Auf der Suche nach Spitzenleistungen. Verlag Moderne Technik, Landsberg/Lech, 15. Aufl.
350 Pölzl, Georg; Simma, Elmar; Wallmann, Carsten (2015): Erfolgreiche Unternehmensführung: 111 Konzepte, die Sie kennen sollten. Verlag Georg Pölzl, Mödling, S. 112.

- Stil:
Die Art und Weise, wie sich Leistungsträger und Leader im Unternehmen verhalten und wie diese ihre eventuelle Vorbildrolle ausfüllen.
- Selbstverständnis:
Das Verständnis von Zweck und Zielen des Unternehmens sowie die Wertvorstellungen davon, wie im Unternehmen gearbeitet und gehandelt wird.
- Systeme:
Die Prozesse und Einrichtungen zur Ablaufunterstützung, die das Funktionieren des Unternehmens sicherstellen.
- Struktur:
Die Organisationsstruktur, die die Umsetzung der Strategie ermöglicht. Sie beinhaltet auch die Machtstruktur und hat somit wesentlichen Einfluss auf das Agieren von Leadern.[351]
- Stammbelegschaft:
Leistungsträger, die mit ihrem Handeln zum großen Teil zur Leistungsfähigkeit des Unternehmens beitragen, und langjährige Beschäftigte, die das Miteinander in vielen Jahren geprägt haben.

Der bekannte Begriff der Unternehmenskultur, den wir diesbezüglich im nächsten Kapitel betrachten werden, deckt somit mehrere der genannten Punkte ab. Denn die Punkte Stil und Selbstverständnis haben Inhalte, die sich bei verschiedenen Modellen der Unternehmenskultur finden lassen. Letztere wird wie erwähnt auch sehr häufig von der Stammbelegschaft wesentlich beeinflusst. Die Erkenntnis dieser inhaltlichen Überschneidungen stellt für uns bei der nachfolgenden Betrachtung der Faktoren jedoch keine Einschränkung dar.

4.2 Organisationale Aspekte für die Ausbildung von Followership

4.2.1 Faktoren des »Wollens« und »Sollens«

Im vorherigen Kapitel sind zwei der sieben Punkte des 7S-Modells nicht als auf die Followership direkt wirksam erwähnt worden: Strategie und Spezialkenntnisse (bzw. Skills im Original). Diese beiden Punkte haben jedoch großen Einfluss darauf, ob sich Personen für ein Unternehmen interessieren und begeistern sowie dessen Follower im Sinne von »nachfolgen« sein wollen. Das kann, muss aber nicht dazu führen, dass Mitarbeiter in unserem Sinne gute Follower sind, denn dieses Verständnis von Follower verlangt ja wie in den Kapiteln 2 und 3 beschrieben von den

---

[351] Schöffner, Günther; Hagehülsmann, Ute; Schöffner, Kerstin (2023): Zukunftsfähige Machtsysteme in Unternehmen. Die Verantwortung richtig auf die Beine stellen. Kohlhammer Verlag, Stuttgart, S. 275 ff.

Menschen die Bereitschaft zu Mut und der Übernahme von Verantwortung. Doch wer einem Unternehmen gerne nachfolgt, weil er sich dafür begeistert, ist wahrscheinlich eher bereit, diese Verantwortung zu übernehmen und gute Followership zu zeigen als jemand, der dem Unternehmen nicht sonderlich viel abgewinnen kann und nur dort arbeitet, weil er nichts Besseres findet. Strategie und Spezialkenntnisse eines Unternehmens können deshalb eine große Wirkung auf Menschen hinsichtlich deren »Nachfolge« haben, weil sie entscheidend für den Unternehmenserfolg sind. Hat ein Unternehmen Erfolg, ist die Marke bekannt und beliebt, bietet das Unternehmen Stabilität und Zuverlässigkeit, so wollen Menschen in der Regel gerne dafür arbeiten. Regelmäßige Rankings über die beliebtesten Arbeitgeber geben davon Zeugnis: Erfolgreiche Unternehmen mit großen Marken und Namen belegen dort meist die vorderen Plätze. Unternehmen, die kaum jemand kennt, z. B. sog. »Hidden Champions«, sind in der Regel nur selten bei solchen Rankings vorne zu finden, sie sind für deren Mitarbeiter jedoch auch sehr attraktiv, weil sie sehr erfolgreich sind, wenn auch meist im Verborgenen. Unternehmen, die keinen guten Ruf haben, wenig wirtschaftlichen Erfolg haben oder sich regelmäßig von Krise zu Krise schleppen, sind jedoch meistens kaum attraktiv und ziehen im wahrsten Sinne des Wortes kaum Follower an. Dementsprechend schwach ist in solchen Unternehmen die Followership häufig ausgeprägt. Nicht selten herrschen dort auch Führungssysteme vor, die relativ hierarchisch und teilweise sogar autoritär ausgeprägt sind. Die Begründung für diese Umstände ist relativ einfach und leicht erkennbar. Selbst- und Fremdbild von Personen werden stark davon geprägt, womit sie sich häufig beschäftigen oder wo sie arbeiten. Ist der Arbeitgeber ein erfolgreicher Großkonzern mit Top-Markenname, färbt das Image des Unternehmens auch auf den Mitarbeiter ab. Denn dass eine Person zu einem bestimmten Unternehmen dazugehört, sagt etwas darüber aus, wer diese Person ist.[352] Dementsprechend gerne arbeiten Menschen meist bei Spitzenunternehmen und sind auch dafür zu begeistern. Diese Begeisterung fördert die Ausbildung guter Followership. Unternehmenserfolg, Stabilität, Zuverlässigkeit und Renommee sind somit Faktoren, die zumindest indirekt eine gute Followership begünstigen können.

Die fünf genannten Punkte der 7S, die direkt auf die Entwicklung einer guten Followership wirken, können auch der in der Literatur sehr weit verbreiteten Beschreibung von Unternehmen durch deren Organisationsstruktur und -kultur zugewiesen werden. Da es uns hier nicht sehr um die inhaltliche Beschreibung dieser fünf Punkte, sondern mehr allgemein darum geht, welche Faktoren einer guten Followership förderlich sind, wollen wir hierfür nun die beschriebene Einteilung in Unternehmensorganisation und -kultur verwenden. Ganz allgemein werden im Zusammenhang mit Unternehmen unter dem Begriff der »Organisation« dauerhafte, grundlegende Regelungen verstanden, die die Zusammenarbeit

---

[352] Grubendörfer, Christina (2016): Einführung in die systemische Unternehmenskultur. Carl-Auer-Systeme Verlag, Heidelberg, S. 26.

von Menschen im Unternehmen beeinflussen und festlegen.[353] Eine weit verbreitete Beschreibung von Unternehmensorganisationen erfolgt durch die Betrachtung der beiden Teilaspekte Aufbauorganisation und Ablauforganisation.[354] Der Aspekt der Aufbauorganisation beschäftigt sich dabei mit den zu schaffenden oder entstehende Strukturen, wohingegen sich der Aspekt der Ablauforganisation mit den Prozessen beschäftigt. Für die Gestaltung beider Aspekte gibt es eine Vielzahl bewährter Instrumente, die wir hier nicht näher betrachten wollen.[355] Diesbezüglich sei auf die mehr als reichhaltige Speziallitatur verwiesen. Die Struktur soll einen Ordnungsrahmen schaffen,[356] der die inhaltliche Beschreibung der arbeitsteiligen Teilaufgaben, die damit einhergehenden Verantwortungsbereiche und die Beziehungen zwischen den Funktionsträgern festlegt.[357] Ein typisches und bekanntes Element der Aufbauorganisation ist das Organigramm, das die Gliederung der Organisation zeigt. Durch die Beschreibung einer Aufbauorganisation soll anhand systematisch gestalteter Abläufe effizientes Arbeiten und gleichbleibende Qualität erreicht werden, möglichst unabhängig von den ausführenden Personen.[358] Hierfür werden häufig Prozess- und Ablaufdiagramme verwendet. In Zeiten selbstorganisierten Arbeitens haben Aufbau- und Ablauforganisation andere Bedeutungen und Ausprägungsformen erlangt, als es für diese lange Zeit üblich war. Nichtsdestotrotz wollen wir hier für unsere Betrachtungen zugrunde legen, dass jedes Unternehmen eine irgendwie geartete Ausprägung einer Aufbau- und Ablauforganisation hat. Wir wollen gar nicht näher auf die verschiedenen Organisationsformen eingehen. Allen Organisationen ist mehr oder weniger gleich, dass durch sie geregelt wird, welche Personen für welche Tätigkeiten verantwortlich sind, welche Follower an welche Leader berichten, sprich sich von ihnen führen lassen müssen, wie die Abläufe zur koordinierten Zusammenarbeit zwischen den Funktionseinheiten und den Menschen abläuft und wer gewisse Entscheidungen treffen darf und muss bzw. wer daran zu beteiligen ist uvm. Gerade bei den Entscheidungen ist es häufig so, dass typische Entscheidungsabläufe explizit beschrieben sind, häufige, regulär im Tagesgeschäft auftretende Entscheidungen jedoch nicht. Aber auch viele Entscheidungen, die nicht alltäglich sind, findet man nicht oder nur selten in solchen Ablaufdiagrammen abgebildet. Das hat zum einen Komplexitätsgründe, denn alles zu regeln und genau festzulegen wäre nicht nur aufwändig, sondern würde eine

---

353 Hungenberg, Harald; Wulf, Torsten (2007): Grundlagen der Unternehmensführung. Springer Verlag, Berlin/Heidelberg/New York, 3. Aufl., S. 198.
354 Ebd.
355 Jörg, Urs; Burla, Stephan (2019): Organisieren als Führungsaufgabe. In: Lippmann, Eric; Pfister, Andres; Jörg, Urs (Hrsg., 2019): Handbuch angewandte Psychologie für Führungskräfte. Führungskompetenz und Führungswissen. Springer Verlag, Berlin, 5. Aufl., S. 486.
356 Jones, Gareth R.; Bouncken, Ricarda B. (2008): Organisation. Theorie, Design, Wandel. Pearson Education, München, 5. Aufl., S. 42.
357 Jörg, Urs; Burla, Stephan (2019): Organisieren als Führungsaufgabe. In: Lippmann, Eric; Pfister, Andres; Jörg, Urs (Hrsg., 2019): Handbuch angewandte Psychologie für Führungskräfte. Führungskompetenz und Führungswissen. Springer Verlag, Berlin, 5. Aufl., S. 487.
358 Ebd., S. 492.

Organisation auch schwerfällig oder gar arbeitsunfähig machen. Zum anderen sind bestimmte Entscheidungen, die weitreichende und schwere Konsequenzen nach sich ziehen und in der Regel von entsprechenden Leadern getroffen werden, entweder nicht explizit beschrieben oder nur schwer aufzufinden. Das hat häufig damit zu tun, dass das Recht einer Person, solch weitreichende Entscheidungen zu treffen, automatisch das Thema Macht involviert, Macht jedoch im Unternehmensalltag häufig immer noch tabuisiert wird.[359] In einem Unternehmen sind jedoch wirksame Entscheidungen und Macht untrennbar miteinander verbunden, genauso wie Macht und Verantwortung.[360] Wird eine Entscheidung getroffen und umgesetzt, geht dies automatisch mit der Ausübung von Macht einher. Eine Entscheidung, die zwar getroffen, jedoch nicht umgesetzt wird, ist keine Entscheidung, sondern bestenfalls eine gute Absicht.[361] Werden der Entscheidung folgend jedoch Tatsachen geschaffen, sind Macht und Verantwortung im Spiel.

4.2.2 Machtsysteme

In Kapitel 2 haben wir die Unterscheidung der Macht in Verfügungs- und Beeinflussungsmacht durchgeführt. Sobald jemand eine Entscheidung trifft, die auf eine Person verbindlichen Einfluss hat, handelt es sich um Verfügungsmacht. Trifft ein Leader die Entscheidung, dass einer seiner Follower für besonders gute Leistung einen Sonderbonus erhält, und ist er im Unternehmen berechtigt, diese Entscheidung zu treffen und verbindlich umsetzen zu lassen, handelt es sich um Verfügungsmacht. Doch auch wenn ein lateraler Leader eines agilen Teams allein auf Basis der seiner Expertise entspringenden Beeinflussungsmacht ein oder mehrere Teammitglieder dazu bewegt, ihren jeweils gescheiterten Ansatz für die Lösung eines Problems zu verwerfen und einen anderen zu wählen, so ist Verfügungsmacht im Spiel. Denn das jeweilige Teammitglied trifft dann für sich selbst die jeweils verbindliche Entscheidung, eine andere Methode zu wählen. In herkömmlichen Organigrammen sind in der Regel nur die Berichtslinien dargestellt, d. h. wie oben erwähnt wer der Leader von wem ist etc. Die Organigramme enthalten jedoch üblicherweise keinerlei oder nur wenig Informationen darüber, welche Fülle an Verfügungsmacht der jeweils aufgelistete Leader hat. Dies lässt im Unternehmensalltag nicht selten gewisse Fragen offen:[362] Wer darf welche Personen mit Sanktionen belegen? Wer darf Mitarbeitende einstellen oder entlassen? Wer darf sie

---

359 Schöffner, Günther; Hagehülsmann, Ute; Schöffner, Kerstin (2023): Zukunftsfähige Machtsysteme in Unternehmen. Die Verantwortung richtig auf die Beine stellen. Kohlhammer Verlag, Stuttgart, S. 5.
360 Ebd., S. 229.
361 Drucker, Peter F. (2001): The Effective Decision. Harvard Business Review on Decision Making, Harvard Business School Press, Boston (MA), S. 2.
362 Schöffner, Günther (2023): Der Schlüssel zum richtigen Machtmix. changement! Veränderungsprozesse aktiv und erfolgreich gestalten. Handelsblatt Media Group, Düsseldorf, Ausgabe 7/2023, S. 66.

versetzen oder beruflich weiterentwickeln? Möchte man ähnlich einem Organigramm, das die Organisationsstruktur darstellt, die in einem Unternehmen bezüglich der Verfügungsmacht bestehenden Machtverhältnisse darstellen, so müsste dies in sog. »Machtigrammen« erfolgen, welche die jeweils zugeordneten Machtbefugnisse anzeigen.[363] Diese ließen sich dann,[364] sofern diese bekannt sein sollten, auch um die bestehenden Strukturen der Beeinflussungsmacht ergänzen. Dieses Konzept steckt jedoch noch in den Kinderschuhen, weshalb die realen Machtverhältnisse in Unternehmen nur schwer dargestellt werden können und man sich hinsichtlich der Beteiligung von Followern an Managemententscheidungen meist immer noch am Organigramm orientieren muss. Hier sind wir nun am Nukleus der Debatte, was Macht und Machtverteilung im Unternehmen mit der Ausprägung von Followership zu tun hat, angekommen. In Kapitel 2 haben wir reflektiert, dass Followership nicht gleichzusetzen ist damit, möglichst viele Entscheidungen des Leaders auf die Follower zu übertragen. Leader und Follower befinden sich ja in keiner Konkurrenzsituation, sondern ergänzen einander. Es geht vielmehr darum, ob und wie Follower im Unternehmen an den Entscheidungen des Leaders beteiligt werden oder ob sie dessen Entscheidungen nachträglich beeinflussen und ggf. rückgängig machen können. Denn Followership bedeutet ja, dass Follower Verantwortung für den Leader und die Organisation übernehmen mit dem Ziel, das Wohl und den Erfolg der Organisation zu fördern. Und dazu kann auch mal zählen, dass eine getroffene Entscheidung noch vor oder während der Umsetzung revidiert bzw. korrigiert werden kann. Sieht das Machtsystem im Unternehmen solche Möglichkeiten vor oder nicht? Welche Entscheidungsmöglichkeiten haben die einzelnen Leader denn eigentlich wirklich im Unternehmen? Sind sie wirkliche Entscheider und wirksame Leader oder müssen sie die meisten Entscheidungen jeweils wieder mit ihren eigenen Leadern reflektieren oder von diesen genehmigen lassen? Diese Fragen wirken sich insofern auf die Qualität der sich einstellenden Followership aus, als dass Leadership und Followership wie schon mehrfach beschrieben nicht getrennt voneinander existieren können. Gibt es nur schwache Leader, weil sie von der Organisation an der »kurzen Leine« gehalten werden und einige wenige Stellen die meisten Entscheidungen treffen, wird eine solche Organisation unweigerlich nur eine im in den vorherigen Kapiteln beschriebenen Sinn schwach ausgeprägte Followership hervorbringen können. Einerseits weil sich wegen der schwachen Handlungs- und Entscheidungsmöglichkeiten des Leaders auch nur wenige Möglichkeiten in der Konstellation mit dem Follower ergeben können. Andererseits weil auch noch so kompetente und motivierte Follower unter solchen Verhältnissen oft schnell abstumpfen und die Motivation verlieren. Oder

---

363 Schöffner, Günther; Hagehülsmann, Ute; Schöffner, Kerstin (2023): Zukunftsfähige Machtsysteme in Unternehmen. Die Verantwortung richtig auf die Beine stellen. Kohlhammer Verlag, Stuttgart, S. 277.

364 Schöffner, Günther (2023): Der Schlüssel zum richtigen Machtmix. changement! Veränderungsprozesse aktiv und erfolgreich gestalten. Handelsblatt Media Group, Düsseldorf, Ausgabe 7/2023, S. 67.

gibt es starke Leader, die Entscheidungen treffen und ihre Follower je nach Kompetenz und Reife angemessen beteiligen und mit ihnen zusammen auch etwas bewegen dürfen? An den Organigrammen sind solche Verhältnisse zwar in einem gewissen Sinn erkennbar, jedoch sind die so gewonnenen Aussagen nicht besonders bedeutsam. Ist eine Organisation beispielsweise sehr filigran und verästelt aufgebaut und hat sehr viele Führungsebenen, deutet dies oft darauf hin, dass die einzelnen Ebenen und die jeweiligen Leader oft wenig zu sagen haben. Das hängt natürlich stark mit dem jeweiligen Unternehmen zusammen, denn ein großer Konzern muss naturgemäß viel mehr Ebenen aufweisen als ein mittelständisches Unternehmen. Dennoch bietet solch eine Grobanalyse des Organigramms schon meistens nützliche Indizien hinsichtlich der Machtverteilung und somit der Möglichkeiten gelebter Followership. Ist eine Organisation für die Unternehmensgröße hingegen relativ flach ausgeprägt, kann dies ein Indiz für starke Follower sein. Aber allein die Tatsache, dass ein Unternehmen eine flache Hierarchie hat, ist noch kein Garant dafür, dass die Beteiligten auch etwas entscheiden und bewegen dürfen. Nicht selten gibt es bei flachen Hierarchien in der Mitte einen »Häuptling«, der wie eine Spinne fast alle Zügel in der Hand hält und die sog. Führungskräfte nicht besonders ausgeprägt »laufen lässt«. Letzten Endes hilft hier nur eine jeweilige Unternehmensanalyse. Diese muss Antworten geben auf Fragen wie:

- Wie groß ist die typische Führungsspanne?
- Wie oft muss bei Entscheidungen die übergeordnete Managementebene hinzugezogen werden?
- Welchen Entscheidungsspielraum haben die jeweiligen Manager und Ebenen hinsichtlich der Zielsetzung, der Wahl der Mittel zur Zielerreichung und der Strategieumsetzung?
- Wie viel darf bei richtiger Qualifikation der Leute delegiert werden?
- Lässt man die Follower challengen oder ist das im bestehenden Macht- und Führungssystem ein No-Go?

Hierzu könnten noch etliche weitere Fragen aufgelistet werden. Letztendlich geht es darum, welchen Handlungs- und Entscheidungsspielraum das Macht- und Führungssystem den Leadern und Followern lässt, um eine entsprechende Partnerschaft von Leadership und Followership in der Praxis zu leben. Schränkt die Organisation, sprich das Unternehmen, diesbezüglich zu sehr ein, kann sich kaum eine gute, starke und leistungsfähige Followership etablieren. Lässt es den Beteiligten hingegen den nötigen diesbezüglichen Spielraum, lässt es Fehler zu und fördert es Weiterbildung und Weiterentwicklung des Systems, stehen die Chancen auf die Etablierung und Weiterentwicklung einer guten Followership meistens sehr gut. Hierzu zählt auch noch die Frage, welchen Machtmix die Organisation mehr oder weniger vorschreibt oder ob sie den Leadern dementsprechende Freiheiten lässt. Dies hat wiederum mit dem Thema der Führungskultur zu tun, weshalb wir uns später noch einmal mit dem Machtmix auseinandersetzen werden. Die zuvor gemachten Darstellungen hinsichtlich Machtverteilung und dem dadurch beeinflussten System von Leadership und Followership wollen wir an einem Fallbeispiel kurz reflektieren.

Fallbeispiel 15: Organigramm, Machtsystem und Followership

Ein globaler Konzern der Elektroindustrie hatte sein Geschäft in Regionen eingeteilt. Die Region Europa und Naher Osten wurde vom Hauptsitz der Europa-Niederlassung in Frankreich gemanagt. Für die Sparte »Standard-Industrieprodukte« betrieb der Konzern drei separate Werke in Spanien, Belgien und der Slowakei. Jedes der Werke wurde von einem General Manager (GM) geführt, der jeweils durch ein lokales Managementteam unterstützt wurde. Konzernüblich waren in den Werken Vision, Werte und Prozesse des Konzerns präsent. Dennoch hatten die GMs weitreichende Gestaltungsspielräume, denn sie hatten alle drei Umsatz- und Ergebnisverantwortung. Im gesättigten Markt waren jedoch die Wachstumspotenziale nicht größer als das allgemeine Wachstum der Industrie in den bedienten Märkten. Der Wettbewerb im Markt war groß, sodass Qualität und Kostenkontrolle wichtige Themen waren. Da es sich um Standardprodukte handelte, war auch das Maß an möglichen Produktinnovationen eher mäßig. Das jährliche Wachstum war wie der Ertrag eher durchschnittlich, Innovationen fanden kaum statt. Dennoch begnügte man sich nicht mit einer Verwaltung des Status quo, sondern suchte kontinuierlich nach Verbesserungs- und Wachstumspotenzialen. Dies reflektierten die GMs auch regelmäßig mit den Managern der anderen Sparten beim gemeinsamen Monatstreffen, das regelmäßig in der Firmenzentrale zur Reflexion der Ergebnisse stattfand. Trotz durchaus spürbarer Unterschiede glichen sich die Produktionen der drei GMs vom Prinzip her in vielen Punkten. Dementsprechend hatten alle drei Werke fast das gleiche Organigramm. Die Machtverteilung in den drei Werken gestaltete sich trotz vereinzelter länderspezifischer Besonderheiten ähnlich homogen. In den Machtsystemen der Werke war sehr deutlich die Handschrift des Konzerns und besonders die der Europazentrale zu merken: Hierarchie-Orientierung und Zentralisierung. Unter den GMs gab es bis zu drei weitere Managementebenen, beginnend bei den Bereichsleitern für Vertrieb, Engineering, Produktion, Logistik und Finanzen, unterstützt durch Stabsabteilungen für Qualität, IT und HR. Außer in der Produktion gab es bedarfsweise nur ein bis zwei Sub-Managementebenen. Die Produktion unterteilte sich in die Abteilungen Produktion, Standortdienste (Werkstätten, Instandhaltung etc.) und Produktionslogistik. Die Produktionsabteilung hatte noch drei Sub-Abteilungen für die Vorfertigung, Produktion und Montage. Je nach Bedarf gab es in diesen drei Sub-Abteilungen noch Managementebenen auf Teamleiterebene. Der Altersdurchschnitt war in den Werken, die der Konzern in den letzten 15 Jahren von anderen Marktteilnehmern jeweils zugekauft hatte, mit 42 nicht allzu hoch. Dennoch war die durchschnittliche Betriebszugehörigkeit mit 15 Jahren relativ hoch. Dementsprechend gering war die Affinität für Innovation. Nachwuchspersonal wurde fast ausschließlich aus eigenen Reihen, d. h. mit Kindern der Beschäftigten, besetzt. Der Einstieg erfahrener externer Mitarbeiter war eher die Ausnahme.

Solch eine Ausnahme bestand, als einer der drei GMs aus gesundheitlichen Gründen plötzlich in den vorzeitigen Ruhestand treten musste. Obwohl es im Konzern ein »Succession Planning« gab, d. h. Pläne für die Nachbesetzung frei werdender Positionen, konnte man wegen des schlagartig eintretenden Umstandes der Frühverrentung dennoch keinen konzerninternen Nachfolger finden. Daher hatte man sich entschlossen, einen neuen GM von extern zu verpflichten. Hatte man zunächst strikt auf absolute Branchenkenntnis gesetzt, rückte man bereits nach zwei Gesprächen davon ab. Jenseits der schwierigen Verfügbarkeit geeigneter Kandidaten war vor allem der Rat des Personalberaters, durchaus erfahrene Manager aus anderen Bereichen zuzulassen, »um frischen Wind in die Bude zu bringen«, der Hauptgrund dafür. Diesen Rat gab der Personalberater, nachdem er das Werk besucht und die etwas starr gewordenen Prozesse festgestellt hatte. Nach bereits sechs Wochen konnte ein neuer Werksleiter, Mitte 40, knapp fünfzehn Jahre Erfahrung als GM und Produktionsleiter, eingeführt werden. Dessen letztes Sanierungs-Assignment war erst vor wenigen Monaten ausgelaufen. Nach seinem Studium des Maschinenbaus hatte der neue Werksleiter erst einmal fünf Jahre Erfahrung als Unternehmensberater gesammelt, bevor er dann seine erste Stelle als Produktionsleiter in einem Industrieunternehmen übernommen hatte.

Im Zuge seiner Situationsanalyse stellte der neue GM im Werk eine starke Machtkonzentration fest: Je höher eine Position im Organigramm, desto größer die Machtfülle. Die Teamleiter waren fast reine Befehlsempfänger, die die Anweisungen der Chefs an die Produktionsmitarbeiter weitergaben. Entscheidungen durften sie hingegen nahezu keine treffen. Doch auch die Bereichsleiter mussten bei vielen Entscheidungen stets Rücksprache mit dem GM halten. Dies missfiel Letzterem aus mehreren Gründen. Erstens sah er sich dadurch in seinen Möglichkeiten eingeschränkt, aktiv als GM zu arbeiten. Dazu blieb ihm bei dem Pensum an Entscheidungen und Freigaben, die er anfänglich zu treffen hatte, seiner Meinung nach zu wenig Zeit. Zweitens war er ein großer Freund davon, dass Manager die Verantwortung für ihren Bereich übernehmen sollten, und dazu benötigen diese die entsprechende Entscheidungsfreiheit. Außerdem unterstützte der GM Rückversicherungsmentalitäten nicht. Drittens wusste er aus einem früheren Transformationsprojekt, wie nachteilig sich Machtkonzentrationen auf die Ausbildung guter Followership auswirkt und welche Konsequenzen dies im Tagesgeschäft hat. Darin sah er mit einer der Hauptgründe für den mehr oder weniger bestehenden Stillstand im Werk und das wollte er dringend ändern. Nach seinen ersten hundert Tagen stellte er den Managern im Werk seinen Plan und die zugehörigen Maßnahmen für die Transformation des Werkes zu einem modernen Produktionsstandort im digitalen und agilen Zeitalter vor. Eine dieser Maßnahmen war ein Projekt zur Veränderung des Machtsystems und der spürbaren Verbesserung der gelebten Followership auf allen Ebenen. Für dieses Transformationsprojekt, für das er eine Laufzeit von zwei

Jahren angesetzt hatte, wurde zur Begleitung die Unterstützung eines externen Unternehmensberaters in Anspruch genommen. Dieser half den Beteiligten, ein Konzept für das Projekt zu fassen, dies umzusetzen, die Menschen entsprechend zu qualifizieren und die verantwortlichen Personen dazu zu befähigen, die weiteren Verbesserungen nach Abschluss des Projektes selbst vornehmen zu können. Wie erwartet war der Anfang des Projektes sehr schwierig, kannte man im Werk weder solch eine Art von Projekten noch die »neuen« Inhalte wie Entscheidungsfindung, Übernahme von Verantwortung, Selbstmanagement oder Followership. Des Weiteren hatte man die bei dieser Form von Veränderungsprojekten immer auftretenden Widerstandsphasen zu überwinden. Doch nach gut einem Jahr hatte sich auf breiter Front ein guter Projektfortschritt eingestellt und nach zwei Jahren konnte man das Projekt offiziell abschließen und den externen Berater verabschieden. Als nach dem Projektabschluss ein GM aus einer anderen Produktsparte des Konzerns das Werk besuchte, war dieser zunächst etwas konsterniert, weil er beim Blick auf das Organigramm kaum Veränderungen im Vergleich zum Anfang des Projektes feststellen konnte. Er fragte den Werksleiter daher, was das Projekt außer den Projektkosten für das Unternehmen gebracht hätte. Der Werksleiter erläuterte: »Signifikante Verbesserungen bei Produktivität und Qualität, wie unsere Kennzahlen nachhaltig belegen. Dementsprechend haben sich auch unsere Geschäftszahlen hinsichtlich Profitabilität und Liquidität entwickelt. Des Weiteren ist das Thema Innovation nachweislich wieder in Gang gekommen. Das Organigramm hat sich kaum verändert, weil es ja zur Funktionalität der Produktion passt. Das dazugehörige Machtsystem hat sich jedoch entscheidend verändert. Es fand eine gehörige Verlagerung der Macht von oben nach unten statt. Auf der Shopfloor-Ebene der Produktion haben wir Selbstmanagement mit starken Teamleadern eingeführt. Im Engineering gibt es selbstorganisierte Arbeitsgruppen, wodurch sich dort die Durchlaufzeit deutlich reduziert hat. Die Leader managen mit Spaß sowie Engagement und tragen die Verantwortung für ihre Entscheidungen auch dann bereitwillig ohne Ausreden, wenn Fehler passieren. Auf allen Ebenen, auch in den Stabsabteilungen, hat sich eine gelebte Followership etabliert. Diese hat zwar noch Potential nach oben, ich bin aber optimistisch, dass wir bis in zwei Jahren hier weiter große Schritte machen können. Wir haben auch kaum mehr Probleme, junge Mitarbeiter zu rekrutieren. Denn es hat sich in den sozialen Medien herumgesprochen, dass wir zu einem dynamischen Werk geworden sind, in dem es Spaß macht zu arbeiten, das modern ist und das den Mitarbeitern die Möglichkeit gibt, sich nach ihren jeweiligen Möglichkeiten aktiv einzubringen. Trotz des scheinbaren Machtverlustes sind auch die Manager zufriedener als früher, auch wenn vor allem in den oberen Ebenen hierzu eine große Umstellung und Veränderung notwendig war.«

Der neue GM hatte das Machtsystem derart verändert, dass sich gute Followership etablieren konnte. Dabei ging es primär nicht darum, wie die Menschen die ihnen zur Verfügung stehende Macht ausübten, sondern welche Macht ihnen zur Verfügung stand. Es handelte sich um eine Veränderung der Machtstruktur und somit um eine strukturelle Maßnahme. Wie am Anfang des Kapitels bereits erwähnt, können darüber hinaus auch kulturelle Maßnahmen eingeleitet werden, welche sich an die Unternehmenskultur richten. Um die kulturellen Maßnahmen zur Förderung guter Followership zu diskutieren, machen wir nachfolgend einen kurzen Ausflug in die Theorie von Unternehmenskulturen. Das hilft beim Verständnis dafür, welche einzelnen Aspekte der Unternehmenskultur vorteilhaft für den Kontext der Followership verwendet werden können.

4.2.3 Unternehmenskultur

Das Konzept der Unternehmenskultur ist seit vielen Jahrzehnten bekannt und fester Bestandteil der Management- und Führungsliteratur. Daher wollen wir uns hier auf das Nötigste zur diesbezüglichen Theorie beschränken. Details können auch in diesem Fall einer mehr als reichlichen Spezialliteratur entnommen werden. Es soll hier nur kurz noch einmal zusammengefasst werden, worum es bei diesem Konzept geht und welche Modelle und Ansätze sich im Kontext von Followership anbieten. Unternehmenskultur ist die »Gesamtheit aller Normen und Werte, die den Geist und die Persönlichkeit des Unternehmens ausmachen«, lautet eine prägnante Erklärung der bekannten Change-Manager Doppler/Lauterburg.[365] Sie »bildet sich aus Gewohnheiten und Selbstverständlichkeiten und entsteht wie von selbst«,[366] ist darüber hinaus die »Summe aller gemeinsamen, selbstverständlichen Annahmen, die eine Gruppe in ihrer Geschichte gelernt hat, sie ist der Niederschlag der Erfolgs.«[367] Eine Unternehmenskultur entsteht und entwickelt sich im Laufe der Zeit von selbst. Erzielte Erfolge spielen dabei eine bedeutende Rolle. Verschiedene Autoren haben mehrere Modelle zur Beschreibung und Systematisierung von Unternehmenskulturen gemacht. Diese enthalten oft unterschiedliche Aspekte und gleichen sich inhaltlich teilweise nur sehr wenig. Dies ist ja bei der Beschreibung komplexer Systeme nicht ungewöhnlich, die sich, eben weil sie komplex sind, nicht deterministisch beschreiben lassen. Solche Phänomene gibt es auch in den üblicherweise sehr konkreten Naturwissenschaften. Daher haben die verschiedenen Modelle der Unternehmenskultur auch alle ihre Berechtigung. Denn abhängig davon, aus welchem Blickwinkel und unter welchen Aspekten man den Inhalt betrachtet, zeigt sich ein unterschiedliches Bild ein und derselben Sache. Daher macht es wie in den erwähnten Fällen der Naturwissenschaften Sinn, für den jeweiligen Anwendungsfall ein passendes Modell für die anzustellenden Betrachtungen zugrunde zu legen. Bei aller Verschiedenheit der

---

365 Doppler, Klaus; Lauterburg, Christoph (2009): Change Management. Den Unternehmenswandel gestalten. Campus Verlag, Frankfurt/Main, 13. Aufl., S. 472.
366 Fink, Franziska; Moeller, Michael (2018): Purpose Driven Organizations. Sinn – Selbstorganisation – Agilität. Schäffer-Poeschel Verlag, Stuttgart, S. 80.
367 Schein, Edgar H. (2003): Organisationskultur. The Ed Schein Corporate Culture Survival Guide. EHP Edition Humanistische Psychologie, Bergisch Gladbach, 3. Aufl., S. 44.

unterschiedlichen Modelle gibt es aber einige Kernelemente, die allgemein mit dem Begriff der Unternehmenskultur in Verbindung gebracht werden.[368] Dies sind Inhalte wie gemeinsame Werte, Selbstverständlichkeiten, Erfahrungsspeicher, »Unternehmensweltbild«, ungeschriebene Gesetze oder Grundhaltungen.[369] Zu Letzterem zählt auch das Menschenbild, das ein Unternehmen als Grundlage hat. Das erwähnte Weltbild findet in Unternehmen sehr oft in konkreten Wertvorstellungen und Verhaltensstandards seinen Niederschlag.[370] Je nach Ausprägung und Formulierung können die jeweiligen Inhalte implizit oder explizit verfasst sein, sie können schriftlich niedergelegt sein oder nur mündlich bzw. durch das Verhalten von Menschen weitergegeben werden. In vielen Unternehmen gibt es Verhaltensgrundsätze für Mitarbeiter, deren schriftliche Darstellung in der Praxis durch die Interpretation und die Auslegung der Mitarbeiter variiert, ergänzt und präzisiert wird. Je nach Unternehmen gibt es auch festgelegte Führungsgrundsätze, die explizit ausformuliert oder nur implizit zu erfassen sind. Solche Führungsgrundätze sind explizite Bestandteile von Unternehmenskulturen.[371] Diese Grundsätze können beispielsweise festlegen, welche Führungsansätze regulär zur Anwendung kommen und welche Positionen Leader in dem in Kapitel 2.1 erklärten Machtmix üblicherweise einnehmen sollten. Bei Unternehmen, in denen »klare Ansagen« die Regel sind, herrscht meist eine stärkere Orientierung in Richtung Verfügungsmacht, wohingegen Unternehmen mit stark konsensorientierter Unternehmenskultur in der Regel eher auf die Verwendung von Beeinflussungsmacht setzen und Verfügungsmacht nicht selten ganz zu vermeiden versuchen. Im vorherigen Fallbeispiel haben wir gesehen, dass die strukturelle Verteilung der Machtfülle in der Organisation Einfluss auf die Ausprägung guter Followership haben kann.

Machtkultur

Nun ist dies um den kulturellen Aspekt der Macht erweitert: Wie wird die Macht üblicherweise angewandt? Das heißt wie wird geführt, denn Führung ist ja das praktizierte Ausüben von Macht. Das wird in der sog. »Machtkultur« beschrieben, die Teil der Unternehmenskultur ist. Sie beschreibt über den reinen Machtmix hinaus noch weitere Facetten davon, wie Macht ausgeübt und somit im Unternehmen geführt wird. Das gilt auch für hochagile Unternehmen, denn kein Unternehmen ist machtfrei.[372] Die Machtkultur legt den Umgang der Mächtigen mit den Mitarbeitern und entsprechende Regeln fest, sie beschreibt, wie Macht Anwendung

---

368 Schreyögg, Georg; Koch, Jochen (2010): Grundlagen des Managements. Basiswissen für Studium und Praxis. Gabler-Verlag, Wiesbaden, 2. Aufl., S. 340.
369 Ebd., S. 340–344.
370 Ebd., S. 344.
371 Ebd., S. 345.
372 Schöffner, Günther (2023): Der Schlüssel zum richtigen Machtmix. changement! Veränderungsprozesse aktiv und erfolgreich gestalten. Handelsblatt Media Group, Düsseldorf, Ausgabe 7/2023, S. 64.

und Akzeptanz findet, ob streng oder nachgiebig auf die Einhaltung der Ordnung geachtet wird, ob Fehler sofort streng geahndet werden oder ob eher Nachsicht an der Tagesordnung ist.[373] In Anlehnung an den bekannten und berühmten Satz von Peter Drucker, »Die Kultur frisst die Strategie zum Frühstück«, lässt sich hinsichtlich der Machtkultur abstrahieren, dass »die Machtkultur die Machtstruktur zum Frühstück frisst«.[374] Das bedeutet sinngemäß, dass auch eine noch so gut gestaltete Machtstruktur zu einem schlechten Machtsystem führen kann, wenn sich eine schlechte Machtkultur einstellt und etabliert. Schlecht bedeutet in diesem Zusammenhang »nicht wirksam«, wenn sie also der Leistung und der Weiterentwicklung des Unternehmens nicht förderlich ist.[375] Im Zusammenhang der Followership würde das bedeuten, dass die Machtkultur der Etablierung einer guten Followership nicht förderlich ist. Auch wenn die Machtstruktur noch so gut ist, so schreckt die gelebte Machtkultur die Menschen davor ab, gute Follower zu sein. Das kann sich unternehmensweit durchziehen, sofern sich überall die gleich schlechte Machkultur etabliert hat. Das kann jedoch auch auf einzelne Gruppen, Bereiche oder Abteilungen begrenzt stattfinden, wenn einzelne Leader bei sonst allgemein guter Machtkultur ihre persönliche Machtausübung so gestalten, dass sich eben keine gute Followership einstellt. Weshalb dies der Fall ist, d. h. weshalb sich bei schlechter Machtanwendung meist keine gute Followership etabliert, wird schnell verständlich, wenn wir uns wieder die enge Verbindung zwischen Leader und Follower, die untrennbare Verbindung zwischen Leadership und Followership, in Erinnerung rufen. Es handelt sich um eine Wechselbeziehung. Führt eine der beiden Parteien ihre Aufgabe schlecht aus, so kann sich insgesamt kein gutes Gesamtergebnis einstellen. Dasselbe gilt, wie in Kapitel 3 ja breit erläutert wurde, auch andersherum. Auch der beste Leader kann nur suboptimale Ergebnisse erzielen, wenn die gelebte Followership schlecht für die Beziehung ist. Dementsprechend gilt in reziproker Weise auch, dass die Förderung guter Followership in einem Unternehmen auch dazu dient, die Machtkultur entsprechend gut, d. h. für den genannten Zweck wirksam, zu gestalten.[376]

Die zuvor erwähnte Akzeptanz der Machtausübung enthält Elemente wie den Umgang mit Einwänden und Widerspruch, der Akzeptanz von Privilegien und Machtansprüchen Mächtiger oder den Umgang mit Machtdemonstrationen und Machtspielen.[377] Praktizieren Leader ihren Führungsalltag derart, dass er den akzeptierten Verfahrensweisen der Follower häufig und vehement widerspricht, kann das dazu führen, dass Follower nur eine sehr rudimentäre Followership praktizieren. Schlechte Führung, wenn man dies salopp formulieren möchte, führt

---

373 Schöffner, Günther; Hagehülsmann, Ute; Schöffner, Kerstin (2023): Zukunftsfähige Machtsysteme in Unternehmen. Die Verantwortung richtig auf die Beine stellen. Kohlhammer Verlag, Stuttgart, S. 125.
374 Ebd., S. 291.
375 Ebd., S. 291 f.
376 Ebd., S. 324.
377 Ebd., S. 293.

somit zu schwacher und/oder schlechter Followership. Das sprichwörtliche »Wie es in den Wald hineinruft, so ruft es zurück« gibt diesen Zusammenhang ebenfalls plakativ wieder. Dinge wie die Machtakzeptanzkultur sind aber wie kulturelle Inhalte allgemein auch dem Zeitgeist unterworfen. Mit dem verstärkten Aufkeimen selbstorganisierter Ansätze hat sich in den letzten Jahren auch die Akzeptanz dessen geändert, was sich Mächtige beim Ausüben ihrer Macht, also beim Führen in der Leader-Rolle, erlauben können, ohne auf nachhaltigen Widerstand oder Protest seitens der Follower zu stoßen. So gibt es Artefakte der Machtausübung, die im agilen Zeitalter als nicht mehr zeitgemäß angesehen werden dürfen und dementsprechend schlechte Followership provozieren können:[378]

- Führen in einer Weise, die bei den Followern Angst in unangemessener und unnötiger Form erzeugt,
- Abkanzeln, mangelnder Respekt und sonstige abwertende Kommunikation hinsichtlich der bzw. über die Follower
- Aktionen, bei denen sich die Leader selbst beweihräuchern oder sich in übertriebener Weise selbst darstellen,
- Ausübung der Macht in einer Weise, die bei den Followern ständig Gefühle von Ohnmacht, Unterlegenheit oder Zweitklassigkeit hervorrufen können (▶ das »alte« Verständnis von Followership in Kap. 1.1 und 2.3),
- willentliche Schikane der Follower,
- Gewährung von »Extrawürsten« oder Sonderrechten aller Art für Mächtige und deren Protegés.

Zeigen Machtkulturen regelmäßig eines oder mehrere der genannten Elemente, kann dies der Ausbildung einer leistungsfähigen Followership in der Belegschaft abträglich sein. Eine Beschreibung expliziter Praxisbeispiele hierfür soll an dieser Stelle unterbleiben, weil die genannten Punkte bereits für sich sprechen und sich jeder die praktische Ausbildung der verschiedenen Facetten mehr oder weniger gut vorstellen kann oder gar aus eigener Erfahrung kennt.

4.2.4 Einfluss der Unternehmenskultur auf das »Wollen« und »Sollen«

Doch bevor wir dazu übergehen, die persönlichen Aspekte zu beleuchten, betrachten wir noch einige weitere Facetten der Unternehmenskultur, die regelmäßig auftreten und häufig dafür verantwortlich sind, dass sich keine hinreichend gute oder eine hinter den eigentlich bestehenden Möglichkeiten zurückbleibende Followership einstellt. Das sind jene Punkte, die sich in Kapitel 4.1 hinter dem »Sollen« befinden. Es handelt sich um Faktoren, welche die Organisation und nicht die Leader beeinflussen. Sie sorgen dafür, dass sich gute oder weniger gute Follower-

---

378 Ebd., S. 401–404.

ship einstellen kann. Wie in Kapitel 4.1 erwähnt, ist der Begriff »Sollen« eine Vereinfachung. Denn wie wir sehen werden, sorgen diese Aspekte auch dafür, dass man Mitarbeiter aus bestimmten Gründen nicht lässt, gute Follower zu sein. Wenn man sich jedoch in Erinnerung ruft, dass nur Leader Verfügungsmacht haben und alle anderen Personen im Unternehmen Beeinflussungsmacht, wird der Begriff des Sollens wieder stimmig. Denn Beeinflussungsmacht hat kein direktes Sanktionierungspotential und ist nicht verbindlich. Will eine Gruppe ein gewisses Verhalten von Menschen erreichen, so kann sie dies beispielsweise durch Empfehlungen, Bitten oder indirekte Sanktionierung in Form von Kommunikationsausschluss oder anderen Maßnahmen zu erwirken versuchen. Es handelt sich dabei nicht um ein direktes Verbot, weil eben das Potential dafür fehlt. Dies lässt sich jedoch als indirektes Verbot interpretieren. Diese Maßnahmen geben der Zielperson Auskunft darüber, wie sie sich verhalten »soll«. Somit wird dieses »Sollen« als fester Bestandteil einer Unternehmenskultur wieder mit der vereinfachten Darstellung von Rosenstiels Handlungsdeterminanten stimmig. Die Motive dafür, dass sich solche Facetten der Unternehmenskultur, mit denen Personen kundgetan wird, welches Verhalten von ihnen erwartet wird, einstellen, sind zwar wie im vorherigen Fallbeispiel auch meistens persönlichen Motiven und Befindlichkeiten geschuldet. Da sie sich jedoch breit einstellen und nicht wie im Fallbeispiel nur einer bestimmten Person geschuldet sind, betrachten wir diese Punkte unter den organisationalen und nicht unter den persönlichen Motiven. Die Grenzen beginnen hier zu fließen. Doch weil diese Phänomene auch typisch für bestimmte Organisationen sind, belassen wir diese Aspekte hier auf der organisationalen Seite, wissentlich, dass sie oft emotionalen Motiven einzelner oder weniger Personen entspringen, die die ganze Organisation erfassen. Wir betrachten anschließend solche Aspekte, die meiner Erfahrung nach in vielen Unternehmen immer wieder auftreten, unabhängig von der Branche, dem Alter des Unternehmens oder dem Altersdurchschnitt der Belegschaft. Die Motive resultieren u. a. aus dem normalen menschlichen Empfinden, als vollwertige Person im Unternehmen wahrgenommen und akzeptiert zu werden. Es existieren über die nachfolgend betrachteten Punkte hinaus natürlich noch viele weitere, die wir hier aus Platzgründen nicht näher behandeln können. Doch bei der Reflexion der nachfolgenden Punkte wird schnell klar, welcher Zusammenhang besteht, sodass man beim Auftreten der Handlungsmuster selbst darauf schließen kann, welche Motive diesen zugrunde liegen könnten.

Ein wesentlicher Inhaltsaspekt der Followership ist, Verantwortung für den Leader und die Organisation zu übernehmen. Sind jedoch die Voraussetzungen, die die Organisation hierfür schafft, gelebter Followership nicht förderlich, ist es wenig verwunderlich, dass Menschen der Organisation gegenüber weniger Engagement zeigen und den diesbezüglichen Aspekt der Followership schlechter ausfüllen. Ähnliches gilt, wie wir weiter oben in diesem Kapitel bereits gesehen haben, für den Leader. Das alte Sprichwort, nach dem es so wieder aus dem Wald herausrufe, wie man hineinruft, drückt diese Tatsache plakativ aus. Schaffen Leader und Organisation nicht solche Verhältnisse, dass Follower sie gerne unterstützen und verantwortlich für sie handeln, indem sie in ihrem Tun über das hinaus gehen, was mindestens von ihnen verlangt werden kann, ist es auch nur wenig überraschend, dass Menschen in Unternehmen das Maß an gelebter Followership auf ein Maß zurückschrauben, das teilweise sogar sehr weit unter dem liegt, was möglich wäre. Es liegt also an der Organisation, sprich den Leadern und den Mitarbeitern, einer guten Followership förderliche Verhältnisse zu schaffen.

4.2.4.1 Wertschätzung und Zugehörigkeit

Ein diesbezüglich nicht erst mit der Corona-Pandemie stärker in den Fokus gerückter Faktor ist die Wertschätzung der Organisation bzw. des Unternehmens für die Mitarbeiter. Ein dem Menschen angeborenes Grundbedürfnis ist der Wunsch nach Zuwendung und Beachtung.[379] Das gilt in allen Kulturen. In der Positivform kann sich dies beispielsweise in einer freundlichen Begrüßung, wohlwollenden Blicken oder einem einfachen Lob äußern.[380] In der Negativform kann dies ein kritischer Blick, eine unfreundliche Ansprache oder eine deutliche Kritik sein. Auch in der negativen Ausführung erlebt sich der Mensch jedoch als wahrgenommen und beachtet. Umso schlimmer empfindet es der Mensch, wenn er keinerlei Beachtung erfährt, weder positiv noch negativ. Er empfindet sich als wertlos, weil sein natürliches Bedürfnis nach Zugehörigkeit nicht erfüllt wird. Wertschätzung bedeutet, dass sich der Mensch angenommen und in der Gemeinschaft willkommen fühlt, dass seine Präsenz und sein Mitwirken für die Gemeinschaft einen Wert darstellen und dass diese dies wahrnimmt und anerkennt. Dementsprechend äußert sich eine Wertschätzungskultur in einem Unternehmen u. a. auch dadurch, dass den Personen regelmäßig der Eindruck vermittelt wird, dass ihre Präsenz und ihre Mitarbeit wichtig und für das Unternehmen wertvoll sind. Dies kann sich wie eingangs erläutert schon in einem freundlichen Gruß oder einem wohlwollenden Blick am Morgen oder zu Beginn der Schicht ausdrücken, auch wenn der Arbeitsalltag oder die jeweilige Situation schwierig sein mag. Das signalisiert den anderen Menschen, dass sie einen Wert für die Organisation und ihre Anwesenheit Bedeutung haben. Herrscht hingegen ein gegenseitiger Umgang gemäß dem Ausspruch »Mitarbeiter wie Dich und mich gibt es genügend. Wenn wir ab heute nicht mehr da sind, kommt morgen jemand anderes.«, spricht dies nicht von Wertschätzung. Auch wenn Sätze wie diese nicht explizit fallen, so gibt es dennoch Unternehmen, bei denen der gegenseitige Umgang den Mitarbeitern genau jenen Eindruck vermittelt. Fühlen sich Menschen in dieser Art nur wenig oder gar nicht wertgeschätzt, verwundert es nicht, dass sie der Organisation nur wenig Unterstützung zukommen lassen und für sie auch nicht eine über das Mindestmaß hinausgehende Verantwortung übernehmen wollen. Ähnliche Gedanken und Handlungen können die bekannten Aussprüche »Nicht geschimpft ist

---

379 Ebd., S. 400.
380 Ebd.

genug gelobt.« und »Dafür wirst Du ja schließlich bezahlt.« auslösen. Lob muss nicht zwangsmäßig nur vom Leader ausgehen. Auch Kollegen können sich gegenseitige Lob und Anerkennung entgegenbringen. Auch in solchen Fällen, wenn Dinge nur einfach gut und nicht gleich auf Rekordniveau vonstattengegangen sind. Auch das tägliche Lob für gute Arbeit tut der menschlichen Psyche gut, vorausgesetzt, dass es sich um ehrliches und richtiges Lob und nicht um falsche Lobhudelei handelt. Bleiben solche Dinge aus, fühlt der Mensch die Wertschätzung der Organisation häufig kaum oder gar nicht mehr. Eine gesunde, der Followership förderliche Unternehmenskultur enthält somit entsprechende Elemente des Ausdrucks der gegenseitigen Wertschätzung. Diese können selbstverständlich noch in vielen weiteren Formen als in den zuvor beschriebenen Beispielen erfolgen. Der Satz »Dafür wirst Du ja schließlich bezahlt.« mag inhaltlich zwar zutreffend sein. Jedoch kann dies sehr schnell folgendermaßen interpretiert werden: »Tu, was Dir aufgetragen wurde und erwarte keinerlei Lob, Anerkennung oder spezielle Wertschätzung dafür. Denn es handelt sich bei deiner Mitarbeit ja um ein vertraglich begründetes Tauschgeschäft: Geleistete Arbeit gegen vereinbarte Entlohnung. Da gibt es keinen Platz für Lob. Mit der Bezahlung sind sämtliche Ansprüche an Wertschätzung abgegolten, es besteht kein Anspruch auf weitere diesbezügliche Aktionen.« Die Wirkung, die eine solche Interpretation entfaltet, erschließt sich in Anbetracht der vorherigen Ausführungen von selbst.

Wertschätzender Umgang zeigt sich auch in der Fehlerkultur, d. h. wie Organisationen mit entstehenden Fehlern der Menschen umgehen. Sind keinerlei Fehler erlaubt, kann das eine Botschaft vermitteln wie »Du bist hier nur willkommen und etwas wert, wenn Du keine Fehler machst«. Sobald ein Fehler passiert, und die passieren jedem arbeitenden Menschen, egal in welcher Profession und mit welcher Qualifikation, kann dies bei den betroffenen Personen den Eindruck erwecken, dass sie momentan im Unternehmen nicht erwünscht oder für die Organisation nichts wert sind. Das bedeutet natürlich keineswegs, dass Fehler gutgeheißen, ignoriert, nicht angesprochen oder nicht vermieden werden sollen. Eine vielerorts proklamierte »Null-Fehler-Politik« sollte sich jedoch auf das gesamte System und nicht nur auf den Einzelnen beziehen, denn dieser wäre damit überfordert. Von Einzelpersonen absolute Fehlerfreiheit zu verlangen ist nicht nur eine nicht erfüllbare Forderung, sondern einer wertschätzenden Kultur nicht förderlich. Auch die Art und Weise, wie mit entstehenden Fehlern umgegangen wird und wie sie aufgearbeitet werden, tragen zur Wertschätzungskultur bei. Wird aus einer Mücke ein Elefant gemacht, sprich wird ein kleiner Fehler überspitzt formuliert zu einer Katastrophe hochstilisiert, und wird dies auch noch lautstark und unternehmensweit kommuniziert, wirkt dies nicht wertschätzend, auch wenn Fehler in der Organisation akzeptiert sein mögen. Angemessene Reaktionen sind hier das richtige Stichwort, wozu eine entsprechende Achtsamkeit und ein passendes Urteilsvermögen sehr hilfreich sind. Auch die Frage, wie man entstandene Fehler abschließt, ist für eine wertschätzende Kultur wichtig. Sind die Fehler mit der Korrektur und eventuellen Maßnahmen zur Prophylaxe zukünftiger Fehler derselben Art für die Organisation und die betreffenden Personen erledigt oder hängen diese Fehler den

Personen dauerhaft nach? Kommentare wie »Vor fünf Jahren hast Du schon mal den gleichen Bock geschossen!« zeugen nicht sonderlich davon, dass in dieser Organisation Fehler nach deren Bewältigung abgeschlossen sind. Das stete Vorhalten alter Verfehlungen á la »Polizeiliches Führungszeugnis«, »Einträge in die Personalakte« oder dem bis ins 19. Jahrhundert geläufigen Kerbholz sind einer wertschätzenden Unternehmenskultur im Hinblick auf eine gute Followership nicht förderlich. Ähnliches gilt für nachtragendes Verhalten, das eher davon zeugt, dass sich die Organisation mit der Aufarbeitung und Bewältigung von Problemen und Missständen schwertut.

Wertschätzung drückt sich auch ganz allgemein in der Art und Weise der gegenseitigen Kommunikation aus. Gemäß Schulz von Thun bedeutet Wertschätzung, dass »eine Person ihr Gegenüber als achtenswerte, vollwertige, gleichberechtigte Person ansieht und dass sie ihm Wohlwollen entgegenbringt«.[381] Dies drückt sich vor allem auch in der Kommunikation aus. Schulz von Thun beschreibt die diesbezüglichen Inhalte sehr prägnant, weshalb nachfolgend aus seinem bekannten Buch »Miteinander reden« einige Abschnitte zum Thema »Kommunikation und Wertschätzung« direkt wiedergegeben werden: »Dazu gehören Höflichkeit und Takt, freundliche Ermutigung und Reversibilität im Sprachverhalten. Reversibilität heißt so viel wie ›Umkehrbarkeit‹. Damit ist gemeint: Der Sender [Anm. des Autors: der Nachricht] spricht zum Empfänger in einer Weise, wie der Empfänger auch umgekehrt zum Sender sprechen dürfte, ohne die Beziehung zu gefährden. Dieses Untermerkmal ist besonders in hierarchischen Beziehungen von Bedeutung, so in der Beziehung Eltern-Kind, Lehrer-Schüler, Vorgesetzter-Untergebener.«[382] Wertschätzung spürt man also vor allem auch dadurch, wie die Menschen miteinander kommunizieren. Spricht der Leader so, wie der Follower mit ihm sprechen könnte, ohne dass dies für den Follower Konsequenzen hätte, und maßt sich der Leader nicht einen Ton an, den der Follower nicht in umgekehrter Weise anschlagen dürfte, dann drückt dies nach Schulz von Thun Wertschätzung aus. Diese sog. »reversible Kommunikation« schafft deutliche Wertschätzung und fördert die mit Beginn der Digitalisierung verstärkt eingeforderte Augenhöhe zwischen Mitarbeitern und Führungskräften.[383] Um in diesem Zusammenhang mit entstandenen Missverständnissen und Fehlinterpretationen aufzuräumen, stellt Schulz von Thun aber auch klar, was mit Wertschätzung und mit wertschätzender Kommunikation nicht gemeint ist und womit das nicht verwechselt werden darf: »Weil hier leicht Missverständnisse entstehen, möchte ich auch darauf hinweisen, was mit ›Wertschätzung‹ nicht gemeint ist: nämlich gleichbleibende Freundlichkeit und In-Watte-Packen. Wertschätzung ist keine ›warme Milch‹, sondern eine respektierende Art, den anderen als vollwertigen

---

381 Schulz von Thun, Friedemann (2014): Miteinander reden 1: Störungen und Klärungen. Allgemeine Psychologie der Kommunikation. Reinbek bei Hamburg, Sonderausgabe, S. 187.
382 Ebd.
383 Schöffner, Günther; Senne, Petra (2021): Professionelle Zusammenarbeit von Geschäftsführung und Betriebsrat. Ein Praxisleitfaden für Führungskräfte und Manager. Erich Schmidt Verlag, Berlin, S. 117.

Partner auch bei Konflikten und harten Auseinandersetzungen zu achten.«[384] Nur zueinander freundlich zu sein, heißt nicht, wertschätzend zu agieren. Konflikte tragen zum besseren gegenseitigen Verständnis und zur besseren Zusammenarbeit bei. Sie aus falschem Verständnis von Wertschätzung nicht auszutragen, kann nicht nur für die Ergebnisse der Organisation fatal sein. Sie kann auch ein Zeichen mangelnder Wertschätzung sein, denn wenn mir am anderen etwas liegt, versuche ich, die gegenseitige Kooperation zu verbessern, und dazu gehört auch die Lösung von Konflikten. Doch dies muss hinsichtlich Ansatz, Lösung und Kommunikation eben wertschätzend erfolgen. Gute Followership hat es also schwer, wenn die Kommunikation nicht hinreichend wertschätzend abläuft. Das bedeutet keineswegs, dass sich dies nur auf die Kommunikation zwischen Leader und Follower bezieht, sondern gleichermaßen auch auf die Kommunikation zwischen den Followern. Hier gibt es regelmäßig Probleme hinsichtlich ausreichend wertschätzender Kommunikation zwischen Jung und Alt, langgedienten und neu hinzugekommenen Mitarbeitern, zwischen Akademikern und Nicht-Akademikern, Vertretern verschiedener Geschlechter und vieles mehr. Gerade hinsichtlich der Kommunikation zwischen den Babyboomern und der Generation X auf der einen Seite und den Generationen Y, Z und A auf der anderen Seite gibt es in unzähligen Unternehmen regelmäßig Kommunikationsprobleme. Wie soll ein Zwanzigjähriger, der gerade seine Lehre abgeschlossen und in ein neues Team in der Produktion eines anderen Geschäftsbereichs gewechselt hat, dort ein begeisterter Follower werden und sich mit vollen Kräften für die Abteilung, die Kollegen und den Leader einsetzen, wenn ihm mit Beginn seines Eintritts in die Abteilung folgende Phrasen um die Ohren gehauen werden: »Lerne erst einmal arbeiten, bevor Du Dir über die Verhältnisse hier Gedanken machst.«, »Was erlaubst Du Jungspund Dir eigentlich, wenn Du die Langjährigen fragst, weshalb die Dinge hier so laufen, wie sie laufen? Das hat schon alles seine Richtigkeit.«, »Werde erst einmal erwachsen, bevor Du den erfahrenen Leuten hier Ratschläge zur Digitalisierung geben willst.« Ähnliches gilt natürlich auch in umgekehrter Richtung. Wie sollen ältere, erfahrene Mitarbeiter einem jungen Kollegen Wertschätzung und Wohlwollen gegenüberbringen, wenn dieser Kommentare wie folgenden abgibt: »Das sind ja alles digitale Analphabeten. Die können ja nicht mal eine App auf dem Smartphone installieren.«

Damit Wertschätzung und wertschätzende Kommunikation gelingen können, benötigen die kooperierenden Personen hinreichend gegenseitigen Respekt. Die Statements am Ende des vorherigen Abschnitts hören sich nicht nach einem besonders respektvollen Miteinander an. Respekt und Wertschätzung stehen aber in sehr enger Verbindung miteinander.[385] Eine einheitliche Definition des Begriffs »Respekt« und was genau darunter zu verstehen ist, gibt es nicht. Dazu sind die

---

384 Schulz von Thun, Friedemann (2014): Miteinander reden 1: Störungen und Klärungen. Allgemeine Psychologie der Kommunikation. Reinbek bei Hamburg, Sonderausgabe, S. 187.
385 Schöffner, Günther; Senne, Petra (2021): Professionelle Zusammenarbeit von Geschäftsführung und Betriebsrat. Ein Praxisleitfaden für Führungskräfte und Manager. Erich Schmidt Verlag, Berlin, S. 114.

Situationen und die personellen Konstellationen, in denen Respekt eine Rolle spielt, zu vielschichtig. Dennoch können wir aus den vielen Betrachtungen und Erklärungen, die zu diesem Thema existieren, einige für unseren Kontext relevante Beschreibungen aufgreifen, um etwas näher zu beleuchten, was mit Respekt zur Verbesserung der Followership in einem Unternehmen gemeint ist. Respekt kann in diesem Zusammenhang u. a. folgende Bedeutungen haben:[386]

- eine bestimmte Haltung anderen Menschen gegenüber, unabhängig von Herkunft, Aussehen, Status, Bildung etc.,
- Rücksichtnahme gegenüber anderen Menschen und ihren Bedürfnissen und Verletzlichkeiten,
- die wechselseitige Wertschätzung auf gleicher Augenhöhe bei bleichberechtigten Partnern.

Finden die genannten Punkte in einer Unternehmenskultur hinreichend Platz und werden deren Inhalte in der Praxis aktiv gelebt, stellt sich nahezu automatisch ein gewisses Mindestmaß an spürbarer gegenseitiger Wertschätzung ein, egal, welche Besonderheiten die einzelnen Personen auch mitbringen mögen. Auf einem solchen Nährboden hat es gute Followership viel leichter zu gedeihen, weil entscheidende Barrieren für das Übernehmen gegenseitiger Verantwortung verschwinden oder überwunden werden können. Das führt dazu, dass sich Personen in der Organisation anfänglich nicht ihre Daseinsberechtigung verdienen müssen, sondern von Anfang an akzeptierte und respektierte Mitglieder im Unternehmen sind, egal woher sie kommen, egal was sie mitbringen, egal wie lange sie bleiben. Der Inhalt der vorherigen Zeilen liest sich sehr gut und klingt schön, sozial und freundlich. In der realen Praxis kann dies jedoch sehr schwer umzusetzen sein, weil die Vielfalt der Menschen sehr groß ist. Dort jedem Menschen stets hinreichend Wohlwollen und Wertschätzung entgegenzubringen, kann zur richtigen Herausforderung im Arbeitsalltag werden. Dies berücksichtigend, muss man realistisch sehen, dass es nur in wenigen Fällen gelingen kann, einen nahezu idealen Zustand des gezeichneten Bildes zu erreichen. In vielen Fällen muss man lernen, sich mit einem eher suboptimalen Zustand zu begnügen und nicht entnervt in einen Zustand mangelnden Respekts und unzureichender Wertschätzung zu verfallen, weil es »ohnehin nichts bringt«. Das Anerkennen der Verschiedenheit der Menschen sowie das Eingeständnis eigener Fehler und Unzulänglichkeiten erleichtert die Akzeptanz eines solchen nichtidealen Zustandes.

4.2.4.2 Gleichheit und Gerechtigkeit

Die zuvor beschriebenen Faktoren Respekt und Wertschätzung werden immer wieder dann auf eine harte Probe gestellt, wenn die Themen Gleichheit und

---

386 Lienhart, Andrea (2011): Respekt im Job. Strategien für eine andere Unternehmenskultur. Kösel-Verlag, München, S. 21.

Gerechtigkeit im Unternehmen nicht mehr ausgewogen zu sein scheinen. Beides sind wichtige Faktoren dafür, dass sich im Unternehmen gute Followership etablieren kann. Lässt sich Gleichheit, d. h. die gleiche Behandlung verschiedener Personen, die aufgrund ihrer Position im Unternehmen gleiche Behandlung verdient haben und diese auch fordern dürfen, vielleicht noch in einem gewissen Maß objektiv bewerten, ist dies beim Thema Gerechtigkeit weit weniger einfach. Gleiches Geld für gleiche Arbeit ist hierzu ein bekannter Slogan. Hier gibt es eben auch noch gewisse Maßstäbe, mit denen die geforderte Gleichheit verglichen werden kann. Doch bereits wenn es darum geht, ob ein Leader zwei verschiedene Follower im Tagesgeschäft gleich behandelt, wird der Vergleich bereits schwierig und ist häufig subjektiv gefärbt. Noch schwieriger wird es wie bereits angedeutet beim Thema Gerechtigkeit. Diese fußt zu einem großen Teil auf Meinungen und Erwartungen einzelner Personen, die sich teilweise sogar beträchtlich voneinander unterscheiden können. Es gibt hierfür unzählige Beispiele, weshalb ich hier keines explizit nennen möchte. Absolute Gleichheit und Gerechtigkeit wird es in keinem Unternehmen geben, weil das menschliche Urteilsvermögen immer subjektiv mitgeprägt wird. Doch es stellt sich in den meisten Unternehmen innerhalb der Belegschaft diesbezüglich immer ein gewisses Grundgefühl ein, ob es im Betrieb gerecht zugeht und ob alle Personen in einem gewissen Rahmen gleichbehandelt werden. Dieses Grundgefühl beeinflusst das Agieren der Mitarbeiter und hat entsprechend auch auf deren Verhalten hinsichtlich aktiver Followership Einfluss. Gibt es im Unternehmen Gerechtigkeit und werden nicht einzelne Personen oder Personengruppen übermäßig bevorzugt oder benachteiligt, erleichtert dies die Übernahme von Verantwortung für andere Follower, den Leader und die Organisation. Herrschen hingegen Verhältnisse von Vetternwirtschaft, werden gewisse Personen oder Personengruppen protegiert oder ist die ungleiche Behandlung bestimmter Mitarbeiter bekannt und nicht mal mehr ein Geheimnis, kann dies zur entscheidenden Hürde für die Ausprägung guter Followership werden. Denn nicht nur die subjektiv benachteiligten Personen werden wenig Interesse an der Übernahme von Verantwortung für die Organisation zeigen, die sie offensichtlich benachteiligt. Auch Unbeteiligte halten sich ob der wahrgenommenen Ungerechtigkeit nicht selten zurück, gute Follower zu sein. Das hat mit der Erwartung zu tun, die Menschen an die Organisation haben. Die genannte Forderung »gleiches Geld für gleiche Arbeit« beruht auf der Erwartung, dass Menschen für den gleichen Einsatz eben auch gleichbehandelt und gleich entlohnt werden. Und wer mehr leistet oder mehr Einsatz bringt, sollte dementsprechend stärker belohnt werden. Dem liegt die sog. »Equity Theory« von Adams zugrunde, nach der auf Unternehmen übertragen Menschen nach einem Gleichgewicht streben, zwischen dem, was sie für das Unternehmen leisten und dem, was sie als Ertrag dafür zurückerhalten.[387] Erhält ein anderer für den gleichen Einsatz scheinbar mehr, oder erhält man selbst für den gleichen Einsatz weniger zurück als ein anderer, stellt sich das

---

387 Schreyögg, Georg; Koch, Jochen (2010): Grundlagen des Managements. Basiswissen für Studium und Praxis. Gabler-Verlag, Wiesbaden, 2. Aufl., S. 211.

Gefühl von Ungleichheit und folglich Ungerechtigkeit ein. Die Unzufriedenheit wächst, das Engagement sinkt. Stellen sich derartige Zustände auf Dauer ein, wird es schwer, auf breiter Front gute Followership zu etablieren. Ein Fallbeispiel soll uns dies etwas näher erläutern.

Fallbeispiel 16: Gleichheit und Gerechtigkeit als treibende Faktoren

Der Inhaber und alleinige Geschäftsführer eines mittelständischen Maschinenherstellers mit über 400 Mitarbeitern, Herr Pfaffe, musste vor gut einem Jahr, wie er sagte, die schwerste Entscheidung seines Unternehmerlebens treffen. Er musste die Hilfe einer Unternehmensberatung in Anspruch nehmen, weil das seit über einem Jahr begonnene Projekt zur Unternehmensdigitalisierung seit Monaten stecken geblieben war und rapide immer mehr Kunden zum Hauptkonkurrenten abwanderten. Das erste Mal in seinen 25 Jahren als Firmenchef wusste der Anfangssechziger keine Lösung, sodass er sich zu dieser Entscheidung genötigt sah. Für Dieter Pfaffe hatten Unternehmensberater keine wirkliche Daseinsberechtigung, denn »wenn das alles stimmen würde, was die sagen, dann wären sie selber Unternehmer«, wie diesbezüglich sein regelmäßiger Kommentar lautete. Pfaffe hatte das Unternehmen vor 25 Jahren von seinem Vater Karl Pfaffe, der die Firma gegründet und bis auf 300 Mitarbeiter ausgebaut hatte, geerbt und die Geschäftsführung übernommen. Karl Pfaffe war tüchtig gewesen und hatte das Unternehmen auf Basis mehrerer Patente zum größten Arbeitgeber in der Kleinstadt ausbauen können. Dementsprechend hoch war das Ansehen der Firma Pfaffe in der Stadt und im gesamten Landkreis. Dieter Pfaffe konnte sich sozusagen ins gemachte Nest setzen, denn die Wirkung der Vorarbeit seines Vaters wirkte über die Patente noch knapp zwei Jahrzehnte nach dessen Tod nach. Dieter Pfaffe war bis zur Übernahme des Unternehmens ein richtiger Lebemensch gewesen. Sein Vater hatte seinen üppigen Lebensstil finanziert. Nachdem ihm der Sprung ins Gymnasium aufgrund mangelnder Leistungen verwehrt geblieben war, machte Dieter Pfaffe eine Lehre zum Industriekaufmann, ging danach erst einmal lange auf Reisen und betrieb exklusive Hobbys, ehe er sich mit Anfang 30 halbtags im väterlichen Unternehmen als Unternehmensrepräsentant betätigte. Mit dem plötzlichen Tod des Vaters musste Dieter Pfaffe die Geschäftsführung übernehmen, denn für den Fall eines Verkaufs innerhalb von fünf Jahren nach seinem Tod hatte der Vater die Überführung des Unternehmens in eine Stiftung verfügt. Das wollte Dieter nicht, sodass er schließlich die Firmenleitung übernommen hatte. Die folgenden Jahrzehnte verliefen gut, Umsatz und Mitarbeiterzahl stiegen langsam, aber stetig an. Vor fünf Jahren kam die erste Stagnation, nachdem einige Patente ausgelaufen waren. Infolgedessen hatte man mehrere Jahre mit leicht rückläufigen Zahlen zu kämpfen. Dann kam es vor gut zwei Jahren zu einem massiven Einbruch der Umsatzzahlen von teilweise über 30 Prozent. Dieter Pfaffe wurde panisch, hatte er doch so etwas noch nie erlebt und er hatte Angst um seinen Nimbus als erfolgreicher Unternehmer. Die Wettbewerber hatten die

Geschäftsabwicklung auf digitale Verfahren umgestellt, was den Kunden bessere Preise, kürzere Lieferzeiten, geringere Bestellmengen und größere Produktflexibilität bescherte. Dieter Pfaffe erkannte schnell, dass er entsprechend mitziehen musste und setzte ein internes Projektteam ein. Dieses sollte innerhalb eines Jahres die digitalen Prozesse einführen. Doch es zeigte sich nach einigen Monaten, dass sowohl die Projektbeteiligten als auch die gesamte Belegschaft damit überfordert waren.

Die Digitalisierung hatte Dieter Pfaffe kalt erwischt und er musste zur Rettung des Unternehmens die Unternehmensberater engagieren. Diese kamen dem Problem relativ schnell auf die Spur. Überraschenderweise waren die fehlende digitale Infrastruktur sowie die Prozesse, die entsprechend angepasst werden mussten, nicht das Hauptproblem des stockenden Projektes. Die Berater sahen gute Chancen, die Prozesse innerhalb eines halben Jahres umstellen und nach einem weiteren halben Jahr der Lernkurve diese zur vollen Leistung bringen zu können. Das Hauptproblem sahen sie in der Belegschaft, die zu großen Teilen nicht willens war, unter den neuen Gegebenheiten, welche der digitale Ansatz erforderte, in den bisherigen Verhältnissen weiterzuarbeiten. Das schockierte Dieter Pfaffe und er ließ sich von den Beratern die Hintergründe erklären. Die Produktions- und Abwicklungsprozesse seien in den vielen Jahren von den einzelnen Verantwortlichen stets weiterentwickelt und angepasst worden. Die Arbeit der kompetenten Mitarbeiter hatte für gute, wenn auch nicht spitzenmäßige Standards gesorgt. Dadurch war eine Anpassung der Verfahren an die digitale Welt als überraschend einfach und machbar erschienen. Durch die wesentlich schnelllebigeren Verfahren müsste sich jedoch die Organisation spürbar ändern, weg von der jahrelangen Hierarchieorientierung hin zu weitreichender Selbstorganisation. Anders wären die kurzen Lieferzeiten, die schnellen Produktänderungen und die geringen Losgrößen nicht zu bewältigen, auch wenn die Software noch so gute Unterstützung leiste. Dazu müssten jedoch viele Mitarbeiter deutlich mehr Verantwortung übernehmen, als sie dies bislang tun, Führungskräfte müssten vieles loslassen und Herr Pfaffe müsste sich davon verabschieden, viele Entscheidungen im Unternehmen täglich selbst zu treffen. Das müsse man zum großen Teil der Organisation selbst überlassen. »Mache ich. Wo ist das Problem? Hauptsache es geht wieder aufwärts und wir haben nicht mehr so schlechte Presse.«, sagte Dieter Pfaffe, denn er war schon immer eitel gewesen und er hatte im Laufe der Jahre in seinem Bekanntenkreis und der lokalen Öffentlichkeit auch gewisse Staralüren entwickelt. Die Einschätzung der Unternehmensberater gefiel ihm jedoch deutlich weniger als sein schneller Entschluss zum Loslassen. Denn die empfahlen einen radikalen Umbau der ersten Managementebene und einen signifikanten Wandel im gegenseitigen Umgang, damit sich eine der für den digitalen Ansatz förderliche Followership einstellen könne. Die Zusammenhänge und Hintergründe dieser Empfehlungen sind nachfolgend kurz skizziert.

Dieter Pfaffe zahlte alle Mitarbeiter sehr gut und in allen Bereichen weit überdurchschnittlich. Der viele Jahre und durch Patente abgesicherte Unternehmenserfolg gestattete ihm diese Großzügigkeit. Außerdem genoss er es sehr, von seinen Mitarbeitern als spendabler Gönner betrachtet und als erfolgreicher Geschäftsmann nahezu verehrt zu werden. Er ließ dabei stets keinen Zweifel daran, wem der langjährige Erfolg zu verdanken wäre. Denn, so wiederholte er immer wieder, man müsse im Unternehmen diejenigen denken lassen, die denken können, und die anderen sollen einfach tun, was man ihnen sagt. Dann, so Dieter Pfaffe, könne ein Unternehmen dauerhaft erfolgreich sein. Wem er zutraute, »denken zu können«, war im Unternehmen allseits bekannt: In allererster Linie sich selbst und in einem gewissen Maß auch seinen fünf Top-Managern. Diese hatte er nach der Übernahme der Geschäftsführung selbst in Position gebracht, drei durch Beförderung aus dem Unternehmen, die zwei anderen kannte er aus einem Verein. Dementsprechend war die Unternehmensstruktur 25 Jahre lang fast unverändert geblieben und die Top-Positionen waren immer gleich besetzt. »Das bringt Stabilität«, so Dieter Pfaffe. Die fünf Manager für Vertrieb, Entwicklung, Produktion, Einkauf und Finanzen hatten alle abgeschlossene Berufsausbildungen. Akademiker waren Dieter Pfaffe schon immer suspekt, denn »die gehören ins Forschungslabor und nicht in ein Unternehmen«. Dementsprechend gab es eine Zweiklassengesellschaft in der Belegschaft: Akademiker und Nicht-Akademiker. Die Akademiker wurden als Mitarbeiter zweiter Klasse betrachtet. Das lebte Dieter Pfaffe subtil vor. Deren Anzahl war ohnehin vergleichsweise gering, denn »manche braucht man halt und darum hält man sie sich«, so Pfaffe. Die fünf Top-Manager hatten Dieter Pfaffe bei der Firmenübernahme tatkräftig unterstützt, weil er von Unternehmensführung keine Ahnung hatte. Sie brachten zwar alle in ihrem Metier nur eher durchschnittliche Leistung, doch sie waren treu, eine für Dieter Pfaffe sehr wichtige Eigenschaft. Sie hatten alle fünf auch ein entscheidendes Talent, für das Dieter Pfaffe sehr aufgeschlossen war: Sie heuchelten ihm, biederten sich ihm an und zeigten regelmäßig ihre »Verehrung«. Das geschah die ganzen 25 Jahre. »Toll, was Sie im letzten Jahr wieder für uns getan haben, Herr Pfaffe!« war ein Satz, den der Einkaufschef fast zu jeder Jahresabschlussfeier öffentlich gesagt hatte, dazu aufgestanden war und die anderen Mitarbeiter animierend laut geklatscht hatte. Salopp formuliert, hatten sich die fünf Personen bei Dieter Pfaffe eingeschleimt und ihm in den guten Jahren stets mehr oder weniger gehuldigt. Durch ihre erkaufte Gunst hatten die fünf Manager sehr große Freiheiten im Unternehmen. Was sie sagten, musste in der Regel befolgt werden, auch wenn dies nicht immer richtig und dem Unternehmen nicht immer förderlich war. Kritik an ihnen und vor allem an Dieter Pfaffe war hingegen nicht gerne gesehen. Sie nutzten ihre Stellung für eigene Vorteile, fuhren die mit Abstand größten Firmenwagen, konnten ihre Kinder im Unternehmen mit wohl dotierten Praktikumsstellen versorgen und für ihre Ehepartner auch teilweise gut bezahlte Teilzeitjobs erwirken. Die Belegschaft duldete dies alles wegen der mehr als guten Bezahlung, weil das Arbeitstempo im Unternehmen eher gemächlich war und letztendlich auch deshalb, weil das nächste ähnlich geartete Unternehmen mehr als 30 km entfernt lag. Es war eine Art Tauschgeschäft: Mund halten, nicht

aufbegehren, keine Fragen stellen und akzeptieren, was »von oben« kommt – gegen einen ruhigen und sicheren Job mit exzellenter Bezahlung.
Genau dieses Tauschgeschäft wollte die Belegschaft, vor allem die jüngeren Mitarbeiter, mit dem digitalen Ansatz nicht mehr hinnehmen. Selbstorganisiert hätten die Mitarbeiter gerne mehr Verantwortung übernommen und gestaltet. Sie wollten es jedoch nicht mehr akzeptieren, dass die Organisation an der Spitze wieder gleich geblieben wäre und die fünf Manager sich weiterhin überall hätten einmischen und das letzte Wort haben können. Die Mitarbeiter wollten auch nicht mehr akzeptieren, dass die von den fünf Top-Managern protegierten Personen Sonderrollen spielten und es weiterhin eine Zweiklassengesellschaft geben sollte. Ein weiteres großes Hindernis für die Ausbildung einer wesentlich besseren und der Selbstorganisation deutlich förderlicheren Followership war die bei aller guten Bezahlung mangelnde Wertschätzung der Mitarbeiter durch Herrn Pfaffe und seine fünf »Schergen«, wie sie auch gelegentlich genannt wurden. Die subtil herablassende, überhebliche Art, bei der sich die Mitarbeiter immer etwas für dumm verkauft fühlten, und die nicht ansatzweise zu sehende Augenhöhe mit dem Top-Management wollte man unter den neuen Gegebenheiten, wo es wesentlich stärker auf die Mitwirkung eines jeden einzelnen ankam, einfach nicht mehr über sich ergehen lassen. Die Unterstützung für Dieter Pfaffe war im gesamten Unternehmen ambivalent. Einerseits war man ihm dankbar für seine Großzügigkeit und die Stabilität der Arbeitsplätze, denn er hatte Angebote zur Internationalisierung der Produktion, was den Gewinn erhöht, lokal aber Arbeitsplätze gekostet hätte, mehrfach abgelehnt. Deswegen hätten die Mitarbeiter durchwegs gern viel mehr für Herrn Pfaffe getan. Auf der anderen Seite stand jedoch dessen gönnerhafte, herablassende Art, die die Menschen davon abhielt, mehr zu tun, denn schließlich nahm Dieter Pfaffe sie ja nicht ernst. Die ungerechte Bevorzugung der fünf Top-Manager und deren Protegés taten dazu ein Übriges. Unter dem Strich war die Followership all die Jahre weit hinter dem zurückgeblieben, was möglich gewesen wäre bzw. was die Mitarbeiter bereit zu geben gewesen wären. Unter den neuen Verhältnissen wollten sie jedoch nicht einmal mehr das an Followership geben, was bislang gezeigt wurde. Denn für die Belegschaft ging die Gleichung nicht mehr auf. Für denselben Ertrag, den sie aus ihrer Arbeit für das Unternehmen zurückbekommen hätten, hätten sie wesentlich mehr geben müssen. Dieter Pfaffe war am Boden zerstört, als er die Darstellungen der Unternehmensberater hörte. Er beendete noch am selben Tag, der seiner Aussage nach der demütigendste in seinem Leben war, das Engagement der Unternehmensberater und führte das interne Projektteam zur Digitalisierung selbst als Projektleiter weiter.

Ungerechtigkeit, Ungleichheit und mangelnde Wertschätzung waren jene Elemente der Unternehmenskultur des vorherigen Fallbeispiels, welche die Mitarbeiter davon abgehalten hatten, sich auf eine bessere Followership einzulassen und mehr Verantwortung für die anderen Mitarbeiter und das Unternehmen zu übernehmen. Vor allem für die Top-Leader wollten sie keine größere Verantwortung übernehmen, die der selbstorganisierte Ansatz verlangt hätte. Zwar waren diese Elemente dem Betreiben einiger weniger Personen geschuldet, weshalb man argumentieren könnte, dass es sich hier um personelle und nicht um organisationale Faktoren zur Followership handelte. Doch die gesamte Organisation hatte es in den vielen Jahren zugelassen, dass sich die beschriebenen Verhältnisse hatten einstellen und verfestigen können. Denn wie bei einem Machtsystem, für dessen Wesen und Ausgestaltung nicht nur Führungskräfte verantwortlich sind, sondern wozu und wofür auch »gewöhnliche« Mitarbeiter gewisse Gestaltungsmöglichkeiten haben und somit Mitverantwortung tragen,[388] haben Mitarbeiter auch an der Ausgestaltung der Unternehmenskultur eine Mitverantwortung. Es war also die gesamte Organisation, die jene Faktoren bestimmte, die festlegten, wie sich Follower im Unternehmen verhalten sollen. Das »Sollen« aus Kapitel 4.1 wurde also im Wesentlichen von der Organisation gestaltet und eingefordert, weshalb es sich bei den beschriebenen Faktoren eben um organisationale Aspekte handelt. Es herrschte in der Belegschaft ein ungeschriebenes, aber dennoch überall und stets kommuniziertes »Sollen«, dass die Mitarbeiter kein zu hohes Engagement zeigen sollten, das sich eventuell sogar zu einem Commitment hätte steigern können. Commitment bedeutet, dass Follower die Meinung und den Standpunkt des Leaders einnehmen und dessen Anweisungen oder Empfehlungen begeistert umsetzen.[389] Bei geeigneter Ausgestaltung von Leadership und Followership, bei der vor allem bei Letzterem das Challengen weiterhin eine feste Rolle spielt, kann Commitment ein ausgesprochen positiv wirkender Faktor auf die gelebte Followership sein. Dieser wurde jedoch durch die Unternehmenskultur im vorherigen Fallbeispiel unterdrückt, weil die Belegschaft nicht wollte, dass man für die fünf Top-Leader und den teilweise herablassend handelnden Firmenchef auch noch Commitment zeigte.

Die beiden Faktoren Gleichheit und Gerechtigkeit, die wie zuvor gezeigt großen Einfluss auf die gelebte Followership haben können, zeigen sich noch in vielen weiteren Facetten. Beginnend mit der gelebten Geschlechter- oder Altersgerechtigkeit (Häufig gestellte Frage: Müssen z. B. ältere Mitarbeiter für die gleiche Arbeit automatisch besser bezahlt werden, auch wenn ihre größere Berufserfahrung keinerlei Einfluss auf Qualität und Quantität der geleisteten Arbeit hat?) äußern sich diese Faktoren in der Praxis beispielsweise auch darin, wie mit temporärem Personal, sprich Zeit- oder Leiharbeitern, umgegangen wird und welchen Einfluss deren Präsenz auf die Unternehmenskultur, speziell die gelebte Followership hat. Ich habe Fälle erlebt, bei denen sich die fest beschäftigten Mitarbeiter trotz aller Vorschriften zur Gleichbehandlung von Leiharbeitskräften verhalten hatten, als seien sie etwas Besseres. Ihr Engagement für das Unternehmen ging wie der Support für die Führungskräfte zurück. Sie erwarteten, dass die Leiharbeiter wesentlich mehr als sie selbst leisten müssten, weil sie selbst ja

---

388 Schöffner, Günther; Hagehülsmann, Ute; Schöffner, Kerstin (2023): Zukunftsfähige Machtsysteme in Unternehmen. Die Verantwortung richtig auf die Beine stellen. Kohlhammer Verlag, Stuttgart, S. 393.
389 Daft, Richard L. (2015): The Leadership Experience. Cengage Learning, Stamford, S. 374.

schließlich erstens dauerhaft im Unternehmen beschäftigt und zweitens dementsprechend auch schon länger im Unternehmen seien. Diese Eigendynamik einzelner führte dazu, dass sich im Laufe der Zeit die ganze Gruppe ähnlich verhielt, in einem gewissen Rahmen eigene Regeln entwickelte und von den Vorgaben des Leaders stärker abwich als bisher, sprich sich nicht mehr so stark am Leader ausrichtete. Als der Einsatz der Leiharbeitskräfte beendet war, kehrte die Gruppe wieder zur ursprünglich praktizierten Followership zurück. Ein weiterer Faktor, der ähnlichen Einfluss auf die gelebte Followership hat, ist, wie das tägliche »Geben und Nehmen« praktiziert wird. Fordert in einer Partnerschaft eine Seite stets mehr als sie bereit ist zu geben oder gibt es einen regelmäßigen Ausgleich? Die Partnerschaften können dabei die Beziehungen zwischen Follower und Leader, aber auch zwischen den Followern selbst sein. Dies hat wesentlichen Einfluss auf die sich einstellende Unternehmenskultur, die, wie wir zuvor bereits gesehen haben, ihrerseits wiederum Einfluss auf die sich einstellende Followership hat. Findet das Geben und Nehmen statt oder muss der Ausgleich immer wieder eingefordert werden? Haben manche Personen ihre Aktivitäten beschränkt und geben nicht mehr alles, was sie könnten, sprich halten sie sich in der gelebten Followership zurück, weil sie schon oft gegeben, aber nicht bekommen hatten? Im Zeitalter agilen Arbeitens in der digitalen Arbeitswelt muss der Ausgleich rascher erfolgen als die Jahrzehnte zuvor, weil sich die Konstellationen gegenseitiger Zusammenarbeit viel schneller ändern als früher und häufig auch flüchtiger sind. »Du hast etwas bei mir gut!« gilt zwar auch heute noch in vielen Fällen, hat jedoch nicht mehr die Akzeptanz wie lange Zeit vorher. Das hat auch damit zu tun, dass die Beziehungen zwischen den Mitarbeitern durch häufiger wechselnde Team- und Leader-Follower-Konstellationen sowie durch den vermehrten Einsatz von Remote Work (Homeoffice, mobiles Arbeiten etc.) häufig flüchtiger sind als früher und so die gegenseitige Vertrauensbasis seichter ist. Vertrauen ist aber ein wichtiger Faktor für sich einstellende Followership. Denn es ist einleuchtend, dass es leichter fällt, für andere Mitarbeiter und Leader Verantwortung zu übernehmen, denen man vertraut, als für solche, zu denen die Vertrauensbasis weniger oder (noch) gar nicht ausgeprägt ist. Hier hilft, das eigene Vertrauensverständnis etwas stärker den veränderten Bedingungen von New Work anzupassen. Vertrauen muss nicht absolut sein und darf auch hier und da enttäuscht werden, ohne dass die Arbeitsbeziehung dadurch gleich derart beeinträchtigt sein müsste, dass eine dauerhafte Kooperation unmöglich erscheint.[390] Dennoch muss die Vertrauensbasis so groß sein, dass eine Kooperation und ein Nachfolgen möglich wird. Denn dieses Nachfolgen verlangt, dass man sich auf den Leader einlässt und sein eigenes Schicksal in einer gewissen Weise in die Hände des Leaders gibt. Das kann ohne hinreichendes Vertrauen nur schwer funktionieren.

---

390 Sprenger, Reinhard K. (2007): Vertrauen führt. Worauf es im Unternehmen wirklich ankommt. Campus Verlag, Frankfurt/New York, 3. Aufl., S. 70–78.

4.2.4.3 Vertrauen

Übertragen auf eine gesamte Organisation bedeutet dies, dass ein für die Followership wichtiger Aspekt der Unternehmenskultur die praktizierte Vertrauenskultur ist. Kann man den anderen vertrauen und sich auf sie und ihre Urteilskraft und Zuverlässigkeit verlassen? Oder wird man diesbezüglich regelmäßig enttäuscht? Oder sucht der andere stets nur seinen eigenen Vorteil, ohne das Gegenüber und die Organisation auch zu ihrem Recht kommen zu lassen? Wird viel oder nur wenig Vertrauen gewährt, weil die Menschen eher misstrauisch sind, obwohl vielleicht gar nicht so richtige Gründe dafür bestehen? Solche Elemente der Unternehmenskultur haben entscheidenden Einfluss auf die sich einstellende Followership. Die entsprechende Beeinflussung und Veränderung der Unternehmenskultur ist daher einer der Schlüsselfaktoren dafür, gute Followership in einem Unternehmen zu etablieren. An dieser Stelle sei noch ergänzt, dass ähnlich wie eine schwach ausgeprägte Vertrauenskultur auch eine Angstkultur in einem Unternehmen einer gelebten Followership nicht förderlich ist. Dies bedarf keiner weiteren großen Begründung, denn jeder kann sich selbst ausmalen, dass Followership schnell zu einem System von Befehl und Gehorsam ohne Followership-Komponenten ausarten kann, wenn das gegenseitige Miteinander vor allem durch Angst geprägt ist. Die Übernahme zusätzlicher Verantwortung für Leader, Follower und Organisation tritt hier weit in den Hintergrund. Auch eine nur unterschwellig, aber stets präsente Angst als Dauerbegleiter der täglichen Arbeit lässt gelebte Followership nur in geringem Maße zu. Ein in diesem Zusammenhang weiterer Faktor, der hier zwar erwähnt werden, aber ähnlich wie zuvor das Thema Angst keiner näheren Betrachtung bedürfen soll, ist das Thema Kommunikation. Sie hängt sehr eng mit den schon mehrfach erwähnten und beschriebenen Punkten Respekt und Wertschätzung zusammen. Sie ist ein entscheidender Baustein dafür, wie diese beiden Punkte beim Gegenüber ankommen und dort interpretiert werden. Dementsprechend wichtig ist es, Respekt und Wertschätzung für den anderen nicht nur für sich selbst gedanklich zu praktizieren, sondern dies auch entsprechend auszudrücken. Zum großen Themenkomplex Kommunikation, insbesondere wertschätzende Kommunikation, sei an dieser Stelle auch auf die sehr umfassende Spezialliteratur verwiesen. Mit einem Fallbeispiel wollen wir uns den Einfluss einer Bequemlichkeitskultur auf praktizierte Followership ansehen. Bequemlichkeit, Trägheit und Selbstgefälligkeit sind häufige Motive des Bewahrens, die Veränderungen in Unternehmen verhindern.[391] Dementsprechend schwer tun sich Mitarbeiter in solchen Organisationen, etablierte Verfahrensweisen zu modifizieren, wie wir im Beispiel sehen werden.

---

391 Schöffner, Günther (2020): Changeprozesse positiv gestalten. Kontinuierliche Veränderungsbereitschaft erzeugen und Widerstände überwinden. Schäffer-Poeschel Verlag, Stuttgart, S. 103–107.

Fallbeispiel 17: Gelebte Followership als Stein des Anstoßes

Die Produktion des Industrieunternehmens »Weingasser« war im Laufe der Zeit auf drei Einzelfabriken angewachsen. Mit jedem Schritt des Wachstums war der Standort um eine weitere Fabrik erweitert worden. Jede der drei benachbarten Einzelfabriken wurde von jeweils einem Manager, dem Fabrikleiter, verantwortet. Neben den drei Fabrikleitern gab es auf gleicher Managementebene noch einen Logistikleiter, der die Produktionslogistik der Fabriken verantwortete. In den Fabriken gab es zwischen drei und fünf Produktionsgruppenleiter, die nur in Tagschicht arbeiteten. Die einzelnen Produktionsschichten wurden jeweils von Teamleitern gemanagt. Das Unternehmen war vor gut zehn Jahren von der Wachstums- in die Konsolidierungsphase übergegangen. Seitdem waren Umsatz- und Produktionszahlen stabil, die Produktionsverfahren wurden den Neuerungen am Markt angepasst. Alles in allem hat sich aber vor allem in den letzten fünf eine große Stabilität etabliert. Der Ertrag war ausreichend, sodass sich auch in der Belegschaft eine gewisse Sättigung und Zufriedenheit mit dem Status quo eingestellt hatte.

In die Logistikabteilung trat ein neuer Mitarbeiter ein, Herr Mautner, der für die Versorgung der Produktionsbereiche in den Fabriken 1 und 2 eingesetzt wurde. Herr Mautner war Ende 30, hatte eine Berufsausbildung zur Logistikfachkraft absolviert und kam von einem anderen Produktionsunternehmen, das nach mehreren schweren Jahren schließlich insolvent gegangen war und abgewickelt wurde. Herr Mautner freute sich, bei Weingasser schnell wieder eine adäquate Stellung gefunden zu haben und die Schichtarbeit störte ihn nicht. Ganz im Gegenteil war er über die höheren Verdienstmöglichkeiten froh, musste doch noch sein kürzlich erworbenes und in der Renovierung befindliches Haus abbezahlt werden. Wie schon bei seinem vorherigen Arbeitgeber versuchte er, alles in seiner Macht Stehende dafür zu tun, dass es dem Unternehmen gut geht, denn das, so seine feste Überzeugung, sichere seinen Arbeitsplatz und somit seine Existenz. Mit seiner Erfahrung bei einem anderen Unternehmen fielen Herrn Mautner bei seinen Fahrten mit Gabelstaplern und anderen Fahrzeugen zwischen den beiden Fabriken und den zughörigen Lagerbereichen viele Verbesserungsmöglichkeiten auf. Diese teilte er sowohl den jeweiligen Mitarbeitern, die es direkt betraf, als auch den Gruppen- und Schichtleitern mit, wenn er es für notwendig erachtete. Auch seiner direkten Führungskraft, dem Logistikleiter, teilte er in den ersten zwei Monaten nach seinem Eintritt bei Weingasser regelmäßig die von ihm beobachteten Verbesserungsmöglichkeiten mit. Dabei hatten seine Empfehlungen eine große Bandbreite.

An die Produktionsmitarbeiter hatte er beispielsweise folgende Empfehlungen gerichtet:

- Kollege, zieh doch Deine Sicherheitsschuhe an, nicht dass Du Dich noch verletzt! Ein verlorener Zeh kann nicht wiederbeschafft werden.

- Ordne doch die zu- und abgeführten Teile andersherum an der Maschine an. Dann tust Du Dir ergonomisch leichter und kannst Deine Stückzahl erhöhen, ohne dass Du Dich mehr anstrengen musst.
- Wenn Du die leeren Paletten nicht hinwerfen, sondern hinlegen würdest, würde das viel weniger Lärm erzeugen. Das wäre für Dich und die Kollegen weit weniger Lärmbelastung und würde durch den verringerten Stress Spaß und Produktivität erhöhen.

An die Teamleiter hatte er Empfehlungen wir diese:

- Wenn Ihr fünf Teamleiter Euch zu Schichtbeginn kurz über die Produktionsreihenfolgen der Schicht absprechen würdet, könnte man unnötige Stillstandszeiten an den Maschinen vermeiden. Die Kollegen in der Produktionsplanung sehen das ja nicht, wir aber.
- Vielleicht könnten Kollegen A und Kollege B in der Schicht die Plätze tauschen. A ist viel jünger als B, der täte sich am anderen Arbeitsplatz viel leichter, weil der noch leichter die Hebetätigkeiten ausführen kann.

Den Produktionsgruppenleitern berichtete er Inhalte und Beobachtungen wie die folgenden:

- Der Unterschied der Teamleistungen ist bemerkenswert. Wenn man die beiden Teams A und B durchmischen würde, könnte man die durchschnittliche Leistung schon merklich erhöhen. Denn die Leistungsträger würden die anderen mit nach oben pushen. Wenn man die Teams wie jetzt mit nur sehr Starken in A und überwiegend Schwachen in B belässt, werden die Unterschiede der Leistungen wahrscheinlich hoch bleiben.
- Je nach Teambesetzung machen sich gewisse Kollegen in der Nachtschicht ein ganz schön ruhiges Leben. Sie gehen ständig zum Rauchen, überziehen die Pausenzeiten enorm und halten regelmäßige Schwätzchen. Dabei haben sie immer Ausreden für die schlechte Produktivität parat: Fehlende Teile, kaputte Maschinen oder mangelnde Produktionsinfos. Hier könnte man durch ein paar Maßnahmen schnell viel Verbesserung erreichen.

Bei passender Gelegenheit gab er auch den beiden Fabrikleitern hin und wieder Feedback und berichtete ihnen über Möglichkeiten zur Verbesserung, die er festgestellt hatte. Auch seinem Leader, dem Logistikleiter, teilte er regelmäßig seine Beobachtungen mit. Seine wohlwollenden Empfehlungen kamen jedoch fast bei allen Personen nicht besonders gut an. So etwas waren die Mitarbeiter nicht gewohnt. Weder, dass sich jemand so viele Gedanken machte, noch, dass sich jemand um andere kümmert und versucht, Dinge zu verbessern. Dementsprechend häuften sich auch Beschwerden über Herr Mautner bei den verschiedenen Führungskräften auf allen Ebenen. Dabei fielen Kommentare wie »Der hat doch gar keine Ahnung« oder »Der will sich doch nur wichtigmachen«.

Objektiv betrachtet hatte Herr Mautner in vielen Fällen jedoch Recht. Das bestätigte ein externer Produktionsberater, den der Fabrikleiter 1 drei Monate nach dem Einstieg von Herrn Mautner für eine Blitzlicht-Beratung angeheuert hatte. Der Fabrikleiter hatte davon erfahren, dass Herr Mautner seitens des Logistikleiters gerügt worden war, er möge doch seine Kommentare zukünftig deutlich reduzieren oder unterlassen, wenn er im Unternehmen verbleiben möchte. Denn viele Personen hatten an seinem Verhalten schon Anstoß genommen. Der Fabrikleiter hatte daraufhin Herrn Mautner zum Gespräch gebeten und sich seine Sichtweise der Dinge angehört: »Ich sehe so viele Dinge, die falsch laufen und verbessert werden könnten. Viele könnten sicherer arbeiten, mehr Output liefern und den Führungskräften weniger Sorgen bereiten. Vieles könnte in der Produktion besser laufen, dann würden doch bestimmt auch die Geschäftszahlen besser werden. Mein vorheriges Unternehmen hat jahrelang ständig an der Verlustgrenze gearbeitet. Es mussten immer alle möglichen Verbesserungsmöglichkeiten schnell umgesetzt werden, damit man nicht in die Verlustzone rutscht. Am Ende hat es dann doch nicht gereicht und die Mitarbeiter mussten gehen. Das möchte ich nicht noch einmal erleben müssen, darum setze ich mich hier so wie früher für die Kollegen, das Unternehmen und letztendlich auch für die Chefs ein, obwohl das vielleicht gar nicht zu meinem Job als Staplerfahrer gehört. Ich will aber niemanden anschwärzen und habe es mit den Kollegen immer nur gut gemeint. Das scheint aber hier leider niemanden zu interessieren. Das verstehe ich nicht.« Der Fabrikleiter hatte vom beauftragten Produktionsexperten neben der Bestätigung, dass Herr Mautner sehr gute Beobachtungen und Vorschläge gemacht hatte, auch etwas über die Gründe für die Ablehnung von dessen Kommentaren erfahren. Herrn Mautners Verhalten passte nicht zur bestehenden Unternehmenskultur des Bewahrens. Er stand für ständige Reflexion und Verbesserung, was den bisherigen Gewohnheiten zuwiderlief. Viele Mitarbeiter wussten auch, dass Herr Mautner Recht hatte und dass sie bei der Umsetzung seiner Vorschläge gewisse persönliche Komfortzonen hätten verlassen müssen. Das wollten sie jedoch nicht, denn dem Unternehmen ginge es ja gut, das wäre schon seit vielen Jahren so gewesen, und wenn sie es änderten, bekämen sie auch kein höheres Gehalt und wahrscheinlich wäre das alles nur Panikmache. Der Fabrikleiter regte nach den Rückmeldungen des Produktionsexperten ein Projekt zur Produktionsverbesserung in allen drei Fabriken an, welches schließlich auch umgesetzt wurde. Der im Laufe des Projektes notwendige Wandel in der Unternehmenskultur benötigte mehr als drei Jahre.

Die Kultur des Bewahrens und der Bequemlichkeit hatte dazu geführt, dass die gelebte Followership von Herrn Mautner nicht nur lange auf taube Ohren gestoßen war, sondern sogar Widerstand hervorgerufen hatte. Er ließ sich von seinem Chef, dem Logistikleiter, auch bereitwillig führen. Dieser hatte ihm nach zwei Monaten geraten, seinen Fokus doch stärker auf seine eigene Arbeit zu richten und seinen Kollegen und den anderen Leadern nicht mehr so sehr mit seinen Kommentaren

»auf den Wecker zu fallen«. »Wenn Sie das so wollen, dann mache ich das. Ich meine es aber nur gut. Ich will weder jemanden verpetzen noch mich wichtigmachen. Ich möchte nur das Unternehmen mit all meinen Kräften voranbringen. Und wenn ich sehe, dass sich ein Kollege in Gefahr begibt, da muss ich doch einschreiten, ich bin doch für ihn mitverantwortlich. Es geht doch um dessen Gesundheit! Aber wenn Sie das sagen, dann schränke ich mich zukünftig ein, denn Sie sind der Boss. Und meine Aufgabe ist es auch, Sie erfolgreich zu machen, denn ich will ja ein guter Mitarbeiter sein. Dazu zählt aber auch, dass Sie von Ihren Manager-Kollegen nicht mehr so viele Beschwerden über mich bekommen.« So die Ausführungen von Herrn Mautner. Seine stark ausgeprägte Followership stieß auf zu große Ablehnung auf der Gegenseite. Es gab eine spürbare »kulturelle Lücke«, d. h. einen Unterschied zwischen den tatsächlich gelebten Werten im Unternehmen und den Wertevorstellungen von Herrn Mautner.[392] Erfolgsfaktoren für das Gelingen im weiteren Verlauf war eine straffere Führung von Herrn Mautner dahingehend, dass man seine Followership stärker kanalisierte, damit er weniger anecke, und dass man wie erwähnt ein Projekt zur Veränderung der Unternehmenskultur anstieß. Infolgedessen konnte sich bei Weingasser auch eine gute Followership etablieren, auch wenn nicht alle Mitarbeiter sie so intensiv betrieben wie Herr Mautner. Doch das ist in Anbetracht der Verschiedenheit der Menschen nicht ungewöhnlich.

Wie eingangs bereits erläutert, gibt es wie diese noch etliche weitere organisationale Faktoren, die einer guten Followership förderlich oder hinderlich sind. Doch wir wollen es an dieser Stelle mit sich bewenden lassen, denn die Zusammenhänge sollten nun klar sein, sodass sich jeder sein eigenes Bild von den weiteren Faktoren aus der eigenen Arbeitswelt bilden kann.

4.3 Persönliche Aspekte

4.3.1 Können: Follower-Kompetenz

Die in Kapitel 4.1 vorgestellten Handlungsdeterminanten weisen auf der Seite des Mitarbeiters die beiden Komponenten »Können« und »Wollen« auf. Praktiziert ein Mitarbeiter aufgrund mangelnden Könnens keine gute Followership, kann dies entweder daran liegen, dass er durchaus willens und in der Lage wäre, ein guter Follower zu sein, er jedoch Inhalte und Konzepte der Followership nicht kennt und deshalb mehr oder weniger nach Gefühl und Intuition seine Follower-Rolle ausfüllt. Eine Vermittlung der Kenntnisse über Followership und ein praxisnahes Training könnten in einem solchen Fall sehr hilfreich sein, um aus dem Mitarbeiter einen guten Follower zu machen. Dies ist eine der Hauptintentionen und -zwecke dieses Buches. Es kann jedoch auch die Möglichkeit bestehen, dass der Mitarbeiter zwar

---

392 Daft, Richard L. (2015): The Leadership Experience. Cengage Learning, Stamford, S. 434.

um Inhalt und Praxis guter Followership weiß, jedoch die notwendigen Handlungskompetenzen zur praktischen Umsetzung nicht oder nicht hinreichend beherrscht. Wie wir in Kapitel 4.2 gesehen haben, sind einige zwischenmenschliche Voraussetzungen notwendig, damit gute Followership in der Praxis auch gelebt werden kann. Das beruht aber häufig nicht nur auf den organisationalen, sondern auf den gleichen personalen Handlungsweisen. Beherrscht der Mitarbeiter dieses kleine Einmaleins der Hilfsmittel für das erfolgreiche Praktizieren guter Followership nicht, wird der diesbezügliche Erfolg in der Praxis höchstwahrscheinlich ausbleiben. Auch dies fällt dann unter die Kategorie »Nicht-Können«. Zu diesem Einmaleins zählen wenig überraschend viele der Themen, die wir in Kapitel 4.2 unter den organisationalen Aspekten bereits kennengelernt haben. Folgende Kenntnisse und Fertigkeiten zählen zu diesem kleinen Einmaleins, d. h. ein hinreichendes Beherrschen dieser Punkte sind für eine erfolgreiche Followership-Praxis wichtig und hilfreich. Diese Kompetenzen können üblicherweise im Rahmen der Personalentwicklung vermittelt werden.

- Verantwortungsbereitschaft
  Followership bedeutet, Verantwortung für den Leader, die anderen Follower und die Organisation zu übernehmen. Wer nie gelernt hat, Verantwortung zu tragen, kann der Follower-Rolle nur entsprechend unzureichend gerecht werden.
- Durchsetzungsvermögen
  Den Leader zu challengen, kann bedeuten, sich auch einmal gegen dessen Meinung und Willen durchsetzen zu müssen, wenn die Sachlage und das Unternehmenswohl dies verlangen. Dazu ist ein gewisses Maß an Durchsetzungsvermögen nötig.
- Mut und Standfestigkeit
  Wie wir in Kapitel 3 gesehen haben, bedarf Followership des Mutes. Follower dürfen auch nicht gleich nach der ersten Ablehnung ihrer Ansätze oder bei auftretendem Gegenwind die Segel streichen, denn zur Durchsetzung der eigenen Ansätze können schon auch einmal Ausdauer, Persistenz und Standhaftigkeit vonnöten sein.
- Vertrauenswürdigkeit
  Leader und andere Follower können den Vorschlägen und Einflussnahmen von Followern nur dann mit gutem Gewissen nachkommen, wenn sie zumindest in einem gewissen Maße auf den Sachverstand, die Urteilsfähigkeit und die Integrität des Followers vertrauen können. Ansonsten bleibt der Versuch der Einflussnahme seitens des Followers eine »Eintagsfliege«.
- Zuverlässigkeit
  Ähnlich wie bei der Vertrauenswürdigkeit müssen sich beeinflusste Leader und Follower darauf verlassen können, dass der beeinflussende Follower tut, was er sagt. Zur Zuverlässigkeit zählt auch, dass sich die Beeinflussten auf Reden und Handeln des Followers verlassen können, solange dieser im Team oder dem Unternehmen ist, und nicht bei bevorstehendem Ausscheiden nicht mehr verlässlich kommuniziert und handelt.

- Kompromissfähigkeit
  Mit dem Kopf durch die Wand war selten eine langfristig tragbare Lösung. Eine Zusammenarbeit mit anderen kann in vielen Fällen nur durch das Eingehen von Kompromissen gelingen. Das gilt insbesondere in Zusammenarbeit mit dem Leader, wenn dieser »von unten« geführt wird.
- Akzeptanz und Toleranz
  Weder jeder andere Mitarbeiter noch jedes andere Konzept ist immer leicht anzunehmen. Im Sinne der Organisation ist daher eine grundlegende Akzeptanz anderer Menschen, Meinungen und Ansätze für die Zusammenarbeit wichtig. Dazu gehört auch, scheinbar unsinnige Inhalte oder andere Besonderheiten zuzulassen und zu tolerieren.
- Teamwork
  Die Berücksichtigung der besonderen Regeln des Arbeitens im Team sind sowohl in der Leader-Follower-Beziehung als auch in der Beziehung zwischen den Followern für das Gelingen gelebter Followership wichtig. Denn Followership funktioniert nur in Kooperation mit anderen und sie hat immer ein gemeinsames Ziel.
- Wertschätzung und Respekt
  Welche Folgen es für die Followership hat, wenn andere Menschen im Unternehmen nicht mit ausreichend Respekt und Wertschätzung behandelt werden, ist in Kapitel 4.1 ausführlich erklärt. Das Praktizieren dieser beiden Faktoren lässt sich erlernen.
- Kommunikation
  Hierzu gilt Ähnliches wie im vorherigen Punkt.
- Einflussnahme und Führung
  Wer den Leader »von unten« und andere Follower »von der Seite« managen bzw. führen will, muss auch wissen, wie geführt wird. Das müssen eben nicht nur Leader, sondern auch Follower lernen.

Zuviel des Guten ist bei der Followership ebenfalls zu viel, wie ein zu wenig auch ein zu wenig ist. Dementsprechend ist es für die Follower-Praxis hilfreich, gewisse Kenntnisse hinsichtlich folgender Themen und Inhalte zu haben.

- Manipulatives oder intrigantes Verhalten
  Die Beeinflussung anderer Menschen erfolgt nicht immer nur frei von Eigeninteressen. Umso wichtiger ist es, wenn Follower erkennen, wenn andere oder sie selbst zu viel des Guten tun und das Managen von Leadern oder anderen Followern manipulative Züge annimmt. Völlig unakzeptabel ist intrigantes Verhalten, weil dies dem eigentlichen Ziel der Followership zuwiderläuft.
- Über das Ziel hinausschießen, Maß und Ziel erkennen.
  Wie eingangs erwähnt ist zu viel einfach zu viel. Follower müssen erkennen, wenn das Ziel erreicht oder das Maß voll ist und wann bei einer Sache nichts mehr geht. Auch wenn dies vielleicht nicht den eigenen Ansprüchen genügt, kann die Konstellation im Team es erfordern, dass man sich mit dem Erreichten begnügt.

- Kritisieren und Kritikfähigkeit
  Kritik an anderen will gelernt sein, ebenfalls das Einstecken von Kritik. Daraus zu lernen und anders zu handeln, muss nicht nur erlernt, sondern immer wieder praktiziert werden. Denn Menschen neigen nicht selten dazu, durch große Routine erhaben über Kritik und Regeln zu werden. Diesen im englischen Sprachraum als Complacency bezeichneten Begriff gilt es sich immer wieder vor Augen zu führen und das eigene Verhalten dementsprechend immer wieder auf den Prüfstand zu stellen, auch wenn man eine noch so lange Praxis aufweisen kann.

Mangelndes Können kann aber auch bedeuten, dass dem Mitarbeiter die Konzepte durchaus bereits ein- oder mehrmals vermittelt worden waren und er eventuell auch ein entsprechendes Training für die Praxis erhalten hat. Er praktiziert jedoch trotzdem keine gute Followership, weil ihm das kognitive Potential fehlt und er das Gelernte nicht oder nicht hinreichend gut in die Praxis umsetzen kann. Er ist also an den Grenzen dessen, was er als Mitarbeiter in der Rolle eines Followers zu leisten vermag. Im Fall fehlenden Knowhows liegt es an den im Unternehmen für Personal- und Organisationsentwicklung Verantwortlichen, die bestehenden Kompetenzlücken zu schließen. Es lieg dann weiterhin an den jeweiligen Leadern, für die zielorientierte Umsetzung in die Praxis zu sorgen. Im zweiten Fall der erreichten Potenzialgrenzen sind die vorher genannten Maßnahmen keine Optionen, weil ein wiederholtes Training nicht auf den erwünschten Erfolg hoffen lässt. Hier ist es vielleicht eine Frage der Position, die man für einen solchen Mitarbeiter im Unternehmen finden kann, bei der das begrenzte Followership-Können des Mitarbeiters noch ausreichend ist. Ist der prozentuale Anteil der Mitarbeiter mit begrenztem kognitiven Potential nicht unerheblich hoch, kann dies bedeuten, dass sich im Unternehmen nur eine Followership etablieren lässt, die weit hinter den Möglichkeiten der anderen Mitarbeiter mit hinreichendem Potential liegt. Hier liegt es dann wieder in den Händen der verantwortlichen Organisationsentwickler, die passenden Schritte einzuleiten.

4.3.2 Wollen: Das innere Team

Wesentlich vielfältiger sind die Fälle, in denen ein fehlendes Wollen der Mitarbeiter dazu führt, dass sich bei diesen Personen eine verbesserungsfähige Followership einstellt. Dies äußert sich nicht durch ein klares und dauerhaftes »Nein, ich will kein Follower sein!«, sondern kann sich von Situation zu Situation verändern. Die willentliche Ablehnung, im betreffenden Moment gute Followership zu zeigen, kann situativ sein, personen- oder kontextgetrieben erfolgen sowie kurz-, mittel- oder langfristig geschehen. Dies hängt davon ab, wie gerade jeweils das Kräfteverhältnis der inneren Treiber der menschlichen Psyche aussieht. Was ist damit gemeint? Die menschlichen Gedanken setzen sich aus vielen Aspekten und Gedankenmustern zusammen, die schließlich zu Entscheidungen und Handlungen führen. Schulz von Thun drückt dies derart aus, als dass »wir mit uns selbst oft keineswegs ein Herz und eine Seele sind, dass inneres Durcheinander und Gegeneinander herrschen, bis hin zur quälenden Zerrissenheit und Lähmung, bis hin zum inneren Bürgerkrieg.«.[393] Verschiedene Gedankenmuster und Motivationen treiben den Menschen an und bremsen ihn gleichzeitig. Visuell wird dies oft mit den zwei Ich-Geistern dargestellt, auf der einen Seite das innere Teufelchen, auf der andere das innere Engelchen. In der Realität sind es aber viel mehr dieser inneren Personen, die sich am Kampf um Entscheidungen beteiligen, nicht nur die Aspekte »gut« und »böse«. Zum besseren Verständnis dieser inneren Personen und deren Zusammenwirken hat Schulz von Thun das Modell des »inneren Teams« entwickelt. Im Gehirn können verschiedene innere Botschaften sowohl als explizite Gedanken als auch als »Gefühle in der Magengegend« auftreten.[394] Das Modell des inneren Teams weist den Urhebern dieser Botschaften Persönlichkeiten zu und gibt ihnen Namen.[395] Die verschiedenen Persönlichkeiten arbeiten im Team daran, die bestehende Frage oder das anstehende Problem gemeinsam zu diskutieren und eine Lösung zu finden. Mit dem Modell soll die Pluralität des menschlichen Seelenlebens in Analogie zu einer Arbeitsgruppe zusammengefasst und als Team beschrieben werden, sodass mit dem Modell sowohl Persönlichkeiten als auch die seelische Haltung des Menschen im Umgang mit Lebensherausforderungen aller Art beschreibbar werden.[396] Für eine anstehende Aufgabe oder Entscheidung werden die beteiligten Teammitglieder identifiziert und deren Beziehungen zueinander und zum Oberhaupt des Teams beschrieben. Wie im wahren Leben begegnen sich diese Teammitglieder auf der Inhalts- und der Beziehungsebene und versuchen, die anstehende Aufgabe zu lösen.[397] Die Kunst der Anwendung dieses Modells liegt darin, für den jeweiligen Anwendungsfall den einzelnen Botschaften eine beschränkte Zahl von Teammitgliedern zuzuweisen, die jeweiligen Beziehungen zu beschreiben und abzuschätzen, wie die Diskussion der Fragestellung sowie die Entscheidungsfindung ablaufen und welche Option sich dabei wahrscheinlich durchsetzen würde.

In jeder anstehenden Entscheidungssituation kann sich das innere Team unterschiedlich zusammensetzen und auch eine unterschiedliche Dynamik annehmen. Übertragen wir den Ansatz auf das Thema Followership, bedeutet das, dass die situativ gelebte Followership von jeweils unterschiedlichen Teammitgliedern mit einer jeweils verschieden ablaufenden Teamdynamik beeinflusst wird. Es können in verschiedenen Situationen immer wieder dieselben Teammitglieder auftreten, es kann aber in bekannten oder vertrauten Situationen auch zu einer neuen Teamkonstellation kommen. Dies berücksichtigend wird verständlich, dass praktizierte Followership zum einen eine sehr individuelle Angelegenheit ist. In einer bestimmten Situation können beteiligte Follower durchaus sehr unterschiedliches Follower-Verhalten an den Tag legen. Im Fallbeispiel »Gelebte Followership« in

---

393 Schulz von Thun, Friedemann (2023): Das innere Team in Aktion. Praktische Arbeit mit dem Modell. Rowohlt Taschenbuch Verlag, Reinbek bei Hamburg, 14. Aufl., S. 15.
394 Ebd., S. 16.
395 Ebd.
396 Ebd., S. 22–25.
397 Ebd., S. 25.

Kapitel 4.2 haben wir dies bereits explizit festgestellt. Zum anderen kann ein Follower in einer zum wiederholten Male erlebten Situation ein anderes Follower-Verhalten zeigen als in den vielen Fällen zuvor. Dies reflektiert die bekannte Tatsache, dass Menschen komplexe, nichttriviale Systeme sind, deren Handlungen nicht deterministisch vorhergesagt werden können.[398] Bei Menschen ist im Gegensatz zu Maschinen nicht exakt vorhersehbar, wie sie in einer bestimmten Situation reagieren und handeln werden. Dennoch zeigen Menschen meistens gewisse Verhaltensmuster, mit denen zumindest eine gewisse Vorherschau einer zu erwartenden Reaktion getätigt werden kann.

Im Falle der Followership können ebenfalls gewisse Vorhersagen hinsichtlich erwartbaren Verhaltens angestellt werden, auch wenn man weiß, dass das reale Verhalten sich davon unterscheiden kann. Mit dem Modell des inneren Teams wird auch verständlich, weshalb Follower-Verhalten situativ oder personen- bzw. kontextbezogen unterschiedlich sein kann. In jeder Situation beteiligen sich andere Teammitglieder an der Teamentscheidung und die entstehende Teamdynamik unterscheidet sich ebenso. Wer sich am Team beteiligt, wer sich mit welcher Meinung im Team durchsetzt und zu welcher Entscheidung und Handlung dies führt, kann in jeder Situation unterschiedlich sein. Zusammensetzung und Teamdynamik werden dabei von verschiedenen Faktoren getriggert: Tagesform, bisherige Erfahrung mit dem Thema, Kommentare anderer Menschen etc. Zum besseren Verständnis von Follower-Verhalten ist es für uns daher wichtig und hier auch opportun, die verschiedenen Einflussgrößen zu beschreiben, welche die Beteiligung verschiedener innerer Teammitglieder, deren Reaktion und die Dynamik des Teams bei Entscheidungen triggern und beeinflussen. Die Bedeutung dessen zeigt das folgende kurze Beispiel. Nehmen wir einen Sachbearbeiter im Controlling an, der mit Mitte 30 seine Position gefestigt hat und sich in der Vergangenheit bereits zweimal an Sonderprojekten zur Einführung neuer ERP-Systeme beteiligt hat. Beim letzten Sonderprojekt, bei dem es um ähnliche Inhalte ging, hatte er die Anfrage zur freiwilligen Projektteilnahme abgelehnt. Die Erfahrung der beiden anderen Projekte saß ihm noch in den Knochen: »Viel zusätzliche Arbeit, keine Sonderprämie und die anderen heimsen die Lorbeeren ein«, so seine Erinnerung. Vor zwei Monaten kam ein neuer CFO an Bord, der ein Sonderprojekt zur Modifizierung des ERP-Systems angeregt hat. Als der Controller gefragt wird, ob er freiwillig daran mitwirken möchte, ergibt sich in seinem inneren Team eine andere Konstellation als bei derselben Anfrage zum letzten Projekt, bei der er abgesagt hatte. Das innere Team und die Gedanken könnten dabei wie folgt aussehen:

- Risikomanager:
  Du weißt, dass mit solchen Projekten immer Risiken verbunden sind. Es kann immer etwas auf Dich zurückfallen und das kann Dein weiteres Fortkommen im Unternehmen belasten. Also sei vorsichtig damit, was Du tust.

---

398 Simon, Fritz B. (2008): Einführung in Systemtheorie und Konstruktivismus. Carl-Auer Verlag, Heidelberg, 2. Aufl., S. 39

- Gemütlicher:
  Du hast doch eine angenehme Position, die gut bezahlt wird. Du musst Dir kein Bein herausreißen. Das Projekt ist vielleicht interessant. Es bringt aber Deinen beruflichen und privaten Alltag durcheinander. Mache es Dir doch schön.
- Zufriedener:
  Sei zufrieden mit dem, was Du hast. Warum denn immer nach mehr streben? Mehr Ansehen, mehr Geld, mehr Verantwortung, mehr Macht. Muss das denn wirklich sein? Weniger ist manchmal mehr.
- Gebranntes Kind:
  Beim letzten Sonderprojekt hast Du Dich krumm gemacht und der Projektleiter ist daraufhin befördert worden. Dich haben sie nur lobend erwähnt. Für Deine Karriere war das überhaupt nicht förderlich. Und beim ersten Projekt hast Du sogar eins auf den Deckel gekriegt, als Du einen groben Fehler gemacht hast. Solche Projekte sind nicht karrierefördernd.
- Strebsamer:
  Stillstand ist Rückschritt. Man sollte die Gelegenheiten schon nutzen, die einem geboten werden. Wenn man die Chance hat, seine Karriere zu fördern, sollte man dies auch tun. Und selbst wenn so ein Projekt die Karriere nicht beflügelt: Schaden wird es sicher nicht und man lernt auch eine Menge dabei. Wer weiß, ob einem das in Zukunft nicht noch irgendwie nutzen wird.
- Mitarbeiter (als Oberhaupt des Teams):
  Du musst schon versuchen, Deine Arbeit gut zu machen. Nur das Gehalt einstreichen und eine ruhige Kugel schieben, war ja für Dich noch nie eine Option. Und wenn man für das Unternehmen und die Kollegen etwas tun kann, ist das doch gut. Gleichzeitig hilft es auch Deinem Chef, und der hat Dir in der Vergangenheit schon mehrmals Gutes getan. Darum musst Du ihn jetzt auch zusätzlich unterstützen, auch wenn er in einem Jahr in Rente geht.
- Motivierter Opportunist:
  Das kann die Gelegenheit sein. Dein Chef geht doch in einem Jahr in Rente. Wenn Du Dich jetzt beim neuen CFO in Position bringen und glänzen kannst, wirst Du vielleicht der Nachfolger Deines Chefs. Also los, mach mit, auch wenn es Risiken gibt! Diese Chance kommt so schnell nicht wieder.

Wer sich letztendlich im Team durchsetzen kann und welche Entscheidung der Controller treffen wird, hängt von der beschriebenen Dynamik im Team ab. Ob sich dann das Wollen des Controllers durchsetzt und er durch die Bereitschaft zur Teilnahme am Sonderprojekt Followership zeigt, weil er zusätzliche Verantwortung übernimmt, die ansonsten vielleicht niemand anders oder nur wenige tragen können (sonst hätte man ihn ja nicht gefragt), oder er ein »Nicht-Wollen« (▶ Kap. 4.1) praktiziert, hängt eben von der Entscheidung des inneren Teams ab. Man erkennt an diesem einfachen Beispiel auch, dass es kontextgetriebene Teammitglieder gibt (gebranntes Kind), situationsbezogene (Opportunist) und solche, die eher langfristig orientiert sind und die Grundeinstellungen des Menschen widerspiegeln (Risikomanager, Mitarbeiter). Daher werden wir nachfolgend jene Faktoren näher betrachten,

4 Einflussfaktoren auf die gelebte Followership

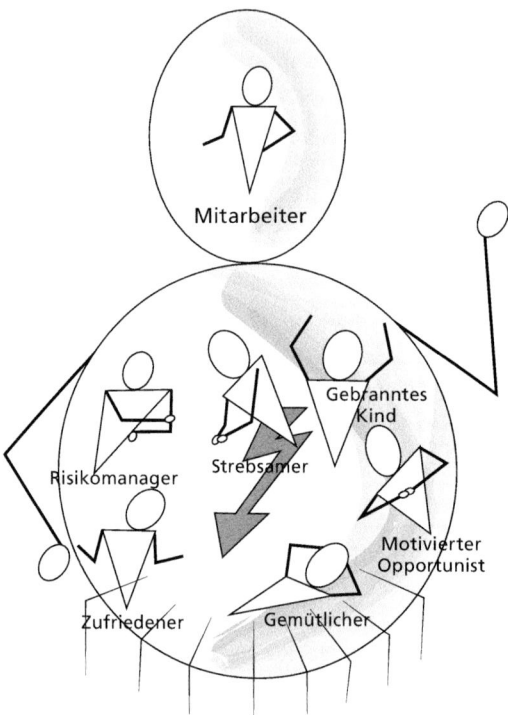

Dar. 21: Abbildung der möglichen Dynamik des inneren Teams

die erfahrungsgemäß großen Einfluss auf die Besetzung des inneren Teams hinsichtlich der Fragen der praktizierten Followership betreffen. Diese umfassen neben tiefst menschlichen Emotionen und grundlegenden Motiven menschlichen Handelns im beruflichen Umfeld eben auch die Grundeinstellungen und Haltungen des Menschen. Mit Letzteren wollen wir beginnen.

4.3.3 Wollen: Haltung und Einstellung

Laut Duden ist Haltung die »innere (Grund)einstellung, die jemandes Denken und Handeln prägt« bzw. ein »Verhalten, Auftreten, das durch eine bestimmte innere Einstellung, Verfassung hervorgerufen wird«.[399] Einer Haltung liegt demnach eine Einstellung zugrunde, die auch grundlegender Natur sein kann. Eine Einstellung, so der Duden, ist sprachlich einzuordnen als »Meinung, Ansicht, inneres Verhältnis, das jemand besonders zu einer Sache, einem Sachverhalt hat«.[400] Haltung wird

---

[399] Duden online, https://www.duden.de/rechtschreibung/Haltung (Abgerufen am 30. März 2024).

[400] Duden online, https://www.duden.de/rechtschreibung/Einstellung (Abgerufen am 30. März 2024).

auch beschrieben als durch Werte und Moral begrenzte Denkweise eines Menschen, die den Handlungen, Zielsetzungen, Aussagen und Urteilen des Menschen zugrunde liegt.[401] Im Wesentlichen ist eine Haltung eine bewertende Disposition gegenüber einem Objekt.[402] Sie beruht auf den Komponenten Kognition (Gedanken), Affekte (Gefühle) und Verhaltensdisposition (Handlung).[403] Einstellungen werden von den individuellen Werten beeinflusst. Während Werte das umfassende, situationsübergreifende Konzept darstellen und als genereller Wegweiser von Verhalten angesehen werden können, sind Einstellungen hingegen ganz konkret auf bestimmte Objekte, Personen oder Situationen gerichtet.[404] Einstellungen können als individuelles, in sich geschlossenes und relativ stabiles System von Gedanken, Gefühlen und Anfälligkeiten zu gewissen Handlungen charakterisiert werden.[405] Es sind erlernte Urteile über die Handlungen, die bestimmten Menschen oder Fragestellungen gegenüber als angemessen erachtet werden.[406] Haltungen beeinflussen die Wahrnehmungen und Gedanken der Menschen.[407] Haltungen sind Bewertungen von etwas oder jemandem entlang eines Kontinuums von »mögen« bis »nicht mögen«, oder von »günstig« bis »ungünstig«.[408] Häufig werden die Begriffe »Haltung« und »Einstellung« synonym verwendet, obwohl beide nicht dasselbe ausdrücken. Wie bei vielen Begriffen üblich sind die beiden Ausdrücke auch in der wissenschaftlichen Nutzung nicht völlig scharf getrennt voneinander definiert. Daher wollen wir für unsere Anwendung im Kontext der Followership folgende Unterscheidung treffen, die der zuvor genannten Darstellung von Zimbardo angelehnt ist. Haltungen bewegen sich auf einem Kontinuum von beispielsweise »zustimmend« bis »ablehnend«. Einstellungen sind hingegen präziser und detaillierter gefasst. Beispiel: »Ich habe eine eher ablehnende Haltung gegenüber völliger Selbststeuerung in Unternehmen, weil ich die Einstellung habe, dass man Management lernen und beherrschen muss und nicht jeder Follower im Unternehmen die Voraussetzungen erfüllt, die man als Manager haben muss. Deswegen kann auch nicht jeder Follower Manager sein. Wenn aber wieder einzelne als Manager auftreten und andere nicht, handelt es sich nicht mehr um völlige Selbststeuerung,

---

401 Permantier, Martin (2019): Haltung entscheidet. Führung & Unternehmenskultur zukunftsfähig gestalten. Verlag Franz Vahlen, München, S. 13.
402 Zimbardo, Philip G; Leippe, Michael, R. (1991): The Psychology of Attitude Change and Social Influence. McGraw Hill, Boston (MA), S. 31.
403 Daft, Richard L. (2003): Management. South-Western, Mason (OH), 6. Aufl., S. 481; Zimbardo, Philip G. (1992): Psychologie. Springer Verlag, Berlin/Heidelberg/New York, 5. Aufl., S. 578.
404 Staehle, Wolfgang H.; Conrad, Peter; Sydow, Jörg (1999): Management. Eine verhaltenswissenschaftliche Perspektive, Verlag Vahlen, München, 8. Aufl., S. 176.
405 Ebd.
406 Zimbardo, Philip G. (1992): Psychologie. Springer Verlag, Berlin/Heidelberg/New York, 5. Aufl., S. 578.
407 Zimbardo, Philip G.; Leippe, Michael, R. (1991): The Psychology of Attitude Change and Social Influence. McGraw Hill, Boston (MA), S. 35.
408 Ebd., S. 31.

sondern dann sind wie in einer ungeschriebenen Hierarchie wieder einige die Manager, die anderen reine Follower. Und dann ist es eben keine völlige Selbststeuerung mehr, sondern wieder ein hierarchisches System.« Dieser Satz soll nur den Zusammenhang von Haltung und Einstellung in unserem Kontext beschreiben und keinerlei inhaltliche Meinung oder Wertung bedeuten. Warum Haltungen und deren zugrundeliegende Einstellungen im Kontext der Followership so bedeutend sind, wird schnell evident, wenn man sich die in Kapitel 4.2 beschriebene Bedeutung von Wertschätzung für gelingende Followership vergegenwärtigt. Wertschätzung hat sehr viel mit der Haltung der beteiligten Menschen zu tun.[409] Hat eine Person beispielsweise eine prinzipiell ablehnende Haltung gegenüber Autoritäten und regelschaffenden Instanzen, wird das nicht ohne Einfluss auf die Beziehung dieser Person zu einem Leader sein, wenn sie sich in der Follower-Rolle befindet. In Unternehmen ist es nicht unüblich, dass Menschen zusammenarbeiten, deren jeweilige Haltungen bezüglich einer Sache stark divergieren können. Beispielsweise können Betriebsräte und Unternehmensführer zum Thema »regelmäßige Sonderzahlungen für die gesamte Belegschaft« schon wegen ihrer jeweiligen Rollen, die sie wahrnehmen müssen, konträre Haltungen haben. Zur Verdeutlichung dieser Thematik sind nachfolgend zwei sehr unterschiedliche Haltungen von einem Unternehmer und einem Betriebsrat zitiert, die ich in zwei verschiedenen Unternehmen gehört habe:[410] »Diese arbeitsscheue Mannschaft kann ja nicht mal richtig lesen und schreiben. Die sollen froh sein, wenn sie bei mir arbeiten dürfen. Die sollen etwas arbeiten für ihr Geld. Weiterbildung ist bei denen pure Verschwendung.« (Mehrheitsgesellschafter und Manager eines größeren Mittelstandsunternehmens). »Diese Chefs sind doch alle gleich und kriegen den Rachen einfach nicht voll. Unsere Leute müssen sich für das bisschen Tariflohn ohnehin schon viel zu sehr für diese Ausbeuter anstrengen. Da kann man nicht verlangen, dass sie mehr als das absolut Notwendige tun. Unsere Leute müssen ihre Haut so teuer wie möglich verkaufen.« (Ein Betriebsratsmitglied eines international tätigen produzierenden Unternehmens). Den Zusammenhang menschlichen Verhaltens mit seiner Haltung und seinen Werten hat der Change-Manager Reiner Czichos in seinem Seerosenmodell anschaulich dargestellt.[411] Das beobachtbare Verhalten von Mitarbeitern wird in diesem Modell mit Seerosenblättern verglichen, die sichtbar auf der Oberfläche eines Teiches liegen.[412] Auf dem Teichgrund befinden sich die

---

409 Schöffner, Günther; Senne, Petra (2021): Professionelle Zusammenarbeit von Geschäftsführung und Betriebsrat. Ein Praxisleitfaden für Führungskräfte und Manager. Erich Schmidt Verlag, Berlin, S. 128.
410 Schöffner, Günther (2020): Changeprozesse positiv gestalten. Kontinuierliche Veränderungsbereitschaft erzeugen und Widerstände überwinden. Schäffer-Poeschel Verlag, Stuttgart, S. 53 f.
411 Czichos, Reiner (1990): Change Management. Konzepte, Prozesse, Werkzeuge für Manager, Verkäufer, Berater und Trainer. Ernst Reinhardt Verlag, München, S. 4.
412 Schöffner, Günther; Senne, Petra (2021): Professionelle Zusammenarbeit von Geschäftsführung und Betriebsrat. Ein Praxisleitfaden für Führungskräfte und Manager. Erich Schmidt Verlag, Berlin, S. 148.

Werte des Menschen, die nur mittelbar auf das menschliche Verhalten wirken.[413] Das Modell veranschaulicht auf einfache Weise zentrale Aspekte der menschlichen Persönlichkeit und gibt zugleich Hinweise für mögliche Interventionen.[414] Letzteres ist hilfreich, wenn man in einem Unternehmen die gelebte Followership verbessern möchte, denn durch geeignete Interventionen lässt sich auf Individuen und die gesamte Organisation Einfluss nehmen. Dadurch kann die Unternehmenskultur beeinflusst werden.

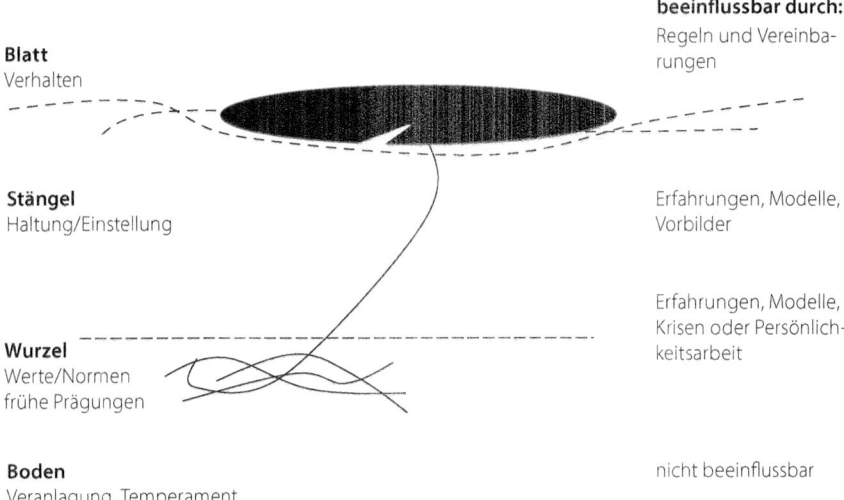

Dar. 22: Seerosenmodell in Anlehnung an das Modell von Czichos (Quelle: Eigene Darstellung nach Nowak[415])

Mit diesen Themen werden wir uns in Kapitel 5 noch näher beschäftigen. Ohne diese Inhalte hier bereits vorwegzunehmen, sei an dieser Stelle nur erwähnt, dass das von Menschen beobachtbare Verhalten durch Regeln, Verträge und Anweisungen beeinflusst werden kann, was bezüglich Haltungen und Einstellungen hingegen nicht so einfach möglich ist.[416] Rufen wir uns in diesem Zusammenhang die zuvor zitierte Haltung eines Betriebsrates in Erinnerung, der in Arbeitgebern Ausbeuter sieht und daraus ableitet, dass Mitarbeiter nicht mehr als das Notwendigste für das ihnen bezahlte Entgelt tun sollten. Man kann sich ausmalen, wie einfach es in

---

413 Nowak, Claus (2015): 70 Modelle für Führung, Coaching und Change-Management. Verlag Christa Limmer, Meezen, S. 262 ff.
414 Ebd., S. 262.
415 Ebd., S. 262 ff.
416 Schöffner, Günther (2020): Changeprozesse positiv gestalten. Kontinuierliche Veränderungsbereitschaft erzeugen und Widerstände überwinden. Schäffer-Poeschel Verlag, Stuttgart, S. 63.

Unternehmen mit solchen Einstellungen wird, eine gute Followership zu etablieren. Dies erfordert ja nach den Ausführungen der vorangegangenen Kapitel, dass Mitarbeiter eben nicht nur ihren Job machen und das tun, was ihnen aufgetragen wird. Vielmehr sollen sie darüber hinaus für andere Follower, die Organisation und den Leader zusätzliche Verantwortung übernehmen, indem sie Letztere beispielsweise regelmäßig challengen. In einem Unternehmen, in dem auf breiter Front solche Haltungsmuster vorherrschen und sich im gelebten Verhalten der Mitarbeiter zeigen, kann die Einführung guter Followership zur Herkulesaufgabe werden. Aber auch wenige Mitarbeiter, die entsprechende Handlungsmuster an den Tag legen, können nicht nur den Leadern, sondern auch den anderen Followern den Weg zu guter Followership schwermachen. Das folgende Fallbeispiel, in dem nur ein Teammitglied eine nicht sonderlich fördernd wirkende Haltung des Bewahrens zeigt, vermittelt einen Eindruck davon.

Fallbeispiel 18: Haltung und Einstellung als treibende Faktoren der Followership

Nach vier defizitären Jahren, in denen man versucht hatte, das produzierende Traditionsunternehmen der Zulieferindustrie profitabel zu machen, zogen die Aufsichtsräte der Industrieholding die Reißleine. Ein Sanierungsmanager wurde an die Spitze des Zulieferers gesetzt und mit einem Restrukturierungsprojekt beauftragt. Binnen zwei Jahren sollte das Unternehmen verschlankt und wieder profitabel gemacht werden. Der neue CEO setzte auch gleich ein entsprechendes Projekt auf und initiierte Prozessverbesserungen, die Umsetzung weitreichender Digitalisierungsmaßnahmen und die Modernisierung der Arbeitsabläufe. Wo es möglich war, wurden, was im traditionsorientierten Unternehmen lange als unvorstellbar galt, ausgewählte Methoden von New Work eingeführt,[417] einschließlich veränderter Führungs- und Machtstrukturen. Hierarchien hatten im Unternehmen immer einen hohen Stellenwert gehabt, weshalb man sich anfänglich mit partizipativen Entscheidungsmechanismen und Selbstorganisation zunächst schwertat. Doch die Angst vor dem Aus des Unternehmens im Falle einer misslingenden Sanierung motivierte die meisten Mitarbeiter dazu, auch außergewöhnliche Schritte zu gehen. Dazu konnte sich ein sehr erfahrener Endfünfziger, Herr Meierl, der Instandhaltungsabteilung, die im Schichtbetrieb für die Wartung und Instandhaltung der im Dauerbetrieb befindlichen Maschinen verantwortlich war, jedoch nicht richtig durchringen. Herr Meierl hatte mit seiner Führungskraft, Herrn Schuster, dem Leiter der knapp dreißigköpfigen Abteilung, seit fast 30 Jahren sehr gut zusammengearbeitet. Auch mit den anderen Kollegen hatte er gut kooperiert, selbst wenn er als Erfahrenster eine

---

417 Schöffner, Günther; Hagehülsmann, Ute; Schöffner, Kerstin (2023): Zukunftsfähige Machtsysteme in Unternehmen. Die Verantwortung richtig auf die Beine stellen. Kohlhammer Verlag, Stuttgart, S. 41.

gewisse Sonderstellung hatte. Er kannte durch seine lange Betriebszugehörigkeit von 40 Jahren fast alle Maschinen aus dem Effeff. Wenn es um ein Detail der älteren Anlagen ging, war Herr Meierl der erste Ansprechpartner, denn er kannte die Anlagen und ihre Besonderheiten auswendig. Zusammen mit seinem Chef hatten sie in den letzten Jahrzehnten jeden Fehler in den Anlagen gefunden und so für relativ kurze Stillstandszeiten gesorgt. Nur mit der neueren Generation von Anlagen, die in den letzten fünf Jahren im Zuge der Modernisierung neu installiert worden waren, kam Herr Meierl weniger zurecht, da er sich mit deren volldigitalisierter Arbeitsweise nicht richtig hatte anfreunden können. Dennoch galt er in der Abteilung immer noch mehr oder weniger als »ungekrönter König der Instandhalter«. Auch mit den neu eingeführten Arbeitsmethoden hatte Herr Meierl seine Probleme. Plötzlich wurden akute Probleme in einzelnen Sub-Team sofort diskutiert, Lösungen gefunden, beschlossen und umgesetzt. Bisher lief das immer hoch bis zu Herrn Schuster, der vor der Entscheidung, wie ein schwieriges Problem zu lösen sei, fast immer Herrn Meierl zur Entscheidungsfindung hinzugeholt hatte. Diese neue Arbeitsweise wollte Herr Schuster nicht mehr mitmachen, weshalb er ein knappes Jahr nach Beginn der Restrukturierung mit 63 Jahren um die Versetzung in den vorzeitigen Ruhestand gebeten hatte. Ihn ersetzte in seiner Rolle Herr Bergmann, ein erfahrener Anfangvierziger, der seit acht Jahren in der Abteilung war. Herr Meierl wurde nicht, wie alle vermutet hatten, zum Abteilungschef gemacht. Denn dieser konnte sich mit den Vorgaben, die das Projektteam, das für die Restrukturierung zuständig war, der Instandhaltungsabteilung hinsichtlich Arbeitsweisen und Zielen gemacht hatte, auch nach einem Jahr nach wie vor nicht anfreunden.

Dementsprechend schwach waren auch die Beteiligung und Unterstützung der Restrukturierungsmaßnahmen durch Herrn Meierl. In den diesbezüglichen Projekt- und Teamsitzungen blieb er meist still und machte keine eigenen Vorschläge. Die Maßnahmen, die umgesetzt werden mussten, kommentierte er meistens nicht, und falls er dazu nach seiner Meinung gefragt wurde, sagte er meistens nur »Passt schon«. Herr Bergmann merkte aber einen Monat nach seiner Amtsübernahme bereits, dass Herr Meierl die Maßnahmen zur Modernisierung und Restrukturierung von Abteilung und Unternehmen nicht richtig unterstützte. Nach zwei Monaten stellte Herr Bergmann fest, dass Herr Meierl mehr und mehr sein eigenes Ding zu machen und sich nicht mehr so richtig an die Anweisungen und Beschlüsse des Teams und von Herrn Bergmann zu halten schien. Von Letzterem darauf angesprochen, stritt Herr Meierl dies ab und sagte, dass er sich erst noch an die neue Arbeitsweise gewöhnen müsse, er aber das Projekt zur Restrukturierung unterstütze. Aber auch nach einem weiteren Monat musste Herr Bergmann feststellen, dass sich Herr Meierl immer mehr vom Team entfernte und sich einfach nicht mehr an die ihn betreffenden Vorgaben und Anweisungen hielt, egal von welcher Seite diese kamen. Von Herrn Bergman in einem Vier-Augen-Gespräch direkt darauf angesprochen gab er zu, dass er nicht wie vor einigen Wochen noch beteuert ein Unterstützer des

Restrukturierungsprojektes sei, sondern dies vom Ansatz und Inhalt her ablehne, auch wenn er die damit erwarteten Ziele der Rettung des Unternehmens gutheiße. Dementsprechend habe er zwar vordergründig Unterstützung signalisiert, jedoch im Hintergrund Widerstand gegen das Projekt geleistet, indem er nicht nur seine Unterstützung verweigerte, sondern auch versucht hatte, andere Teammitglieder davon zu überzeugen, dass der Projektansatz Unsinn sei. Solche Formen des Widerstands gegen Veränderungsprojekte, die im Hintergrund das Projekt zu torpedieren versuchen, obwohl die Personen offiziell Unterstützung gelobt hatten, sind zwar mehr als fragwürdig, jedoch bei Change-Projekten nichts Ungewöhnliches.[418] Die Offenheit, mit der Herr Meierl schließlich darüber sprach, freute und erzürnte Herr Bergmann zugleich. Es erzürnte ihn, weil Herr Meierl ihn so lange belogen und auch das Projekt unterminiert hatte. Es freute ihn aber, dass Herr Meierl ehrlich und »mit der Sprache rausgerückt« war. Zur Findung einer Lösung zog Herr Bergmann den Leiter des Restrukturierungsprojektes, Herr Fellner, hinzu. Dieser suchte mit ihm zusammen das Gespräch mit Herrn Meierl, um die Ursachen dessen Widerstandes zu ergründen und eine für alle Seiten akzeptable Lösung zu finden. In dem Gespräch legte Herr Meierl seine Denkweise dar: »Meine Haltung zu diesen modernen Umtrieben ist ganz klar: So etwas lehne ich ab. Entscheidungen im Team, ohne dass der Chef oder ein Vorarbeiter beteiligt sind; Selbstorganisation bei der Schichtbesetzung; Kanban-Boards zur Lösung von Standard-Aufgaben und noch weiterer Quatsch. Das wird doch alles überbewertet. Auch wenn es vielleicht stimmt, dass man dadurch die Reparaturzeiten der Anlagen halbieren kann. Ich habe zu so etwas eine klare Einstellung. Eine Abteilung braucht einen starken Chef mit Erfahrung, der die Entscheidungen trifft oder zumindest gefragt werden muss, wenn das Team einen Entscheidungsvorschlag macht. Oder die Altgedienten müssen gefragt werden, schließlich haben sie die größte Erfahrung. So war es schließlich schon immer. Der Chef trifft die Entscheidungen, die Erfahrenen unterstützen und die weniger Erfahrenen müssen sich einfach leiten und anleiten lassen. Alles andere macht für mich keinen Sinn.« Seine Einstellung hatte Herr Meierl klar und deutlich dargelegt, und davon wich er auch nicht ab. Herr Bergmann versuchte noch Herrn Meierl mit der Unterstützung eines externen Coaches, der ihn in mehreren Einzelsessions den Sinn und die Leistungsfähigkeit der modernen Methoden beibringen sollte, umzustimmen, damit dieser sich auf die Verfahren einlässt. Doch ohne Erfolg. Herr Meierl blieb bei seinen Denkmustern. Obwohl ihn Herr Bergmann wegen seiner Erfahrung nur ungern aus dem Team verlieren wollte, sah er sich nach einem halben Jahr dennoch gezwungen, Herrn Meierl mit Unterstützung von Management und Personalabteilung in eine andere Abteilung zu versetzen. Die anderen Mit-

---

418 Schöffner, Günther (2020): Changeprozesse positiv gestalten. Kontinuierliche Veränderungsbereitschaft erzeugen und Widerstände überwinden. Schäffer-Poeschel Verlag, Stuttgart, S. 195.

arbeiter der Abteilung, die nach anderthalb Jahren bereits vollumfänglich die Restrukturierungsmaßnahmen verinnerlicht hatten, nahmen bereits an der Blockadehaltung von Herrn Meierl Anstoß. Dieser hatte sich aufgrund seiner Einstellung, die ihn davon abgehalten hatte, gute Followership zu zeigen, ins Abseits manövriert.

Auch wenn es nicht immer einfach ist, so können Menschen bei besserer Erkenntnis oder wegen bestehender Zwänge ihre Einstellungen ändern, ohne gleich als Wendehälse bezeichnet zu werden, ohne Auswirkungen auf ihr Ansehen. Ob dies die Ursache für Herrn Meierls Beharrung auf dem alten Standpunkt war, seine Sturheit oder ob er sich wirklich einfach nicht mit den modernen Arbeitsweisen auch nur ansatzweise hatte identifizieren können, wissen wir nicht. Dennoch hielt ihn seine Einstellung davon ab, sich nach den Vorgaben der Leader auszurichten und über seine Arbeit als Instandhalter hinaus zusätzlich Verantwortung für das Unternehmen, die anderen Follower und die Leader zu übernehmen. Dabei war Herrn Bergmanns Ansatz eines zusätzlichen Einzelcoachings durchaus eine sinnvolle Maßnahme. Denn in einer Veränderungssituation kann eine Veränderung der Haltung durch Training zur Verbesserung der Erkenntnis bezüglich der Veränderung, durch Schaffung von Begeisterung bezüglich der neuen Inhalte oder schlichtweg durch Praktizieren der neuen Dinge erreicht werden.[419] Die Veränderung einer der drei Komponenten der Haltung (Kognition, Affekte, Verhaltensdisposition) kann zu einer generellen Veränderung der Haltung beitragen.[420] Dabei geht es anfänglich primär um Verhalten und nicht um Überzeugungen, denn Veränderungen in der Überzeugung folgen geänderten Handlungen häufig erst in respektvollem zeitlichen Abstand.[421] Dieser Umstand lässt sich im Rahmen von Change-Projekten bewusst nutzen. Bei Herrn Meierl hatten die Maßnahmen jedoch keinen Erfolg, weder die Anleitungen zu verändertem Handeln noch der Versuch, zumindest Verständnis für die neuen Methoden zu erzeugen, sodass er nach so vielen Jahren die Abteilung verlassen musste. Dabei hätte eine realistische Chance bestanden, dass sich bei Herrn Meierl eine unter den neuen Umständen zumindest noch für alle Beteiligten akzeptable Followership ausgebildet hätte. Denn wenn Menschen Dinge tun müssen, die ihrer Grundüberzeugung widersprechen, erzeugt dies zwar einen konflikthaften Zustand des Unbehagens, der als kognitive Dissonanz bezeichnet wird.[422] Diese bringt in den Menschen eine Motivation hervor, die dieses Unbehagen abzubauen und ähnliche Situationen zu vermeiden versucht.[423] Sind passende Vermeidungs-

---

419 Ebd., S. 64.
420 Daft, Richard L. (2003): Management. South-Western, Mason (OH), 6. Aufl., S. 482.
421 Berner, Winfried (2012): Culture Change – Unternehmenskultur als Wettbewerbsvorteil. Schäffer-Poeschel Verlag, Stuttgart, S. 66 f.
422 Zimbardo, Philip G. (1992): Psychologie. Springer Verlag, Berlin/Heidelberg/New York, 5. Aufl., S. 580.
423 Festinger, Leon (1957): A Theory of Cognitive Dissonance, Stanford University Press, Stanford, S. 3.

reaktionen nicht möglich, versucht der Mensch, das diskrepante Verhalten zumindest rationaler erscheinen zu lassen und dieses Handeln entgegen der eigenen Überzeugung in nachvollziehbarer Weise zu rechtfertigen.[424] Dauern die Handlungen, die gegen die eigene Überzeugung sprechen, länger an, verändert sich hingegen häufig die Einstellung des Menschen zur Handlung.[425] Die Grundüberzeugungen ändern sich jedoch dadurch nicht notwendigerweise. Aber auch wenn die Haltung von Menschen im Zuge von Veränderungsprojekten verändert werden kann, so hat dies oft nur in einem begrenzten Ausmaß Einfluss.[426] Denn die Grundüberzeugungen des Menschen lassen sich oft nur sehr schwer oder auch gar nicht verändern, und die haben großen Einfluss auf dessen Handeln.

4.3.4 Wollen: Motivatoren

Neben den Haltungen und Grundeinstellungen des Menschen haben die sich aus seinen Bedürfnissen ergebenden Motivationen auch entscheidenden Einfluss darauf, wie er sich im Leben verhält. Dementsprechend sind auch hier Einflussfaktoren auf die praktizierte Followership zu suchen. Der bekannte US-Psychologe Abraham Maslow stellte zwei Motivationsformen einander gegenüber: Mangelmotivation und Wachstumsmotivation.[427] Diese werden oft auch ausgedrückt als Grundbedürfnisse und Wachstumsbedürfnisse.[428] Dem liegt die weithin bekannte Bedürfnispyramide von Maslow zugrunde, welche die dem Menschen angeborenen Bedürfnisse in einer Reihenfolge auflistet, beginnend mit den primitivsten hinsichtlich den biologischen Bedürfnissen (Nahrung, Sauerstoff etc.) über Bedürfnisse nach Sicherheit, Bindung, Selbstwert und kognitiven sowie ästhetischen Bedürfnissen bis hin zu den »humansten« wie Selbstverwirklichung und Transzendenz.[429] Daneben gibt es eine Reihe weiterer Bedürfnistheorien, wie beispielsweise das Konzept der psychologischen Grundbedürfnisse nach Grawe, das Elemente wie Selbstwerterhöhung nennt oder das Bedürfnis nach Lustgewinn und Unlustvermeidung.[430] Die Beschreibung von Bedürfnissen im Arbeitsalltag soll Antworten geben auf die zen-

---

424 Schöffner, Günther; Senne, Petra (2021): Professionelle Zusammenarbeit von Geschäftsführung und Betriebsrat. Ein Praxisleitfaden für Führungskräfte und Manager. Erich Schmidt Verlag, Berlin, S. 88.
425 Zimbardo, Philip G. (1992): Psychologie. Springer Verlag, Berlin/Heidelberg/New York, 5. Aufl., S. 580.
426 Schöffner, Günther (2020): Changeprozesse positiv gestalten. Kontinuierliche Veränderungsbereitschaft erzeugen und Widerstände überwinden. Schäffer-Poeschel Verlag, Stuttgart, S. 65.
427 Zimbardo, Philip G. (1992): Psychologie. Springer Verlag, Berlin/Heidelberg/New York, 5. Aufl., S. 352.
428 Barrett, Richard (2016): Werteorientierte Unternehmensführung, Cultural Transformation Tools fürPerformance und Profit, Springer Gabler Verlag, Berlin/Heidelberg, S. 20.
429 Zimbardo, Philip G. (1992): Psychologie. Springer Verlag, Berlin/Heidelberg/New York, 5. Aufl., S. 352.
430 Grawe, Klaus (2004): Neuropsychotherapie. Hogrefe Verlag, Göttingen, S. 188.

trale Frage, welchen Anforderungen an die Arbeitsumgebungen und die Beziehungen am Arbeitsplatz erfüllt werden müssen, damit sich beim Menschen ein größtmögliches Maß an Wohlbefinden einstellt.[431] Den Motiven im Arbeitsalltag hat sich auch der US-Psychologe David McClelland gewidmet und auf der Basis verschiedener Studien vier anerkannte Grundmotive menschlichen Handelns ermittelt, die ähnlich den menschlichen Trieben fest im Menschen verankert sind.[432] Angelehnt an McClellands vier Grundmotive »Zugehörigkeit«, »Macht«, »Leistung« und »Vermeidung« haben sich für die Beschreibung des Handelns von Menschen in Organisationen fünf Motivatoren bewährt: »Anerkennung«, »Bedeutung und Erfolg«, »Gestaltungsräume und Beteiligung«, »persönliche Weiterentwicklung«, »Zugehörigkeit«.[433] Bei jedem Menschen sind diese Motivatoren unterschiedlich ausgeprägt und werden von Faktoren wie Veranlagung, Grundüberzeugungen, Erfahrungen, Bildung und Herkunft beeinflusst.[434] Jenseits dieser prinzipiellen Einflussfaktoren werden diese Motivatoren auch stark situativ geprägt, wobei wiederum die Haltung des Menschen dann großen Einfluss hat. Den Einfluss einer der genannten Faktoren auf die Motivation von Menschen hinsichtlich Followership wollen wir abermals anhand eines Fallbeispiels betrachten. Da wir das Thema Grundüberzeugungen und deren Einfluss auf das Followership-Verhalten bereits angesprochen haben und der Punkt Veranlagung ausgesprochen weitreichend ist, wollen wir uns hier auf die Faktoren Erfahrungen, Bildung und Herkunft beschränken. Der Zusammenhang sollte auch so klar werden.

Fallbeispiel 19: Wer führen will, muss auch folgen können (Teil 1)

Der kaufmännische Leiter einer Business Unit eines internationalen Konzerns, Herr Hoss, hatte immer gehofft, eines Tages im Konzern eine Vorstandsposition einnehmen zu können, war er doch nach seinem Studium der Betriebswirtschaftslehre und seiner anschließenden »Turbo-Promotion« zum »Dr. rer. pol.« gleich in den Förder-Pool des Konzerns für Nachwuchsführungskräfte aufgenommen worden. Er war clever und ambitioniert und wollte schnell Karriere machen. Die ersten beiden Stationen hatte er bereits nach knapp zwei Jahren durchlaufen. Doch an der danach folgenden, ersten richtig großen Aufgabe kam

---

431 Garcia, Tamara; Hoffmann, Christoph; Pfister, Andres (2019): Psychologische Grundlagen für Führungskräfte. In: Lippmann, Eric; Pfister, Andres; Jörg, Urs (Hrsg., 2019): Handbuch Angewandte Psychologie für Führungskräfte. Führungskompetenz und Führungswissen. Springer Verlag, Berlin, 5. Aufl., S. 113.
432 Nowak, Claus (2015): 70 Modelle für Führung, Coaching und Change-Management. Verlag Christa Limmer, Meezen, S. 296 f.; McClelland, David (1987): Human Motivation, Cambridge University Press, Cambridge.
433 Nowak, Claus (2015): 70 Modelle für Führung, Coaching und Change-Management. Verlag Christa Limmer, Meezen, S. 297 f.
434 Schöffner, Günther; Senne, Petra (2021): Professionelle Zusammenarbeit von Geschäftsführung und Betriebsrat. Ein Praxisleitfaden für Führungskräfte und Manager. Erich Schmidt Verlag, Berlin, S. 88.

seine rasche Karriere etwas ins Stocken. Er war kaufmännischer Leiter eines der Werke der Business Unit geworden und dort allerdings sehr schnell an vielen Stellen angeeckt. Denn er war zwar klug, aber auch sehr direkt in seinen Kommentaren und sparte nicht mit Kritik an anderen. So war er bei den technischen Mitarbeitern des Werkes, aber auch bei seinen kaufmännischen Kollegen der anderen Werke schnell als »Großmaul«, »Besserwisser«, »Schlauberger« bekannt geworden. Denn auch wenn er viel wusste, waren die anderen auch nicht nur unwissend. Dennoch brachte er fast bei jeder Gelegenheit seinen fachlichen Rat ein, obwohl diesen eigentlich niemand haben wollte. Oder er wies auf fachliche Mängel oder Fehler anderer hin, auch wenn sie klein und unerheblich waren. Eigene Fehler hingegen versuchte er stets zu vertuschen und zu verbergen. Sobald doch welche entstanden, war er sehr darum bemüht, diese herunterzuspielen. Verstand ein Projektleiter mit Ingenieursausbildung während einer Projektbesprechung einen kaufmännischen Begriff nicht zu 100 Prozent richtig, griff Herr Hoss ein und stellte für alle die jeweiligen Begriffe richtig. Das war meistens verstörend, weil weder die Anwesenden der genaue Zusammenhang interessierte, noch dieser für die Abarbeitung der Projekte wichtig gewesen wäre. Sobald sich ausnahmsweise einer der Ingenieure bei einer falschen Verwendung technischer Begriffe durch Herrn Hoss bei diesem revanchieren wollte, begegnete er dieser Revanche meist mit dem Kommentar »Das ist doch hier nicht so wichtig«. Den General Manager des Werkes, ein Ingenieur, kritisierte er häufig für dessen nicht besonders ausgeprägte Kenntnisse in Controlling und Accounting. Dessen Antwort »Dafür habe ich ja Sie. Ich muss den Gesamtzusammenhang sehen.« ließ Herr Hoss selten gelten. Mehr noch kritisierte er den General Manager immer wieder für die angeblichen strategischen Fehlentscheidungen, obwohl der GM das Werk bereits viele Jahre sehr erfolgreich geleitet und auch schon durch etliche Krisen geführt hatte. Trotz seiner Unbeliebtheit wurde Herr Hoss dann doch noch nach knapp fünf Jahren zum kaufmännischen Leiter der Business Unit befördert. »Nur noch zwei Stufen, dann habe ich es in den Vorstand geschafft!«, waren damals seine Gedanken. Damit dies auch gelingen möge, war er fest entschlossen, seine ausgeprägten betriebswirtschaftlichen Kenntnisse bei allen noch stärker herauszustellen, damit jedem klar werden sollte, dass er definitiv in den Vorstand müsse. Denn solch ein Potential dürfe man ja nicht verschwenden. Dementsprechend stärker »drehte« er gegenüber seinem Kollegen und Pendant, dem technischen Leiter der Business Unit, auf. Auch gegenüber den Managern der übergeordneten Management-Ebene, des Geschäftsbereichs, ließ er seiner Kritik und seiner Besserwisserei freien Lauf. Kam es hin und wieder zu Begegnungen mit Vorständen, hielt er sich zwar mit Belehrungen etwas zurück, er sparte jedoch nicht mit Eigenlob und Empfehlungen für sich selbst und seine eigene Person. Niemand hatte sich jedoch getraut, ihm auch einmal richtig und dauerhaft Kontra zu geben oder ihn in die Schranken zu weisen. Denn seine Kompetenz war unumstritten und er hatte in den meisten Fällen auch Recht. Auch sein Track Record war sehr beachtenswert. Er hatte für seinen Verantwortungsbereich viel erreicht und stets weit überdurchschnittliche Ergebnisse erzielt. Doch er war nicht besonders kollegial, ein schlechter Teamplayer und vor allem ein schlechter Follower. Denn anstatt seine Chefs zu unterstützen, ließ er es an Kritik und Besserwisserei oft nicht mangeln. Er wich nicht selten von deren Weisungen ab, weil er es »ja letztendlich doch besser wisse«. Für seine Kollegen hatte er nur dann etwas übrig, wenn dies seiner Karriere nutzte. Dasselbe galt für die Organisation oder andere Follower. In Chaleffs Quadrantendarstellung (▶ Kap. 3) konnte man ihn deshalb im Quadranten »Individualist« verorten, auch wenn er hier und da gezwungenermaßen seine Unterstützung für die Leader erhöhen und gelegentlich in Richtung »Partner« gehen musste.

Nach gut dreieinhalb Jahren als kaufmännischer Leiter der Business Unit erhielt Herr Hoss einen Anruf des obersten Personalchefs auf Konzernebene, des Chief HR Officers CHRO. Dieser lud ihn zu einem persönlichen Gespräch ein. Weil es sich, wie er sagte, um ein wichtiges Gespräch handelte, wollte der Personalchef unbedingt einen passenden Termin finden, weshalb er Herrn Hoss persönlich angerufen hatte. Nachdem er schnell einen passenden Termin angeboten und aufgelegt hatte, frohlockte und jubelte Herr Hoss in seinem Büro. »Endlich habe ich es geschafft! Endlich ist man auf mich aufmerksam geworden. Ein sehr wichtiges Gespräch, sagte er. Und das kurz vor den anstehenden Jahresgesprächen! Das kann ja nur meine Beförderung zum CFO des Geschäftsbereiches bedeuten. Oder vielleicht sogar noch mehr! Vielleicht sogar direkt in den Vorstand! Wenn der mich persönlich anruft, dann kann es nur um so etwas gehen.« Herr Hoss war im siebten Himmel.

Der CHRO kam im Gespräch ohne lange Umschweife direkt zum Thema. »Wie Sie wissen, Herr Hoss, stehen die Jahresgespräche vor der Tür. In diesem Jahr wird es aufgrund der Marktkonsolidierung in unserem Haus einige größere personelle Veränderungen geben. Deswegen wollte ich auch direkt mit ihnen sprechen. Sie sind ja jetzt gut drei Jahre auf dem Posten des kaufmännischen BU-Leiters. Ihre zweifellos herausragende Fachkompetenz hat sich ja schon im ganzen Konzern herumgesprochen. Was wir im Unternehmen aber brauchen, sind nicht nur hervorragende Fachleute, sondern auch hervorragende Leader und Follower. Vor allem auf den Spitzenpositionen. Sonst kann solch ein Unternehmen wie das unsere nicht funktionieren. Als Leader sind Sie, wie mir von mehreren Seiten berichtet wurde, allerdings nur gutes Mittelmaß. Daran ließe sich aber arbeiten. Als Follower sind Sie jedoch leider nur unterer Durchschnitt. Und, so haben mir ebenso mehrere Fachleute und hochrangige Leader im Unternehmen berichtet, es besteht bei Ihnen hier leider kein Potential, dass sich das noch in einem Maß verbessern ließe, dass Sie für uns einen herausragenden Mehrwert haben könnten. Daher haben wir uns entschieden, dass wir uns zum Ende des Geschäftsjahres von Ihnen trennen werden. Es tut mir leid, dass ich Ihnen das so direkt und hart mitteilen muss. Sie selbst pflegen jedoch üblicherweise die direkte Ansprache und nennen unangenehme Fakten auch häufig klar beim Namen. Es tut mir auch leid, dass wir mit Ihnen einen ausgezeichneten Fachmann verlieren. Aber als reiner Fachexperte sind Sie uns zu teuer. Und für eine weitere und eventuell sogar höhere Führungsaufgabe kommen Sie im Konzern aufgrund der genannten Defizite bei der Followership leider absolut nicht infrage. Bei den Trennungsmodalitäten werden wir uns großzügig zeigen, schließlich haben Sie in den vergangenen Jahren auch viel für das Unternehmen getan. Wir hoffen hier auf Ihre Kooperationsbereitschaft. Alle weiteren Details wird Ihnen der HR-Manager des Geschäftsbereiches mitteilen. Ich danke für Ihr Kommen und wünsche Ihnen für Ihre weitere Karriere alles Gute. Auf Wiedersehen.« Herr Hoss verließ das Büro des CHROs schweigend und war am Boden zerstört. Rausgeschmissen! Er, der doch so kompetent war! Wie konnte das nur sein? Die müssen sich doch geirrt haben, so seine ersten Gedanken. Der HR-Manager des Geschäftsbereichs wartete jedoch bereits auf ihn und saß in seinem Vorzimmer, als Herr Hoss zu seinem Büro zurückkehrte. In einem halbstündigen Gespräch besiegelte dieser zusammen mit Herrn Hoss dann dessen Ausstieg aus dem Konzern.

Damit seine Karriere mit Anfang 40 außerhalb des Konzerns eine reale Chance auf dauerhaften Erfolg haben könnte, nahm Herr Hoss nach Überwindung einer zweiwöchigen emotionalen Krise wie vom HR-Manager empfohlen Kontakt zu einem Personalcoach auf. Mit diesem solle er seine Karriere und seinen persönlichen Leadership- und Followership-Ansatz reflektieren, damit er an sich selbst arbeiten könne. Das würde ihm erleichtern, eine für sich passende Position zu finden und in diese auch erfolgreich hineinwachsen zu können. Nach mehreren Sessions mit dem Coach war ihm so einiges klar geworden. Er hätte nicht gedacht, dass sein Verhalten zu solcher Missbilligung hatte führen können. Er war auch traurig und verärgert darüber, dass man ihm in all den Jahren nie ehrliches Feedback gegeben und ihm keinen Mentor beigestellt hatte. Dann wäre es ihm vielleicht frühzeitig gelungen, sein Verhalten entsprechend anzupassen und ein guter Leader, vor allem aber ein besserer Follower zu werden. Im weiteren Verlauf des Coachings erfuhr Herr Hoss noch so einiges darüber, was ihn in seiner weiteren Karriere behindert hatte. Die Gründe waren vielschichtig.

Fallbeispiel 19: Wer führen will, muss auch folgen können (Teil 2)

Der Coach hatte Herrn Hoss zurückgemeldet, woran seiner Einschätzung nach sein völlig unzureichendes Follower-Verhalten gelegen hatte. Kurz zusammengefasst sah er folgende Punkte dafür verantwortlich. Herr Hoss kam aus einfachen Verhältnissen. Vater Handwerker, Mutter Hausfrau, seine beiden Brüder hatten ebenfalls handwerkliche Berufe erlernt. Nur Herr Hoss war »aus der Art geschlagen« und hatte eine Lehre als Bankkaufmann absolviert. In der Bank und der Berufsschule hatte man ihm geraten, aufgrund seiner Begabung doch über ein Hochschulstudium nachzudenken, wozu er sich am Ende seiner Lehrzeit auch entschieden hatte. Er holte das Abitur nach und studierte an einer Universität Betriebswirtschaftslehre mit dem Schwerpunkt Controlling. Parallel zum Studium jobbte er in der Bank, in der er seine Berufsausbildung gemacht hatte. Am Ende des Studiums war ihm die Möglichkeiten geboten worden, an einem Lehrstuhl der Universität als wissenschaftlicher Mitarbeiter an seiner Dissertation zu arbeiten. Dieses Angebot hatte er auch angenommen und während dieser Zeit einige Praktika in Kooperation mit dem Konzern betreut, in den er nach erfolgreicher Promotion direkt gewechselt war. Herr Hoss war in seiner Familie der Einzige, der es zu einem akademischen Abschluss geschafft hatte. Dementsprechend wollte er nicht länger zum Kreise jener gehören, denen die Akademiker die Welt erklärten. Er wollte sich nicht mehr, wie in so vielen Situationen geschehen, als er noch keinen Abschluss hatte, schämen müssen für sein Halbwissen, das in Gesprächen mit »gebildeten Leuten« an den Tag kam und infolgedessen er sich als Arbeiterkind hatte outen müssen. Er wollte selbst zu denen gehören, die wissend sind, die andere belehren können, zu denen man aufschaut, die man nicht belehren kann und die sich deswegen auch nicht (mehr) schämen müssen, so seine Gedankenmuster. Er war auch der Meinung, dass nur derjenige in einem Unternehmen Karriere macht, der die beste Leistung bringt, den besten Sachverstand hat und die besten Ergebnisse erzielt. Er hatte nie richtig verstanden, dass Teamfähigkeit und die Eigenschaft, dienen zu können, eine fundamentale Voraussetzung für Führungskräfte ist.[435] Aber dienen wollte Herr Hoss nicht mehr, das hatte er, so war seine Meinung, 25 Jahre lang machen müssen, bis er es endlich nach oben geschafft hatte. Er wollte »herrschen«, d. h. Führungskraft, Manager, Leader werden. Wer folgt, so seine Meinung, verliert und wird immer Diener bleiben. Wer führt, kommt nach oben, und dazu hilft nur, dass man besser ist als die anderen und dass die Entscheidungsträger das auch erfahren, so seine Gedankenwelt. »Handle stark und kompetent und rede darüber«, wurde zu seinem Motto. Damit hatte er sich versprochen, auf Basis seiner großen Begabung und seiner Tatkraft auch irgendwann Vorstand zu sein. Die vorher geschilderten Darstellungen des Coaches, dass seine Herkunft und seine bisherigen Erfahrungen im Leben nun zum großen Teil dafür verantwortlich sein sollten, dass er auf dem Weg zum Vorstand an sich selbst gescheitert ist, erschütterten Herrn Hoss sehr. Er fühlte sich fast gekränkt, wusste aber, dass ihm der Coach nichts Böses wollte. Was ihn zudem noch zusätzlich sehr überraschte, war die Ausführung des Coaches, dass Können und Leistung keine Garanten für das Erreichen von Führungspositionen seien. Er war entsetzt darüber, dass man hierfür nicht unbedingt hohe persönliche Leistung erbringen müsse.[436] Das konnte er zunächst gar nicht glauben. Der Coach erklärte ihm, dass mit zunehmender Höhe der Managementebene andere Faktoren immer wichtiger würden als Fachkenntnis und Sachverstand. Der Coach erklärte ihm den Begriff »sozialer Habitus« und machte ihm deutlich, dass diese Inhalte in der Welt des Managements keine unwichtige Rolle spielten. Kinder von Managern lernten diesen sozialen Habitus, den Code, der die Zuge-

---

435 Buß, Eugen (2009): Managementsoziologie. Grundlagen, Praxiskonzepte, Fallstudien. Oldenbourg Wissenschaftsverlag, München, 2. Aufl., S. 5.
436 Pfeffer, Jeffrey (2010): Power. Why some people have it and others don't. HarperCollins Publishers, New York, S. 21 f.

hörigkeit zu einem bestimmten Lebensstil und Herkunftsmilieu signalisiert, sozusagen automatisch ohne eigenes Zutun, unbewusst.[437] Das zeige sich beispielsweise darin, dass diese Kinder erfahren, wie man sich in entsprechenden gesellschaftlichen Kreisen bewegt, wie man soziale Netzwerke bedient oder wie man Symbole eines gehobenen Sozialprestiges verwendet.[438] Das hätte Herr Hoss aufgrund seiner Herkunft letztendlich nicht im Laufe seines Heranwachsens kennengelernt. Dies war ein weiteres Asset, das ihm auf seinem Weg »ganz nach oben« gefehlt hatte. Doch das hätte er erlernen können. Entscheidend für sein Scheitern war letztendlich jedoch seine intrinsische Motivation, es »allen zeigen zu müssen«, sprich stets der Beste und fehlerfrei sein zu wollen, und dies auch den anderen bei nahezu jeder Gelegenheit zu zeigen.

Die Geschichte von Herrn Hoss entbehrt nicht einer gewissen Tragik. Dass er trotz großen Sachverstands und hervorragenden Ergebnissen dann an seiner mangelhaften Followership scheitert, möchte man zunächst gar nicht glauben. Dass für Letzteres auch noch mutmaßlich seine Herkunft und die in seinem Leben gesammelten Erfahrungen verantwortlich sein sollen, ist tragisch. Doch, so schrieb es der renommierte Experte für Organisationstheorie Jeffrey Pfeffer von der Stanford University, man muss sich bereits am Anfang des Weges zu machtvollen Positionen vom Glauben verabschieden, dass die Welt ein gerechter Ort sei.[439] Herr Hoss hatte das beschriebene Verhalten über viele Jahre hinweg praktiziert. Anscheinend konnte sich jenes Mitglied seines inneren Teams, das von den genannten Motivatoren ins Rennen geschickt worden war, am häufigsten durchsetzen. Dabei kann es natürlich auch vorgekommen sein, dass sich hin und wieder andere Teammitglieder durchsetzen konnten und er infolgedessen eben auch ein anderes als das beschriebene typische Follower-Verhalten gezeigt hat. Dies liegt, wie wir zu Beginn unserer Betrachtungen des Wollens bemerkt haben, u. a. auch daran, dass sich das Befinden des Menschen im Laufe des Tages oder innerhalb einer Woche verändert. Jeder Mensch ist nicht immer gleich gelaunt, sondern seine Sichtweise gegenüber der Welt und gegenüber sich selbst ändert sich immer wieder, beeinflusst von den Tageszeiten, den Erlebnissen oder dem Gesundheitszustand.

Weniger abhängig von solchen tageszeitlichen Schwankungen sind jedoch Motivatoren, die den Menschen prinzipiell antreiben, gewisse Handlungen vorzunehmen. Im Unternehmensalltag spielt hier die Erwartungshaltung eine große Rolle. Danach haben Menschen die Erwartung, dass mit einer gewissen Wahrscheinlichkeit auf eine bestimmte Handlung auch ein bestimmtes Ergebnis folgt.[440] Die im

---

437 Buß, Eugen (2009): Managementsoziologie. Grundlagen, Praxiskonzepte, Fallstudien. Oldenbourg Wissenschaftsverlag, München, 2. Aufl., S. 41 f.
438 Ebd.
439 Pfeffer, Jeffrey (2010): Power. Why some people have it and others don't. HarperCollins Publishers, New York, S. 8.
440 Staehle, Wolfgang H. (1999): Management. Eine verhaltenswissenschaftliche Perspektive. Verlag Franz Vahlen, München, 8. Aufl., S. 233.

Zusammenhang mit der Mitarbeitermotivation bekannte Erwartungstheorie besagt, dass die Motivation von Menschen von deren Erwartungen an ihre Fähigkeiten abhängt, gewisse Aufgaben ausführen zu können und dafür auch gewünschte Belohnungen zu erhalten.[441] Ein Follower, der aufgrund seiner Kenntnisse und Erfahrungen bestimmte Aufgaben auch erfolgreich bewältigen kann, erwartet demnach nicht nur, dass seine Anstrengungen erfolgreich sind, sondern dass er auch die entsprechende Würdigung, sprich Belohnung, erhält, wie auch immer diese aussehen mag. Diese natürliche menschliche Regung, dass man bei seinen Anstrengungen auch ein Ergebnis sehen möchte und dass man, sofern man das für andere tut, auch dementsprechend belohnt wird, ist völlig nachvollziehbar. Nehmen diese Belohnungen hingegen mit der Zeit ab, obwohl der Erfolg nach wie vor erbracht wird, kann dies negativ auf die Motivation wirken. Im inneren Team kann sich mehr und mehr ein Mitglied durchsetzen, das Botschaften abliefert wie folgende: »Warum strengst Du Dich eigentlich so an? Dein Chef sieht das sowieso nicht oder er sieht es als selbstverständlich an. Dafür wirst Du ja bezahlt, sagt er doch immer.« Der Wunsch nach ständiger Würdigung der geleisteten Arbeit wird dem angeborenen menschlichen Bedürfnis nach Zuwendung und Beachtung gerecht.[442] Follower müssen erkennen können, dass der Leader ihre Arbeit und ihre Anstrengungen für das gemeinsame Ziel auch wahrnimmt und wertschätzt, damit sie auch weiterhin gute Followership zeigen. Ähnliches gilt hinsichtlich Belohnungen für Anstrengungen, die über das normale Maß hinaus gehen. Dies alles als selbstverständlichen Teil guter Followership anzunehmen und nicht entsprechend zu würdigen, wird der diesbezüglichen Erwartungshaltung des Menschen nicht gerecht. Der oft zitierte Spruch »Nicht geschimpft ist genug gelobt«, mit dem sich auch heute noch viele Leader schmücken, bedarf in Anbetracht der zuvor geschilderten Zusammenhänge keiner weiteren Worte. Das Wollen von Followern, gute Followership zu zeigen, hängt nicht nur von deren intrinsischer Motivation, sondern auch von den äußeren Faktoren ab. Dazu zählt eben auch, dass sie bei berechtigten Erwartungen auch mit einer hohen Wahrscheinlichkeit mit den erwarteten Ergebnissen rechnen dürfen, was dies im konkreten Fall auch immer sein mag.

4.3.5 Wollen: Grundpositionen

Erwachsene Menschen nehmen bestimmte Grundpositionen ein, die deren Lebenseinstellungen kennzeichnen und die die Frage beantworten, wie eine Person sich selbst, die anderen und die Welt bewertet.[443] In der Theorie der Transaktionsana-

---

441 Daft, Richard L. (2018): Management. Cengage Learning, Boston (MA), 13. Aufl., S. 547.
442 Schöffner, Günther; Hagehülsmann, Ute; Schöffner, Kerstin (2023): Zukunftsfähige Machtsysteme in Unternehmen. Die Verantwortung richtig auf die Beine stellen. Kohlhammer Verlag, Stuttgart, S. 400.
443 Hagehülsmann, Heinrich; Hagehülsmann, Ute (2007): Der Mensch im Spannungsfeld seiner Organisation. Transaktionsanalyse in Managementtraining, Coaching, Team- und Personalentwicklung. Junfermann Verlag, Paderborn, S. 146.

lyse nach Eric Berne haben sich die folgenden vier einfach verständlichen Grundpositionen etabliert.[444]

- »+/+«-Haltung, d. h. ich bin ebenso wertvoll wie Du.
  Dies bedeutet nicht, immer mit dem Handeln, Denken oder Fühlen einer anderen Person einverstanden zu sein. Diese Einstellung kann auch Kritik oder Ablehnung beinhalten. Sie geht jedoch davon aus, dass alle Menschen gleich viel wert sind. Wir differenzieren uns durch Rollen, Aufgaben, Positionen, soziale Zugehörigkeiten, Einkommen und Bildung. Aber wir begegnen den anderen dabei aus einer respektvollen Haltung, die ausdrückt: »Ich bin etwas wert und Du auch!« Dies gilt auch für kontroverse Einstellungen und Diskussionen, bis hin zu der Erkenntnis, dass man mit einer bestimmten Person nichts mehr zu tun haben will. Dabei zieht man dann für sich selbst eine klare Grenze, ohne den anderen herabsetzen zu müssen.
- »-/+«-Haltung, d. h. ich bin weniger wert als Du.
  Hier hat man Empfindungen von Unterlegenheit, Schwäche und mangelndem Durchsetzungsvermögen. Dem anderen wird dabei grundsätzlich mehr Bedeutung oder Wert zugemessen.
- »+/-«-Haltung
  Aus dieser Position heraus fühlt man sich überlegen und will sich möglichst wenig mit dem Gegenüber befassen, wenn es die konträre Haltung einnimmt.
- »-/-«-Haltung
  Aus dieser Grundeinstellung der Sinnlosigkeit »wird oft Passivität gelebt, bzw. das Leben und vor allem Beziehungen wenig aktiv gestaltet«. Diese eher verzweifelte Grundeinstellung ist allerdings manchmal nicht offensichtlich, sondern unter »Unauffälligkeit oder sogar oberflächlichem Erfolg verborgen«. Sie wird jedoch besonders in krisenhaften Situationen deutlich.

Bei dieser Darstellung aus der erwähnten Theorie der Transaktionsanalyse werden ebenfalls die Begriffe »Haltung« und »Einstellung« verwendet. Obwohl sie sich inhaltlich nicht fern sind, haben sie im jeweiligen Verwendungsfall jedoch unterschiedliche Bedeutungen. Es ist, wie im Buch bereits erwähnt, in der Wissenschaft nicht ungewöhnlich, das gleiche Begriffe in verschiedenen Disziplinen unterschiedliche Bedeutungen haben. Ein Beispiel hierzu ist die Verwendung der Begriffe »Macht«, »Einfluss« und »Autorität«, denen im Zusammenhang der Beschreibung von Macht aus Sicht der Managementtheorie völlig andere Inhalte zugewiesen werden, als wenn dies aus der Sicht der Systemtheorie erfolgt.[445] Wir müssen daher den Begriffen die Inhalte abhängig vom verwendeten Kontext jeweils explizit gedanklich zuweisen und dürfen uns von diesem Umstand nicht verwirren

---

444 Schöffner, Günther; Hagehülsmann, Ute; Schöffner, Kerstin (2023): Zukunftsfähige Machtsysteme in Unternehmen. Die Verantwortung richtig auf die Beine stellen. Kohlhammer Verlag, Stuttgart, S. 263.
445 Ebd., S. 68.

lassen. Zurückkommend auf die zuvor beschriebenen vier Grundpositionen halten wir fest, dass die meisten Menschen sich in alle vier Lebensanschauungen hineindenken und bei sich selbst in unterschiedlichen Situationen auch mehrere Grundpositionen erleben können.[446] Dennoch können fast alle Menschen eine übergreifende Grundposition nennen, die sie üblicherweise im Leben einnehmen.[447] Diese entspricht in der Regel jener Grundeinstellung, die jeder Mensch schon in seiner Kindheit aus dem Maß und der Qualität der Wertschätzung, die er von anderen erhielt, und aus den Erfahrungen, die er mit seinen Bezugspersonen machte, als für sich zutreffend entschieden hat.[448] Abhängig davon, welche Grundposition ein Mensch also üblicherweise einnimmt, wird sich auch sein Follower-Verhalten gestalten. Befindet sich ein Mensch typischerweise in der »+/+«-Haltung, wird er höchstwahrscheinlich ein gutes Follower-Verhalten an den Tag legen. Handelt er hingegen aus der »-/+«-Haltung oder aus der »+/-«-Haltung heraus, gestaltet sich dies höchst unterschiedlich. Befindet sich ein Follower hingegen in einer Art Weltuntergangsstimmung und nimmt die »-/-«-Haltung ein, wird es für den Leader alles andere als leicht sein, dem Follower gutes Follower-Verhalten zu entlocken. Die Tatsache, dass Menschen in verschiedenen Situationen wie erwähnt unterschiedliche Grundpositionen einnehmen können, führt dazu, dass sich deren situatives Follower-Verhalten ändern kann, auch wenn sie üblicherweise zu einem typischen Follower-Verhalten neigen. Das bestätigt den bereits erwähnten Umstand, dass Menschen eben komplexe, nichttriviale Systeme sind, deren Reaktionen nicht deterministisch vorausgesagt werden können. Wenn beispielsweise ein Follower in ähnlichen Situationen bereits zwanzigmal ein sehr ähnliches Verhalten gezeigt hat, so ist nicht sicher, dass er in der 21. Situation gleicher Couleur ebenfalls das gleiche Follower-Verhalten an den Tag legt. Hier schließt sich der Kreis zur vorher wiederum erwähnten Tatsache, dass Follower-Verhalten situationsabhängig sein kann, auch wenn ein Follower in der Regel typische, in einem gewissem Rahmen vorhersehbare Verhaltensweisen zeigt. Am folgenden Fallbeispiel wollen wir kurz betrachten, wie sich die eingenommene Grundposition auf das gezeigte Follower-Verhalten auswirken kann.

Fallbeispiel 20: Selbstüberschätzung als Grundprinzip

Dieter Lohmeier fühlte sich schon in der Schule als der geborene Anführer. Als Sohn des Vorarbeiters eines Automobilherstellers müsse man dies ja schließlich auch verlangen, wie ihm als Kind und Jugendlicher immer wieder eingesagt worden war. Mit seinen schulischen Leistungen ging er jedoch nicht in Führung, diese waren eher unterer Durchschnitt. »Das dürfe man nicht überbewerten«,

---

446 Hagehülsmann, Heinrich; Hagehülsmann, Ute (2007): Der Mensch im Spannungsfeld seiner Organisation. Transaktionsanalyse in Managementtraining, Coaching, Team- und Personalentwicklung. Junfermann Verlag, Paderborn, S. 150.
447 Ebd., S. 151.
448 Ebd.

war der diesbezügliche Tenor im Elternhaus, denn im wahren Berufsleben zählten ja andere Sachen. Die unterdurchschnittliche Leistung zog sich auch durch Dieter Lohmeiers Berufsausbildung, weshalb ihn sein Ausbildungsbetrieb nach Abschluss der Lehre auch nicht übernommen hatte. Daraufhin wechselte er mit knapp 20 in seinem Lehrberuf als Werkzeugmacher zu einem Automobilzulieferer. Doch nicht als Vorarbeiter, wie er sich das schon ausgemalt hatte, schließlich sei er ja eine Respektsperson, sondern als gewöhnlicher Facharbeiter. Das hatte ihn zwar geärgert, doch andere Möglichkeiten hatten sich einfach nicht ergeben. Er blieb zu seinem Unbehagen auch zehn Jahre Facharbeiter, obwohl er seinem Team- und auch dem Gruppenleiter regelmäßig deren Fehler aufgezeigt hatte, ohne dabei aufmüpfig zu werden. Denn diese hatten ihm relativ schnell klargemacht, dass er sich einordnen müsse und »nicht den großen Zampano spielen« dürfe, wenn er im Unternehmen bleiben möchte. Mangels Alternativen, die er auch ausgelotet hatte, reihte er sich leicht zähneknirschend als Facharbeiter ein, obwohl er mit 27 Jahren mehr schlecht als recht seine Meisterprüfung bestanden hatte. Dann kam mit Anfang 30 anscheinend endlich seine Stunde: Er wurde Teamleiter, denn der bisherige ging in Rente. Doch seine Performance als Leader erreichte nicht mal durchschnittliche Werte. Dafür war er aber anfänglich gleich richtig in Opposition zum Gruppenleiter gegangen, um diesem klar zu machen, »was hier falsch läuft«. Dieser ließ sich jedoch davon nicht beeindrucken, sondern wies Lohmeier entsprechend in die Schranken und zeigte ihm seine Grenzen auf. In den folgenden Jahren war deren gegenseitiges Verhältnis von Spannungen geprägt, ging Lohmeier doch immer wieder an die Grenzen der für seinen Gruppenleiter akzeptablen Kritik. Diese war dabei nicht sonderlich konstruktiv, konnte es daher nicht immer als Challengen einordnen. Für sein Team hatte er ebenso wenig Konstruktives zu bieten außer hier und da einen entsprechenden Anpfiff, weil das »ja schließlich die Aufgabe einer Führungskraft« sei. Nach fünf Jahren ging der Gruppenleiter in Ruhestand. Wider seiner Erwartung wurde nicht Dieter Lohmeier zu dessen Nachfolger ernannt, sondern Heiko Manns aus der Konstruktionsgruppe. Dieser Anfangsdreißiger hatte in Teilzeit eine Weiterbildung zum Techniker gemacht. Als Dieter Lohmeier nach dessen Amtsantritt versucht hatte, sich als Kritiker und Verfolger von Heiko Manns zu positionieren, wies dieser ihn entsprechend in die Schranken und machte ihm klar, dass er sich angemessen einordnen müsse, wenn er langfristig in der Gruppe verbleiben wolle. Das tat Dieter Lohmeier dann zwar, doch die weiteren Jahre waren wie zuvor durch ein kritisches Verhältnis geprägt, das nur wenig Followership-Anteile aufwies.

Wir haben es hier mit einem Fall der »+/-«-Haltung zu tun. Seine Grundeinstellung drängte Herrn Lohmeier immer wieder dazu, sich in der überlegenen Rolle und Position zu wähnen und seiner Meinung nach deshalb auch nicht oder nur in geringer Ausprägung die Rolle des Followers einnehmen zu müssen. Dies äußerte sich in seinem ständigen Aufbegehren gegen seine Leader, das in vielen Fällen unberechtigt und unangemessen war. Zudem schien er auch ein falsches Verständnis von dem zu haben, was Followership bedeutet. Des Weiteren schien ihm auch der Umstand fremd gewesen zu sein, dass jeder Leader meistens auch irgendwann Follower ist. Dementsprechend handelte es sich im Falle von Herrn Lohmeier klar um ein Nicht-Wollen. Wie man anhand dieses Beispiels unschwer erkennen kann, ist es sehr vorteilhaft, wenn man die Grundpositionen kennt, die bestimmte Follower üblicherweise einnehmen. Das erleichtert den Leadern, durch geeignete Maßnahmen das situative Follower-Verhalten zumindest in einer gewissen Weise zu beeinflussen. Für eine vertiefende Darstellung der Grundpositionen sei auf die diesbezügliche Spezialliteratur verwiesen. Im Zusammenhang zur beschriebenen Leader-Follower-Dynamik bietet die Transaktionsanalyse weitere sehr hilfreiche Konzepte an.

4.3.6 Wollen: Emotionen

Beim Handeln des Menschen sind immer mehr oder weniger Emotionen im Spiel. Auch bei den rationalsten Menschen sind Emotionen immer in irgendeiner Form vorhanden, und seien sie noch so klein. Denn sie beruhen auf Gefühlen, die im weitesten Sinne psycho-physiologische Reaktionen auf die Befriedigung oder Nicht-Befriedigung unserer Bedürfnisse sind.[449] Diese Gefühle regen Denkprozesse und körperliche Reaktionen (z. B. Schweißausbruch, Erröten etc.) an. Erst dadurch werden aus Gefühlen Emotionen, die ihrerseits dann Handlungsimpulse auslösen können. Obwohl wie beschrieben Gefühle und Emotion nicht exakt das Gleiche sind, werden die Begriffe oft synonym verwendet. Der Einfachheit halber wollen wir im weiteren Fortlauf nur mehr von Emotionen sprechen, wissend um die genannte Unterscheidung. Emotionen sind Handlungsimpulse, die uns die Evolution zur Bewältigung des Lebens eingepflanzt hat.[450] Sie dienen dazu, dass der Mensch die ihm zur Verfügung stehende Energie konzentriert und dazu benutzt, die Situation, welche die Emotion ausgelöst hat, zu bewältigen. Dies wird schnell klar, wenn man sich den Ursprung des Wortes »Emotion« vergegenwärtigt. Wird das lateinische Verb »motare« (»in Bewegung setzen«, »rühren«, »schütteln«) mit der Vorsilbe »e-« (Bedeutung von »heraus«) ergänzt, ergibt sich der Sinn von »herausbewegen«. Die bekannte Emotion Angst soll uns beispielsweise dazu bringen, dass wir uns aus einer gefährlichen Situation herausbewegen. In den 2000er Jahren gab es in vielen Unternehmen und Managementtrainings die Bestrebung, Emotionen möglichst aus dem Führungsprozess herauszuhalten. »Bleiben Sie doch sachlich!« war ein oft zu hörender Satz, mit dem man den anderen in einer Diskussion dazu bewegen wollte, seine Emotionen nicht ins Spiel zu bringen. Doch Emotionen sind untrennbar mit dem menschlichen Handeln verbunden, weshalb diese, wie ich sie nenne, »Managementmode« nach geraumer Zeit wieder aufge-

---

449 Ebd., S. 119.
450 Goleman, Daniel (2020): Emotional Intelligence. Why it can matter more than IQ. Bloomsbury Publishing, London, S. 17 ff.

geben wurde und Emotionen im Manageralltag wieder salonfähig geworden waren. Die auch heute noch in vielen Organisationen festzustellende Annahme, dass Emotionen im Arbeitsalltag keinen Platz hätten und stören würden, ist insofern fatal, als Gefühle im Menschen eben allgegenwärtig und handlungsleitend sind.[451] Gute Führungskräfte sprechen deshalb die Gefühle der Menschen an.[452] Wie wir in den Kapiteln 1 und 2 gesehen haben, sind Leadership und Followership untrennbar miteinander verbunden. Dementsprechend kann es nicht ausbleiben, dass Followership immer mit Emotionen verbunden ist. Sie können darauf entscheidenden Einfluss nehmen. Das Ganze wird evident, wenn wir uns hier noch einmal vergegenwärtigen, dass Führung die praktizierte Ausübung von Macht ist. Bei der Ausübung von Macht sind aber immer Emotionen mit im Spiel,[453] sodass Followership nie emotionsfrei ablaufen kann. Wie wir ebenfalls schon gesehen haben, handelt es sich bei Leadership und Followership um einen Wechselwirkungsprozess. Das bedeutet, dass die Emotionen des Leaders auf den Follower wirken, umgekehrt aber der gleiche Wirkungszusammenhang besteht. Die Emotionen des Followers gehen daher nicht spurlos am Leader vorbei, auch wenn sich in der Praxis manche darum bemühen, dies anders erscheinen zu lassen (»Das lässt mich völlig kalt.«). Die Emotionen des Followers haben aber entscheidenden Einfluss auf sein Follower-Verhalten. Dementsprechend ist es hier nicht nur opportun, sondern notwendig, dass wir uns die häufigsten Emotionen des Menschen ansehen und betrachten, wie diese jeweils auf das Follower-Verhalten wirken können. Dadurch wird es uns möglich, Maßnahmen abzuleiten, wie sich das Followership-Verhalten in bestimmten Situationen durch emotionale Einflussnahme zumindest in einem gewissen Rahmen beeinflussen lässt. Dabei ist wiederum die bereits mehrmals erwähnte Tatsache zu berücksichtigen, dass Menschen komplexe, nichttriviale Systeme sind, deren Reaktionen nicht vorausgesagt werden können und die nicht deterministisch steuerbar sind.

Der Mensch hat fünf angeborene Grundempfindungen, die in der Transaktionsanalyse als Ursprungsgefühle bezeichnet werden:[454] Angst, Ärger, Trauer, Freude, Schmerz. Im Zusammenhang mit der Ausübung von Macht, wie dies bei gelebter Leadership eben der Fall ist, können daraus mit der Ergänzung um die zwischenzeitlich auch häufig als Grundemotion bezeichneten Scham für unsere Zwecke die fünf Grundemotionen

---

451 Schöffner, Günther; Hagehülsmann, Ute; Schöffner, Kerstin (2023): Zukunftsfähige Machtsysteme in Unternehmen. Die Verantwortung richtig auf die Beine stellen. Kohlhammer Verlag, Stuttgart, S. 258.
452 Goleman, Daniel; Boyatzis, Richard; McKee, Annie (2010): Emotionale Führung. Ullstein Buchverlage, Berlin, 6. Aufl., S. 19.
453 Schöffner, Günther; Hagehülsmann, Ute; Schöffner, Kerstin (2023): Zukunftsfähige Machtsysteme in Unternehmen. Die Verantwortung richtig auf die Beine stellen. Kohlhammer Verlag, Stuttgart, S. 257.
454 Hagehülsmann, Heinrich; Hagehülsmann, Ute (2007): Der Mensch im Spannungsfeld seiner Organisation. Transaktionsanalyse in Managementtraining, Coaching, Team- und Personalentwicklung. Junfermann Verlag, Paderborn, S. 119.

- Freude,
- Ärger,
- Angst,
- Trauer und
- Scham

zugrunde gelegt werden.[455] Über diese Grundemotionen hinaus gibt es noch eine ganze Reihe weiterer relevanter Emotionen, die je nach Quelle unterschiedlich dargestellt sind. Wir wählen hier eine Darstellung auf der Basis der Beschreibung von Daniel Goleman im Kontext der Emotionalen Intelligenz.[456] Dessen Beschreibung wurde durch wenige Punkte zur nachfolgenden Liste ergänzt.[457] Diese Liste soll Grundlage für unsere weiteren Betrachtungen sein, ohne dass dies die Verwendung anderer Darstellungen einschränken soll. In dieser Darstellung finden wir auch unsere fünf Grundemotionen wieder:

- **Ärger:** Wut, Zorn, Verärgerung, Entrüstung
- **Traurigkeit:** Freudlosigkeit, Niedergeschlagenheit, Verzweiflung
- **Furcht:** Angst, Besorgnis, Panik
- **Genuss:** Glück, Freude, Vergnügen
- **Liebe:** Freundlichkeit, Zuneigung, Verehrung
- **Überraschung:** Schock, Erstaunen, Verwunderung
- **Ekel:** Verachtung, Abscheu, Abneigung
- **Schuld:** Reue, Bedauern, Zerknirschung
- **Scham:** Peinlichkeit, Demütigung, Verlegenheit
- **Stolz:** Zufriedenheit, Würde, Selbstwertgefühl
- **Neid:** Eifersucht, Missgunst, Bosheit

All diese Emotionen haben großen Einfluss auf das praktizierte Follower-Verhalten, sowohl hinsichtlich der Intensität als auch hinsichtlich der zeitlichen Ausprägung. Sind gewisse Emotionen derart stark, dass die zugehörigen Mitglieder des inneren Teams alle anderen übertönen oder überstimmen, können diese Emotionen das gesamte Follower-Verhalten dominieren, und wenn auch noch so viel Ratio im Spiel sein mag. Man denke hierbei nur an die starke Wirkung der Emotion Angst. Artet sie beispielsweise derart aus, dass das zugehörige Teammitglied im inneren Team vor Panik um sich schlägt, ist nur schwer vorstellbar, dass sich andere Teammitglieder behaupten und dagegen durchsetzen können. Welche Formen ein von Panik geprägtes Follower-Verhalten aufweisen kann, kann sich jeder für

---

455 Schöffner, Günther; Hagehülsmann, Ute; Schöffner, Kerstin (2023): Zukunftsfähige Machtsysteme in Unternehmen. Die Verantwortung richtig auf die Beine stellen. Kohlhammer Verlag, Stuttgart, S. 258 ff.
456 Goleman, Daniel (2020): Emotional Intelligence. Why it can matter more than IQ. Bloomsbury Publishing, London, Appendix A.
457 Daft, Richard L. (2015): The Leadership Experience. Cengage Learning, Stamford, S. 147.

seinen eigenen Anwendungsbereich ausmalen. Wie am Anfang des Abschnitts erwähnt, haben die Emotionen aber auch Einfluss darauf, wie lange und wie häufig das durch die bestimmte Emotion gefärbte Follower-Verhalten auftritt oder wovon es getriggert wird. Löst beispielsweise nur eine durchzechte Nacht ein durch die entstandene Niedergeschlagenheit geprägtes Follower-Verhalten aus, lässt sich dessen Ende abwarten. Leader können darauf mit einer passenden Gestaltung der Teamsituation reagieren. Basiert das von Traurigkeit und Niedergeschlagenheit geprägte Follower-Verhalten jedoch beispielsweise auf dem Verlust eines nahen Angehörigen, muss der Leader sowohl mit einem anderen zeitlichen Verlauf des gezeigten Verhaltens rechnen, als auch mit anderen Maßnahmen und Handlungsweisen darauf reagieren. Wenn der Leader um die Ursachen des praktizierten Follower-Verhaltens weiß, lässt sich einiges zu dessen Beeinflussung tun. Darum wollen wir nachfolgend einige Beispiele gelebter Followership betrachten, die von einzelnen Vertretern der genannten Emotionen bestimmt werden.

Beginnen wollen wir diese Betrachtung mit einem Beispiel, das man als Klassiker bezeichnen kann, weil es regelmäßig in vielen Unternehmen jeglicher Branchen und Größen vorkommt. Daher verzichten wir auf die Darstellung eines expliziten Falls und betrachten gleich die Wirkungszusammenhänge. Diese kann dann jeder in seinen eigenen Wirkungsbereich mit der jeweils eigenen Ablaufdynamik übertragen. Ein Mitarbeiter einer Abteilung ist wegen seiner Erfahrung, seines Wissens oder seiner langen Betriebszugehörigkeit schon lange überfällig für eine Beförderung. Als der Abteilungsleiter wechselt oder in den Ruhestand geht, gehen alle Abteilungsmitarbeiter fest davon aus, dass besagter erfahrene Mitarbeiter der Nachfolger des scheidenden Abteilungsleiters wird. Doch der Chef des bisherigen Abteilungsleiters, der zuständige Bereichsleiter, entscheidet sich für einen anderen Kandidaten. Der von allen bereits in Amt und Würden des neuen Abteilungsleiters gesehene Mitarbeiter geht leer aus und es fühlt sich für ihn an, als hätte man ihm jemanden vor die Nase gesetzt. Dies triggert in ihm Emotionen wie Ärger, Neid, Trauer und Scham, völlig unabhängig davon, wer diese andere Person ist. Hat diese dann noch irgendeinen besonderen »Makel«, wie dass sie beispielsweise wesentlich jünger als die nicht bedachte Person ist, erst kurzfristig ins Unternehmen kam oder früher gar einmal ein Zögling des leer Ausgegangenen war, verstärkt dies die Intensität der entstehenden Emotionen häufig noch. Es regen sich beim Nicht-Beförderten Neid und Missgunst auf den neuen Abteilungsleiter, was diesem mit entsprechend träger Followership quittiert wird. Der Ärger über den Bereichsleiter, der einen anderen gewählt hat, wird mit Missachtung und nahezu völliger Verweigerung jeglichen zusätzlichen Supports bestraft. Gegenüber seinen Kollegen, die ihn schon als neuen Abteilungsleiter sahen, empfindet er Scham, die sich nicht selten nicht nur in schwindender Unterstützung für dieselben, sondern häufig auch noch in gelebter Aggression zeigt. Die Trauer wegen der erlebten Enttäuschung kann sich hier und da auch in Form von Selbstgeißelung und Selbstvorwürfen niederschlagen. Wie lange sich diese jeweiligen Emotionen halten und somit das Follower-Verhalten beeinflussen, hängt davon ab, ob, wie und wie schnell die betreffende Person den Vorfall verarbeitet. Abhängig von der jeweiligen Konstellation kann es vorkommen, dass sich solche Vorfälle dauerhaft auf die Followership auswirken. Verarbeitet die Person das Ganze zügig und es bleibt nichts zurück, kann sich bei ihr schnell wieder normales Follower-Verhalten zeigen. Hier zeigt sich ein wesentlicher Ansatzpunkt für Leader, wie sie in solchen Fällen etwas für die betreffende Person, die anderen Follower und andere Leader tun können. Je besser sie der betroffenen Person bei der Bewältigung und der Verarbeitung des Vorfalls helfen, sofern diese dies nötig haben sollte, umso schneller und nachhaltiger kann sich wieder ein normales Follower-Verhalten einstellen. Dabei müssen sie diese Bewältigungshilfe nicht notwendigerweise selbst durchführen, sondern können sich seitens kompetenter HR-Mitarbeiter oder externer Fachleute Unterstützung holen. Geschieht dies nicht, kann daraus der beschrieben langfristige Problemfall werden. Eine in diesem Zusammenhang wichtige Tatsache ist, dass die beschriebenen Emotionen entstehen, obwohl die ausgebliebene Beförderung nur seitens des leer ausgegangenen Kandidaten als problematisch interpretiert wird. Auch wenn sich alle anderen nichts dabei denken und dies aus ihrer Sicht keinerlei Makel für den Nicht-Beförderten bedeutet, so kann dieser trotzdem die beschriebenen Emotionen entwickeln. Hier müssen die verantwortlichen Leader und Kollegen daher mit der entsprechenden Achtsamkeit an die Situation herangehen.

Die vorherigen Darstellungen des Klassikers sollen nicht den Eindruck entstehen lassen, dass sich Emotionen, insbesondere die angeführten, immer nur negativ auf das Followership-Verhalten von Personen auswirken können. Sie können andersherum dafür sorgen, dass eine bislang zaghaft gelebte Followership zeitweise oder sogar dauerhaft zu einem verstärkten, positiven Follower-Verhalten führt. Nehmen wir die zuvor involvierten Emotionen Angst und Ärger und betrachten wir folgenden Fall. Der Leiter der Abteilung »Engineering« eines im Projektgeschäft tätigen Anlagenbauers wird plötzlich krank. Ohne ihn ist die gesamte Abteilung zwar nicht aufgeschmissen, jedoch in seiner Funktionalität sehr eingeschränkt. Der Abteilungsleiter war ein Ass in der Koordination der verschiedenen Projekte, sodass trotz knapper Ressourcen fast alle Projekttermine immer eingehalten werden konnten. Ohne ihn und seine Koordinationskünste standen die Ingenieure und die Projektleiter plötzlich hilflos da. Die Termine zweier für das Unternehmen sehr kritischer Projekte wackelten deswegen. Dem anfänglichen Ärger im Team darüber, dass man nicht wie schon lange gefordert einen Stellvertreter für den Abteilungsleiter installiert hatte, folgte bald die Angst darüber, dass das Unternehmen in Existenznot geraten könnte, wenn man die Termine nicht halten kann. Die Teammitglieder rauften sich zusammen und übernahmen füreinander noch mehr Verantwortung als bisher. Zusammen mit den Projektleitern versuchten sie, den Abteilungsleiter, für den nicht so schnell ein Ersatz beschafft hatte werden können, so gut wie möglich zu vertreten. Dies geschah dadurch, dass sich die Projektleiter mit ihrer Leitungserfahrung die Leader-Aufgaben des Abteilungsleiters aufteilten, und dass die Ingenieure in ihren Follower-Rollen noch mehr Eigenverantwortung und gegenseitige Verantwortung für das Team übernahmen. Als der Abteilungsleiter im Krankenhaus wieder ansprechbar war, banden sie diesen von der Ferne nach dessen Kräften mit ein. Die beiden Projekte konnten gesichert werden. Nach der Rückkehr des Abteilungsleiters war das Team gestärkt und praktizierte weiterhin eine stärkere Eigenverantwortung.

In diesem Fall haben die beiden Emotionen etwas Positives für die gelebte Followership bewirkt. Die Angst hat die Ingenieure sozusagen zu ihrem Glück gezwungen. Wären sie gleichgültig gewesen und hätten darauf gewartet, bis der Geschäftsführer einen Interims-Koordinator besorgt hätte, wären die beiden Projekte vielleicht schon über die jeweiligen Zieltermine hinausgeschossen gewesen. Wie eingangs beschrieben dienen uns Emotionen dazu, Energie für die Lösung der sie auslösenden Umstände aufzubringen. Der zuvor beschriebene Fall ist ein Beispiel hierfür. Im nächsten Fallbeispiel wollen wir zwei andere Emotionen betrachten, die wiederum für eine Verschlechterung der Followership gesorgt haben.

Fallbeispiel 21: … und Stolz wachsen auf einem Holz (sagt das Sprichwort)

Ein Werkzeugbauunternehmen der Zulieferindustrie hatte sich innerhalb von 15 Jahren von einem familiengeführten Handwerksbetrieb mit 50 Mitarbeitern zu einem Industrieunternehmen mit über 300 Mitarbeitern entwickelt. Die Kunden aus der Automobil- und Luftfahrtindustrie waren lange Zeit sehr zufrieden gewesen, weil man ihre spezifischen Wünsche immer berücksichtigt hatte. Doch das Wachstum hatte nicht den erwarteten Gewinnsprung gebracht, weil die Strukturen und Abläufe im Unternehmen nicht an die veränderte Größe angepasst worden waren. Man arbeitete immer noch wie ein Handwerks- und nicht wie ein Industriebetrieb. Verantwortlich dafür war im Wesentlichen einer der beiden Bereichsleiter, der seit vierzig Jahren im Unternehmen war. »Wir waren ein Handwerksbetrieb und wir müssen auch einer bleiben. Sonst leidet die Qualität!«, war während der Jahre sein permanenter Tenor. Dementsprechend waren die Prozesse nur rudimentär ausgeprägt und die Digitalisierung auf das Mindestmaß reduziert. Er wollte zusammen mit seinem Bereichsleiterkollegen möglichst alles noch selbst unter Kontrolle behalten. Der geschäftsführende Gesellschafter, Enkel des ehemaligen Firmengründers, konnte mit seiner kaufmännischen Ausbildung hierzu nichts sagen und kümmerte sich überwiegend um Vertriebsaufgaben und Kundenpflege. Doch irgendwann war es schließlich soweit und das Unternehmen schrieb rote Zahlen. Die Personal- und Reklamationskosten waren über ein erträgliches Maß angestiegen. Zusätzlich hatten sich die Kundenbeschwerden gehäuft. Zwar hatte sich die Produktqualität ein bisschen verschlechtert, war aber insgesamt noch auf einem sehr guten Niveau. Was die Kunden jedoch mittlerweile stark bemängelten, war die Lieferqualität. Kaum ein zugesagter Liefertermin konnte noch eingehalten werden und die Lieferzeiten bei neuen Bestellungen hatten sich in den letzten sechs Monaten fast verdoppelt, obwohl es auf den Märkten keinerlei Materialverknappungen gegeben hatte. Ein Großkunde forderte daher den Geschäftsführer auf, innerhalb von vier Wochen einen Plan vorzulegen, wann und wie die monierten Probleme abgestellt seien und das Unternehmen wieder zu einer normalen Lieferperformance zurückkehren würde. Da es hierfür keinerlei Kompetenz im Haus gegeben hatte, heuerte der Geschäftsführer einen Unternehmensberater an, der den gewünschten Verbesserungsplan erstellte. Der Kunde akzeptierte diesen, machte für weitere Bestellungen im nächsten Geschäftsjahr jedoch die Umsetzung des Planes zur Bedingung. Nur so könne man sich noch auf das Unternehmen verlassen. Notgedrungen willigte der Geschäftsführer ein. Ein wesentliches Element des Verbesserungsplanes war die Einführung eines professionellen Prozessmanagements, die Abbildung der Prozesse im modernisierten ERP-System sowie die stringente Einhaltung der Prozesse durch die Mitarbeiter. »Nur über meine Leiche!«, sagte der Bereichsleiter, als er mit der Umsetzung konfrontiert wurde. Davon wich er auch nicht ab, weshalb sich der Geschäftsführer genötigt sah, ihn zu verrenten. Er ersetzte ihn durch einen Maschinenbauingenieur aus der Elektroindustrie, der dort bereits zweimal ähnliche Projekte umgesetzt hatte. So schlug der Geschäftsführer zwei Fliegen mit einer Klappe, weil er sich so gleichzeitig Kompetenz für die Abwicklung eines solchen Projektes im Unternehmen ins Haus geholt hatte. »Ein Glücksfall«, saget er beim Eintritt des Ingenieurs, der auf die Vermittlung des Unternehmensberaters relativ zeitnah angeworben werden konnte. Eigentlich, so dachte der Geschäftsführer, dürfe jetzt der von Kundenseite gewünschten schnellen Prozessmodernisierung nichts mehr im Wege stehen. Doch er hatte die Rechnung ohne die Follower gemacht. Diese verweigerten dem Ingenieur zwar nicht die Gefolgschaft, doch reduzierten sie das Maß ihrer gelebten Followership auf ein Maß, dass es dem neuen Bereichsleiter fast unmöglich war, erfolgreich zu sein. Das taten sowohl seine Mitarbeiter im Bereich als auch alle anderen Mitarbeiter, die am Veränderungsprojekt beteiligt waren, dessen Projektleiter der Ingenieur war. Als dieser nach sechs Monaten noch kaum merklichen Fortschritt im Projekt verspürte und der Geschäftsführer unruhig zu werden begann, bat er gemeinsam mit diesem den Unternehmensberater noch einmal um Hilfe, damit dieser die Ursachen für die mangelhafte Beteiligung am Projekt und die sehr schwerfällige Arbeit im Tagesgeschäft ergründen sollte. Dessen Analyse fiel folgendermaßen aus. Durch den lange praktizierten handwerklichen Ansatz waren den Mitarbeitern richtige industrielle Prozesse fremd. Stattdessen war man stolz darauf, dass man mit der handwerklichen Methode auf Zuruf trotzdem für eine so lange Zeit hatte erfolgreich sein können. Die Mitarbeiter waren mit sich und ihrer Vorgehensweise sehr zufrieden. Es hatte sehr an deren Selbstwertgefühl genagt, dass man ihnen jetzt plötzlich sagte, dass mit diesen Methoden in Zukunft »kein Blumentopf mehr zu gewinnen« sei und man sich auf moderne Prozesse einlassen müsse, wenn man in den nächsten Jahren noch im Geschäft bleiben wolle. Das hätte der Kunde schließlich so gewünscht, wäre angeblich die Ansage des Bereichsleiters gewesen. Des Weiteren waren im Unternehmen bislang Akademiker verpönt gewesen, weil »die ohnehin vom Geschäft keine Ahnung haben, nur Formeln und Bilder an die Wand malen und wenn's darauf ankommt sowieso den Meistern und Gesellen die Arbeit machen ließen, weil sie selbst dazu nicht in der Lage sind.« So der Originalton des ausgeschiedenen Bereichsleiters, der vor über 35 Jahre seine Meisterprüfung abgelegt hatte. Jetzt war plötzlich ein Ingenieur, ein Akademiker, Bereichsleiter. Das hatte man sich viele Jahre nicht vorstellen könne, hatte man doch mit der ständigen Verunglimpfung von Akademikern gegen diese Personengruppe eine gewisse Abneigung entwickelt. Dass sie sich jetzt von einem Akademiker sagen lassen sollten, wie sie ihre Arbeit zu machen hätten, empfanden viele Mitarbeiter daher als Demütigung. Zudem hatte der Ingenieur nicht den richtigen »Stallgeruch«, weil er aus der produzierenden Elektroindustrie und nicht aus der Automobilindustrie oder der Luftfahrt kam. »Der kann ja von unseren Abläufen«, so weitläufig die Meinung bei den Mitarbeitern, »gar keine Ahnung haben, und wenn er solche Projekte in anderen Unternehmen schon fünfmal umgesetzt haben mag.« Als Reaktion reduzierten sie ihre Unterstützung für das Projekt und den Bereichsleiter, in der Hoffnung, dass man ihn wegen Erfolglosigkeit bald wieder aus dem Unternehmen entfernen werde. Die Gesamtheit der im Spiel befindlichen Emotionen (Stolz, Zufriedenheit, Selbstwertgefühl, Abneigung, Demütigung) führte dazu, dass ein Großteil der Belegschaft ihre Followership drastisch reduzierte, obwohl das Projekt und der Projektleiter in Person des Ingenieurs essenziell waren für den zukünftigen Erfolg des Unternehmens.

Die beteiligten Emotionen haben das Projekt und das ganze Unternehmen gehörig in die Bredouille gebracht. Der gekränkte Stolz, die vermeintlichen Demütigungen, und das noch von einem branchenfremden Akademiker, das war einfach zu viel. Wenn die Kommunikation im Projekt auf breiter Front so erfolgte wie im Fallbeispiel beschrieben (»kein Blumentopf mehr«), so hat sich der Projektleiter auch nicht besonders geschickt angestellt. So müsste er doch aus seiner Erfahrung wissen, dass für das Gelingen einer Veränderung neben einer logischen und profunden Aufbereitung des Veränderungsvorhabens vor allem die Emotionen der Beteiligten entsprechend zu berücksichtigen sind.[458] Sollte er in seiner Rolle als Bereichsleiter ähnlich unvorteilhaft kommuniziert haben, so ist es wenig verwunderlich, dass die emotional angegriffenen Mitarbeiter ihm zwar nicht die Gefolgschaft verweigern, ihren Support für ihn jedoch drastisch herunterschrauben. Denn bekanntermaßen macht hier der Ton die Musik.[459] Wertschätzende Kommunikation bedeutet nicht, Missstände oder unangemessene Handlungen nicht anzusprechen und den Menschen nur schöne Dinge zu sagen.[460] Es bedeutet aber auch nicht, die Befindlichkeiten und Emotionen der Menschen gänzlich außer Acht zulassen oder gar darauf herumzutrampeln. Hier haben Leader viele Handlungsmöglichkeiten mit großer

---

458 Schöffner, Günther (2020): Changeprozesse positiv gestalten. Kontinuierliche Veränderungsbereitschaft erzeugen und Widerstände überwinden. Schäffer-Poeschel Verlag, Stuttgart, S. 23.
459 Hemel, Ulrich (2005): Wert und Werte – Ethik für Manager. Ein Leitfaden für die Praxis. Carl Hanser Verlag, München, S. 55–70.
460 Schöffner, Günther; Hagehülsmann, Ute; Schöffner, Kerstin (2023): Zukunftsfähige Machtsysteme in Unternehmen. Die Verantwortung richtig auf die Beine stellen. Kohlhammer Verlag, Stuttgart, S. 392.

Hebelwirkung, um das in der Praxis gelebte Follower-Verhalten zu beeinflussen. Auch wenn mir persönlich die Emotion Stolz weitgehend fremd ist, so ist sie doch ein fester Bestandteil des menschlichen Emotionsgerüstes und muss auch entsprechend berücksichtigt werden. Daher ist das am Anfang des Fallbeispiels zitierte Sprichwort mit der entsprechenden Vorsicht zu genießen.

Auch wenn einige der auf der Liste aufgeführten Emotionen hinsichtlich deren Einfluss auf das gelebte Follower-Verhalten auf den ersten Blick fragwürdig erscheinen mögen, so machen sie doch spätestens beim zweiten Blick Sinn. Wir rufen uns noch einmal das Fallbeispiel des emsigen Staplerfahrers aus Kapitel 4.2.4 in Erinnerung. Er war froh, dass er wieder einen passenden Arbeitgeber gefunden hatte, nachdem seine vorherige Firma nach Jahren des Überlebenskampfes dann schlussendlich doch bankrottierte. Er empfand Freude, eine neue Stelle gefunden zu haben, dass es ein solides Unternehmen mit Potential zu sein schien und dass er anscheinend jenseits seiner Staplerfahrertätigkeit viel dafür tun konnte, das Unternehmen voranzubringen. All diese Freude floss in seine Follower-Rolle ein, auch wenn er diese in der Praxis zum Leidwesen einiger Beteiligter sehr intensiv ausfüllte. Doch solch eine Freude kann auch Schadenfreude sein, die sich beispielsweise daran ergötzt, dass es dem Leader schlecht geht und den Follower dazu animiert, ein möglichst passives Follower-Verhalten an den Tag zu legen.

Die in obiger Liste aufgeführte Emotionsgruppe »Überraschung« kann situativ oder auch dauerhaft das gezeigte Follower-Verhalten stark beeinflussen. Reagiert der Leader auf das Challengen des Followers plötzlich und unerwartet scharf, d. h. er weist beispielsweise die Frage des Followers barsch zurück und tadelt ihn für sein Hinterfragen der Leader-Entscheidung, so kann dies das Follower-Verhalten in diesem und den folgenden Momenten je nach Konstitution des Followers durchaus stark beeinflussen. Reagiert der Leader immer so, gibt es keinen Überraschungseffekt mehr und der Follower wird sein Verhalten dauerhaft anpassen. Problematisch wird es, wenn der Leader immer wieder das zuvor dargestellte Reaktionsmuster zeigt, der Follower jedoch nicht absehen kann, ob und wann dies wieder passieren wird. Geschieht dies in völlig unvorhersehbaren Zeitabständen, mit mal langen, mal kurzen Pausen dazwischen, erzeugt dies für den Follower eine völlig unberechenbare Situation. Als Reaktion ist auch hier eine langfristige Reduzierung des Follower-Engagements zu erwarten. Leader haben hierzu durch einen verlässlichen, vorausberechenbaren Führungsansatz gute Möglichkeiten, Follower zu aktiver Followership zu animieren. Dasselbe gilt für obige Emotionsgruppe »Liebe«. Mit Freundlichkeit, sofern sie nicht aufgesetzt und heuchlerisch ist, lässt sich viel für gute Followership tun. Das gilt nicht nur für den Ton »von oben nach unten«, sondern auch andersherum. Denn nicht umsonst ist bereits seit langem bekannt, dass »Führung von unten« dann gute Chancen hat, wenn der richtige Ton gewählt wird.[461] Rufen wir uns hier noch einmal die mit dem Begriff der Wertschätzung beschriebene Reziprozität der Kommunikation in Erinnerung, so bedeutet das, dass

---

461 Wunderer, Rolf (1992): Managing the boss – »Führung von unten«. Zeitschrift für Personalforschung ZfP, Ausgabe 3/92, Hampp-Verlag, Mering, S. 292.

Leader und Follower in einer solchen Form miteinander kommunizieren sollten, wie es die jeweils andere Partei auch tun dürfte, ohne dass die Beziehung dabei unangemessen stark belastet würde.

Ein im Rahmen der Leadership nicht zu unterschätzende Empfindung ist das Gefühl der Schuld. Man kennt dies aus allen Bereichen des menschlichen Lebens. Geht etwas daneben, ist man möglichst schnell bemüht, den Schuldigen zu finden. Nicht selten ist dies in einem Leadership-orientierten Unternehmen kurzerhand der jeweilige Leader. Durch das Suchen und Finden eines Schuldigen und dem darauffolgenden Provozieren von Schuldgefühlen bei diesen Menschen lässt sich eine eventuell bestehende eigene Mitverantwortung an der misslichen Lage bequem anderen zuspielen und jegliche Last fällt von einem ab.[462] Solche Verhaltensweise sind daher in Veränderungsprojekten regelmäßig an der Tagesordnung. Gelingt ein solches Abschieben der Verantwortung nicht oder nur unzureichend, ist häufig das Kleinreden des entstandenen Problems die Folge.[463] Dadurch soll das Ausmaß der eigenen Verantwortung am Problem in der Wahrnehmung und Einschätzung anderer gezielt reduziert werden. Auch wenn dies eine nachvollziehbare Reaktion sein mag, so hilft dies in vielen Fällen weder der Lösung des Problems noch der Vorbeugung ähnlicher Fälle. Wer aber nicht hinreichend gut mit der Verantwortung für die eigenen Handlungen umgehen kann, wird sich mit der Übernahme zusätzlicher Verantwortung für Leader und Organisation aus der Follower-Rolle heraus umso schwerer tun. Umso wichtiger ist es, einschätzen zu können, welche Verantwortung man an Fehlentwicklungen wirklich hat. Dementsprechend ist es auch wichtig, mit Gefühlen von Schuld und Reue angemessen umgehen zu können, weil dies unweigerlich Einfluss auf das eigene Follower-Verhalten hat. Das muss nicht, kann aber Auswirkungen auf die langfristige Ausgestaltung der eigenen Follower-Rolle haben, wie wir im nächsten Fallbeispiel sehen.

> **Fallbeispiel 22: Followership überzogen – Mit dem Kopf durch die Wand**
>
> Ein Produktionsunternehmen hatte am deutschen Stammsitz drei nebeneinanderliegende Fabriken. Wie häufig im Mittelstand anzutreffen, war mit jeder Expansion eine neue Fabrik hinzugekommen. Die einzelnen Fabriken wurden jeweils von einem verantwortlichen Fabrikleiter geleitet, die ihrerseits jeweils drei bis vier Gruppenleiter führten. Die drei Fabrikleiter berichteten an den »Leiter Operations«, früher Produktionsleiter genannt. Im gesamten Produktionsbereich herrschte ein sehr gutes Miteinander, die Unternehmenskultur war aufgeschlossen für Veränderungen, sofern sie dem langfristigen Nutzen des Unternehmens dienten und kein »neumodischer Schnickschnack« waren. Sowohl die »einfachen« Mitarbeiter als auch die Führungskräfte bis hoch zur

---

462 Schöffner, Günther (2020): Changeprozesse positiv gestalten. Kontinuierliche Veränderungsbereitschaft erzeugen und Widerstände überwinden. Schäffer-Poeschel Verlag, Stuttgart, S. 145.
463 Ebd., S. 191.

Geschäftsleitung praktizierten eine fruchtbare Followership. Challengte ein Mitarbeiter seinen Leader derart, dass dieser eine Entscheidung zurücknehmen musste, was nicht sonderlich oft vorkam, so war das für den Leader kein Problem und der Follower hatte danach keinerlei Ansätze von »Oberwasser«.

Am Ende eines Geschäftsjahres hatte das Unternehmen ein Investitionsbudget zu vergeben, um das sich die drei Fabrikleiter bemühen konnten. Fabrikleiter 1 brachte das in der wöchentlichen Sitzung mit seinen Gruppenleitern zur Sprache und bat um geeignete Investitionsvorschläge, sofern welche bestanden. Der Gruppenleiter der Vorfertigung griff dies sofort auf und brachte den Kauf einer großen Laserschweißanlage ins Gespräch, die er sich schon lange gewünscht hatte. Bislang mussten bestimmte Teile in Ermangelung einer solchen Anlage außer Haus geschweißt werden, was den Prozess verlängerte. Dieser externe Fertigungsschritt könne dann zukünftig entfallen, wenn man die Anlage beschaffen und das Schweißen intern durchführen würde. Der Fabrikleiter nahm diesen Vorschlag zur Kenntnis und würdigte die Initiative. Er winkte jedoch ab: »In einem Jahr haben wir sowieso einen Wechsel im Produktprogramm. Die neuen Teile werden nicht mehr geschweißt, sondern in einem Teil gefertigt. Dann brauchen wir kein Schweißverfahren mehr. Dann sitzen wir auf der Anlage, müssen jeden Monat die Abschreibung bedienen und haben keinen Nutzen davon. Darum halte ich den Vorschlag nicht für sinnvoll.« Der Gruppenleiter opponierte: »Das glaube ich nicht. Auch wenn wir in einem Jahr die neuen Teile bekommen, es kommen bestimmt irgendwann wieder Teile nach, die geschweißt werden müssen. Wenn wir jetzt nicht zuschlagen, dann haben wir später keine Anlage. Außerdem bekommen dann die Kollegen der anderen beiden Fabriken das Geld für die Investition und wir gehen leer aus.« Der Fabrikleiter konterte: »Das mag schon sein. Aber dann gehen wir halt leer aus. Vielleicht können es die Kollegen dort besser brauchen als wir. Denn ich bin nicht davon überzeugt, dass wir wieder Teile zum Schweißen bekommen. Die Strategie beim Kunden hat sich geändert. Die wollen immer mehr Teile aus einem Guss ohne zusätzliches Fügeverfahren.« Das verärgerte und enttäuschte den Gruppenleiter, denn diese Anlage hatte er sich schon lange für seinen Bereich gewünscht und nun wollte er diese Gelegenheit, wenn schon einmal Geld da ist, nicht verstreichen lassen. Darum wandte er sich ohne Absprache mit dem Fabrikleiter direkt an den Produktionsleiter und stellte ihm die Vorteile der Beschaffung der Schweißanlage vor. Der Produktionsleiter war nicht so tief in den Details der einzelnen Fabriken involviert, als dass er sich ein realistisches Urteil über die Beschaffung hätte bilden können. Deshalb fragte er den Gruppenleiter: »Was sagt denn Ihr Chef dazu?« »Der ist zögerlich, wie immer. Ich sage: Vielleicht sollten wir uns einfach einmal etwas Außergewöhnliches trauen und das Ding beschaffen. Wenn wir immer nur das tun und beschaffen, was wir sicher können und wissen, werden wir nie richtig große Schritte tun können, sondern weiterhin nur Stück für Stück wachsen wie bisher.« Diese Aussagen hatten dem Produktionsleiter derart imponiert, dass er kurzerhand entschied, dass die Schweißanlage gekauft würde. Dem Fabrikleiter erteilte er ganz vorsichtig einen leichten Rüffel dafür, dass er hier vielleicht wieder einmal zu konservativ gedacht und sich nicht für die Schweißmaschine entschieden hatte. Dieser entgegnete darauf: »Ich weiß, was ich weiß. Und in einem Jahr wird die Anlage nur rumstehen und Geld kosten. Ich kann mich doch nicht für etwas entscheiden, wovon ich weiß, dass es keinen Sinn macht. Dafür stecke ich diesen Tadel gerne ein.« Obwohl er zu seinem Gruppenleiter ein sehr gutes Verhältnis pflegte, hatte dieser Alleingang des Gruppenleiters hinter dem Rücken des Fabrikleiters für eine gewisse Zeit das gegenseitige Vertrauen etwas erschüttert. »Ich freue mich über Ihren Enthusiasmus und das Challengen ist auch gut. Auch, für eine Sache einzutreten, von der man überzeugt ist. Aber alles hat seine Grenzen. Sich über meinen Kopf hinweg vom Produktionsleiter grünes Licht für die Beschaffung der Maschine zu holen, überschreitet meiner Vorstellung nach die Grenzen guter Followership. Ich hoffe, dass dies ein Einzelfall bleibt.« So der Kommentar des Fabrikleiters zu seinem Gruppenleiter.

Die Anlage wurde beschafft und auch sehr schnell produktiv gemacht. Doch bereits nach zehn Monaten kam es so, wie der Fabrikleiter es vorausgesagt hatte. Es wurde kein Schweißprozess mehr benötigt und die Anlage stand fürderhin still. In den folgenden drei Monaten wurden die Produktionspläne für die nächsten drei Jahren mit den Kunden besprochen. Es stellte sich wie vom Fabrikleiter erwartet heraus, dass die Schweißanlage auch in den nächsten drei Jahren nicht zum Einsatz kommen würde. Die Anlage stellte sich als absolute Fehlinvestition heraus. Das investierte Geld hätte hingegen in Fabrik 2 sehr wirksam für nachhaltiges Wachstum verwendet werden können. Nachdem dies feststand und bekannt geworden war, fiel der Gruppenleiter in eine kleine Depressionsphase. Wie hatte er sich nur so täuschen können? Er hatte doch fest daran geglaubt und war davon überzeugt, dass der Nutzen der Anlage den kleinen Rüffel für den Fabrikleiter schnell vergessen machen würde! Hatte er denn keine Ahnung mehr vom Geschäft? »Es wird besser sein«, so sagte er sich, »wenn ich zukünftig keine solchen Entscheidungen mehr treffe, meinen Chef nicht mehr so wie bisher hinterfrage und ich mich sehr viel enger an seine Anweisungen halte. Vielleicht bin ich doch bei Weitem nicht so kompetent, wie ich gedacht hatte.« Er entschuldigte sich bei seinem Chef für die falsche Entscheidung und vor allem für das Vorgehen hinter dessen Rücken, für das er auch noch einen Tadel erhalten hatte. Jetzt müsse er zusätzlich noch diese Fehlinvestition in seinem Bereich verantworten und die Abschreibung für die Maschine Monat für Monat mit anderen Produkten hereinwirtschaften. Der Gruppenleiter empfand Gefühle von Schuld, Reue, Bedauern und Zerknirschung. Er reduzierte daraufhin seinen Followership-Ansatz auf ein verstärktes Folge leisten und wagte es kaum noch, Anweisungen und Entscheidungen seines Chefs zu hinterfragen. Als dieser ihn nach einem halben Jahr ermunterte, doch wieder stärker in eine aktive Follower-Rolle zu gehen, traute sich der Gruppenleiter aber nicht mehr. Er war durch den Vorfall nachhaltig verunsichert und seine Schuldgefühle bestanden immer noch, obwohl sie mittlerweile nicht mehr so stark waren. In der Quadrantendarstellung von Chaleff (▶ Kap. 3) war der

Gruppenleiter von einem starken »Partner« zu einem »Umsetzer« geworden. Er unterstützte seinen Chef mehr denn je, war er diesem doch dankbar, dass dieser seine Fehleinschätzung und vor allem sein Agieren hinter dem Rücken nicht geahndet hatte und ihm dies auch nicht nachtrug. Doch er fand nicht mehr den Weg zurück zu einem Partner, der den Leader challengt, und verblieb fürderhin in der Umsetzer-Ecke.

Im vorherigen Fallbeispiel hat die ausgelöste Emotion dauerhaft auf die praktizierte Followership einer Person gewirkt. Vielleicht hätte oder hat der Gruppenleiter durch ein entsprechendes Coaching oder durch eine Therapie wieder zu einer aktiveren Follower-Rolle als Partner zurückgefunden. Emotionen müssen aber wie erwähnt nicht immer langfristig wirken, sondern können eben auch situations- oder personenbezogen wirken. Dazu möchte ich hier zwei weitere Beispiele anführen. Die beiden Fälle haben mich trotz meiner bis dato mehr als 30-jährigen Arbeitserfahrung überrascht und in einer gewissen Weise auch schockiert. Doch wie ja bekannt ist, lernt man nie aus, solange man im Berufsleben steht. Weil es sich hier um zwei sehr ähnliche Beispiele handelt, die für mein Empfinden an der Grenze des Erträglichen liegen, möchte ich sie am Ende dieses Abschnitts nicht ausführlich als Fallbeispiele darstellen, sondern nur die Fakten und die jeweilige Dynamik erklären. Beide werden aus der Emotionsgruppe »Stolz« bedient: Stolz, Zufriedenheit (mit sich selbst), Würde, Selbstwertgefühl.

Beginnen wir mit dem ersten Beispiel. Es handelte sich um einen 59-jährigen Instandhaltungstechniker in einem Industrieunternehmen. Er war seit seiner Lehre in der Firma und hat in den 44 Jahren einen sehr breiten Erfahrungsschatz angehäuft. Er kannte alle Anlagen, vor allem die alten, und hatte sich dadurch unentbehrliches Wissen angeeignet. Ähnliches Wissen hatte nur noch sein Chef, der 65-jährige Leiter der Instandhaltungsabteilung, der seit 50 Jahren im Unternehmen war. Der Chef hatte ihn schon während der Lehre begleitet und ihn auch über die Jahre hinweg gefördert. Sein Chef war die einzige Person im Unternehmen, die der Techniker wirklich respektierte. Als sein Chef in den Ruhestand gegangen war, wurde ein Mittvierziger zu dessen Nachfolger ernannt. Das war schon lange bekannt, der Instandhalter hatte kein Interesse daran gezeigt. Nachdem der neue Leiter seine Position übernommen hatte, fühlte sich der Instandhalter an nichts mehr gebunden. Er machte seine Arbeit nach wie vor sehr zuverlässig. Doch er teilte sich die Arbeit selbst ein, bestimmte selbst ohne jegliche Absprache mit irgendjemandem, welche Arbeit er wie durchführte und ignorierte sämtliche Anweisungen vom neuen Leiter. Dieser bemerkte dieses Verhalten in den ersten zwei Wochen gar nicht so richtig. Erst als er dem Mechaniker in der dritten Woche einen klaren Auftrag erteilt und dieser sich geweigert hatte, diesen auszuführen, stellte er den Instandhalter zur Rede. Dieser antwortete sinngemäß: »Du hast mir gar nichts zu sagen. Glaubst Du wirklich, dass ich von Dir irgendeine Weisung oder einen Auftrag annehmen werde? Ich weiß hier so gut wie sonst keiner, was zu tun ist. Und ich mache auch meine Arbeit so gut, wie fast kein anderer. Das bleibt auch so. Was willst Du mir also sagen können? Ich habe doppelt so viele Berufsjahre hier im Unternehmen wie Du und bin in der Firma mittlerweile der Dienstälteste. Wer will mir also noch etwas erzählen?« Er wollte von niemandem mehr Weisungen entgegennehmen, auch nicht vom Geschäftsführer, weil er die längste Betriebszugehörigkeit und die meisten Berufsjahre hatte und weil er die Anlagen am besten verstand. Daher akzeptierte er von niemanden mehr irgendwelche Anweisungen. Er erkannte also den Führungsanspruch der Leader nicht an, weil diese seiner Ansicht nach nur aufgrund des Organigramms kein Recht dazu hatten. Der Stolz auf seine Errungenschaften, seine Betriebszugehörigkeit und seine Berufserfahrung steigerten sein Selbstwertgefühl dermaßen, dass es sich zu einer übermäßigen Selbstzufriedenheit ausgewachsen hatte. Er war der festen Überzeugung, dass deshalb niemand im Unternehmen noch das Recht hatte, ihm irgendwelche Weisungen zu erteilen. Sie waren dessen aus seiner Sicht einfach nicht würdig, weil sie eben nicht die gleiche Berufserfahrung und Betriebszugehörigkeit hatten wie er.

Das zweite Beispiel verhält sich sehr ähnlich. Ein Produktionsingenieur, Ende 20, war nach Abschluss seines Studiums zunächst zwei Jahre in der Auftragsabwicklung eines Produktionsunternehmens beschäftigt. Dadurch sollte er erst einmal das Unternehmen kennenlernen und erste Berufserfahrung sammeln, bevor er seine eigentliche Aufgabe (Produktionsplanung) im Plant Engineering aufnehmen sollte. Nach dem Wechsel in diese Abteilung legte er auch gleich richtig los. Dabei konnte er sein im Studium gesammeltes Wissen sehr gut einbringen. Wenige Monate nach seinem Wechsel wurde ihm auch gleich das erste Projekt anvertraut. Als verantwortlicher Projektleiter sollte er den Umbau einer bestehenden Produktionslinie für eine neue Produktreihe planen. Bei diesem Umbau sollte die Linie auch gleich voll digitalisiert werden, sodass sie auf den neuesten technischen Stand kommt. Für das Team wurden ihm seitens der Produktionsverantwortlichen von der IT, dem Controlling, der Qualitätsabteilung und vom Einkauf Teammitglieder zur Verfügung gestellt. Die Auswahl der Teammitglieder war mit dem Leiter Operations, der Auftraggeber des Projektes und der Chef des Chefs des Projektleiters war, abgestimmt worden. Nach der ersten konstituierenden Sitzung des Projektteams schickte der Projektleiter ein Mitglied in seine Produktionsabteilung zurück und sagte ihm, dass er ihn nicht weiter im Team haben möchte. Als der Leiter Operations daraufhin den Projektleiter kontaktierte und nach dem Grund für die Abweisung dieses sehr erfahrenen Produktionsexperten fragte, erklärte ihm der Projektleiter sinngemäß: »Der mag vielleicht Produktionserfahrung haben, aber in der alten, der analogen Welt. Der ist doch digitaler Analphabet. Mit dem vertrödeln wir nur unsere wertvolle Zeit. Der erlernt die digitale Welt auch nicht mehr. Darum hat er es gar nicht verdient, bei uns im Team mitzuarbeiten. Dazu muss man schon ein gewisses Mindestwissen an digitaler Produktion mitbringen.« Auch dieser junge Projektleiter sprach dem Produktionsexperten mehr oder weniger die fachliche Würde ab, bei ihm im Team zu arbeiten. Deshalb verweigerte er den jeweiligen Leitern der entsendenden Teams und dem Leiter Operations in gewisser Weise die Followership. Denn eigentlich hatte er bei der Teamzusammensetzung gar kein Mitspracherecht und die Ablehnung des Teammitglieds formulierte er in einer Art und Weise, die ausdrücken sollte: »Darüber diskutiere ich gar nicht. Entweder Du akzeptierst meine Entscheidung, oder ich schmeiße Dir den Kram hin. Denn ich finde genügend andere Unternehmen, die froh sind, wenn ich zu ihnen komme. Du aber hast niemanden, der Dir dieses Digitalprojekt umsetzt. Also schicke mir nicht jemanden, der unter meiner fachlichen Würde ist.« Der Projektleiter lehnte also auch den Führungsanspruch des obersten Produktionsmanagers ab, weil ihm sein Fachwissen seiner Meinung nach eine gewisse Erhabenheit über die Akzeptanz »fachlich unqualifizierter« Entscheidungen verlieh. Der Leiter Operations erwirkte daraufhin in Abstimmung mit dem Geschäftsführer die unmittelbare Entfernung des Projektleiters aus dem Unternehmen.

In den vorherigen Darstellungen war mehrmals die Rede davon, dass die Follower den Führungsanspruch der Leader nicht akzeptierten und ihnen deshalb die Followership ganz verweigerten oder zumindest nicht in der Ausprägung zeigten, wie es möglich und angemessen gewesen wäre. In Kapitel 1 haben wir aus der Akzeptanztheorie von Chester Barnard, die dieser bereits in den 1930er Jahren publiziert hat, gelernt, dass die Autorität eines Leaders nur dann eine Grundlage hat und dadurch wirksam wird, wenn sie seitens des Followers eine hinreichende Akzeptanz findet.[464] Dies muss nicht immer Züge annehmen wie beim vorherigen Beispiel des Instandhaltungstechnikers, der von niemandem mehr, auch nicht vom Geschäftsführer, Weisungen akzeptieren wollte. Dies kann vor allem situations- oder personenbedingt auftreten, wenn beim Follower entsprechende Emotionen getriggert werden. Das kann sowohl an den Inhalten der Weisungen des Leaders liegen, weil sie der Follower vielleicht für unzumutbar hält oder diese nicht im Rahmen seiner Aufgaben liegen, als auch an dessen Person oder dessen Verhalten im Augenblick des Führungsprozesses. Die Verweigerung der Followership durch den Follower kann sich in solchen Situationen sofort einstellen, sie kann nach einer gewissen zeitlichen Pause in Akzeptanz umschlagen oder sie kann umgekehrt erst nach einer Phase der Akzeptanz zu einem späteren Zeitpunkt eintreten. Diese Verweigerungsstrategien seitens der Follower können sich hinsichtlich der Ausführung des erteilten Auftrags typischerweise folgendermaßen äußern:

- Den Auftrag unter Protest annehmen und ausführen.
- Den Auftrag annehmen, ihn aber nicht ausführen.
- Den Auftrag nicht annehmen und die Erfüllung der Aufgabe ablehnen.[465]
- Im Falle eines Auftrags zur wiederholten Ausführung den Auftrag annehmen und beim ersten Mal ausführen, es dann aber kein weiteres Mal mehr tun.
- Den Auftrag annehmen, ihn aber schlecht ausführen (fehlerhaft, unpünktlich etc.).[466]

---

464 Schöffner, Günther; Hagehülsmann, Ute; Schöffner, Kerstin (2023): Zukunftsfähige Machtsysteme in Unternehmen. Die Verantwortung richtig auf die Beine stellen. Kohlhammer Verlag, Stuttgart, S. 160.
465 Staehle, Wolfgang H. (1999): Management. Eine verhaltenswissenschaftliche Perspektive. Verlag Franz Vahlen, München, 8. Aufl., S. 408.
466 Ebd.

- Den Auftrag annehmen, ihn aber im Sinne der eigenen Bedürfnisse anpassen (Redefinition).[467]
- Den Auftrag ablehnen mit dem augenblicklichen Hinweis, höhere Instanzen einzuschalten.
- Den Leader in der Kommunikation diskreditieren (beschimpfen, verunglimpfen etc.) in der Hoffnung oder Erwartung, dass dieser den Auftrag zurückzieht.
- Nichts tun.
- Den Wirkungsbereich des Leaders verlassen (Kündigung, Bitte um augenblickliche Versetzung etc.).[468]

Auch wenn sich einige der aufgelisteten Punkte absurd anhören mögen, so habe ich doch alle bereits in Wirklichkeit beobachten können. Die Verweigerung der Followership kann so weit gehen, dass Follower versuchen, den Leader durch teilweise sogar intrigante Handlungen aus der Position zu drängen, sprich ihn »herauszueitern«. Auch dies habe ich in mehreren Organisationen erlebt, wo an gewissen Positionen ein Abteilungsleiter nach dem anderen »weggemobbt« wurde. Obwohl dieses Herauseitern nicht besonders fair klingt, so muss diesem Vorgehen nicht immer nur ein menschlich verwerfliches Motiv oder Niedertracht zugrunde liegen. Ich habe einmal miterlebt, wie drei Werksleiter eines Konzerns einen internen Projektleiter, der in den Werken im Rahmen eines Pilotprojektes die digitale Produktion hätte einführen sollen, in einer Art konzertierten Aktion regelrecht »abgeschossen« haben.[469] Der Projektleiter war den Werksleitern im Kontext des Projektes in einem gewissen Rahmen weisungsbefugt. Obwohl höchst kompetent, fokussierte sich der Projektleiter ausschließlich darauf, das Projekt durchzupeitschen, ohne auf die Belange der Werke und der Personen dort Rücksicht zu nehmen. Er wollte durch den planmäßigen Projektabschluss vor dem ihn beauftragenden Vorstandsmitglied glänzen und benahm sich menschlich unakzeptabel. Durch die geschickte, situative Verweigerung der Followership, die die Werksleiter aber nicht angreifbar machte, konnten sie den Projektleiter letztendlich zu Fall bringen, weil dieser die dem Vorstand versprochenen Projektziele aufgrund der verweigerten Followership völlig verfehlte. Jenseits des menschlich unakzeptablen Verhaltens des Leaders im zuvor genannten Beispiel gibt es noch etliche weitere Gründe für die Nicht-Akzeptanz von Leadern, die auch im Jahr 2024 noch in der Realität vorkommen. Da diese Gründe ganz oder teilweise gegen bestehendes Recht verstoßen, werden vordergründig andere Ursachen genannt und man erfährt die wirklichen Ursachen nur durch inoffizielle Kanäle. Solche weiteren Gründe für die ungerechtfertigte Ablehnung von Leadern sind beispielsweise:

---

467 Ebd.
468 Ebd.
469 Schöffner, Günther; Hagehülsmann, Ute; Schöffner, Kerstin (2023): Zukunftsfähige Machtsysteme in Unternehmen. Die Verantwortung richtig auf die Beine stellen. Kohlhammer Verlag, Stuttgart, S. 385 f.

- Herkunft (Arbeiter-/Akademikerfamilie, Bundesland, Nation)
- Geschlecht (m, w, d)
- Bildung (Schulabschluss, Lehre, Studium, Promotion)
- durchlaufene Bildungseinrichtung (Hochschule, Berufs-/Weiterbildungsinstitute etc.)
- Werdegang (intern, extern), Durchlaufen von Kaderschmieden (intern/extern)
- Zugehörigkeit zu Kadern (Gewerkschaft, Partei, Service-/Elite-Clubs etc.)
- zu erfüllende Quote (Genderthematik, Anteil an Akademikern oder Menschen mit Migrationshintergrund etc.)

Die Liste lässt sich sicher noch um einige Punkte ergänzen, die mir nicht bekannt sind. Ich habe es nicht selten erlebt, dass Leader abgelehnt bzw. nur wenig akzeptiert wurden, weil sie eine Lehre (Berufsausbildung) hatten oder weil sie eben keine hatten. Dasselbe gilt für ein Hochschulstudium oder eine Promotion. Diesbezügliche Kommentare lauteten beispielsweise: »Haben sie auch etwas Ordentliches gelernt oder nur studiert?«, »Diese Doktoren sollen nicht führen, sondern dort hingehen wo sie hingehören: Ins Forschungslabor.« oder »Der hat ja noch nicht mal studiert.« Dazu soll sich jeder seine eigene Meinung bilden.

Neben Gründen, welche die Persönlichkeit betreffen, kann die Verweigerung der Akzeptanz eines Leaders durch die Follower aber auch noch am Vorgehen liegen, wie der Leader in Position gekommen ist. Die Follower lehnen den Leader dann nicht wegen seiner Persönlichkeit ab, sondern weil sie sich selbst bei der Besetzung der Position übergangen fühlen, nicht am Auswahlprozess der Person beteiligt waren, die Gründe für die Auswahl der Person als unakzeptabel halten oder den Vorgang, wie die Person in die Position gekommen ist, ungerecht finden. Das Verfahren der Auswahl und Besetzung des Leader-Postens löst bei den Followern Emotionen aus, die großen Einfluss auf das Follower-Verhalten haben. Besonders intensiv sind diese meiner Erfahrung nach, wenn Positionen bei bestehenden Verwandtschafts- oder Bekanntschaftsverhältnissen besetzt werden. »Das ist doch der Sohn/die Tochter von ...«, »Die kennen sich doch aus der Partei ...«, »Der hat ihm doch damals ...« In solchen Fällen, so habe zumindest ich selbst die Erfahrung gemacht, ist die Ablehnung besonders groß und der Leader muss ein gehöriges Maß an zusätzlichem Vertrauensaufbau zu den Followern leisten, um dieselbe Akzeptanz zu erreichen wie ein Leader, der nicht die genannten Attribute aufweist. Auch daran sieht man, wie groß der Einfluss der menschlichen Emotionen auf das Follower-Verhalten ist.

4.3.7 Wollen: Kultur

Wir haben gesehen, dass Haltung und Einstellungen des Menschen auf sein Follower-Verhalten wirken. Doch darauf ist der Einfluss dieser beiden Dinge nicht beschränkt, sie beeinflussen das ganze menschliche Verhalten. Ihnen liegen wie oben erwähnt Werte zugrunde, auf deren Basis Menschen Entscheidungen treffen. Hierzu zählen auch die Grundwerte jeder Person, die sich in ihr während des Auf-

und Heranwachsens ausbilden und irgendwann weitgehend festigen. Auf die Herausbildung dieser Grundwerte hat verständlicherweise auch der Kulturkreis, in dem der Mensch überwiegend aufwächst, keine unwichtige Bedeutung. Dementsprechend zeigen sich bei den Menschen unterschiedliche Verhaltensmuster, die kulturell geprägt sind, denn die verschiedenen Kulturdimensionen leiten das Verhalten des Menschen.[470] Beispiele zweier typischer Verhaltensmuster, die Vertretern bestimmter Volkgruppen zugeschrieben werden, sind die bayerische »Mia san mir«-Mentalität, die sich angeblich durch ein starkes Selbstbewusstsein auszeichnen soll, und als Gegenstück die hanseatische Zurückhaltung. Inwieweit diese den Personengruppen zugeschriebenen kulturellen Verhaltensmuster dann bei individuellen Vertretern der Gruppe ausgeprägt sind, steht auf einem anderen Blatt. Fakt ist jedoch, dass die kulturelle Herkunft einer Person großen Einfluss auf seine Handlungen hat. Schon mit der beginnenden Globalisierung in den 1990er Jahren gab es kulturelle Trainings für Manager und andere Berufsgruppen, in denen sie mit den »Do's and Dont's« anderer Kulturkreise vertraut gemacht wurden. International agierenden Managern wird beispielsweise schon seit langer Zeit beigebracht, dass es in anderen Kulturen signifikante Unterschiede gibt hinsichtlich Führung, Entscheidungsfindung oder Motivation.[471] Wenn wir uns die untrennbare Verbindung von Leadership und Followership in Erinnerung rufen, wird uns sofort klar, dass Followership in unterschiedlichen Kulturen auch unterschiedliche Erfolgsfaktoren haben muss, weil dies für Leadership wie beschrieben definitiv zutrifft. Im agilen Zeitalter ist es häufig an der Tagesordnung, dass Menschen mit unterschiedlichem kulturellen Hintergrund zusammenarbeiten. Dementsprechend wichtig ist hier die Berücksichtigung bestimmter kultureller Faktoren, wenn Followership gelingen soll. Denn Follower managen nicht nur einen oder einige Leader, sondern eben auch andere Follower, wenn sie in ihrer Follower-Rolle Verantwortung für die Organisation übernehmen. Die Facetten aller im globalen Geschäftsleben vorkommender Kulturmuster zu beschreiben, wäre eine nicht zu bewältigende Aufgabe. Wir wollen uns aber hier kurz mit der der Systematisierung globaler Kulturen beschäftigen, weil dies uns dabei hilft, zumindest gewisse kulturelle Grundfaktoren für erfolgreiche Followership zu verstehen. Die Werte eines Landes oder einer Nation als Kernelemente der nationalen Kultur sind eines der wichtigsten Hilfsmittel, um Kulturen voneinander zu differenzieren.[472] Der niederländische Sozialpsychologe Geert Hofstede hat die Wertesysteme von mehr als 50 Ländern empirisch analysiert und die kulturellen Unterschiede und Gemeinsamkeiten zwischen diesen Ländern beschrieben.[473] Die Ergebnisse seiner Arbeit sind in das

---

470 Eberhardt, Daniela; Neumann, Stefanie; Streuli, Elisa (2019): Diversität – Führung von Menschen mit unterschiedlichem Hintergrund. In: Lippmann, Eric; Pfister, Andres; Jörg, Urs (Hrsg., 2019): Handbuch angewandte Psychologie für Führungskräfte. Führungskompetenz und Führungswissen. Springer Verlag, Berlin, 5. Aufl., S. 899.
471 Daft, Richard L. (2003): Management. South-Western, Mason (OH), 6. Aufl., S. 127.
472 Buß, Eugen (2009): Managementsoziologie. Grundlagen, Praxiskonzepte, Fallstudien. Oldenbourg Wissenschaftsverlag, München, 2. Aufl., S. 194.
473 Ebd.

Modell der »Kulturdimensionen« eingeflossen,[474] das anfänglich fünf Dimensionen hatte und später auf sechs ausgeweitet wurde.[475] Hofstedes sechs Kulturdimensionen lauten stark gekürzt wie folgt:

- Machtdistanz
- Individualismus vs. Kollektivismus
- Maskulinität vs. Femininität
- Unsicherheitsvermeidung
- Langfristorientierung vs. Kurzfristorientierung
- Genuss vs. Beschränkung

Der letzte Punkt war in Hofstedes Modell anfänglich noch nicht vorhanden. Wir wollen uns hier nicht näher mit den jeweiligen Inhalten beschäftigen. Der geneigte Leser kann sich bei Interesse über die verschiedenen Quellen darüber informieren. Wichtig ist an dieser Stelle festzuhalten, dass sich verschiedene Länder bzw. deren Kulturen in diesen sechs Dimensionen fundamental unterscheiden können. Hierzu existieren Online-Werkzeuge, anhand derer man die Unterschiede verschiedener Nationen hinsichtlich dieser Dimensionen betrachten und auswerten kann.[476] Aufbauend auf Hofstedes Arbeit hat das »Global Leadership and Organizational Behavior Effectiveness Project« (GLOBE) Daten von über 18.000 Managern in 62 Ländern gesammelt und zu Hofstedes fünf Kulturdimensionen fünf weitere identifiziert, die Managern im Verständnis globaler Kulturbelange helfen sollen:[477]

- Durchsetzungsvermögen
- Zukunftsorientierung
- Geschlechterdifferenzierung
- Leistungsorientierung
- Menschenorientierung

Einzelne Länder können nach bestimmten Kriterien für die einzelnen GLOBE-Punkte in einem Ranking als »Low«, »Medium« oder »High« eingeteilt werden, womit sich ein schneller Überblick über kulturelle Unterschiede einzelner Länder gewinnen lässt.[478] Die Aussagekraft der so gewonnenen Informationen hat jedoch wie bei allen Modellen gewisse Grenzen, weshalb es auch andere Darstellungen zur Beschreibung globaler Kulturunterschiede gibt. So haben Forscher aus dem GLOBE-Projekt beispielsweise 61 Länder in 10 Cluster eingeteilt und die sog. »GLOBE

---

[474] Daft, Richard L. (2018): Management. Cengage Learning, Boston (MA), 13. Aufl., S. 121 f.
[475] Geert Hofstede, https://geerthofstede.com/culture-geert-hofstede-gert-jan-hofstede/6d-model-of-national-culture/ (Abgerufen am 4. April 2024).
[476] Geert Hofstede, https://geerthofstede.com/country-comparison-graphs/ (Abgerufen am 4. April 2024).
[477] Daft, Richard L. (2018): Management. Cengage Learning, Boston (MA), 13. Aufl., S. 122 f.
[478] Ebd., S. 123.

Culture Clusters« definiert.[479] Im Cluster »Nordic Europe« finden sich beispielsweise die Länder Dänemark, Finnland und Schweden wieder, im Cluster »Latin Europe« die Länder Frankreich, Israel, Italien, Portugal, Spanien, französische Schweiz. Anhand solcher und anderer Werkzeuge lassen sich für Teams und Organisationen die jeweils relevanten kulturellen Besonderheiten erarbeiten, die für eine erfolgreiche Followership wichtig sind. Hier gilt es dann, in der Praxis gewisse kulturelle No-Gos zu vermeiden, um ähnliche Effekte wie zuvor bei den Emotionen dargestellt zu vermeiden. Tappt ein Follower in ein kulturelles Fettnäpfchen und ein anderer Follower oder ein Leader fühlt sich dadurch brüskiert, kann sich das negativ auf die gelebte Leader- bzw. Followership auswirken. Dementsprechend achtsam müssen die Follower sein, um das Wollen der Anderen nicht durch kulturelle Fehltritte zu gefährden. So sollte sich vielleicht ein im westlichen Kulturraum sozialisierter Follower gut überlegen, wie er einen Senior Manager challengt, der im ostasiatischen Kulturkreis aufgewachsen ist, oder wie ein aus dem Cluster »Latin America« stammender Leader auf das Challengen durch einen aus dem Cluster »Nordic Europe« stammenden Follower reagiert. Die zuvor genannten Konstellationen sollen den Leser nur zum Nachdenken anregen und keinerlei Wertung oder Kritik der jeweiligen Kulturmuster oder kulturellen Ansätze bedeuten.

4.3.8 Wollen: Die Schattenseiten – Menschliche Besonderheiten, Unzulänglichkeiten und Schwächen

Am Ende unserer Betrachtung der Einflussfaktoren auf das praktizierte Follower-Verhalten möchte ich unter der Rubrik »Wollen« noch einige Punkte ansprechen, um die in der Management-Literatur sehr häufig ein großer Bogen gemacht wird. Es dreht sich um die menschlichen Schwächen und Unzulänglichkeiten, die zu mangelhafter Followership führen. Darüber wird nicht gerne gesprochen, weil man in Büchern nur Gutes schreibt, da man Angst davor hat, für die gemachten Aussagen schlechte Kritik zu bekommen. Man befürchtet, dass die Inhalte diskriminierend aufgefasst werden könnten und man sich dementsprechend eventuell verteidigen wird müssen. Doch die Wahrheit bleibt die Wahrheit. Falsche Tatsachen werden auch dadurch nicht richtig, indem man sie durch die Brille eines aktuellen Zeitgeistes betrachtet, der Beschäftigten in Unternehmen keine rein eigennützigen Motive zugewiesen haben möchte. Doch, wie bereits General Peron wusste, »die Realität ist die einzige Wahrheit«. Und wenn ich die Zeit seit dem Beginn meiner Berufstätigkeit im September 1986 bis heute im April 2024 Revue passieren lasse, so muss ich feststellen, dass es damals wie heute Mitarbeiter in Unternehmen gab und gibt, die sich nicht nach ihren Möglichkeiten und Kräften anstrengen, die nicht für die Kollegen, die Leader und die Organisation mitdenken

---

479 Yukl, Gary; Gardner, William L. (2020): Leadership in Organizations. Pearson Education, Harlow, 9. Aufl., S. 378.

und Verantwortung übernehmen, und die hinsichtlich Qualität und Quantität definitiv nicht das abliefern, wofür sie der Arbeitgeber beschäftigt und wofür sie ihr Entgelt erhalten. Mit dieser Meinung bin ich nicht allein, nur viele sprechen dies nicht offen aus. Im Buch »Führung auf dem Prüfstand: Über den Umgang mit schwierigen Mitarbeitern und Low Performern« wird dieses Thema hinsichtlich der Handlungsmöglichkeiten von Führungskräften diskutiert. Demnach ist ein schwieriger Mitarbeiter jener, der einen überdurchschnittlich hohen Betreuungsaufwand seitens der Führungskraft verursacht.[480] Unter einem Low Performer wird im zitierten Buch ein Mitarbeiter verstanden, der »nicht die geforderte Leistung erbringt, eben ein Minderleister«.[481] Rechtlich betrachtet gestaltet sich diese Kategorisierung weit weniger einfach, denn gemäß § 611a BGB schuldet der Arbeitnehmer keinen bestimmten Arbeitserfolg, sondern ist lediglich zur Leistung von Arbeit verpflichtet.[482] Dabei muss der Arbeitnehmer seine persönliche Leistungsfähigkeit ausschöpfen und muss das, was er tun soll, tun, so gut er kann.[483] Natürlich gibt es auch hier Vergleichsgrößen und in vielen rechtlichen Diskussion wurden Minderleister dann als solche eingestuft, wenn sie salopp formuliert in etwa 30 Prozent weniger Quantität ablieferten als der Durchschnitt. Doch darum soll es in diesem Abschnitt nicht gehen. Viel wichtiger sind in den vorherigen Sätzen im Hinblick auf unser Thema Followership zwei Details: Der durch die Führungskraft notwendige Betreuungsbedarf und die Tatsache, dass der Arbeitnehmer seine Leistungsfähigkeit ausschöpfen muss. Diese beiden Punkte haben mit Followership und Wollen zu tun. Will ein Mitarbeiter nicht die volle Leistung bringen, kann Minderleistung die Folge sein. Will er auch nicht nach seinen Kräften Followership zeigen, kann dies erhöhten Betreuungsaufwand zur Folge haben. Wenn ein Mitarbeiter nicht will, kann er zum »schwierigen Mitarbeiter« werden.

Nach diesem schwerfälligen und mir auch nicht besonders angenehmen Absatz, können wir uns der Frage widmen, weshalb Mitarbeiter keine ihren Kräften und Möglichkeiten entsprechende Followership zeigen und praktizieren wollen. Das Thema Minderleistung wollen wir hier nicht weiter betrachten. Je schwächer die Followership, umso stärker kann der Betreuungsaufwand werden. Denn Followership bedeutet ja, dass der Mitarbeiter seine Arbeit am Unternehmen, vor allem aber an den Wünschen und Anweisungen des Leaders ausrichtet und diesen bei der Erreichung der Unternehmensziele unterstützt. Tut er das Falsche oder erreicht er nicht die ihm gesetzten Ziele, bedeutet das letztendlich auch unzureichende Followership. Zwischen den Zeilen des vorherigen Absatzes ist bereits eine wesentliche Ursache für dieses Nicht-Wollen herauszulesen gewesen: Trägheit. Auch

---

480 Dobler, Markus; Croset, Pascal (2015): Führung auf dem Prüfstand: Über den Umgang mit schwierigen Mitarbeitern und Low Performern. Ka-Do Verlag, Berlin, 3. Aufl., S. 9–12.
481 Ebd., S. 9.
482 Schöffner, Günther; Senne, Petra (2021): Professionelle Zusammenarbeit von Geschäftsführung und Betriebsrat. Ein Praxisleitfaden für Führungskräfte und Manager. Erich Schmidt Verlag, Berlin, S. 190.
483 Bundesarbeitsgericht BAG 11.12.2003 – 2 AZR 667/02.

wenn das nicht besonders angenehm klingt: Manche Menschen sind faul. Sie versuchen, mit möglichst wenig Aufwand und Anstrengung durch den Arbeitstag zu kommen. Aufwand bedeutet dabei auch die Übernahme von Verantwortung oder zusätzliches Engagement für eine Sache. Fehlendes Engagement kann auch mit Gleichgültigkeit hinsichtlich Unternehmen und Kollegen erklärt werden. Die zuvor beschriebenen Verhaltensweisen werden gemeinhin oft auch unter dem Begriff eines »unmotivierten Mitarbeiters« zusammengefasst. Diese werden jedoch nicht wie umgangssprachlich oft kolportiert nur »geboren oder erzogen«, sondern können sich durch die im Laufe des Berufslebens gesammelten Erfahrungen auch dazu entwickeln. Ein Motiv dafür, dass Mitarbeiter ihre Anstrengungen auf Dauer deutlich reduzieren, ist Enttäuschung. Das habe ich in vielen Unternehmen so kennengelernt. Jemand wurde bei der Beförderung übersehen oder die geleistete Arbeit wurde nicht oder nicht erwartungsgemäß gewürdigt. Sind diese Versäumnisse schwerwiegend oder kommen sie öfter als einmal vor, kann sich ein Mitarbeiter schnell in den unmotivierten Zustand begeben. Bleiben dann stimulierende Impulse seitens der Leader aus, kann sich dieser Zustand leicht verfestigen. Ähnlich wie die zu hohe Erwartung, die an die erhoffte Belohnung gestellt wurde, kann auch die Selbstüberschätzung der Mitarbeiter wirken. Sie ordnen ihre Leistung aufgrund mangelnder Vergleichsmöglichkeiten als übertrieben groß ein und erwarten dementsprechende Würdigung. Bleibt diese mehrfach oder gar regelmäßig aus, weil die erbrachte Leistung realistisch betrachtet eben nicht mehr als durchschnittlich war, kann die Spirale der Unmotiviertheit ihren beschriebenen Lauf nehmen. Die erwähnte Selbstüberschätzung kann auch dazu führen, dass der Mitarbeiter nicht jene Tätigkeiten oder Verantwortlichkeiten übertragen bekommt, für die er sich qualifiziert hält. Die resultierende Demotivierungsdynamik kann wiederum dieselbe sein. In diesem Zusammenhang sind auch kognitive Grenzen zu nennen, an die Mitarbeiter naturgemäß auch immer wieder stoßen. Trotz aller Bemühungen gelingt es den Mitarbeitern nicht, Inhalt und Tragweite gewisser Zusammenhänge vollumfänglich zu erfassen, sodass sie sich von den Gegebenheiten eine Meinung bilden, die von der Realität abweicht. Auf Basis dieser verzerrten Meinung ziehen sie dann Schlüsse darüber, was ihnen in diesem Zusammenhang widerfahren ist. Das kann dann wiederum die beschriebene Situation von Enttäuschung hervorrufen. Obwohl in diesen Fällen die mangelhafte, weil hinter den realen Möglichkeiten zurückbleibende Followership Ergebnis eines Nicht-Wollens ist, stellt sich natürlich die Frage, ob die eigentliche Ursache wegen der erwähnten kognitiven Grenzen ein Nicht-Können ist. Auch hier mischen sich wiederum, wie vorher bei den Grundpositionen, die beiden Gruppen »Wollen« und »Können«, auch wenn von der kausalen Betrachtung her vielleicht kein Problem bestehen mag. Schwierig ist jedoch die genaue Klärung der Lage der auslösenden Motive, was die exakte Zuweisung zu Nicht-Können oder Nicht-Wollen schwierig macht.

Neben den zuvor dargestellten menschlichen Unzulänglichkeiten, die für mangelhafte Followership ursächlich sein können, gibt es noch ein weiteres starkes Motiv dafür, dass Mitarbeiter nicht die zielorientierte Followership praktizieren, die sie zeigen könnten und die den Umständen angemessen wäre. Das kann dabei sowohl eine reduzierte oder gar auf das Mindestmaß zurückgeschraubte Followership sein (Dienst nach Vorschrift), als auch eine übertrieben starke, aber heuchlerische Version davon darstellen. Das zugrunde liegende Motiv ist dabei sehr häufig, dem Leader schaden oder ihn zu Fall bringen zu wollen. Durch das beabsichtige Zurückschrauben der praktizierten Followership soll häufig willentlich erreicht werden, dass der Leader erfolglos bleibt oder wird. Durch diese Taktik, die sich häufig bei unliebsamen Veränderungsprojekten findet, möchte man erreichen, dass der Leader abberufen oder das missliebige Projekt eingestellt wird. In solchen Fällen von weichem oder gar hartem Dienst nach Vorschrift, dem häufig Angst- oder Bewahrungsmotive zugrunde liegen, kann der sich so manifestierende Widerstand häufig durch ein intensiveres Miteinbeziehen der betroffenen Follower oder das Gewähren gewisser Zugeständnisse gebrochen werden.[484] Stecken hingegen persönliche Motive dahinter, weil man den Leader nicht mag, sollte man eher versuchen, die Gründe dafür zu finden. Ein häufige Ursache ist, dass der Leader die Stelle bekommen hat, die sich der Widerständler selbst erhofft hatte. Neid, Missgunst und Schadenfreude können hier antreibend wirken. Im Falle persönlicher Antipathie lässt sich oft durch klärende Gespräche zumindest eine belastbare Arbeitsbasis herstellen. Das Pendel der praktizierten Followership schlägt aber häufig auch in die andere Richtung aus, wenn man den Leader »absägen« möchte. Neben den hierzu zuvor bereits genannten Motiven ist häufig das eigene Spekulieren des Followers auf die Nachfolge des (Noch-)Leaders die Triebfeder für das verzerrte Follower-Verhalten. Durch die übermäßig ausgeprägte Followership soll der Leader entweder fälschlicherweise in Sicherheit gewogen oder bewusst verunsichert werden. Dies kann dabei durchaus intrigante Züge annehmen. Ich habe einen diesbezüglichen Fall erlebt, bei dem eine Nachwuchsführungskraft gezielt aus seiner Position »geschossen« wurde. Als der junge Ingenieur Abteilungsleiter wurde, sah ihm jeder seine Unsicherheit und seine mangelnde Erfahrung an. Man hatte ihm die Stelle nicht gegönnt, weil er ohne Betriebszugehörigkeit von einem Wettbewerber kommend direkt auf eine Leitungsposition gesetzt worden war. Die Mitarbeiter der Abteilung waren der Überzeugung, dass ein Abteilungsleiter mindestens zwei Jahre im Unternehmen sein müsse, bevor er eine Leitungsfunktion übernehmen könne. Deswegen wollten sie ihn so schnell wie möglich loswerden. Der inoffizielle Anführer der Abteilung, ein erfahrener Ingenieur mit zwei Jahrzehnten Betriebszugehörigkeit, spielte dabei eine wichtige Rolle. Er bot dem neuen Abteilungsleiter an, ihm als eine Art inoffizieller Pate zur Seite zu stehen, ihm Tipps zur Fehlervermeidung zu geben und auf die Kollegen einzuwirken, dass diese in den nächsten Wochen ihre Arbeit noch umsichtiger und selbständiger ausführen sollten, bis der Abteilungsleiter Fuß gefasst hätte. Darüber erleichtert nahm dieser das Angebot gerne an. So fing der Pate auch gleich damit an und führte seine

---

484 Schöffner, Günther (2020): Changeprozesse positiv gestalten. Kontinuierliche Veränderungsbereitschaft erzeugen und Widerstände überwinden. Schäffer-Poeschel Verlag, Stuttgart, S. 194.

Follower-Rolle besonders eifrig aus, um Vorbild für die anderen zu sein. So konnten sie den jungen Abteilungsleiter vor einigen Fehleinschätzungen und Fehlentscheidungen bewahren, indem sie seine Vorschläge gründlich prüften und passende Korrekturvorschläge machten. Sie hielten die Abteilung durch zusätzliche Anstrengungen und verstärkte Zusammenarbeit so am Laufen, dass man von außen betrachtet nicht merkte, dass ein neuer Chef an Bord war. So gewann der Neue mehr und mehr Vertrauen zum Paten und folgte dessen Ratschlägen in den meisten Fällen. Nach ungefähr sechs Wochen hatte sich der junge Leader schon gut etablieren können, sodass er mehr und mehr selbständig seine Führungsaufgabe wahrnehmen konnte. Hier und da brauchte er noch Unterstützung bei der Entscheidungsfindung, die er von seinen Followern, allen voran seinem Paten, auch meistens bekam. Nach rund zwei Monaten kam eine Delegation eines sehr wichtigen Kunden zu Besuch und wollte ein wichtiges Projekt durchsprechen. Bei diesem seit längerem geplanten Termin sollten wichtige Weichenstellungen erfolgen, um das Projekt auf die Zielgerade zu bringen und nach knapp 18 Monaten Laufzeit nun in zwei Monaten zu Ende zu bringen. Einen Tag vor dem Termin meldeten sich zwei Mitarbeiter der Abteilung, darunter der Pate, krank. Beide hatten Schlüsselpositionen in besagtem Projekt. Daher stand der junge Abteilungsleiter nur mit »gewöhnlichen« Projektmitarbeitern im Gespräch mit den Kundenvertretern. Die Projektmitarbeiter konnten außer zu ihren jeweiligen Fachinhalten kaum weitere Informationen zum Projekt geben, sodass nicht wie geplant Entscheidungen für die finale Phase getroffen werden konnten. Einen Tag vor dem Besuch war es auch viel zu spät für den Abteilungsleiter gewesen, sich noch intensiver mit den Projektspezifika auseinanderzusetzen. Diese hatten die beiden kranken Mitarbeiter in den vorherigen Wochen gezielt von ihm ferngehalten, damit dieser »nicht überfordert« würde und er sich besser in seine Stelle einarbeiten könne. Um das Projekt würden sie sich schon kümmern und den Abteilungsleiter auf dem Laufenden halten. Die Kundenvertreter reisten ab und beschweren sich beim Geschäftsführer über den Vorfall. Weil der Kunde drohte, keine weiteren Projekte mit dem Unternehmen machen zu wollen, wollte der Geschäftsführer eine schnelle Lösung für das Projekt, um den Kunden bei der Stange zu halten. Deshalb löste er den Abteilungsleiter kurzerhand »wegen Überforderung« ab und beauftragte in dessen Abwesenheit den Paten kommissarisch mit der Leitung der Abteilung. Dies stimmte den Kunden, dessen Reaktionsmuster der Pate nach vielen Jahren sehr gut kannte, wieder um und er war zufrieden. Die Intriganten hatten wichtige Informationen vom Abteilungsleiter ferngehalten, ihn durch ihre fast übertriebene Followership in Sicherheit gewogen, sodass sich dieser nicht weiter ins Projekt eingearbeitet hatte. Sie hatten seine jugendliche Unerfahrenheit ausgenutzt und ihn durch ihre Abwesenheit im Gespräch mit dem Kunden dann gezielt auflaufen lassen. Natürlich war dieser blauäugig gewesen, als er sich völlig auf die beiden Mitarbeiter verlassen und sich nicht tiefer in solch ein wichtiges Projekt eingearbeitet hatte. Durch seine Gutgläubigkeit und Naivität war er schließlich Opfer dieser Intrige geworden, zu dessen Verwirklichung die übertriebene Followership ein entscheidender Baustein war. Die Rolle des »Paten« in diesem tragischen Fall kann man sich bildlich vorstellen mit der Rolle des Schiffskochs John Silver im Roman »Die Schatzinsel« von Robert Louis Stevenson. John Silver hatte sich das Vertrauen der Organisatoren der Reise zur Schatzinsel erschlichen und dann vor Ort versucht, das Kommando über Mannschaft und Schiff zu erlangen. Von Anfang an hatte er vor, zum richtigen Zeitpunkt die Macht zu übernehmen, und er hat dazu seine Partner hintergangen. Auch wenn der Pate nicht vorhatte, das Kommando über die Abteilung an sich zu ziehen, so war doch sein Vorgehen bis zum Rauswurf des jungen Abteilungsleiters sehr ähnlich zu dem John Silvers. Es muss aber nicht immer gleich eine solch perfekt inszenierte Intrige sein. Die in Kapitel 3 dargestellten Beeinflussungstaktiken können ebenso in Form überschwänglicher Followership missbraucht werden. Überzogene Anbiederung oder völlig übertriebene Bitte um Unterstützung durch den Leader können beispielsweise beabsichtigte, also willentliche Manöver sein, um sich bei einem für diese Form des Einschleimens empfänglichen Leader für höhere Aufgaben zu empfehlen. Hier ist wiederum die willentlich übertriebene Nutzung des Werkzeugs »Followership« Mittel für einen anderen Zweck. Solche Fälle unlauteren Handelns erschüttern mich auch noch nach vielen Jahren und trotz meiner mittlerweile langen Berufserfahrung immer wieder.

4.4 Zeitgenössische und zukünftige Einflussfaktoren

In Kapitel 2 haben wir den Begriff der »neuen Followership« eingeführt. Dieser soll ausdrücken, dass es sich um eine Followership handelt, die der digitalen Arbeitswelt im agilen Zeitalter gerecht wird. In den gut 15 Jahren seit der »Renaissance« der Followership in den späten 2000er Jahren hat sich die Arbeitswelt fundamental geändert. Ein entscheidender Faktor hierzu ist die großflächige Verbreitung von Smartphones ungefähr ab dem Jahr 2010. Infolgedessen hat sich auch das mobile Arbeiten entwickelt, das durch immer leistungsfähigere mobile Computersysteme und breitbandige Netze möglich wurde. Am Ende des 2010er Jahrzehnts gab es bereits vermehrte Forderungen nach Ausweitung der Arbeitsform Homeoffice, die sich während der Bewältigung der Corona-Pandemie von 2020 bis 2023 großflächig etablieren konnte. In der Mitte des 2010er-Jahrzehnts entstand die Forderung nach neuen Formen der Zusammenarbeit und Organisation wie Selbstorganisation und Agilität. Wenn diese Dinge auch nicht neu waren, so wurde deren Einführung u. a. wesentlich von den verstärkt digitalen Arbeitsverfahren gepusht. Hinzu kam die Publikation des vielbeachteten Buches »Reinventing Organizations« von Frederic Laloux im Jahre 2015, das »bahnbrechende Forschungsergebnisse« versprach und die Diskussion um neue Arbeitsformen ebenso wesentlich anheizte.[485] Wie so oft legten sich auch hier die Wellen, die solche Diskussionen oft schlagen, nach geraumer Zeit wieder. Dennoch hat sich dadurch und seither die Arbeitswelt

---

485 Laloux, Frederic (2015): Reinventing Organizations. Ein Leitfaden zur Gestaltung sinnstiftender Formen der Zusammenarbeit. Verlag Franz Vahlen, München.

bedeutend verändert. Dementsprechend muss dem auch der Ansatz der Followership gerecht werden, wenn er in dieser neuen Arbeitswelt Anwendung finden soll. Die Ansätze für Führung, Leadership und Management haben durch die genannten Entwicklungen auch entsprechende Veränderungen erfahren. Da Leadership und Followership aber komplementär sind und es das eine nicht ohne das andere geben kann, muss eben auch Followership die entsprechenden Veränderungen berücksichtigen, die beim Leadership-Ansatz Berücksichtigung fanden. Ansonsten kann die Followership nicht die Wirkung entfalten, die ihr innewohnt.

Die neue Followership der 2020er Jahre stellt also andere Anforderungen an die Follower, als dies am Anfang der Behandlung des Themas sowie in der Zeit der zitierten Renaissance der Followership der Fall war. Wir haben uns bislang überwiegend mit den Inhalten von Followership beschäftigt, nicht jedoch mit den Eigenschaften, die ein Mitarbeiter mitbringen oder entwickeln sollte, um ein guter Follower zu sein. Daher ist es nun opportun, dass wir uns zunächst damit beschäftigen, und nach einer anschließenden Reflexion dessen, was zeitgenössische und auch zukünftige Einflussfaktoren auf moderne Formen der Zusammenarbeit von Followern fordern, die zusätzlichen Anforderungen der modernen Arbeitswelt auf Follower betrachten. Denn wie bei anderen Kompetenzen, die Mitarbeiter brauchen, ist es auch bei der Followership so, dass es grundlegende Kompetenzen und Qualitäten gibt, die ein Follower beherrschen muss, und weitere Qualitäten, die hinsichtlich zeitgenössischer Herausforderung bestehen. So war es auch in den letzten Jahrzehnten, in denen sich die Arbeitswelt auch stetig verändert hatte. Man rufe sich nur die großflächige Einführung industrieller Robotersysteme in der 1980er Jahren, die breite Einführung von PCs in die Arbeitswelt in den 1990er Jahren oder den breit wirksamen Beginn des Internets Mitte der 1990er Jahren in Erinnerung. Die Dynamik der Veränderungen der digitalen Arbeitswelt ist jedoch wesentlich größer als die erwähnten Veränderungen vorheriger Epochen.[486] Dementsprechend opportun ist es, zu prüfen, wie sich die Bedingungen der Followership in der digitalen Arbeitswelt des agilen Zeitalters verändert haben.

Wie zuvor dargestellt wollen wir uns daher zunächst kurz damit beschäftigen, welche Qualitäten Follower prinzipiell haben, verstärken oder ggf. entwickeln sollten. Beginnen wir ganz am Anfang im Jahr 1988 bei Kelley, als er in seinem legendären Artikel »In Praise of Followers« das Thema Followership zum ersten Mal angesprochen hatte. Damals schlug er vor, dass Follower einige essenzielle Qualitäten brauchen:[487]

- Sie müssen sich selbst gut managen können.
- Sie fühlen sich der Organisation und einem gemeinsamen Zweck, Ziel, Prinzip oder einer Person außerhalb ihrer selbst verpflichtet.

---

[486] Schöffner, Günther; Hagehülsmann, Ute; Schöffner, Kerstin (2023): Zukunftsfähige Machtsysteme in Unternehmen. Die Verantwortung richtig auf die Beine stellen. Kohlhammer Verlag, Stuttgart, S. 49 f.

[487] Kelley, Robert (1988). In Praise of Followers. Harvard Business Review, 66, S. 142-148.

- Sie bauen ihre eigene Kompetenz aus und konzentrieren ihre Bemühungen auf die maximale Wirkung.
- Sie sind mutig, ehrlich und glaubwürdig.

Zum Thema Selbstmanagement merkte Kelley im Artikel an, dass eine Schlüsseleigenschaft des Followers ist, eigenständig zu denken und ohne nahe Betreuung durch den Leader zu arbeiten. Gute Follower wären, so Kelley, jene, an die der Leader Verantwortung sicher delegieren kann, die die Bedürfnisse von Aufgabe und Leader auf ihrem eigenen Niveau von Kompetenz und Autorität vorwegnehmen können. Ein weiterer wichtiger Punkt, den Kelley zwar erwähnt, aber nicht in die Aufzählung aufgenommen hat, ist der Umstand, dass sich Follower mit dem Leader als gleichwertig erachten sollen. Schon damals erkannte Kelley, wie wichtig die in den vorangegangenen Kapiteln bereits mehrmals erwähnten Faktoren Wertschätzung, Augenhöhe und Respekt sind. Das gilt also nicht erst seit den Zeiten der Digitalisierung und der Agilisierung. Denn Follower geben alles, wenn ihnen Leader und Personen mit Autorität die Botschaft übermitteln, »dass sie wirklich zählen, egal wie klein ihr jeweiliger Beitrag sein mag«, und dass Leader ausdrücken, dass sie es schätzen, dass die Follower dazugehören.[488] Das resultiert schlichtweg aus den beiden Grundemotionen bzw. Grundbedürfnissen nach Zuwendung und Zugehörigkeit, die wir in Kapitel 4.2 bzw. 4.3 betrachtet haben. Dies gilt auch heute im agilen Zeitalter noch genauso. Wir stellen also fest, dass es gewisse Dinge und Voraussetzungen für gute Followership zu geben scheint, die unabhängig von den aktuellen Formen von Führung und Zusammenarbeit sind. 25 Jahre nach Kelley hat der ehemalige Chairman der Manitoba Hydro, John McCallum, der auch Professor an der University of Manitoba war, acht Qualitäten guter Follower beschrieben, die er für wichtig hält. Denn, so McCallum, Probleme mit der Followership äußern sich in schlechter Arbeitsethik, schlechter Moral, Ablenkung von den Zielen, unzufriedenen Kunden, verpassten Chancen, hohen Kosten, Problemen mit der Produktqualität und schwacher Wettbewerbsfähigkeit.[489] McCallums acht Qualitäten guter Follower sind:[490]

1. Urteilsvermögen
   Der Schlüssel liegt darin, den Unterschied zu erkennen, ob man mit einer Anweisung des Leaders zum weiteren Vorgehen nicht einverstanden ist, oder ob die Anweisung falsch ist.
2. Arbeitsethik
   Gute Follower sind gute Mitarbeiter und es ist die Verantwortung des Followers, ein guter Mitarbeiter zu sein. Es gibt keinen schlechten Mitarbeiter, der ein guter Follower ist.

---

488 Goffee, Robert; Jones, Gareth (2001): Followership: It's Personal, Too. Harvard Business Review, December 2001.
489 McCallum, John S. (2013): Followership: The other Side of Leadership. Ivey Business Journal, September/October 2013. https://iveybusinessjournal.com/publication/followership-the-other-side-of-leadership/ (Abgerufen am 7. April 2024).
490 Ebd.

3. Kompetenz
Gute Followership ist nicht möglich, wenn der Follower für die ihm übertragenen Aufgaben nicht oder nicht hinreichend kompetent ist.
4. Ehrlichkeit
Der Follower schuldet dem Leader seine direkte Einschätzung darüber, was der Leader erreichen möchte und wie. Respekt und Höflichkeit sind wichtig, aber es ist nicht akzeptabel, dass Follower stillschweigend dasitzen, während ein unfähiger Anführer den »Karren in den Dreck fährt«.
5. Mut
Es erfordert Mut, eine Führungskraft mit den eigenen Bedenken hinsichtlich der Agenda der Führungskraft oder der Führungskraft selbst zu konfrontieren. Von Zeit zu Zeit erfordert es echten Mut, ein guter Follower zu sein.
6. Verschwiegenheit
Wer in einem Unternehmen arbeitet, ist verpflichtet, sich auch darum zu kümmern. Indiskretion ist kein Kümmern, sondern Nachlässigkeit.
7. Loyalität
Gute Follower respektieren ihre Verpflichtung, ihrem Unternehmen gegenüber loyal zu sein. Sie sollten dabei bedenken, dass ihre Verpflichtung gegenüber dem Unternehmen gilt, und nicht einem bestimmten Leader zu einem bestimmten Zeitpunkt.
8. Ego Management
Gute Follower haben ihr Ego im Griff. Für gute Follower bezieht sich der Erfolg auf Leistung sowie Zielerreichung und nicht auf persönliche Anerkennung und Eigenwerbung.

Hier verschwimmen Anforderungen, die man allgemein an Mitarbeiter stellt, und die Qualitäten guter Follower. Das ist umso verständlicher, wenn man McCallums zweiten Punkt betrachtet: Ein schlechter Mitarbeiter ist kein guter Follower. Für ihn muss man auch ein guter Mitarbeiter sein, wenn man ein guter Follower sein will. Unter »schlecht« ist in diesem Kontext u. a. zu verstehen, was den Kern der Followership ausmacht: Die Fokussierung auf die gemeinsamen Ziele und der Einsatz des Followers dafür, dass Organisation und Leader ihre Ziele erreichen. Diese acht Punkte kann man im agilen Zeitalter noch in weiten Teilen als gültig erachten, sodass viele Anforderungen an Follower-Qualitäten nach wie vor unverändert sind. Bringt man all diese Punkte zusammen und überträgt dies sinngemäß in den aktiven Follower-Alltag, so lässt sich auch die Aussage der Harvard-Professorin Barbara Kellerman – eine der wenigen Followership-Expertinnen – aus dem Jahr 2007 auch nach wie vor als weitgehend gültig erachten:[491] »Gute Follower unterstützen einen guten (d. h. effektiven und ethischen) Leader aktiv und stellen sich einem schlechten (d. h. ineffektiven und unethischen) Leader aktiv entgegen. Gute

---

491 Kellerman, Barbara (2007): ... What Every Leader Needs To Know About Followers. Harvard Business Review, December 2007.

Follower investieren Zeit und Energie, um fundierte Urteile darüber zu fällen, wer ihre Anführer sind und wofür sie eintreten. Dann ergreifen sie die entsprechenden Maßnahmen. Umgekehrt werden schlechte Follower überhaupt nichts tun, um zur Gruppe oder Organisation beizutragen. Oder sie stellen sich aktiv gegen einen guten Leader. Oder sie unterstützen aktiv eine Führungskraft, die schlecht ist.«

Die von Kelley und McCallum aufgelisteten Punkte haben ihre Gültigkeit und Aktualität also auch im agilen Zeitalter noch weitgehend nicht verloren. Dennoch müssen wir uns nun Gedanken darüber machen, welche Qualitäten Follower im agilen Zeitalter noch benötigen, damit sie auch unter diesen Gegebenheiten gute Follower sein können. Um dies einschätzen zu können, macht es an dieser Stelle nun Sinn, dass wir uns die aktuellen und vielleicht auch zukünftigen Herausforderungen der Arbeitswelt ansehen, die im Vergleich zur Zeit vor 10 bis 15 Jahren hinzugekommen sind und vielleicht noch kommen werden. Denn diese müssen Follower berücksichtigen, wenn ihre Followership wie gesagt gut, d. h. dem Erreichen der Ziele von Organisation und Leadern förderlich, sein soll. Dabei können und wollen wir hier gar nicht alle Facetten der Arbeitswelt betrachten, durch die sich das digitale, agile Zeitalter von der früheren Arbeitswelt unterscheidet. Nicht nur, dass dies ein großer Aufwand wäre, der qualitative Zugewinn wäre vor allem nicht allzu hoch. Daher ist die folgende Betrachtung als guter Kompromiss zwischen Aufwand und Nutzen zu betrachten.

Das agile Zeitalter, wie ich die aktuelle Arbeitswelt im Jahr 2024 genannt habe, unterscheidet sich in einigen wesentlichen Punkten und Inhalten von der Arbeitswelt, die Anfang der 2010er Jahre noch sehr weit verbreitet war. Namensgebend ist der Umstand, dass in vielen Unternehmen das Konzept der Agilität ganz oder teilweise eingeführt wurde. Ich möchte an dieser Stelle gar nicht auf die Besonderheiten agilen Arbeitens eingehen, denn dazu gibt es Fachliteratur en masse. Agilität soll hier nur ein Synonym dafür sein, dass in Unternehmen im Vergleich zu früheren klassischen, hierarchischen Organisationen mit festem Leader wesentlich mehr Verantwortung an Teams übertragen wurden und diese für sich Entscheidungen treffen können, die früher eben durch die einzelnen Leader getroffen wurden.[492] Dabei ist es mir nicht so wichtig, die in diesem Zusammenhang verwendeten Fachbegriffe exakt konform der »reinen Lehre« zu verwenden. Es spielt für unsere Diskussion keine große Rolle, ob wir autonome oder selbstgesteuerte Teams betrachten oder ob es sich um real gelebte Agilität im eigentlichen Sinne handelt. Entscheidend ist die zuvor gemachte Feststellung, dass Leadership und Führung, also die Ausübung von Macht, nicht mehr stets ausschließlich wie in einem Organigramm festgelegt von einer Person oder einer fest definierten Personengruppe (z. B. Duo aus CEO und CFO auf verschiedenen Ebenen, wie dies in Konzernen häufig praktiziert wird) erfolgt, sondern den Teams selbst überlassen ist, wie sie die Organisation durchführen, zu Entscheidungen kommen und intern

---

492 Yukl, Gary; Gardner, William L. (2020): Leadership in Organizations. Pearson Education, Harlow, 9. Aufl., S. 304.

die Führung aufstellen.⁴⁹³ Entscheidend sind in einem gewissen Rahmen nur die Ergebnisse, die das Team abliefert. Die praktische Ausübung von Macht, also Führung, ist dort anders gestaltet als die jahrzehntelang abgewandelt praktizierte Form von Befehl und Gehorsam in hierarchischen Organisationen.⁴⁹⁴ Die in diesem Zusammenhang genutzte Sprachwendung »Agile Führung ist eine Art Indianer-Führung, in der es echte Häuptlinge nicht mehr gibt« drückt dies bildhaft aus.⁴⁹⁵ Doch diese Formulierung vermittelt in gewisser Weise eine Botschaft, die in sich nicht richtig ist. Sie mag dem Leser suggerieren, dass es in agilen Organisationen keine richtig Mächtigen Personen nach früherem Vorbild mehr gibt, bei extremer Interpretation des Satzes sogar, dass es in agilen Organisationen keine Führungskräfte mehr gibt, weil es keine Mächtigen mehr gibt. Dementsprechend gab es bei der Einführung agiler Arbeit in vielen Unternehmen Schwierigkeiten, weil viele Beteiligte ein zu geringes Wissen über Inhalte und Konsequenzen agilen Arbeitens und ein falsches Verständnis über ihre persönliche Mitwirkung hatten.⁴⁹⁶ Viele verwechselten diese »Indianer-Führung ohne Häuptlinge« mit einem »Jetzt haben uns die Chefs nicht mehr zu sagen« oder einem »Jetzt kann ich machen was ich will«.⁴⁹⁷ Aber Selbstorganisation braucht definitiv auch Führung und die Ausübung von Macht ist sogar in selbstorganisierten Teams eine legitime Möglichkeit der Beeinflussung.⁴⁹⁸ Auch bei lateraler Führung wird Macht ausgeübt, wenn auch nur Beeinflussungsmacht, weshalb Selbstorganisation keinen machtfreien Raum bedeutet.⁴⁹⁹ Die Ansätze agiler Führung verstehen sich mehr als Haltung und Mindset denn als Tool oder Führungstheorie.⁵⁰⁰ Die interne Führung eines selbstgesteuerten Teams kann, muss diesen aber nicht folgen.⁵⁰¹ So können sich selbstorganisier-

---

493 Ebd., S. 317.
494 Schöffner, Günther; Hagehülsmann, Ute; Schöffner, Kerstin (2023): Zukunftsfähige Machtsysteme in Unternehmen. Die Verantwortung richtig auf die Beine stellen. Kohlhammer Verlag, Stuttgart, S. 345.
495 Hofert, Svenja (2018): Agiler führen. Einfache Maßnahmen für bessere Teamarbeit, mehr Leistung und höhere Kreativität. Springer Gabler Verlag, Wiesbaden, 2. Aufl., S. vii.
496 Schöffner, Günther; Senne, Petra (2022): New Work in German Medium-Sized Companies – Influence Factors and the Roles of Covid and Social Stability. Journal of International Scientific Publications, Economy & Business, Burgas, S. 191–209.
497 Schöffner, Günther; Hagehülsmann, Ute; Schöffner, Kerstin (2023): Zukunftsfähige Machtsysteme in Unternehmen. Die Verantwortung richtig auf die Beine stellen. Kohlhammer Verlag, Stuttgart, S. 347.
498 Gloger, Boris; Rösner, Dieter (2017): Selbstorganisation braucht Führung. Die einfachen Geheimnisse agilen Managements. Carl Hanser Verlag, München, 2. Aufl., S. 38 f.
499 Schöffner, Günther; Hagehülsmann, Ute; Schöffner, Kerstin (2023): Zukunftsfähige Machtsysteme in Unternehmen. Die Verantwortung richtig auf die Beine stellen. Kohlhammer Verlag, Stuttgart, S. 348 f.
500 Hofert, Svenja (2018): Agiler führen. Einfache Maßnahmen für bessere Teamarbeit, mehr Leistung und höhere Kreativität. Springer Gabler Verlag, Wiesbaden, 2. Aufl., S. 86 ff.
501 Schöffner, Günther; Hagehülsmann, Ute; Schöffner, Kerstin (2023): Zukunftsfähige Machtsysteme in Unternehmen. Die Verantwortung richtig auf die Beine stellen. Kohlhammer Verlag, Stuttgart, S. 348.

te Teams auch andere Teamregeln geben. Sie benötigen aber dennoch wie zuvor erwähnt Führung, damit das Team seine Handlungs- und Funktionsfähigkeit nicht verliert.[502] Teaminterne Leader werden dabei oft gewählt oder rotieren beispielsweise zeitabhängig.[503] Und hier finden wir einen der wesentlichen Punkte, in denen sich Followership im agilen Zeitalter wesentlich von jener in der Zeit davor unterscheidet. Abhängig von der gewählten Vorgehensweise können die Leader in einem Team regelmäßig oder schnell wechseln. Wer heute noch Leader war, kann morgen Follower sein, und der Follower von gestern ist der Leader des morgen bereits gestrigen Leaders. Die Rollen von Leader und Follower können sich ständig abwechseln. Es gibt nicht mehr das stabile, verlässliche Verhältnis, die Rollen sind weniger dauerhaft ausgeprägt als bisher. Dementsprechend kann ich zwar vielleicht ein gewisses kollegiales Verhältnis ausbilden, weil man sich aus den verschiedenen Rollen heraus kennt. Das unterscheidet sich jedoch häufig von einem Verhältnis zwischen Follower und Leader, wenn diese Rollenverteilung lange Zeit so etabliert war und sich vielleicht auch die jeweiligen Personen lange in dieser Konstellation einander gegenüberstanden. Das bedeutet nicht, dass sich nicht auch ein Verhältnis ähnlicher Qualität beim steten Wechsel von Leader- und Follower-Rolle etablieren kann. Doch die Wahrscheinlichkeit erscheint merklich geringer. Follower müssen sich also wesentlich häufiger auf neue Chefs einstellen, zu denen sie wahrscheinlich eine weniger vertraute Beziehung haben als zu einem festen Chef, und es kann eine Person morgen zum eigenen Chef werden, die gestern noch der eigene Follower war. Dadurch kann das in Kapitel 4.2 zitierte Geben und Nehmen nicht mehr so intensiv und langzeitorientiert werden, wie dies bei festen Follower-/Leader-Beziehungen der Fall war. Des Weiteren etablieren sich die gegenseitigen Beziehungen durch den Wechsel weniger intensiv, wodurch sie an Qualität und Vertrauen verlieren können, jedoch nicht zwangsläufig müssen. Zudem kann sich in den Abläufen und im komplementären Handeln von Leader und Follower nicht eine solche Routine einstellen, wie dies bei festen Rollenverhältnissen der Fall ist. Will man hier die gleiche Qualität und die gleichen Ergebnisse dieser komplementären Beziehung erreichen wie bei festen Leader- und Follower-Rollen, sind die Personen wesentlich stärker gefordert. Hier werden Followership-Kenntnisse, Disziplin und Professionalität in einem höheren Niveau nötig als bei klassischen, dauerhaften Leader-/Follower-Beziehungen. Man stelle sich vor, der morgige Leader würde sich bei seinem heutigen Leader für eine von dessen Entscheidungen, die ihm Mehrarbeit eingebracht hatte, revanchieren und nicht ausschließlich hinsichtlich Zielen und Organisationszweck entscheiden. Doch das wäre menschlich. Daher gilt, dass agile Follower ein höheres Niveau an

- Followership-Knowhow,
- Disziplin und
- Professionalität

---

502 Ebd., S. 349 f.
503 Ebd., S. 348.

brauchen und täglich praktizieren müssen. Wer Followership generell nicht richtig »leben« kann oder will, wird sich in der agilen Welt umso schwerer tun.

Erhöhte Flexibilität ist einer der wesentlichen Punkte, weshalb Selbstorganisation und Agilität in der digitalen Arbeitswelt weite Verbreitung gefunden haben. Diese Stärke haben auch cross-funktionale Teams, in denen Mitgliedern aus verschiedenen Organisationseinheiten die Verantwortlichkeit für die Durchführung komplexer Organisationen übergeben werden.[504] Doch auch hier ergeben sich ähnliche Probleme hinsichtlich des Leader-/Follower-Verhältnisses, wie im vorherigen Abschnitt erläutert. Auch hier müssen sich die Teammitglieder, die teilweise völlig unterschiedlichen Background in beruflicher und organisationaler Hinsicht haben, ernsthaft und zielorientiert aufeinander einlassen, wenn sich eine vernünftige Followership einstellen soll und dadurch gute Ergebnisse folgen sollen. Man kann sich sehr leicht bildhaft ausmalen, dass dabei alle Teammitglieder neben den zuvor genannten Punkten des Knowhows, der Disziplin und der Professionalität vor allem auch ihr eigenes Ego entsprechend stark managen müssen. Hier treffen wir uns sowohl wieder bei den vorherigen Ausführungen von McCallum als auch bei der Aussage von Chaleff aus Kapitel 2, wonach erfahrene Follower die Bedürfnisse ihres Egos in ausreichendem Maße in die gemeinsame Verantwortung für die Organisation integrieren.[505] Ähnliches gilt für die virtuellen Teams, die trotz der Tatsache, dass diese Arbeitsweise bereits seit Jahrzehnten bekannt ist und praktiziert wurde, vor allem mit dem Beginn der Digitalisierung in einer globalen Welt stark zugenommen haben. Virtuelle Teams benötigen eine besondere Form der Führung,[506] sodass aufgrund der engen Verknüpfung auch die Followership entsprechend gestaltet sein muss.

Jenseits der zuvor dargestellten schnellen Wechsel in der Konstellation Follower-Leader besteht bei selbstorganisierten oder agilen Teams entsprechend der zuvor gemachten Ausprägungen auch noch die Möglichkeit, dass es Teammitglieder nicht mehr mit einem oder zwei Leadern zu tun haben, sondern gleichzeitig mit mehreren. Wird ein Team von einer Leader-Gruppe oder einem Führungskreis angeführt, so kann dies einen verstärkten Koordinationsaufwand für Leader und Follower nach sich ziehen. Hier sind dann meist sehr gute kommunikative Eigenschaften von großer Hilfe. Dementsprechend stellt das agile Zeitalter wesentlich höhere kommunikative Anforderung an Follower, als dies in der prä-agilen Zeit der Fall war. Des Weiteren ergibt sich fast automatisch aus den zuvor dargestellten Möglichkeiten, dass sich Leader- und Follower-Rolle rasch abwechseln können, die Anforderung, dass Follower auch über entsprechende Leadership-Kenntnisse verfügen müssen, wenn sie diese Rolle angemessen ausfüllen sollen. Das hilft nicht nur

---

504 Yukl, Gary; Gardner, William L. (2020): Leadership in Organizations. Pearson Education, Harlow, 9. Aufl., S. 313.
505 Chaleff, Ira (2009): The Courageous Follower. Standing up to & for our leaders. Berrett Koehler Publishers, Oakland (CA), S. 20.
506 Müller, Sandra (2022): Virtuelle Führung. Erfolgreiche Strategien und Tools für Teams in der digitalen Arbeitswelt. Springer Gabler Verlag, Wiesbaden, 2. Aufl., S. 1.

für den Fall, in dem sie selbst einmal die Leader-Rolle übernehmen müssen, sondern auch dann, wenn sie nur in der Follower-Rolle bleiben, weil sie so durch ein besseres Verständnis dem flexiblen, zeitnahen Handeln des Leaders wesentlich besser und schneller folgen und entsprechend handeln können. Dementsprechend kommen für Follower im agilen Zeitalter zwei weitere wesentliche Qualitäten hinzu, die sie erfüllen sollten:

- angemessene Leadership-Kompetenz,
- ausreichende Kommunikationskompetenz inkl. persönlicher Interaktionstaktiken.

Das zuvor beschriebene agile Zeitalter ist nicht nur durch die breite Nutzung selbstorganisierter Arbeitsweisen gekennzeichnet. Nicht exakt zeitgleich mit der Verbreitung der Selbstorganisation hat sich in weiten Teilen der Arbeitswelt der mit einer großen inhaltlichen Unschärfe behaftete Begriff »New Work« etabliert, mit dem zunehmend das Individuum, seine Wünsche und seine Talente in den Mittelpunkt der Arbeitswelt rücken.[507] Die bereits erwähnte Bewältigung der Corona-Pandemie hat deren Verbreitung, die mit der zunehmenden Agilität bereits begonnen hat, deutlich gefördert. Der Inhalt von New Work ist gekennzeichnet durch ein hohes Maß an Virtualisierung von Arbeitsmitteln, Vernetzung von Personen, Flexibilisierung von Arbeitsorten, -zeiten und -inhalten.[508] Das Fraunhofer-Institut für Arbeitswirtschaft und Organisation IAO beschreibt New Work in groben Zügen wie folgt:

- örtliche und zeitliche Flexibilisierung von Arbeit;
- agile und projektbasierte Organisationsformen;
- praktische Relevanz der Wertebasierung von Arbeit und Sinnstiftung durch Arbeit;
- veränderte Führungsstrukturen und neue Machtverteilung durch Enthierarchisierung, partizipative Entscheidungsmechanismen und Selbstorganisation.

Hier finden sich also die zuvor genannten Ansätze selbstorganisierten oder agilen Arbeitens wieder. Es kommen jedoch noch weitere Aspekte hinsichtlich der Machtverteilung und somit der Führung hinzu, die dadurch zwangsläufig Auswirkungen auf die Möglichkeiten der Followership haben. Die beschriebenen Tendenzen lassen sich salopp formuliert ausdrücken durch die Tatsache, dass Führungskräfte weniger »zu sagen haben« und zunehmend entmachtet werden, was sowohl auf

---

507 Seidenfus, Christoph; Steinle, Andreas (2021): New Work – Fluch oder Segen im organisationalen Kontext? ZTA Zeitschrift für Transaktionsanalyse, 38, März 2021, Jahrgangsband 2021, Beltz Juventa, Weinheim, S. 274.
508 Hofmann, Josephine; Piele, Alexander; Piele, Christian (2019): New Work. Best Practices und Zukunftsmodelle. In: Fraunhofer-Institut für Arbeitswirtschaft und Organisation IAO. http://publica.fraunhofer.de/documents/N-543664.html (Abgerufen am 8. April 2024).

Seiten der Führungskräfte als auch auf Seiten der Mitarbeiter nicht ohne Probleme bleibt.[509] Der »HR-Report 2021 Schwerpunkt New Work« der internationalen Personalberatung Hays hat in einer Befragung von 1046 Entscheidern aus dem DACH-Raum beispielsweise ergeben, dass zum Zeitpunkt der Befragung über die Hälfte der Führungskräfte Probleme damit hatten, Mitarbeitende in Entscheidungen einzubinden und Selbstorganisation zuzulassen, und dass etwa 50 Prozent der Mitarbeitenden Schwierigkeiten hatten, sich selbst zu organisieren und dass sie mit einer stärkeren Einbeziehung in Entscheidungen überfordert seien.[510] Hier treffen Follower, die gerne und breit Verantwortung für Leader, andere Follower und dir gesamte Organisation übernehmen wollen, auf schwierige Verhältnisse. Nicht selten kommt es hier dazu, dass diesen Followern das Praktizieren guter Followership erschwert wird, sowohl seitens der Leader als auch der anderen Follower. Dies ließe sich einordnen unter den in Kapitel 4.2 beschriebenen Faktoren des »Nicht-Sollens«. Die Organisation ist im überwiegenden Teil nicht bereit, die Ansätze von New Work zu unterstützen oder gelebte Followership zuzulassen. Die zugrundeliegenden Motive sind dabei meist auf die dieselben Hauptgründe zurückzuführen wie bei allen anderen Veränderungs- oder Transformationsprojekten: Angst, Scham, Bequemlichkeit, falscher Stolz, Selbstgefälligkeit oder mangelndes Verständnis.[511] Doch auch wenn die Veränderung in Gang kommt und ein Großteil der Belegschaft bereits mitzieht, kann je nach Ausprägung des geleisteten Widerstands gelebte Followership ebenfalls sehr schwierig werden. Dementsprechend müssen sich Follower vielleicht auf eine teils lange Leidensdauer einstellen, in der sie, bis sich der Ansatz der Followership in der gesamten Organisation hinreichend durchgesetzt hat, entsprechend ihre Follower-Rolle nur »mit angezogener Handbremse« ausführen können. Gerade in mittelständischen Unternehmen mit langer Tradition können sich digitale Transformationen teilweise sehr lange hinziehen und die Nerven motivierter Follower dabei arg strapazieren. Eine andere Option ist, dass die Follower die Organisation verlassen oder innerhalb des Unternehmens zu einer dynamischeren Einheit wechseln. Wandel braucht in Unternehmen Zeit, und je tiefgreifender die Veränderungen sind, desto länger ist in der Regel die Übergangsdauer. Veränderungen im Machtsystem und als Folge in der Form gelebter Followership können sich dabei sehr lange hinziehen. Followership zuzulassen, wo sie bisher nur rudimentär gelebt wurde, bedeutet Augenhöhe für Follower und ist meistens mit dem Verlust von Macht für die Leader verbunden. Viele Leader

---

509 Schöffner, Günther; Hagehülsmann, Ute; Schöffner, Kerstin (2023): Zukunftsfähige Machtsysteme in Unternehmen. Die Verantwortung richtig auf die Beine stellen. Kohlhammer Verlag, Stuttgart, S. 41.
510 Hays (2021): HR-Report 2021. Schwerpunkt New Work. Hays AG, S. 19. https://www.hays.de/documents/10192/118775/hays-hr-report-2021-new-work-de.pdf (Abgerufen am 8. April 2024).
511 Schöffner, Günther (2020): Changeprozesse positiv gestalten. Kontinuierliche Veränderungsbereitschaft erzeugen und Widerstände überwinden. Schäffer-Poeschel Verlag, Stuttgart, S. 92–109.

verknüpfen damit Gefühle von Scham,[512] nimmt man ihnen doch etwas weg, womit sie lange ihre Rolle und damit sich selbst eng verbunden hatten. Scham ist jedoch ein zentrales Gefühl und stellt ein starkes Handlungs- und Vermeidungsmotiv dar.[513] Dementsprechend hartnäckig kann sich der Widerstand gegen gelebte Followership darstellen.

Ein weiteres hier wichtiges Element von New Work ist die oben erwähnte örtliche und zeitliche Flexibilisierung von Arbeit. Begriffe wie »Remote Work« oder »Homeoffice« sind hierfür wahrscheinlich geläufiger. Gerade Homeoffice hat sich während der Corona-Krise in einem davor nahezu unvorstellbaren Ausmaß etabliert. Die hybride Arbeitswelt, in der Mitarbeiter regelmäßig an verschiedenen Stellen im Betrieb, im Büro von zu Hause oder von unterwegs aus arbeiten, ist in vielen Unternehmen mittlerweile zum Standard geworden.[514] Unabhängig davon, wie gut oder wie schlecht diese Maßnahmen zum operativen Geschäft des jeweiligen Unternehmens passt, hat sie entscheidenden Einfluss auf die Möglichkeiten gelebter Followership. Dies manifestiert sich zum Ersten darin, dass sich die Beziehungen zwischen den Partnern (Follower/Leader, Follower/Follower) wesentlich schwieriger gestalten. Gegenseitige Begegnungen sind meistens, sofern sie denn stattfinden, wesentlich kürzer als bei ständiger Präsenz im Büro oder dem Betrieb, und sie sind dadurch häufig auch weniger stark und belastungsfähig. Zum Zweiten gestaltet sich der Führungsprozess schwieriger, weil es dem Leader schwerer fällt, Leistung und Zielerreichung angemessen zu beurteilen, auf die Follower Einfluss zu nehmen und ein allgemeines Gefühl von Zusammengehörigkeit und Identifikation zu erzeugen.[515] Und zum Dritten reduzieren sich meistens Qualität und Quantität der Informationen, die der Follower über Abläufe, Probleme und Ergebnisse der Organisation enthält. Hinsichtlich Letzterem braucht es keine weitere Erklärung, weshalb dies zwangsläufig auf die Möglichkeiten gelebter Followership einschränkend wirkt. Hier sind Leader und Follower gleichsam gefordert, den Mangel an Begegnung und Information und deren Auswirkungen auf gegenseitigen Austausch, Entwicklung und Vertiefung gemeinsamer Ansätze und Werte sowie den Willen und die Möglichkeit, Verantwortung als Follower zu übernehmen, möglichst auszugleichen. Hier kommt der oben bereits genannten intensiven Kommunikation eine entscheidende Schlüsselrolle zu. Das folgende Fallbeispiel, das sich in ähnlicher Form auch in zahlreichen anderen Unternehmen zugetragen hat und zu denen dem Internet hinreichend Beispiele entnommen werden können, zeigt, wie durch die nahezu schlagartige Einführung von Homeoffice die gemein-

---

512 Schöffner, Günther; Hagehülsmann, Ute; Schöffner, Kerstin (2023): Zukunftsfähige Machtsysteme in Unternehmen. Die Verantwortung richtig auf die Beine stellen. Kohlhammer Verlag, Stuttgart, S. 42 f.
513 Marks, Stephan (2016): Scham – die tabuisierte Emotion. Patmos-Verlag, Ostfildern.
514 Gall, Sabrina; Wittenberg, Jörg (2021): Erfolgreich führen in hybriden Arbeitswelten. Analog und digital – Roadmap für Führungskräfte. Haufe-Lexware, Freiburg, S. 15–18.
515 Yukl, Gary; Gardner, William L. (2020): Leadership in Organizations. Pearson Education, Harlow, 9. Aufl., S. 316.

same Wertebasis ein Stück weit verloren gegangen ist und wie sich dies negativ auf die gelebte Followership ausgewirkt hat.

Fallbeispiel 23: Verweigerung nötiger und möglicher Followership

In den drei Jahren vor dem Beginn der Corona-Pandemie war ein IT-Unternehmen von 70 auf über 200 Mitarbeiter angewachsen. Trotz des schnellen Wachstums hatte sich eine gute Unternehmenskultur des Miteinanders etabliert. Die Strukturen waren an das Wachstum angepasst worden, es hatten sich in vielen Bereichen verschiedene agile Verfahren etablieren können. Die Unternehmensergebnisse waren sehr gut und man war weiter auf Wachstumskurs. Nach dem Beginn von Corona wurden die Mitarbeiter mit Ausnahme eines Kernteams relativ schnell ins Homeoffice geschickt. Das missfiel zwar einigen Managern, weil sie dadurch ihre Führungsansätze radikal umstellen mussten und sich die Unternehmensergebnisse folglich verschlechterten. Doch es gab keine Alternative, sodass sich in Organisation und Belegschaft in den nächsten zwei Jahren dieser Zustand als Normalität einstellte. Die neuen Prozesse pendelten sich zwar ein, jedoch konnte die Unternehmensleistung nicht an den Stand vor der Krise anschließen. Dementsprechend musste der Wachstumskurs aufgegeben werden und das Unternehmen konsolidierte sich. Während der Pandemie hatte das Unternehmen mit einer merklichen Fluktuation zu kämpfen. Nach zwei Jahren waren es immer noch gut 200 Mitarbeiter, jedoch waren über 50 während der Pandemie neu hinzugekommen. Sie hatten die ausscheidenden Kollegen ersetzt. Nach dem Abklingen der Pandemie gut drei Jahre nach ihrem Ausbruch hatte sich die Unternehmenskultur spürbar verändert. Das Miteinander, das dem Unternehmen vor der Krise seine große Stärke verliehen hatte, war deutlich geringer geworden. Die mangelnden täglichen Begegnungen hatten ihre Spuren hinterlassen, sodass wirtschaftliche Probleme auftraten. Das Management-Team ordnete daher für die gesamte Mannschaft wieder die Büropräsenz an und wollte Homeoffice wie vor der Pandemie nur noch in Ausnahmefällen ermöglichen. Durch die Präsenz sollte die Belegschaft wieder zur alten Stärke zurückfinden und das Unternehmen wieder auf Kurs bringen. Doch der Löwenanteil der Mitarbeiter sträubte sich dagegen und bestand nahezu darauf, im Homeoffice zu bleiben. Nachdem die coronabedingte gesetzliche Pflicht zur Ermöglichung von Homeoffice weggefallen war, ordneten die Manager zunächst die Rückkehr ins Büro an, was etwa 25 Prozent der Mitarbeiter mit der Flucht in den Krankenstand quittierten. Bei der nachfolgenden Lösungssuche waren die beiden Vorschläge denkbar weit voneinander entfernt: 100 Prozent Büro seitens der Manager, 80 Prozent Homeoffice seitens der Mitarbeiter. Letztere argumentierten, dass sie dadurch produktiver wären, was doch dem Unternehmen zugutekommen sollte. Die Manager argumentierten hingegen, dass das vielleicht die Einzelproduktivität steigere, die Gesamtproduktivität dadurch jedoch weit unter dem Möglichen läge. Außerdem seien Flexibilität, Spontaneität und Kreativität der Mannschaft im Büro signifikant höher als bei einem hohen Anteil Homeoffice. Dies wurde auf Bitte der Mitarbeiter während mehrerer Monate, in denen jeweils 20 Prozent und 80 Prozent Homeoffice getestet und kennzahlenmäßig ausgewertet wurden, geprüft. Die Ergebnisse waren eindeutig. Die Gesamtleistung des Unternehmens war signifikant höher, wenn die Mitarbeiter möglichst oft im Büro waren. Trotz dieser durchaus objektiven Darstellung weigerten sich die meisten Mitarbeiter, mehr als 40 Prozent, sprich zwei Tage pro Woche, ins Büro zu kommen. Ihnen wäre nach wie vor maximal ein Tag pro Woche viel lieber. Die Manager forderten hingegen weiterhin 80 Prozent, also vier Tage pro Woche, damit sich das Unternehmen wirtschaftlich wieder erholen und anschließend auf Wachstumskurs gehen könnte. Eine Einigung konnte nicht erzielt werden, woraufhin der Geschäftsführer 60 Prozent Büro anordnete und eine Weiterführung der Verhandlungen zur Findung einer dauerhaften Regelung forderte. Die Mannschaft nahm dies nur unter Protest an. In den ersten Wochen kündigten fast 10 Prozent der Mitarbeiter, die Produktivität der anderen ging zurück. Die Bereitschaft zur Lösung wurde erst dann erreicht, als das Unternehmen damit begonnen hatte, Stellen nicht mehr nachzubesetzen und befristete Stellen nicht mehr zu verlängern. Durch die veränderten Bedingungen am Arbeitsmarkt war es auch bei Weitem nicht mehr so leicht wie zuvor, schnell eine andere adäquate Stellung zu finden. Daraufhin fand man im Unternehmen eine Lösung, bei der im zweiwöchigen Wechsel durchschnittlich 70 Prozent Präsenzquote im Büro der Standard war. Trotz der erwiesenen wirtschaftlichen Notwendigkeit nahmen die Mitarbeiter diese Regelung nur widerwillig an.

Die Mitarbeiter im Fallbeispiel wollten die Lösung, die erwiesenermaßen für das Unternehmen am besten war, letztendlich nur aufgrund des bestehenden wirtschaftlichen Zwangs annehmen. Sie hatten als Follower nicht mehr das gemeinsame Ziel, das Unternehmen wirtschaftlich gedeihen und wachsen zu lassen. Die Gemeinsamkeit und die Zielorientierung waren zu einem bedeutenden Anteil den Eigeninteressen gewichen, die im Wesentlichen von den Annehmlichkeiten des Homeoffice geprägt waren. Die schwierige Suche nach tragfähigen Kompromissen mit den beiden extremen Vorstellungen von jeweils 80 Prozent belegten dies. Die Manager ignorierten zu einem gewissen Teil den Nutzen, den ein gewisser Anteil von Homeoffice für die Mitarbeiter brachte. Letztere ignorierten jedoch signifikant die Tatsache, dass die Selbstoptimierung der Mitarbeiter sehr zu Lasten des Unternehmens gegangen war. Die Orientierung an den gemeinsamen Zielen, die Ausrichtung der Arbeit nach den wirtschaftlichen Notwendigkeiten des Unternehmens und den Forderungen der Leader waren der Belegschaft zum großen Teil abhandengekommen. Gelebte Followership war zu einem großen Teil der persönlichen Optimierung gewichen – mit den entsprechenden wirtschaftlichen Konsequenzen. Jenseits der Darstellung, wie Followership verloren gehen kann, ist ein weiterer Impuls dieses Fallbeispiels, dass gute Followership ein wesentlicher Faktor für die wirtschaftliche Prosperität von Unternehmen ist.

Zum Abschluss des Themas New Work wollen wir uns hier noch kurz mit dem oben genannten Punkt »Praktische Relevanz der Wertebasierung von Arbeit und Sinnstiftung durch Arbeit« befassen. Vor allem während der Zeit vor Beginn der Pandemie rückte mehr und mehr die Frage ins Zentrum der Diskussion, ob die Erwirtschaftung von Gewinn nach wie vor die dominierenden Ziele von Unternehmen sein sollen. Die Frage danach, ob und welchen nachhaltigen Sinn das Unternehmen stiftet, wurde mehr und mehr relevant. Dementsprechend stieg auch der Wunsch vieler Mitarbeiter, auf die Frage nach dem Sinn passende Antworten zu erhalten und das Unternehmen, statt rein über Strategien und Jahrespläne, auch über den genannten Sinn zu steuern.[516] Diese Sinndebatte hatte entsprechenden Einfluss, sowohl auf die Einführung und Ausbildung agiler und selbstorganisierter Konzepte als auch auf die Einstellung vieler Beschäftigten. Fragen wie »Sollen wir in Zukunft unser Geschäft mehr auf den Verkauf umweltfreundlicher Produkte konzentrieren oder versuchen wir, mit den weniger umweltverträglichen, konventionellen Produkten noch mehr zu verdienen?« sollten nicht länger nur Wertefragen nach mehr oder weniger Umweltfreundlichkeit sein, sondern auch die Frage nach dem Sinn und Zweck der Organisation thematisieren.[517] Gelingt es dem Unternehmen nicht, Mitarbeitern hinreichend zufriedenstellende Antworten auf solche Fragen zu geben, kann es problematisch werden, die Mitarbeiter für eine möglichst gute Followership zu gewinnen. Denn Followership dreht sich ja bekanntermaßen um gemeinsame Ziele. Identifizieren sich die Mitarbeiter mit den prinzipiellen Zielen eines Unternehmens, dem Sinn und Zweck, weshalb es sein Geschäft betreibt, nicht hinreichend, wird es naturgemäß schwer, sie auch hinreichend für eine gute Followership zu begeistern. In den 2000er und 2010er Jahren waren Unternehmen der Rüstungsindustrie als potentielle Arbeitgeber bei vielen Bewerbenden aufgrund dieser Sinndebatte gar nicht erst infrage gekommen. Jenseits der Tatsache, dass sich dieser Umstand aufgrund der geänderten Sicherheitslage in Europa mittlerweile geändert hat, können Sinndebatten dieser Art immer wieder auftauchen und sich aufgrund aktueller Ereignisse und Strömungen in Bevölkerung und Gesellschaft entsprechend auf Unternehmen auswirken. Wir sollten somit festhalten, dass es zukünftig neben solchen verstärkt auftretenden Sinndebatten auch ganz andere Phänomene geben kann, die auf eine mögliche Followership eines Unternehmens maßgeblichen Einfluss haben können. Welche dies sind, wissen wir aus heutiger Sicht noch nicht. Dementsprechend sollten Unternehmen diesbezüglich achtsam sein und bleiben, um entsprechende Entwicklungen frühzeitig zu erkennen und angemessen reagieren zu können. Denn wenn sich seitens der existierenden oder der potentiellen Mitarbeiter irgendwelche Motivlagen ergeben, die eine Followership erschweren oder gar unmöglich machen, muss ein Unternehmen angemessen reagieren können. Dasselbe gilt hinsichtlich anderer Zukunftsentwicklungen, die Einfluss auf Zusammenarbeit und Führung in Unternehmen haben

---

516 Fink Franziska; Moeller, Michael (2018): Purpose Driven Organizations. Sinn – Selbstorganisation – Agilität. Schäffer-Poeschel Verlag, Stuttgart.
517 Ebd., S. 23.

können. Alle Faktoren, die Veränderungen in der gelebten Leadership bewirken, haben automatisch Auswirkungen auf Anforderungen, die an die gelebte Followership gestellt werden müssen. Verändert sich nur die Leadership, die Followership bleibt aber gleich, kann eine sinkende Produktivität der Mitarbeiter die Folge sein. Aus heutiger Sicht müssen in diesem Zusammenhang die Entwicklungen im Bereich der Künstlichen Intelligenz (KI) beobachtet werden. Diese werden wie viele technische Revolutionen zuvor auch die Arbeitswelt verändern, von der Sachbearbeiter- bis zur Top-Manager-Ebene. Ob dies nun beispielsweise Avatare oder holographische Projektionen in virtuellen Teams sind, spielt dabei für unsere Betrachtungen nicht die entscheidende Rolle.[518] Wichtig ist die Tatsache, dass solche Veränderungen sowohl den Leadership- als auch den Followership-Ansatz beeinflussen können und dass zur Aufrechterhaltung maximaler Leistungsfähigkeit der Organisation die relevanten Faktoren dementsprechender Anpassung bedürfen. Hier seien zum Abschluss nur noch einige weitere aktuelle Entwicklungen zur Anregung erwähnt, wie etwa die Debatte um die Vier-Tage-Woche oder die Reduzierung der Jahres- und Lebensarbeitszeit. Auch solche Inhalte können sich auf die Möglichkeiten gelebter Followership auswirken und sollten dementsprechend aus dieser Sicht aufmerksam verfolgt werden.

Dieser Themenkomplex kann nicht abgeschlossen werden ohne die allseits geführte Debatte um die verschiedenen Arbeitsweisen und -verständnisse verschiedener Generationen. Ob Babyboomer, Generation X, Y oder Z, allen werden gewisse Präferenzen hinsichtlich ihres Führungsstils zugeschrieben.[519] Ähnliche Zuschreibungen existieren hinsichtlich des jeweiligen Lebens- und Arbeitsstils, der Arbeitsauffassung, dem Selbstverständnis als Mitarbeiter und vielem mehr. Diese Diskussion möchte ich hier inhaltlich gar nicht weiterführen, denn dazu gibt es mehr als hinreichend frei zugängliche Quellen. All die zugehörigen Studien mit den jeweiligen Zuschreibungen sind nicht unumstritten und werden teils heftig diskutiert. Auch diese Diskussionen möchte ich hier nicht weiterführen. Fest steht aber, dass sich Verhaltens- und Lebensweisen verschiedener Generationengruppen voneinander unterscheiden. Diese eigene Erfahrung vieler Jahrzehnte teile ich mit meinen beiden Kolleginnen, mit denen ich das Buch »Zukunftsfähige Machtsysteme in Unternehmen« geschrieben habe. Darin haben wir ein kurzes Memo verfasst, wie wir aus unserer Erfahrung die Diskussionen um die Generationen Y und Z sehen. Weil dies an dieser Stelle passend ist, zitiere ich unverändert aus diesem Memo:[520]

---

518 Yukl, Gary; Gardner, William L. (2020): Leadership in Organizations. Pearson Education, Harlow, 9. Aufl., S. 317.

519 Eberhardt, Daniela; Neumann, Stefanie; Streuli, Elisa (2019): Diversität – Führung von Menschen mit unterschiedlichem Hintergrund. In: Lippmann, Eric; Pfister, Andres; Jörg, Urs (Hrsg., 2019): Handbuch angewandte Psychologie für Führungskräfte. Führungskompetenz und Führungswissen. Springer Verlag, Berlin, 5. Aufl., S. 892 ff.

520 Schöffner, Günther; Hagehülsmann, Ute; Schöffner, Kerstin (2023): Zukunftsfähige Machtsysteme in Unternehmen. Die Verantwortung richtig auf die Beine stellen. Kohlhammer Verlag, Stuttgart, S. 45 f.

Wir haben in den Jahrzehnten beruflicher Arbeit und persönlichen Lebens die Erfahrung gemacht, dass bestimmte Jahrgangsgruppen gewisse Verhaltens- und Lebensweisen an den Tag legen, die sich von den ihnen vorausgehenden oder nachfolgenden deutlich unterscheiden. Die jeweiligen Lebensumstände und deren Veränderungen hatten dabei einen prägenden Einfluss. So sind beispielsweise in Kriegszeiten aufgewachsene Generationen anders geprägt als jene, die nur Friedenszeiten kennen. Analog verhält es sich jenseits politischer Umstände auch bezüglich bedeutender technischer Errungenschaften, die das Leben der Menschen fundamental beeinflussen. Hier seien beispielsweise das für fast jede Familie leistbare Auto in der Nachkriegszeit oder die großflächige Einführung von Internet und Mobiltelefonie genannt. Deshalb erlauben wir uns, den Generationen Y und Z an manchen Stellen des Buches typische Verhaltensmuster zuzuordnen, auch wenn diese nicht generalisierbar sind. Unserer Erfahrung nach verhalten sich beispielsweise Vertreter der Jahrgänge, die mit dem Internet groß geworden sind, anders als Vertreter jener Jahrgänge, die die Zeit ohne Existenz des Internets noch kennengelernt haben. Wir haben erlebt, dass sich Vertreter der beiden Generationen Y und Z merklich in ihrem Lebens- und Arbeitsstil unterscheiden lassen, und dass sich beispielsweise Vertreter der Generation Z deutlich in ihren Anforderungen an die Arbeitswelt von Vertretern der Generation Y unterscheiden, dass z. B. für die Generation Z die Trennung von Arbeits- und Privatleben sehr viel wichtiger ist, als sie es noch für die Generation Y war. Daher bleiben wir, wie zuvor beschrieben, aus pragmatischen Gründen bei der Verwendung der Kategorisierungen in die Generationen Y und Z sowie der häufig erfolgten Zuschreibung gewisser Eigenschaften, wissentlich, dass dies weder generalisiert werden noch wissenschaftlich genau nachgewiesen werden kann.

Diesen pragmatischen Umgang mit dem genannten Thema möchte ich für ein paar kurze Gedanken nutzen. Jede Generation hat ihre eigenen Vorstellungen hinsichtlich der Gestaltung ihres Lebens oder ihres Berufsalltags. Das liegt in der Natur des Menschen, dass er versucht, sein Leben nach eigenen Vorstellungen zu gestalten. Die jeweiligen Inhalte einer Generation mögen dabei anderen Generationen vielleicht missfallen. Doch darum geht es hier nicht. Wir wollen hier nur festhalten, dass sich die verschiedenen Generationen tatsächlich – ohne Generalisierung – unterscheiden und dies Auswirkungen auf Zusammenarbeit und Leadership hat. Dementsprechend kann es auch in diesem Zusammenhang wie zuvor bei den anderen Themen schon erläutert nicht ausbleiben, dass sich Followership anders gestalten muss, wenn die Organisation die maximale Leistungsfähigkeit entwickeln soll. Und hier zeigt sich eine der größten Schwierigkeiten: Einen Führungsansatz zu praktizieren, der bei allen Generationen den gleichen Zuspruch findet, scheint kaum möglich zu sein. Das bedeutet, dass sich meist ein Führungsansatz niederschlägt, der bei einer oder zwei Generationen großen Anklang findet, bei anderen Generationen hingegen nur schwache Begeisterung auslöst. Je größer der Altersquerschnitt in einem Unternehmen ist, umso stärker wird sich dieses Phänomen zeigen. Aber »einem jeden Recht getan ist eine Kunst, die niemand kann«, sagt der Volksmund. Dementsprechend muss im Unternehmen mit diesbezüglichen Kompromissen gelebt werden. Dies sollten die Verantwortlichen auch immer wieder betonen und bei den Mitarbeitern für angemessene Akzeptanz werben. Denn wie wir gesehen haben, hat der praktizierte Führungsansatz entscheidenden Einfluss darauf, welche Followership gelebt wird. Umso wichtiger ist es, einen Führungsansatz zu finden, der bei möglichst vielen Mitarbeitern jenen Anklang findet, der ihnen eine gute Followership ermöglicht. Je nach Altersverteilung kann ein anderer Ansatz passend sein. Hat das Unternehmen einen hohen Altersdurchschnitt, ist es vielleicht weniger angeraten, stark auf moderne Arbeits- und Führungsansätze zu setzen. Ist der Altersdurchschnitt eher jung, trifft das Gegenteil zu. Hier muss jedes Unternehmen den passenden Weg finden. Doch eines steht fest: Auch hier gilt: »Nach dem Spiel ist vor dem Spiel.« Nach der Generation Z werden weitere Generationen folgen, die wieder andere Vorstellungen haben, wodurch Veränderungen in Leadership und Followership notwendig werden können. Das Rad der Zeit dreht sich kontinuierlich weiter. Wie im Buch bereits mehrmals angedeutet, gab es solche Veränderungen auch in der Vergangenheit schon immer. Ich habe es beispielsweise zum Glück nicht mehr erlebt, dass Auszubildende bei Verfehlungen körperlich gezüchtigt wurden. Vertreter der Generation, die sich jetzt dem Renteneintrittsalter nähern und Ältere haben dies mit großer Wahrscheinlichkeit hingegen noch mitbekommen. Im digitalen Zeitalter scheinen die Dynamik und die Ausprägungen der Veränderungen hingegen wesentlich größer ausgeprägt zu sein als in den Jahrzehnten zuvor. Umso schneller und weitreichender gestaltet sich der jeweilige Wandel. Dementsprechend ist in den 2020er Jahren die kontinuierliche Transformation und Veränderung von Unternehmen zum Standard geworden.[521] Stillstand und Stabilität sind nur mehr in wenigen Fällen machbar, wenn Unternehmen nicht den Anschluss an die digitale Welt des agilen Zeitalters verlieren wollen. Daraus lassen sich zwei weitere wesentliche Qualitäten ableiten, die Follower im agilen Zeitalter brauchen:

- kontinuierliche Veränderungs- und Anpassungsfähigkeit,
- Selbstmanagement zur Aufrechterhaltung der eigenen Kompetenz.

Wer als Follower stets gute Arbeit leisten will, kommt im agilen Zertalter nicht umhin, sich stetig anzupassen und selbst dafür zu sorgen, dass er die notwendigen Kompetenzen, inklusiv der nötigen Followership-Kompetenz, beibehält. Doch das Selbstmanagement war bereits bei Kelley 1988 ein expliziter Punkt, denn dies ist eben einer der wichtigen Punkte ist, die gute Follower haben müssen.

Nachdem wir zeitgenössische und zukünftige Herausforderungen der Follower-Welt und die daraus erwachsenen zusätzlichen Anforderungen an Follower etwas näher betrachtet haben, ist es an dieser Stelle passend, aktuelle Einschätzungen kompetenter Stellen mit unseren Einschätzungen zu vergleichen. Aus den wenigen verfügbaren Quellen habe ich eine Aufstellung der US-Jobbörse »Indeed« ausgewählt. Dies geschah aus rein inhaltlichen Gründen der aufgezählten Punkte (siehe nachstehend) und hat nichts mit dem inhaltlichen Angebot des Unternehmens zu tun. Der Leser kann die anderen verfügbaren Darstellungen sehr leicht über ent-

---

521 European Foundation for Quality Management EFQM (2019): The Model 2020. EFQM-Eigenverlag, Brüssel.

sprechende Suchmaschinen finden. Indeed publizierte im Juni 2021 eine Liste mit »14 Qualitäten guter Follower«, die im November 2022 ein Update erfuhr. Wenn wir uns an den Anfang des Kapitels mit Kelleys »essenziellen Qualitäten« aus dem Jahr 1988 erinnern, dürfen wir davon ausgehen, dass die genannten Inhalte eine gewisse Passung zu unserem Thema haben. Der genannte Anbieter ist mit über 14.600 Mitarbeitern (Stand April 2024) weltweit aktiv, sodass die genannten Punkte für uns durchaus als relevant betrachtet werden dürfen:[522]

1. Ego-Management
2. Loyalität
3. Demut
4. Arbeitsethik
5. Mut
6. Aktives Zuhören
7. Taktgefühl
8. Teamwork
9. Gutes Urteilsvermögen
10. Anpassungsfähigkeit
11. Kompetenz
12. Kritisches Denken
13. Aufmerksamkeit für Details
14. Zeitmanagement

Die Begriffe sind für sich bereits so selbsterklärend, dass es der Erklärungen aus dem Originaldokument nicht weiter bedarf. Wie wir sehen, haben wir anscheinend mit den vorherigen Betrachtungen und den Inhalten der vorangegangenen Kapitel bis auf wenige Details die Sichtweise der Autoren der 14 Punkte sehr gut getroffen. Deshalb dürfen wir auch davon ausgehen, dass die Darstellungen das Gros der Anforderungen der digitalen Arbeitswelt an Follower im agilen Zeitalter abdecken. Es zeigt sich, dass eine gewisse Grundkompetenz von Followership immer nötig ist, sodass dies eine solide Basis für die Bewältigung der Follower-Aufgaben im agilen Zeitalter darstellt. Wer sich die anderen Qualitäten aneignet und dann stets am Puls der zeitlichen Entwicklungen bleibt, wird auch in Zukunft ein guter Follower sein können.

Nachdem wir nun die Anforderungen an Follower im agilen Zeitalter betrachtet haben, macht es zum Abschluss des Kapitels noch Sinn, zu betrachten, was aus organisatorischer Sicht in der Arbeitswelt der 2020er Jahre noch zu beachten ist, damit sich gute Followership einstellen kann. Die diesbezügliche Liste möglicher Faktoren ist nicht nur lang, sie hängt auch stark von den Spezifika der einzelnen Unternehmen ab. Daher wollen wir uns hier nur mit einigen generellen Punkten beschäftigen. Alle anderen Faktoren sollte sich der Leser aus den vorherigen

---

522 Indeed: What is Followership? 14 Qualities of Good Followers. https://www.indeed.com/career-advice/career-development/followership (Abgerufen am 9. April 2024).

Inhalten für seinen eigenen Arbeitsbereich durchaus selbst erarbeiten und anpassen können. Verständlicherweise ist an erster Stelle der Themenkomplex Leadership zu nennen. Komplex deshalb, weil wir ja für den Inhalt dieses Buches darunter viele Aktivitäten und Begriffe zusammengefasst haben, die alle mit Führung, Management und Leadership zu tun haben. Es steht aber ohne Zweifel fest, dass sich in einem Unternehmen, in dem schlecht geführt wird, schlechtes Management und schlechte Leadership praktiziert werden, kaum eine gute Followership ausbilden wird. Den Begriff »schlecht« will ich dabei nicht näher erläutern, denn jeder Leser, der an dieser Stelle des Buches angekommen ist, sollte sich – falls überhaupt nötig – zumindest eine Mindestvorstellung davon machen können. Man könnte es zusammenfassen mit einer Leadership, die der Leistungsentwicklung im Unternehmen und der Ausprägung guter Followership nicht förderlich ist. Den Leadern kommt somit eine zentrale Rolle dabei zu, die Leadership so auszugestalten, dass sich gute Followership etablieren kann. Doch in diesem Zusammenhang kann man die Follower nicht ganz aus der Verantwortung entlassen, denn auch sie haben Einfluss auf die gelebte Leadership und sie verändern die Bedingungen von Führung.[523] Dies liegt u. a. daran, dass die Ausgestaltung von Machtsystemen nicht allein durch Leader oder Führungskräfte geschieht, sondern dass Mitarbeiter darauf auch stets Einfluss haben, auch wenn dieser im Vergleich zu Managern vielleicht gering sein mag.[524] Also haben auch die Follower selbst einen gewissen Einfluss darauf, dass sich eine Leadership einstellt, die der Followership förderlich ist.

Darüber hinaus haben die Gestaltung der Organisation und das Selbstverständnis der Akteure in der Organisation ebenfalls entscheidenden Einfluss auf die Followership. Hinsichtlich der Organisationsgestaltung wollen wir uns nicht damit befassen, ob wir eine klassische oder eine agile Organisation haben, eine flache oder eine steile Hierarchie. Dazu gibt es eine Vielzahl verfügbarer Bücher, die dies zum Thema haben. Wir wollen hier betrachten, was die einzelnen Positionen in Organigrammen eigentlich zu bedeuten haben. In Kapitel 4.2 haben wir festgestellt, dass klassische Organigramme zwar gewisse Berichtslinien abbilden, jedoch kaum etwas zu den realen Machtverhältnissen erzählen. Dazu bräuchte es Machtigramme. Die gibt es jedoch sehr selten in Unternehmen. Aber das Verständnis, das Leader und Follower mit den Positionen in den Organigrammen verbinden, stellt einen gewissen Bezug zu den Machtigrammen her. Das übliche Verständnis klassischer Hierarchien geht davon aus, dass es sich bei den Führungspositionen in den Organigrammen um Leader handelt. Alle unter diesem Kästchen aufgelisteten

---

523 Jörg, Urs; Steiger, Thomas (2019): Leistung und Verhalten beeinflussen. In: Lippmann, Eric; Pfister, Andres; Jörg, Urs (Hrsg., 2019): Handbuch angewandte Psychologie für Führungskräfte. Führungskompetenz und Führungswissen. Springer Verlag, Berlin, 5. Aufl., S. 159.
524 Schöffner, Günther; Hagehülsmann, Ute; Schöffner, Kerstin (2023): Zukunftsfähige Machtsysteme in Unternehmen. Die Verantwortung richtig auf die Beine stellen. Kohlhammer Verlag, Stuttgart, S. 418 f.

Namen sind demnach Follower. Dieses Verständnis bildet aber nicht die Tatsache ab, dass ein Leader, der sich im Organigramm unter einem anderen Leader befindet, dem gegenüber ein Follower ist. Des Weiteren haben wir ja am Anfang des Buches festgestellt, dass Leader auch andere Funktionen haben, die sich nicht in Organigrammen wiederfinden, wie z. B. die Mitgliedschaft in einer Task Force. Auch dort sind sie Follower und das findet sich nicht immer im herkömmlichen Organigramm wieder. Wir haben ebenfalls am Anfang festgestellt, dass jeder Mitarbeiter in einem Unternehmen, von wenigen Ausnahmen abgesehen, auch der Firmenlenker oder der oberste Manager, immer auch Follower ist. Dementsprechend würde es auch wenig Sinn machen, auf Basis der vorherigen Überlegungen den obersten Manager im Organigramm als Leader zu verstehen und die anderen Führungspositionen alle als Follower. Wir sehen, dass die Organigramme im Kontext unserer Leader-/Follower-Betrachtungen an ihre Grenzen kommen. Man könnte zur Lösung des Problems eventuell noch dazu übergehen, die von Gene Dixon vorgeschlagene Leader-Follower-Organisation zu zeichnen, in der im Diagramm alle Positionen als »Leader-Follower« gekennzeichnet sind.[525] Doch auch dieser Ansatz gerät schnell an seine sinnvollen Grenzen, weshalb er sich auch nicht weiter durchsetzen konnte. Daher macht es Sinn, das Verständnis davon, welche Funktionen Personen im Unternehmen ausfüllen und wie sie sich in ihren jeweiligen Rollen im Unternehmen verhalten, entsprechend im Denken und Handeln der Mitarbeiter abzubilden. Dies kann durch eine entsprechende Gestaltung der Unternehmenswerte und des täglichen Umgangs geschehen. Wenn man davon ausgeht, dass jeder Mitarbeiter in irgendeiner Situation auch Follower sein kann, und dass der Wechsel von der Leader- in die Follower-Rolle und wieder zurück im agilen Zeitalter sehr schnell und sehr häufig erfolgen kann, lässt sich die vorher erwähnte Darstellung von Dixon des Leader-Followers dahingehend interpretieren, dass dieses prinzipielle Konstrukt zwar immer besteht, welche der beiden Positionen die betreffende Person aber gerade einnimmt, nicht dargestellt ist. So könnte man bei den bisherigen klassischen Leader-Position weiterhin gedanklich von einem Leader-Follower ausgehen, wohingegen sich in den Fällen, in denen es sich nach klassischem Verständnis um einen Follower handelt, die Bezeichnung Follower-Leader opportun wäre. So könnten herkömmliche Organigramme weiter wie gewohnt verwendet werden mit dem Wissen und dem Bewusstsein, dass die betreffenden Personen auch immer wieder in die andere Rolle schlüpfen können. Was sich hier so belanglos anhört, kann in der Praxis nicht nur große Probleme bei der Einführung dieses Verständnisses bedeuten. Die Veränderung dieses Verständnisses hat, sofern es sich in den Köpfen der Menschen gefestigt hat und somit Teil der Unternehmenskultur geworden ist, signifikante Wirkung auf das gelebte Verhältnis von Leadern und Followern. Daher sollte dieser Umstand nicht unter-

---

[525] Dixon, Gene (2008): Getting Together. In: Riggio, Ronald E.; Chaleff, Ira; Lipman-Blumen, Jean (2008): The Art of Followership. How Great Followers create Great Leaders and Organizations. Jossey-Bass, San Francisco (CA), S. 173.

schätzt werden. Wenn alle das Verständnis teilen, dass sie alle Leader und Follower gleichzeitig sind, stärkt dies das Verständnis und die gelebte Praxis der komplementären Rollen von Leader und Follower enorm. Gerade im agilen Zeitalter, wo dieser Rollenwechsel mehrmals am Tag stattfinden kann, erleichtert das verfestigte Denkmuster nicht nur den jeweiligen Umstieg in die andere Rolle, es beeinflusst auch den gegenseitigen Umgang. Dies beflügelt gelebte Followership im agilen Alltag.

Am Ende des Kapitels über zeitgenössische und zukünftige Einflussfaktoren auf die Followership in Unternehmen möchte ich noch einen Faktor erwähnen, der meiner Meinung nach noch ein wenig unterschätzt wird. Das sind die Wirkung toxischer Leader und Follower. Das Wort »toxisch« ist zu meinem persönlichen Missfallen im Laufe der Corona-Pandemie zu einem journalistischen Modewort verkommen. Begonnen hat dies mit der »toxischen Führungskraft«, die es zweifellos gibt, und mit der wir uns noch etwas näher beschäftigen werden, hin zu toxischem Verhalten, toxischen Beziehungen oder toxischer Politik. Entkleidet man den Begriff »toxisch« einmal vom Malus inflationärer Nutzung durch Journalisten und Autoren, bedeutet er nichts anderes, als dass etwas »die Wirkung von Gift hat«.[526] Toxische Führungskräfte sind Personen, die aufgrund ihres destruktiven Verhaltens und ihrer dysfunktionalen Persönlichkeitseigenschaften ernsthafte und dauerhaft vergiftende Effekte auf Individuen oder die ganze Organisation erzeugen können.[527] Solche Leader vergiften salopp ausgedrückt das Miteinander im Unternehmen. Nun geht es aber in diesem Buch um Follower und nicht um Leader. Dennoch müssen wir uns zunächst mit toxischen Leadern beschäftigen, weil sie zum einen jene Voraussetzungen schaffen können, die einer guten Followership nicht förderlich sind, und weil wir zum anderen von deren Beschreibung ausgehen, um uns den toxischen Followern zuzuwenden. Einer der Hauptgründe, weshalb ich diese Thematik hier explizit aufgegriffen habe, ist der Umstand, dass sich in vielen Unternehmen wieder der Wunsch nach starken Führungskräften regt, die »diesen agilen und demokratischen Umtrieben der Followership« wieder ein Ende machen. Bis vor etwa zehn Jahren schienen solche Gedanken in vielen Unternehmen eher weniger vorstellbar zu sein.[528] Es scheint generell wieder mehr Wunsch nach starker Führung zu geben, auch in politischer Hinsicht. Doch ob gewollt oder nicht gewollt, laut einer Studie der Bertelsmann-Stiftung vom Februar 2022 verzeichnet die Welt erstmals seit 2004 wieder mehr autokratische als demo-

---

526 Lipman-Blumen, Jean (2005): The Allure of Toxic Leaders. Why We Follow Destructive Bosses and Corrupt Politicians – and How We Can Survive Them. Oxford University Press, New York, S. 17.
527 Lipman-Blumen, Jean (2008): Following Toxic leaders. In Search of Posthumous Praise. In: Riggio, Ronald E.; Chaleff, Ira; Lipman-Blumen, Jean (2008): The Art of Followership. How Great Followers create Great Leaders and Organizations. Jossey-Bass, San Francisco (CA), S. 182.
528 Schöffner, Günther; Hagehülsmann, Ute; Schöffner, Kerstin (2023): Zukunftsfähige Machtsysteme in Unternehmen. Die Verantwortung richtig auf die Beine stellen. Kohlhammer Verlag, Stuttgart, S. 179.

kratische Staaten.[529] Sollten diese Tendenzen weiter Schule machen, wird dies in Unternehmen nicht ohne Auswirkungen auf die Führungssysteme bleiben. Denn wie wir in Kapitel 1 festgestellt haben, beeinflussen sich die verschiedenen Schauplätze der Macht gegenseitig. Wenn es zukünftig wieder eine gewisse Tendenz zu starken Führungskräften geben sollte, die schnell entscheiden und konsequent handeln, könnte dies nicht nur ein reduziertes Empowerment zur Folge haben, das könnte auch die Akzeptanz toxischer Leader fördern. Denn diese können sich trotz der Schäden, die sie anrichten, oft deswegen in ihren Positionen halten, weil sie von der Mehrheit der Follower unterstützt werden.[530] Dies geschieht, weil der Preis für den Entzug der Unterstützung aus psychologischen, existentiellen, finanziellen oder sozialen Gründen zu hoch wäre oder weil viele Follower darauf warten, dass jemand anderes die toxischen Follower wegdrängt.[531] Doch gute Follower tragen Verantwortung für die Organisation und die anderen Leader. Daher können sie sich im Falle toxischer Leader nicht aus der Verantwortung stehlen, hier entsprechend zu handeln. Wie wir in diesem Kapitel von Barbara Kellerman gehört haben, stellen sich gute Follower einem schlechten Leader entgegen. Doch das ist in vielen Fällen in der Praxis viel schwerer getan als hier im Buch geschrieben. Zur besseren Identifikation toxischer Führung sind nachfolgend einige charakteristische Verhaltensweisen toxischer Leader aufgeführt:[532]

- Verletzung grundsätzlicher Standards der Menschenrechte ihrer eigenen Unterstützer
- Bedienung der grundlegendsten Ängste und Bedürfnisse der Follower
- Unterdrückung konstruktiver Kritik und Aufruf an die Follower zu kooperieren, anstatt die Urteile und Handlungen des Leaders zu hinterfragen
- Irreführung der Follower durch absichtliches Streuen von Unwahrheiten und Fehldiagnosen hinsichtlich bestehender Probleme
- Mangelnde Unterstützung anderer Leader
- Die eigenen Follower gut behandeln, ihnen aber aufzutragen, andere Follower zu missachten oder ihnen zu schaden
- Identifizierung von Sündenböcken und Aufstacheln anderer, damit diese sie bestrafen
- Ignorieren oder Fördern von Inkompetenz, Vetternwirtschaft und Korruption

---

529 Bertelsmann, https://www.bertelsmann-stiftung.de/de/themen/aktuelle-meldungen/2022/februar/demokratie-weltweit-unter-druck (Abgerufen am 9. April 2024).
530 Lipman-Blumen, Jean (2008): Following Toxic leaders. In Search of Posthumous Praise. In: Riggio, Ronald E.; Chaleff, Ira; Lipman-Blumen, Jean (2008): The Art of Followership. How Great Followers create Great Leaders and Organizations. Jossey-Bass, San Francisco (CA), S. 183.
531 Ebd.
532 Lipman-Blumen, Jean (2005): The Allure of Toxic Leaders. Why We Follow Destructive Bosses and Corrupt Politicians – and How We Can Survive Them. Oxford University Press, New York, S. 19 f.

Toxische Führung ist durch absichtliches und unabsichtliches Handeln begründet. Letzteres entspringt häufig bestehender Inkompetenz.[533] Die folgenden Punkte zeigen weitere typische dysfunktionale Charaktereigenschaften toxischer Leader:[534]

- Mangel an Integrität, der den Leader als zynisch, korrupt, heuchlerisch oder nicht vertrauenswürdig kennzeichnet
- Unersättlicher Ehrgeiz, der Leader dazu veranlasst, ihre eigene Macht, ihren Ruhm und ihr Glück über das Wohl ihrer Follower zu stellen
- Enorme Egos, welche die Leader für ihre Charaktermängel blind machen und dadurch ihre Möglichkeiten zur Verbesserung beschränken
- Arroganz, die sie davon abhält, eigene Fehler einzuräumen und die sie stattdessen anderen in die Schuhe schieben
- Unmoralisches Verhalten, das es für sie nahezu unmöglich macht, richtig und falsch zu unterscheiden
- Feigheit, die sie vor schweren Entscheidungen zurückschrecken lässt

Die schlimmsten toxischen Leader sind jene, die mehrere, schlimmstenfalls alle der genannten Eigenschaften und Verhaltensweisen in sich vereinen.[535] Wenn man sich die beiden Auflistungen betrachtet, so sind dies keine Punkte, die ausschließlich auf Leader zutreffen müssen. Wenn Personen, die sich in Follower-Positionen befinden, ähnliche Eigenschaften aufweisen oder Verhaltensweisen an den Tag legen, so hat dies ebenfalls Auswirkungen auf Organisation und Mitarbeiter. Daher möchte ich hier den Begriff des »toxischen Followers« nennen. Dieser ruft ähnliche Effekte wie der toxische Leader hervor, nur aus der Follower-Rolle. Follower sind keineswegs machtlos, wie wir bereits in den vorangegangenen Kapiteln diskutiert haben. Daher können auch Follower enormen Schaden anrichten, wenn sie wie erwähnt entsprechend handeln. Ich habe das erlebt in Person eines »toxischen Betriebsrates«, der vom Betriebsratstyp »Krawallmacher« war.[536] Um sein Ego aufzuwerten, hat er in seiner Betriebsratsfunktion »Gift verspritzt«, indem er ständig gegen konstruktive Lösungen war, Führungskräfte diffamierte oder ihm nicht zugeneigten Mitarbeitern die Unterstützung als Betriebsrat verweigerte. Er leistete dem Unternehmen und seiner Belegschaft keinen Dienst, sondern missbrauchte das Amt zur Befriedigung seiner Rachegelüste gegen Führungskräfte jeglicher Art. Doch dies muss nicht auf Betriebsräte beschränkt bleiben. Auch »normale« Follower können durch entsprechendes Verhalten die Zusammenarbeit und den Zusammenhalt im Unternehmen vergiften. Dazu wiegeln sie beispiels-

---

533 Ebd., S. 20.
534 Ebd., S. 21 f.
535 Ebd., S. 22.
536 Schöffner, Günther; Senne, Petra (2021): Professionelle Zusammenarbeit von Geschäftsführung und Betriebsrat. Ein Praxisleitfaden für Führungskräfte und Manager. Erich Schmidt Verlag, Berlin, S. 161 f.

weise die Belegschaft gegen die Führungskräfte auf und stiften innerhalb der Belegschaft Unruhe. Ein bildhaftes Beispiel hierzu liefert der Band »Streit um Asterix« der Comic-Reihe »Asterix und Obelix«. Auch dort wirkt eine Einzelperson als »Brunnenvergifter«, um die eingeschworene Dorfgemeinschaft gegeneinander aufzubringen. Solche toxischen Follower tun das nicht selten, um ihren eigenen Frust loszuwerden oder ihr Ego zu stützen. In Zeiten der scheinbar wachsenden Akzeptanz autoritärer Leader und Führungsansätze ist es daher für eine gute Followership umso wichtiger, toxische Leader und toxische Follower frühzeitig zu erkennen und ihnen »das Handwerk zu legen«. Wie zuvor erwähnt haben Follower dazu sowohl die Möglichkeit als auch die Pflicht.

5 Implementierung Followership-orientierter Elemente: Organisation, Kultur, Menschen

In jedem Unternehmen gibt es eine etablierte Form der Followership. Im einfachsten Fall kann dies das klassische System von Befehl und Gehorsam sein. Auch in höchst agilen Organisationen gibt es Followership, in klassischen Organisationen mit Hierarchieebenen und teilweise selbstorganisierten Teams ebenso. Denn kein Unternehmen ist unabhängig von seiner Organisationsform machtfrei, überall findet Führung statt, überall gibt es Leader, auch wenn dies gewählte Leader oder Gruppen mehrerer Leader ohne formales Weisungsrecht sein mögen. Weil es keine Leader ohne Follower gibt, gibt es auch in jedem Unternehmen Follower, die eine gewisse Form der Followership ausüben. In allen genannten Beispielen kann die für die jeweiligen Verhältnisse mögliche Followership gut oder schlecht ausgeführt werden, auch im System von Befehl und Gehorsam. Denn der Follower kann dem Befehl sofort folgen und seine Sache gut machen. Oder er kann auch zögern, sich mehrmals auffordern lassen, ehe er die Aufgabe dann widerwillig annimmt, und zwar zum Ergebnis bringt, hierfür jedoch geraume Zeit braucht und es mehrmaliges Nachfragen seitens des Leaders bedarf. Zwar ist es bei einer weitgehenden Selbstorganisation meistens wahrscheinlicher, dass es hier bessere Followership-Möglichkeiten gibt, doch dafür gibt es keine Garantie. Denn auch in agilen Organisationen kann es Menschen geben, die ihre Follower-Rolle eben nicht im Rahmen der Möglichkeiten ausfüllen und nicht ihre eigenen Grenzen voll ausschöpfen. Zudem haben wir in Kapitel 4.2 gesehen, dass die Organisationsform noch nicht allzu viel über die mögliche und die gelebte Followership aussagen muss, denn dies hängt auch sehr stark vom etablierten Machtsystem ab, das man ja wie gezeigt nicht im Organigramm erkennen kann. An dieser kleinen Darstellung sehen wir, dass die Form der Organisation und die Art von Führung und Zusammenarbeit im Unternehmen zwar eine Rolle spielen kann, jedoch nicht allein für die Ausprägung gelebter Followership verantwortlich ist. Denn im Prinzip kann sich bei nahezu jeder Organisationsform gute Followership einstellen, wenn das Machtsystem Followership unterstützt, die Kooperation zwischen Leader und Follower gut vonstattengeht und diese im Sinne der Followership komplementär zur Erreichung der Unternehmensziele abläuft. Dies könnte man noch um McCallums Punkte aus Kapitel 4.4 ergänzen, wenn er anmerkt, dass »ein guter Mitarbeiter auch ein guter Follower« ist. Sind Leader und Follower bei Befehl und Gehorsam glücklich, gewährt ihnen das Machtsystem gute Möglichkeiten, bringen beide Höchstleistung und sind sie im Zusammenwirken für das Unternehmen wirksam, kann das eine bessere Followership sein als bei einem völlig überforderten Follower in einer agilen Einheit, die kaum Machtbefugnisse hat. Durch die obigen Ausführungen wird weiterhin deutlich, dass es keine allgemeingültigen, absoluten Maßstäbe geben kann, was gute und weniger gute Followership ist. Eine Organisationskultur kann nach ihrer Erhebung nicht digital gemessen werden.[537] Dementsprechend kann es auch keinen absoluten Vergleichsmaßstab geben, anhand dessen man feststellen könnte, welche Güte eine vorliegende Organisationskultur hat. Genauso verhält es sich mit Followership. Es lässt sich kaum sagen, dass eine gelebte Followership in einer klassischen Hierarchie besser oder schlechter ist als eine mittelmäßig gelebte Followership in einer agilen Organisation. Die Qualität der Followership muss für den jeweiligen Einzelfall für sich beurteilt werden, ähnlich wie dies bei Unternehmenskulturen der Fall ist. Die Ermittlung der gelebten Followership-Qualität lässt sich wie eine Unternehmenskultur nur subjektiv ermitteln.[538] Geübte Berater oder Auditoren können sich darüber einen Eindruck verschaffen und versuchen, eine passende Darstellung zu erstellen, die bestehendes Verbesserungspotential enthält. Anhand derer sollte es möglich sein, Maßnahmen zur Verbesserung der gelebten Followership unter den gegebenen Voraussetzungen zu definieren. Werden diese Potentiale als zu gering erachtet, müsste eventuell auch etwas am organisatorischen Setting und am Machtsystem verändert werden. Wir erkennen, dass Veränderungen an der organisatorischen Gestaltung zwar Möglichkeiten zur Veränderung der praktizierten Followership bieten, diese jedoch weder die einzigen noch die immer am erfolgversprechendsten sind. Im Falle tiefer Hierarchien oder fehlender Ansätze selbstorganisierter Arbeitsweisen sofort nach agilen Methoden zur Verbesserung der Followership zu rufen, greift daher schlicht und ergreifend zu kurz.

Will man in einem Unternehmen die praktizierte Followership verbessern, bedeutet dies letztendlich nichts anderes, als dass man die beteiligten Personen dazu bringen muss, einen gewissen Teil ihres persönlichen Verhaltens im Arbeitsalltag zu verändern. Hier können wir wiederum bei den in Kapitel 4.1 betrachteten Handlungsdeterminanten ansetzen. Der Mitarbeiter verändert sein Verhalten dann wirksam, wenn er die Veränderungen vollziehen will und das gewünschte oder anvisierte Verhalten auch praktizieren kann. Dazu muss ihm die Organisation auch die geeigneten Rahmenbedingungen zur Verfügung stellen, sprich dem Mitarbeiter sagen, dass er eben sein Verhalten entsprechend anpassen soll und ihm durch geeignete Möglichkeiten auch die Gelegenheit dazu geben. Der Leader muss etwas einfach ausgedrückt dem Mitarbeiter dann auch das passende »Go« geben, er muss den Mitarbeiter die Veränderungen vollziehen und das veränderte Verhalten dauerhaft praktizieren lassen. Auch wenn diese etwas sehr vereinfachte Darstellung in der Praxis noch deutlicher Ergänzungen bedarf, so kann sie uns dennoch

---

537 Balling, Rolf (2005): Diagnose von Organisationskulturen. In: TA Zeitschrift für Transaktionsanalyse, 4, Junfermann-Verlag, Paderborn, S, 236.
538 Schöffner, Günther; Finkel, Michael (2021): Unternehmenskultur – Die Strippenzieherin bei der Organisationsgestaltung. Zeitschrift für Führung und Organisation ZFO, Schäffer-Poeschel-Verlag, Stuttgart, Januar 2021, S. 17.

als Grundlage dafür dienen, zu betrachten, was Verantwortliche in Unternehmen zur Verbesserung des praktizierten Follower-Verhaltens tun können.

Beginnen wir unsere diesbezüglichen Betrachtungen mit dem Individuum, sprich dem Mitarbeiter. Wie ausgeprägt und gut dessen gelebte Followership aussieht, hängt wie erläutert davon ab, wie sehr er die Follower-Rolle ausfüllen kann und in den jeweiligen Situationen auch will. In Kapitel 3.1 hatten wir kurz das Followership-Kontinuum von Blackshear betrachtet. Dies teilt die Follower-Aktivitäten in einem Kontinuum in fünf typische Stufen ein. Die Beschreibung der fünf Typen enthält Inhalte bezüglich Bereitschaft und Fähigkeit der Follower, sodass uns diese einfache Darstellung für unsere Zwecke als Grundlage dienen kann. Aus den Beschreibungen der fünf Typen geht jedoch nicht hervor, ob bei den geringeren Stufen der fehlende Wille und bzw. oder die fehlende Kompetenz jeweils ausschlaggebend sind. Aus der praktischen Erfahrung heraus betrachtet gehe ich davon aus, dass es häufig zwar eine Mischung aus beidem ist, dass es aber durchaus willige, engagierte Follower gibt, denen schlichtweg die nötige Kompetenz fehlt, aus welchen Gründen auch immer. Will man ein Individuum zum guten Follower machen, kann daher eine möglichst hohe Followership-Kompetenz als eine »conditio sine qua non« betrachtet werden. Denn der größte Wille hilft nichts, wenn die Kompetenz fehlt. Im zweiten Schritt ist dann zu betrachten, wie ein eventuell fehlender Wille erzeugt werden kann.

Der richtige Ansatz zur Stärkung des praktizierten Followership-Verhaltens ist somit, den oder die Mitarbeiter bezüglich Followership zu schulen. Dies kann dabei wie jede andere berufliche Weiterbildung seitens der HR-Verantwortlichen angestoßen und begleitet werden. Nach erfolgter Weiterbildung sollte eine praktische Begleitung erfolgen, entweder durch den zuständigen Leader oder einen anderen, aber kundigen Leader. Dies liefert den perfekten Übergang zur zweiten Maßnahme. Wie wir im Laufe des Buches mehrmals gesehen haben, kann der beste Follower nur suboptimale Followership zeigen, wenn der Leader nicht die nötigen Voraussetzungen in der komplementären Kooperation zwischen Follower und Leader schafft. Obwohl dies zwar eigentlich ein Organisationsthema ist, betrachten wir dies hier auf der Individuen-Seite, weil es eben um die Weiterbildung von Individuen, im konkreten Fall um einen Leader geht. Damit Follower gute Followership praktizieren, müssen die Leader ebenso Kenntnisse der Followership haben. Fehlen diese, benötigen diese wie die Follower eine entsprechende Weiterbildung. Des Weiteren brauchen sie hinreichende Leadership-Kenntnisse, die sich auch darauf erstrecken, was Leadership leisten muss, damit sich gute Followership etablieren kann. Zwar sprechen wir hier von der Weiterbildung von Individuen. Doch es versteht sich fast von selbst, dass in einem Unternehmen oder einer Arbeitsgruppe, in der die Followership-Leistung verbessert werden soll, alle Mitarbeiter entsprechend ihrer bestehenden Kenntnisse die passende Weiterbildung erhalten. Denn je inhomogener die Followership-Kompetenzen sind, desto unterschiedlicher muss der entsprechende Leadership-Ansatz sein, und desto unterschiedlicher wird auch der Erfolg des Managing aside der Follower sein. D. h. je homogener das Followership-Wissen unter den Mitarbeitern ist, desto besser können diese sich im

Rahmen der Followership gegenseitig managen. Der obige Ansatz des Followership-Kontinuums ist nicht neu. Das Konzept war vor einigen Jahrzehnten bereits Inhalt des Situationsmodells von Hersey/Blanchard, das beschreibt, dass Leader ihren Führungsansatz situativ abhängig von Kompetenz, Qualifikation, Erfahrung etc. der Follower (zusammengefasst im Begriff der Readiness) anpassen können und sollten.[539] In diesem Ansatz wird die Readiness der Follower in vier Stufen unterteilt, von »low« über »moderate« bis »high«.[540] Dieses Konzept hat jedoch nicht nur Followership-Inhalte zum Thema, sondern ganz allgemeine Aktivitäten des betrieblichen Alltags. Der Ansatz zur Systematisierung ist jedoch ähnlich. Dieser hat sich in der Praxis bewährt, sodass obiges Konzept des Followership-Kontinuums bei richtiger Anwendung ebenso hilfreich sein kann. Ein kurzes Fallbeispiel soll dies zeigen.

Fallbeispiel 24: Grenzen veränderbaren Followership-Verhaltens

In der dreißigköpfigen Belegschaft eines kleinen Herstellers medizinischer Werkzeuge waren fast alle Mitglieder Zeit ihres Lebens bei diesem Unternehmen, der Fima Stolz, gewesen. Die meisten hatten zusammen mit Rupert Stolz, dem Firmeninhaber, damals bei dessen Vater ihre Lehre gemacht und waren im Unternehmen verblieben. Dem Unternehmen ging es zwar gut, aber nicht prächtig. Daher hatten die beiden Söhne vor fünf Jahren beschlossen, nicht ins Unternehmen einzusteigen und in anderen Firmen ihre berufliche Heimat zu suchen. In fünf Jahren wollte Rupert Stolz in den Ruhestand gehen und die Firma dann verkaufen. Die meisten seiner Mitstreiter würden dann ebenfalls in Rente gehen, sodass diesen keine großen Zumutungen mehr entstehen würden. Vor zwei Jahren kam aber plötzlich alles anders. Ein direkt benachbartes Unternehmen ging überraschend insolvent. Dort hatte man bei Stolz vor gut zehn Jahren begonnen, CNC-Dreh- und Frästeile zu kaufen, nachdem dies seitens der Kunden gefordert worden war. Selbst wollte man damals bei Stolz nicht in diese Technologie einsteigen, weil man kein Knowhow hatte. Die Mitarbeiter waren kompetent in der manuellen Anfertigung von Teilen und deren Montage. Nicht aber in dieser Technik, weshalb man das Investment damals nicht tätigen wollte. Aus der durch die Insolvenz des Lieferanten entstehenden Not wollten die beiden Söhne dann eine Tugend machen. Sie erhielten die Möglichkeit, vier wichtige CNC-Anlagen des Lieferanten kostengünstig zu übernehmen. Der Plan war, die Anlagen in die freien Produktionsflächen zu integrieren, einen Teil der Belegschaft des Lieferanten zu übernehmen, neue Mitarbeiter einzustellen, die Herstellung der CNC-Teile selbst zu übernehmen und damit als Unternehmen wesentlich zu wachsen. In dieser Konstellation sahen die beiden Söhne eine Zukunft für sich, weshalb sie diesen Schritt auch gegangen waren. Alles ging

---

539 Daft, Richard L. (2018): Management. Cengage Learning, Boston (MA), 13. Aufl., S. 506 ff.
540 Daft, Richard L. (2015): The Leadership Experience. Cengage Learning, Stamford, S. 70 ff.

gut, denn mit dem aufgezeigten Konzept konnten die Söhne die Finanzierung für den Deal sicherstellen. Die zehn ehemaligen Mitarbeiter des insolventen Lieferanten waren froh, wieder beschäftigt zu sein, und die zusätzlichen 10 Mitarbeiter für die CNC-Anlagen konnten schnell gefunden werden. Anderthalb Jahre nach der Übernahme wollten die beiden Söhne dann einen neuen Ansatz für das gesamte Unternehmen auf den Weg bringen. Dadurch sollte weiteres Wachstum ermöglicht werden. Dazu sollten die beiden bisher separaten Produktionsbereiche, manuelle Fertigung und Montage einerseits und CNC-Fertigung andererseits, zusammengelegt und fürderhin gemeinsam nur noch von einer Person geleitet werden. Bisher hatte jeder der beiden Söhne einen Bereich geleitet. Doch wenige Monate nach der Zusammenlegung entstanden nicht nur Probleme bei Produktivität und Qualität, auch in der Mannschaft war zunehmend schlechte Stimmung bemerkbar. Dies hatte es bislang in dieser Form nicht gegeben. Trotz geführter Gespräche mit der Mannschaft konnten die Söhne die Ursachen nicht ergründen, weshalb sie einen Berater zu Hilfe zogen. Dieser konnte die Problematik relativ schnell durchschauen und den beiden Söhnen eine Lösung anbieten. Die Stellungnahme des Beraters an die Söhne lautete sinngemäß wie folgt. Der neue Produktionsleiter war ein ehemaliger Mitarbeiter des Lieferanten. Schon damit hatten die bisherigen Mitarbeiter von Stolz ein Problem, weil sie plötzlich nicht mehr vom Firmenchef direkt, sondern von einem Manager geführt wurden, der auch noch von einem Lieferanten kam. Die beiden Söhne hatten sich nämlich fortan um die Themen Vertrieb, Finanzen und Geschäftsentwicklung gekümmert, denn mit der Übernahme der CNC-Maschinen war ihnen noch angeboten worden, das Konstruktionsbüro eines weiteren insolventen Wettbewerbers zu übernehmen. Auch das war etwa ein Jahr später geglückt, sodass Stolz dann auf über 65 Mitarbeiter angewachsen war. Das größte Problem der bisherigen Stolz-Mitarbeiter war jedoch, dass sie weder mit dem neuen Produktionsleiter noch mit den neuen Produktionskollegen richtig zurechtkamen. Diese hatten einen Arbeits- bzw. Führungsstil, den sie nicht kannten und den sie nicht auch nicht übernehmen wollten. Sie waren es seit Jahrzehnten gewohnt, dass man ihnen täglich ihre Arbeit zuteilte, sie diese gut und zuverlässig erledigten und ihnen der Chef am Ende des Tages mitteilte, ob etwas fehlerhaft gewesen war oder etwas gefehlt hatte. Alle anderen Tätigkeiten hatte immer Rupert Stolz für sie erledigt. Und so sollte es eigentlich auch bleiben. Doch der neue Produktionschef verlangte von ihnen, bei der Arbeit für das Unternehmen und die anderen Mitarbeiter mitzudenken und ihm zu sagen, wenn seine Entscheidungen oder Anweisungen Fehler hätten oder keinen Sinn machten. Doch den Chef zu kritisieren oder seine Aussagen und Handlungen zu hinterfragen, wäre für die alten Stolz-Mitarbeiter nie infrage gekommen. So waren sie nicht erzogen worden und so hatten sie in all den Jahrzehnten niemals gearbeitet. So etwas nun von ihnen zu verlangen wäre absurd. Schließlich hätten die meisten von ihnen nur noch fünf bis maximal zehn Jahre zu arbeiten. Da könne man sich einfach nicht mehr so dramatisch umstellen. »Die bisherigen Stolz-Mitarbeiter« so der Berater, »kann man im Followership-Kontinuum ungefähr bei 2 einordnen: Verpflichtet. Sie haben eine Verbindung zum Unternehmen Stolz und fühlen sich diesem und den Eigentümern gegenüber verpflichtet.« Die Mitarbeiter der CNC-Abteilung waren hingegen bei 4 im Kontinuum zu verorten: Effektiv. Sie waren fähig und verlässlich als Follower und lebten ihre Follower-Aufgabe aktiv. Die zwei verschiedenen Followership-Ansätze der beiden Teams waren also nicht kompatibel und die Forderung des Produktionschefs, dass die ehemaligen Stolz-Mitarbeiter die Followership-Lücke schließen sollten, überforderte diese. Der Berater empfahl den Stolz-Brüdern daher, die beiden Produktionsbereiche soweit es geht getrennt voneinander zu betreiben und im angestammten manuellen Bereich eine starke Führungskraft einzusetzen, der die Mitarbeiter als Follower nicht überfordert. In wenigen Jahren könne dann mit zunehmender Fluktuation durch Verrentung dort auch auf den progressiveren Followership-Ansatz umgestellt werden.

Obwohl sich das Kernproblem des vorherigen Fallbeispiels nach einem Nicht-Wollen anhört, war es real ein Nicht-Können. Die Mitarbeiter konnten mit dieser Form aktiver Followership nichts anfangen, weil sie das nicht kannten. Es hätte ihnen eine solche Überwindung gekostet, Chefs zu kritisieren oder infrage zu stellen (bzw. zu challengen), dass sie lieber gekündigt hätten. Deren Grundeinstellung hatte es nahezu unmöglich erscheinen lassen, das zu tun und die meisten von ihnen hätten die Ansätze zur stärkeren Followership nicht mehr erlernen können. Dieses Nicht-Können hatte also auch mit dem Nicht-Wollen zu tun, weil die Grundeinstellungen das Erlernen der Followership-Inhalte blockiert hatte. Diese Grundeinstellungen eines Menschen, die für ihn wichtigen Werte und seine frühe Prägung zu verändern lässt sich nur sehr schwer bewirken. Veränderungen dieser Art sind langwierig und benötigen gute Erfahrungen und glaubwürdige Modelle.[541] Darum überrascht es nicht, dass die altgedienten Mitarbeiter des Fallbeispiels sich mit dem neuen Followership-Ansatz so schwertaten und eine Veränderung so wenig erfolgversprechend war. Diese tief verankerten Grundeinstellungen des Menschen sind im Kapitel 4.3 vorgestellten Seerosenmodell durch die Wurzel symbolisiert. Hierzu zählen Werte wie Gewaltfreiheit, Zuverlässigkeit oder eben wie im Fallbeispiel zumindest ein bisschen angedeutet Autoritätshörigkeit.[542]

Die anderen Elemente des Seerosenmodells können uns helfen, Ansatzpunkte für die Beeinflussung des Wollens von Followership bei Followern zu finden. Wir können den Mitarbeitern vorschreiben, wie sie zu arbeiten haben, sprich, wir können Followership von ihnen verlangen. Damit werden wir uns auf der Organisationsseite näher befassen. Doch dieser Ansatz hat einerseits Grenzen, weil bei Followership ja etwas gefordert wird, was gute Mitarbeiter zwar meistens bieten

---

541 Schöffner, Günther (2020): Changeprozesse positiv gestalten. Kontinuierliche Veränderungsbereitschaft erzeugen und Widerstände überwinden. Schäffer-Poeschel Verlag, Stuttgart, S. 63.
542 Nowak, Claus (2015): 70 Modelle für Führung, Coaching und Change-Management. Verlag Christa Limmer, Meezen, S. 264.

(▶ Punkt 2 von McCallums Liste in Kap. 4.5), was jedoch auch häufig über die vertraglich geschuldete und somit anweisbare Leistung des Mitarbeiters hinausgeht. Zum anderen wird dies, wie in Kapitel 4.2 beschrieben, sehr häufig von der Haltung bzw. der Einstellung des Menschen beeinflusst, die, wie das Seerosenbild zeigt, nicht einfach durch Regeln oder Vorschriften beeinflusst oder verändert werden kann. Dazu braucht es schon konkrete positive oder negative Erfahrungen, überzeugende Modelle oder Vorbilder.[543] Hinter diesen Haltungen bzw. Einstellungen verbergen sich Inhalte wie Motivation, Teamgeist, Freude an der Arbeit, Skepsis oder Konkurrenzgefühle.[544] Also genau jene Inhalte, die auf die Entscheidung für oder gegen eine gute Followership großen Einfluss haben können. Darum liegen auch hier große Potentiale, um bei Mitarbeitern die Bereitschaft zu guter Followership zu wecken und zu steigern. Es gilt, die Einstellung der Mitarbeiter möglichst so zu beeinflussen zu versuchen, dass sie für gute Followership aufgeschlossen sind. Erfahrung und Vorbilder sind hierzu wie erwähnt gute Ansatzmöglichkeiten. Leben die Leader ihren Followern eine gute Followership vor, so hat das Beispielcharakter und erhöht die eigene Glaubwürdigkeit. »Walk the talk«, d. h. selbst das vorleben, was man von den Followern erwartet. Das macht aber nur dann Sinn, wenn die Follower auch davon erfahren. Getreu dem Motto »Tue Gutes und rede darüber« müssen die Follower diese vorgelebte Followership auch mitbekommen. Hier zählt dann auch, dass dies dauerhaft erfolgt und keine Eintagsfliege ist, die nur der Show dienen soll. Diesen Braten riechen Follower schnell. Jenseits des Beispielscharakters hilft die gelebte Followership den Leadern selbst, weil sie sich dadurch umso besser in die Situation der Follower hineinversetzen und dadurch ihren Leadership-Ansatz entsprechend anpassen können. Wegen der Handlungskomponente der Haltung (▶ Kap. 4.3) kann eine aktiv veränderte Handlung zu einer generellen Veränderung der Haltung führen.[545] Zwingt man den Follower daher, in gewissen Situationen bestimmte Verhaltensweisen und Handlungen von Followern zu praktizieren und macht dieser dabei dann positive Erfahrungen, kann dies zu einer geänderten Haltung hinsichtlich Followership führen. Der Mitarbeiter wird dadurch sozusagen zu seinem Glück gezwungen. Dies sollte allerdings nicht die bevorzugte Maßnahme zur Beeinflussung der Einstellung der Mitarbeiter hinsichtlich Followership sein. Ein solches Einfordern des Praktizierens dieser Verhaltensmuster bringt aber in schwierigen Situationen zumindest noch gewisse Handlungsmöglichkeiten.[546] Was sich hier etwas dramatisch und inakzeptabel anhört, findet aber in der betrieblichen Praxis regelmäßig statt. Man denke

---

543 Schöffner, Günther (2020): Changeprozesse positiv gestalten. Kontinuierliche Veränderungsbereitschaft erzeugen und Widerstände überwinden. Schäffer-Poeschel Verlag, Stuttgart, S. 63.
544 Nowak, Claus (2015): 70 Modelle für Führung, Coaching und Change-Management. Verlag Christa Limmer, Meezen, S. 263.
545 Daft, Richard L. (2003): Management. South-Western, Mason (OH) 6. Aufl., S. 482.
546 Schöffner, Günther (2020): Changeprozesse positiv gestalten. Kontinuierliche Veränderungsbereitschaft erzeugen und Widerstände überwinden. Schäffer-Poeschel Verlag, Stuttgart, S. 64.

zurück an die Umsetzung des Rauchverbotes in geschlossenen Räumen. Auch hier mussten etliche Mitarbeiter gezwungen werden, das wie früher praktizierte Rauchen innerhalb der Betriebsräume zu unterlassen und dazu das Freie oder ausgewiesene Räume aufzusuchen. Hatten viele davon anfänglich noch eine ablehnende Haltung gegenüber der neuen Regelung, zeigten sie eine gewisse Zeit nach deren Einführung Verständnis dafür: »Ja, das stimmt schon. Das ist den anderen eigentlich unzumutbar. Da hat man viele Jahre falsch gehandelt.« Ein solches Erzwingen eines bestimmten Verhaltens zur Veränderung der Einstellung sollte jedoch nicht immer der primäre Ansatz dafür sein, durch das Praktizieren gewisser Dinge die Haltung von Followern beeinflussen zu wollen. Dieses »Wenn aus Tun Glauben wird«, wobei das Glauben nicht in religiöser Sicht verstanden werden soll, ist in der Psychologie seit langem ein bekannter Ansatz zur Beeinflussung der Einstellung anderer.[547] Die weitere Möglichkeit zur Beeinflussung von Haltung und Einstellungen anderer Personen, das Überzeugen,[548] bedarf hier meines Erachtens keiner weiteren Ausführung.

An dieser Stelle macht es Sinn, zu den organisationalen Inhalten bezüglich des Sollens zu wechseln. Wie in Kapitel 4.1 erläutert, greift der Begriff »Sollen« dabei manchmal zu kurz, denn es geht auch darum, dass die Organisation solche Voraussetzungen schafft, dass die Follower auch Follower sein wollen. Das hat eben nicht nur mehr etwas mit einem direkten Sollen zu tun. Bei diesem Ansatz helfen unsere Betrachtungen aus Kapitel 4.2 über organisationale Aspekte. Das 7S-Modell hat für unsere Belange beispielsweise die Elemente Unternehmenskultur und Vision bzw. Werte aufgezeigt. Beides ist miteinander verknüpft, denn die Werte prägen, sofern sie praktiziert werden, die Unternehmenskultur unweigerlich. In den drei vorangegangenen Kapiteln haben wir immer wieder festgestellt, dass Elemente der gelebten Unternehmenskultur wesentlich dafür verantwortlich sind, dass sich keine gute Followership einstellt. Dementsprechend ist ein entscheidender Ansatzpunkt dafür, die praktizierte Followership in einem Unternehmen merklich zu verbessern, die Unternehmenskultur entsprechend anzupassen. Das bedeutet, dass der Followership förderliche Elemente möglichst gestärkt und ihr hinderliche Elemente möglichst abgebaut werden. Welche Elemente dies sein können, haben wir ja wie erwähnt in den letzten drei Kapiteln immer wieder kennengelernt. Das Hauptproblem ist hier also nicht, Followership-förderliche Elemente der Unternehmenskultur zu definieren, sondern eine dahingehende Veränderung der Unternehmenskultur zu erreichen. Denn diese kann nicht im herkömmlich verstandenen Sinn und auf einen genau definierten Zustand hin technokratisch verändert werden, sondern sie lässt sich nur indirekt durch geeignete Maßnahmen beeinflussen, in der Hoffnung, dass sich dann der gewünschte zustand mehr oder weniger einstellt.[549] Denn Un-

---

547 Zimbardo, Philip G.; Leippe, Michael, R. (1991): The Psychology of Attitude Change and Social Influence. McGraw Hill, Boston (MA), S. 87–126.
548 Ebd., S. 127–167.
549 Schöffner, Günther (2020): Changeprozesse positiv gestalten. Kontinuierliche Veränderungsbereitschaft erzeugen und Widerstände überwinden. Schäffer-Poeschel Verlag, Stuttgart, S. 65.

ternehmenskulturen sind systemtheoretisch betrachtet nicht steuerbar, sondern nur beeinflussbar.[550] Dies kann seinerseits jedoch durch die Beeinflussung und Veränderung von Verhalten und Haltung der Menschen im Unternehmen geschehen.[551] Durch die Beeinflussung von Followern und Leadern, ihr Verhalten derart zu verändern, dass sich die Followership fördernde Verhältnisse im Arbeitsalltag etablieren, verändert sich nach geraumer Zeit auch die Unternehmenskultur. Die Beeinflussung des entsprechenden Verhaltens kann dabei wie bei Kulturinterventionen üblich in vielerlei Hinsicht erfolgen, beginnend bei Begeisterung und Überzeugung, über dramaturgische Events und Zeremonien bis hin zu neuen Verhaltensrichtlinien oder mehr oder weniger erzwungenen Verhaltensweisen in der täglichen Praxis.[552] Es kommt dabei aber häufig vor allem auf die geänderten Rahmenbedingungen an, denn durch deren Veränderung ändert sich mit hoher Wahrscheinlichkeit auch das Verhalten der Menschen und infolgedessen nach geraumer Zeit auch die erlebbare Unternehmenskultur.[553] Die Unternehmenskultur äußert sich nämlich im Tun und Handeln der Menschen, sie manifestiert sich im Verhalten der Mitarbeiter.[554] Gelingt es also, durch entsprechende Maßnahmen veränderte Rahmenbedingungen zu schaffen, die das Verhalten der Mitarbeiter weg von der Followership hinderlichen Elementen und hin zu förderlichen verändern, ist eine folgende Veränderung der Unternehmenskultur, in der gelebte Followership möglich ist, wahrscheinlich. Wie man solche Veränderungen der Rahmenbedingungen gestaltet, um einen gewünschten Kulturwandel herbeizuführen, kann aber der hierzu reichlichen Auswahl an Speziallitertur entnommen werden. Daher wollen wir uns hier nicht weiter mit diesem Ansatz befassen, sondern nur einige spezielle Punkte hinsichtlich der Förderung von Followership-freundlichem Verhalten aufgreifen. Ein meiner Erfahrung nach sehr wichtiger Punkt ist die Anpassung der Unternehmenswerte, deren wirkungsvolle Kommunikation und das Einfordern des Praktizierens der Werte in der täglichen Unternehmenspraxis. Dieses Einfordern ist je nach Form und Intensität genau genommen nichts anderes als das vorher erwähnte Zwingen von Mitarbeitern zu bestimmten Verhaltensweisen. Nichts anderes hat in der Gesellschaft stattgefunden, als gewisse Begriffe und Redensarten, die vor zehn Jahren noch üblich waren, durch entsprechende Aufforderungen, diese zu unterlassen, weil sie nicht mehr in den Zeitgeist passen, aus dem täglichen Sprachgebrauch verschwunden sind. Wird im täglichen Miteinander beispielsweise gegen-

---

550 Grubendörfer, Christina (2016): Einführung in systemische Konzepte der Unternehmenskultur. Carl-Auer Verlag, Heidelberg, S. 74.
551 Schöffner, Günther (2020): Changeprozesse positiv gestalten. Kontinuierliche Veränderungsbereitschaft erzeugen und Widerstände überwinden. Schäffer-Poeschel Verlag, Stuttgart, S. 65.
552 Ebd., S. 205–209.
553 Berner, Winfried (2012): Culture Change. Unternehmenskultur als Wettbewerbsvorteil. Schäffer-Poeschel Verlag, Stuttgart, S. 66 f.
554 Schöffner, Günther (2020): Changeprozesse positiv gestalten. Kontinuierliche Veränderungsbereitschaft erzeugen und Widerstände überwinden. Schäffer-Poeschel Verlag, Stuttgart, S. 53.

seitiger Respekt, der wie in Kapitel 3 beschrieben eine wesentliche Voraussetzung für die Etablierung gelebter Followership ist, aktiv gelebt und auch von den Mitarbeitern eingefordert, sowohl von den Leadern als auch von den Followern, und wird respektloses Verhalten von beiden Seiten auch missbilligt, wird sich nach einer bestimmten Zeit auch ein anderes Niveau von Respekt im Unternehmen einstellen. Wichtig sind dabei natürlich u. a. die richtige Vorgehensweise und ein entsprechendes Durchhaltevermögen. Denn die zuvor genannte Verbannung gewisser Begriffe aus dem täglichen Sprachgebrauch hat auch nicht allein dadurch stattgefunden, dass man die Begriffe einmal als nicht mehr akzeptabel verkündet hat, sondern dass über eine längere Zeit hinweg das Benutzen dieser Begriffe aktiv missbilligt wurde, ehe sie dann fast von allein aus der täglichen Praxis verschwunden sind. Wie die Unternehmenswerte jeweils angepasst werden müssen, ist natürlich stark von den jeweiligen Verhältnissen abhängig. Daher soll an dieser Stelle nicht näher darauf eingegangen werden. Welche Werte sich in irgendeiner Weise im gelebten Wertekanon des Unternehmens wiederfinden sollten, damit gute Followership im Alltag gelebt werden kann, sollte sich aus den vorherigen Kapiteln erschließen. Darüber hinaus betrachten wir nachfolgend noch einige weitere diesbezügliche Aspekte, die im Text bislang vielleicht etwas zu kurz gekommen sein könnten. Sie sollen als weitere Stütze zur Findung passender Ansätze für die Veränderung der kulturellen Rahmenbedingungen zur Förderung guter Followership dienen.

An erster Stelle seien hier zunächst die Rahmenbedingungen von Führung und Leadership genannt. Ist die Machtausübung so gestaltet, dass sich im Unternehmen eine gute Followership einstellen kann, oder muss noch daran gearbeitet werden? Ich habe dieses Thema im gesamten Buch bislang nur sehr kurz betrachtet, auch wenn es nachweislich einen großen Einfluss hat. Ich wollte den Schwerpunkt auf die Aktivitäten der Follower-Seite legen, denn wie im Buch mehrfach erwähnt herrscht vielerorts die Meinung vor, dass es eben nur an den Leadern läge, das sich keine gute Followership einstellt. Das ist aber definitiv nicht so. Fakt ist aber auch zweifellos, dass die gelebte Leadership einen entscheidenden Anteil daran hat. Deshalb muss neben den vielen anderen Punkten eben auch der Führungsansatz so angepasst werden, dass Follower im Unternehmen auch Followership betreiben dürfen (womit wir den noch fehlenden Punkt des Dürfens abgehakt haben) und dies auch wirklich wollen. Wie dies im Einzelnen aussehen muss, hängt wiederum stark vom Einzelfall ab. Anregungen hierzu kann man sich aber aus den zahllosen Büchern holen, die es zum Themenkomplex Führung und Leadership gibt.

Ein weiterer entscheidender Baustein für Followership-freundliche Rahmenbedingungen ist die Frage, welche Stellung Leader und Follower im Verständnis der Mitarbeiter einnehmen. In Kapitel 2 haben wir von Unternehmen gehört, die ein Menschenbild von Macht und Ohnmacht haben, infolgedessen es zwei Welten gibt: Die eine oben und die andere unten. Gibt es eine Zweiklassengesellschaft, in der die Leader die Mitarbeiter erster Klasse und die Follower die Mitarbeiter zweiter Klasse sind? Oder gibt es andere Zweiklassensysteme: Alte und Junge, Altgediente und neu Hinzugekommene, Akademiker und Nicht-Akademiker etc.? Oder herrscht im Unternehmen das Bewusstsein, dass alle immer auch Follower sind und dass das

Unternehmen jeden einzelnen Mitarbeiter braucht, egal ob reiner Follower oder auch Leader? In vielen Unternehmen herrscht nach wie vor das Bild von der Liga der sehr wertvollen Führungskräfte vor, die aufgrund ihrer Expertise nur schwer ausgetauscht werden können und deshalb eine besondere Rolle im Unternehmen spielen. Dazu gibt es die zweite Liga, in der die Follower spielen, denn die sind ja angeblich leicht austauschbar. Diese Denke herrschte leider in vielen Organisationen eine lange Zeit vor, in der es sich wirklich oft so gestaltete, dass Mitarbeiter austauschbare Nummern waren, die man bei Bedarf »am Markt nachkaufen« kann wie ein billig verfügbares Ersatzteil. Dieses Denkmuster lässt mich nach wie vor erschaudern. Spätestens seit dem grassierenden Fachkräftemangel sollte jedem Verantwortlichen klar sein, dass dieses Denken jenseits der menschlichen Fragwürdigkeit keinen akzeptablen Ansatz mehr darstellt. Wenn die Menschen fühlen, und das tun sie, dass sie mehr oder weniger nur als eingekaufte, leicht austauschbare Ressource (daher begegne ich dem Begriff »Human Resources« immer mit gemischten Gefühlen) betrachtet werden, verwundert es nicht, dass sie in einer solchen Organisation keine ausgeprägte Followership leben wollen. Damit dies geschieht, muss sich in den Unternehmen ein angemessenes Menschen- und Mitarbeiterbild etablieren, das auf die im Buch beschriebene Augenhöhe von Leadern und Followern setzt, die eben in komplementären Rollen gemeinsam an der Erreichung der gemeinsamen Ziele arbeiten.

Ein dritter wesentlicher Punkt, der mit dem vorherigen eine gewisse Verbindung hat, ist das Thema Ego. Im Buch ist an mehreren Stellen erwähnt, dass gute Follower ihr Ego gut im Griff haben müssen. Der vorbildliche Follower, die Position 5 in Blackshears Followership-Kontinuum in Kapitel 3, »stellt sein Ego beiseite und unterstützt den Leader«. Dieser etwas heroisch klingende Satz mag vielleicht eine gute Beschreibung des Follower-Typs sein, doch man möge sich den Inhalt übertragen in die Praxis vorstellen. Wer kann sein Ego für einen ganzen Arbeitstag zur Seite stellen und nur an die Unterstützung des Leaders, der Organisation und der anderen Follower denken? Vielleicht schaffen das einige höchst erfahrene Experten, die wirklich niemandem mehr etwas beweisen müssen. Aber kann das ein merklicher Anteil der Follower im Unternehmen wirklich leisten, geschweige denn möglichst viele? Denn auch wenn man nicht der absolut beispielhafte Follower ist, so müssen Follower ihr Ego dennoch regelmäßig im Zaum halten. Das hat auch die Followership-Ikone Chaleff immer wieder auf den Punkt gebracht. Wenn Followership in einem Unternehmen möglichst gut gelebt werden soll, muss es allen Followern, und dazu zählen eben auch die Führungskräfte bzw. Leader, möglich sein, ihre Rollen so auszuführen, dass es keine dauerhaften Belastungen für ihre Egos gibt. Die in den Kapiteln 3 und 4 angesprochenen Inhalte Respekt, Akzeptanz, Toleranz und gegenseitige Wertschätzung sind hierzu wichtige Elemente. Richtig erfolgreich kann dies alles jedoch nur werden, wenn im Unternehmen ein passendes Menschen- und Mitarbeiterbild vorherrscht, womit sich der Kreis zum ersten der hier aufgezählten Punkte schließt. Jedem Leader und Follower muss neben dem ihm als Mensch ohnehin unabsprechbaren Wert auch als Mitarbeiter ein entsprechender Wert zugestanden werden, der ihn für das Unternehmen klar als wertvoll erscheinen lässt, egal in welcher Rolle er sich überwiegend befindet. Auch der scheinbar »kleinste« (nicht im Sinne der Körpergröße zu verstehen) Mitarbeiter hat Anspruch auf entsprechende Wertschätzung. Nur so wird sich das menschliche Ego hinreichend darauf einlassen können, dass die Menschen ihre Rollen als Leader und Follower entsprechend ausfüllen können.

Zu guter Letzt sei hier noch angemerkt, dass sich das Rad der Zeit bekanntermaßen ja immer weiterdreht und deshalb auch am Thema Followership nicht spurlos vorbeigeht. Ich habe hier bewusst auf das Thema »Authentic Followership« verzichtet, das in den letzten Jahren immer wieder Inhalt der Forschung war. Es ist meines Erachtens zunächst viel wichtiger, Followership ganz allgemein populär werden zu lassen, weil sie für die Unternehmen wichtig ist. Dennoch dürfen aktuelle Entwicklungen nicht übersehen werden. Denn im agilen Zeitalter sind Veränderung und Transformation Bestandteile des täglichen Alltags. Doch auch hier gilt es, das richtige Augenmaß nicht zu verlieren. Mit diesem sehr kurzen Ausblick möchte ich meine Betrachtungen zur Followership im agilen Zeitalter abschließen und dem Leser möglichst viel Nutzen damit wünschen.

6 Anhang: Klärung und Abgrenzung wichtiger Begriffe

Nachfolgend wird die Bedeutung häufig verwendeter Begriffe beschrieben, mit der diese im Rahmen dieses Buches verstanden werden sollen. Da diese Begriffe nicht einheitlich definiert sind, können sie in einem anderen Kontext durchaus andere Bedeutungen haben. Die hier verwendete Belegung der Begriffe ist eine der verschiedenen Möglichkeiten.

Autorität

Sie bedeutet das Recht und die Verpflichtung, die mit einer Position in einer Organisation assoziiert werden und Erlaubnis geben, Macht auszuüben.[555] Autorität bedeutet, rechtmäßig Macht ausüben zu können,[556] sie ist aufgrund von Kompetenzen als Recht ausgeübte Macht.[557]

Für den Begriff Autorität gibt es noch eine Vielzahl weiterer Erklärungen, die inhaltlich nicht unbedingt nahe an den zuvor aufgelisteten Beschreibungen liegen müssen. Hier muss der Leser die für den jeweiligen Kontext passende Erklärung wählen, ähnlich der verschiedenen Bedeutungen zahlreicher Begriffserklärungen im Duden. Für unsere Zwecke genügen hier die zuvor gemachten Beschreibungen.

Beeinflussungsmacht

Wir verstehen darunter die Möglichkeiten und Fähigkeiten einer Person, auf andere Personen einzuwirken und sie dazu zu bewegen, ihre Handlungen und ihr Verhalten nach den Wünschen und Vorstellungen der beeinflussenden Person auszurichten.[558] Der Beeinflussende kann dabei keine verbindlichen Handlungsanweisungen erteilen und hat keinerlei direkte Sanktionierungsmöglichkeiten.[559] Er kann nur indirekt sanktionieren, z. B. durch das Einstellen der Kommunikation

---

555 In Anlehnung an: Yukl, Gary; Gardner, William L. III (2013): Leadership in Organizations. Pearson, Harlow, 9. Aufl., S. 159.
556 Bueb, Bernhard (2014): Von der Pflicht zu führen. Neun Gebote der Bildung. Ullstein Verlag, Berlin, 2. Aufl., S. 35.
557 Luhmann, Niklas (2013): Macht im System. Suhrkamp Verlag, Berlin, S. 64.
558 Schöffner, Günther; Hagehülsmann, Ute; Schöffner, Kerstin (2023): Zukunftsfähige Machtsysteme in Unternehmen. Die Verantwortung richtig auf die Beine stellen. Kohlhammer Verlag, Stuttgart, S. 91.
559 Ebd.

mit dem Beeinflussten oder dessen Ausschluss aus einer Gemeinschaft etc. Die Beeinflussungsmacht stützt sich nicht auf Gesetze, sondern entspringt immer aus den Personen und hat verschiedene Quellen wie Persönlichkeit, Kontakte, Meriten, Abhängigkeiten, Herkunft, Minder- oder Mehrheiten.[560]

Beschäftigter

Eine in einem Unternehmen oder einer Institution vertraglich beschäftigte Person, die auf Basis des Vertrages gewisse Regeln und Gesetze befolgen, Weisungen zu ihrer Tätigkeit annehmen sowie umsetzen und die durch den Vertrag festgelegte Arbeits- oder Dienstleistung, für die sie das vereinbarte Entgelt erhält, erbringen muss.

Boss

Die direkte Führungskraft eines Beschäftigten, die ihm gegenüber weisungsbefugt ist.

Chef

Synonym für Führungskraft, Vorgesetzter, einer der – falls es mehrere sind – Unternehmenslenker (Geschäftsführer, Vorstand, Unternehmenseigentümer etc.)

Einfluss (im Sinne von Einfluss nehmen):

Einfluss nehmen bedeutet aktiv auf andere Menschen einzuwirken, um deren Verhalten in einer gewünschten Weise zu lenken oder zu verändern.[561] Es ist das aktive Handeln zum Herbeiführen gewisser Handlungen oder zum Erwirken von Verhaltensveränderungen.[562]

Follower

Eine Person, die einem Leader im Hinblick auf ihre privaten oder beruflichen Tätigkeiten in gewisser Weise folgt, nachfolgt, sich von ihr leiten lässt oder ihr gehorcht.

---

560 Ebd., S. 245 ff.
561 In Anlehnung an: Greenberg, Jerald (2013): Managing Behavior in Organizations. Pearson Prentice Hall, New Jersey, 6. Aufl., S. 415.
562 Schöffner, Günther; Hagehülsmann, Ute; Schöffner, Kerstin (2023): Zukunftsfähige Machtsysteme in Unternehmen. Die Verantwortung richtig auf die Beine stellen. Kohlhammer Verlag, Stuttgart, S. 68.

Führen

Führen bezeichnet die Einflussnahme auf Beschäftigte in Unternehmen oder Institutionen.

Führer

Person im Verständnis eines Anführers eines Teams, einer Abteilung, einer Gruppe oder eines Unternehmens bzw. einer Institution.

Der Begriff ist im Deutschen, insbesondere in Deutschland, historisch vorbelastet. Daher wird in diesem Buch so weit wie möglich auf die Benutzung des Begriffs in alleinstehender Form verzichtet. Zusammengesetzt mit anderen Wortteilen wird er nicht als anrüchig betrachtet, sodass er Anwendung finden kann bei Bezeichnungen wie Maschinenführer oder Kraftfahrzeugführer.

Führung

Führen ist die bewusste Einflussnahme auf Personen zur Erreichung gemeinsamer Ziele oder zur Erfüllung gemeinsamer Aufgaben.[563] Der Begriff wird im Verständnis von »beeinflussen, die Richtung bestimmen« verwendet.[564] Führung ist das praktizierte Ausüben von Macht und bedarf der hinreichenden Mitwirkung des Geführten bzw. Beeinflussten.[565]

Führungskraft

Eine Person in einem Unternehmen oder einer Institution mit Personalverantwortung, welche bestimmten Beschäftigten in einem gewissen Rahmen Weisungen erteilen darf (V-Macht), deren regelmäßige Leistungsbeurteilung durchführt und über die weitere Entwicklung des Beschäftigten im Unternehmen bzw. der Institution (zumindest mit-)bestimmt.

Head of

Häufig verwendete Bezeichnung für einen Jobtitel, der eine Leitungsfunktion beinhaltet, ähnlich wie »Leiter« (z. B. Head of HR).

---

563 von Rosenstiel, Lutz (2009): Grundlagen der Führung. In: von Rosenstiel, Lutz; Regnet, Erika; Domsch, Michel E. (Hrsg., 2009): Führung von Mitarbeitern. Handbuch für erfolgreiches Personalmanagement. Schäffer-Poeschel Verlag, Stuttgart, 6. Aufl., S. 3–27.
564 Simon, Walter (2009): GABALs großer Methodenkoffer Führung und Zusammenarbeit. Gabal Verlag, Offenbach, 2. Aufl., S. 303.
565 Schöffner, Günther; Hagehülsmann, Ute; Schöffner, Kerstin (2023): Zukunftsfähige Machtsysteme in Unternehmen. Die Verantwortung richtig auf die Beine stellen. Kohlhammer Verlag, Stuttgart, S. 238.

Leader

Allgemein eine Person im Sinne von Führen von Personal oder Anführen einer Gruppe, die dazu auch ein gewisses Machtpotential hat. Das kann eine Führungskraft sein, ein Chef, Leiter, Manager, eine Autoritätsperson. Nicht jedoch beispielsweise ein Maschinenführer, da sich hier die Führung im Wesentlichen nicht auf Personen, sondern auf Maschinen fokussiert, auch wenn dies bei komplexen technischen Anlagen durchaus das Führen von Mitarbeitern beinhalten kann. Dies wollen wir hier jedoch abgrenzen.

Leiter

Person, die mit der Leitung einer Gruppe, eines Projektes oder einer Aufgabe betraut ist (z. B. Projektleiter, Dienststellenleiter, Personalleiter etc.).

Leitung

Die Unternehmensleitung im Verständnis der Geschäftsführung und ihrer leitenden Angestellten, die selbst nicht Geschäftsführer sind, oder die für Aktivitäten und Ergebnisse einer Abteilung oder Gruppe verantwortliche Person oder Personengruppe, oder die Aktivität des Führens und Managens einer Abteilung oder Gruppe (was mit der Übernahme der entsprechenden Verantwortung einher geht).

Macht

Macht ist das Potential, Einfluss auf andere auszuüben und sie zu beeinflussen.[566] Der Begriff »Potential« bezeichnet dabei die Fähigkeit, Macht ausüben zu können und umfasst sowohl deren Fülle (und auch deren Grenzen) als auch die wählbaren Mittel.[567]

Es existieren zahlreiche Versuche, das Phänomen der Macht auf einen theoretisch und empirisch erfolgreichen Begriff zu bringen, all diese Versuche sind jedoch nicht widerspruchsfrei.[568] Eine zusammenhängende, in sich geschlossene Definition des Machtbegriffs, welche allen Disziplinen gerecht und interdisziplinär konsistent wäre, existiert nicht.[569] Dies bedeutet nicht, dass diese Definitionen alle keine hinreichende Gültigkeit hätten. Vielmehr drückt dies die große Tragweite des Begriffs »Macht« aus. Abhängig davon, aus welcher wissenschaftlichen Disziplin sie

---

[566] Ebd., S. 67.
[567] Ebd.
[568] Luhmann, Niklas (2012): Macht. UVK Verlagsgesellschaft, Konstanz/München, 4. Aufl., S. 7.
[569] Schöffner, Günther; Hagehülsmann, Ute; Schöffner, Kerstin (2023): Zukunftsfähige Machtsysteme in Unternehmen. Die Verantwortung richtig auf die Beine stellen. Kohlhammer Verlag, Stuttgart, S. 63.

betrachtet wird, müssen sich zwangsläufig andere Definitionen ergeben. In Unternehmen stellt sie die Grundlage der Führung dar.[570] Nach unserem Verständnis besteht sie aus den beiden Teilen Verfügungsmacht und Beeinflussungsmacht.[571]

Machtausübung

Sie stellt die Einflussnahme einer autorisierten Person A auf eine Person B durch Kommunikation oder Handlungen dar. Sie läuft in der Regel in den Schritten Entscheidungsfällung (wer soll wodurch beeinflusst werden), Umsetzung (Durchführung der Kommunikation oder Handlung) und Sanktionierung (Einleiten von Konsequenzen im Fall mangelnder oder unzureichender Handlungen der beeinflussten Person).[572]

Manager

Eine Person, die managt, d.h. unter der Verwendung von Ressourcen (das können auch Mitarbeiter bzw. Beschäftigte sein) Ergebnisse zu erzielen versucht. Dies ist im Sinne von »bewirken, herbeiführen, leiten und Verantwortung übernehmen« zu verstehen.[573] Ein Manager kann daher gleichzeitig auch Leader und Führungskraft sein.

Wie beim Begriff »Führung« gibt es weder für Leadership noch für Management einheitliche Definitionen. Hierzu sind viele verschiedene Ansätze geläufig, die teilweise merklich voneinander abweichen.[574] Bezüglich des Unterschiedes beider Dinge besteht bereits seit langem eine andauernde Kontroverse und man kolportiert, dass »es fast so viele Definitionen von Leadership gibt, wie die Zahl von Personen, die versucht haben, das Konzept zu definieren«.[575] Seit ähnlich langer Zeit wie die Diskussion um die Inhalte besteht die Frage, ob Manager auch Leadership-Kompetenzen haben müssen und andersherum, oder ob es geborene Leader oder Manager gibt.[576] Wir wollen diese Fragen hier weder weiter diskutieren, noch

---

570 Hungenberg, Harald; Wulf, Torsten (2007): Grundlagen der Unternehmensführung. Springer Verlag, Berlin/Heidelberg/New York, 2. Aufl., S. 343.
571 Schöffner, Günther; Hagehülsmann, Ute; Schöffner, Kerstin (2023): Zukunftsfähige Machtsysteme in Unternehmen. Die Verantwortung richtig auf die Beine stellen. Kohlhammer Verlag, Stuttgart, S. 90.
572 Ebd., S. 204.
573 Simon, Walter (2009): GABALs großer Methodenkoffer Führung und Zusammenarbeit. Gabal Verlag, Offenbach, 2. Aufl., S. 303.
574 Schöffner, Günther; Hagehülsmann, Ute; Schöffner, Kerstin (2023): Zukunftsfähige Machtsysteme in Unternehmen. Die Verantwortung richtig auf die Beine stellen. Kohlhammer Verlag, Stuttgart, S. 306.
575 Yukl, Gary; Gardner, William L. (2020): Leadership in Organizations. Pearson Education, Harlow, 9. Aufl., S. 22–26.
576 Schöffner, Günther; Hagehülsmann, Ute; Schöffner, Kerstin (2023): Zukunftsfähige Machtsysteme in Unternehmen. Die Verantwortung richtig auf die Beine stellen. Kohlhammer Verlag, Stuttgart, S. 309.

tiefer in die jeweiligen Sichtweisen zu den beiden Begriffen eindringen. Es sei hier nur auf die Kontroverse hingewiesen und die Tatsache wiederholt, dass es für keinen der beiden Begriffe weder eindeutige Definitionen gibt, noch die jeweiligen Ansätze und Denkmuster sich nur in einem schmalen Spektrum bewegen. Wer diesbezüglich tiefer einsteigen möchte, sei auf die diesbezüglich mehr als umfangreiche Literatur verwiesen. Im Kontext dieses Buches werden wir uns daher hinsichtlich der Bedeutung der Begriffe im Wesentlichen auf die oben dargestellten Erläuterungen beschränken, wissentlich, dass diese an der ein oder anderen Stelle nicht völlig ausreichend oder passend sein können. Eine ähnliche Beschränkung gilt auch für alle anderen aufgeführten Begriffe. Es geht hier nicht um exakte, allgemein akzeptierte und umfassende Beschreibungen der Begriffe, sondern es geht darum, gewisse Phänomene, Vorkommnisse und Beziehungen generell zu beschreiben.

Mitarbeiter

Synonym für Beschäftigter, oder ein Beschäftigter, demgegenüber eine Führungskraft weisungsbefugt ist.

Untergebener

Beschäftigter, der einer Person gegenüber weisungsgebunden ist. Für diesen meiner Meinung nach ebenfalls archaischen Begriff gelten dieselben Hinweise wie beim Wort »Vorgesetzter«.

Verfügungsmacht

Darunter verstehen wir alle Möglichkeiten und Fähigkeiten einer Person, verpflichtend über die Verwendung von Finanzmitteln und Gütern sowie über das Verhalten und die Tätigkeiten von Menschen entscheiden zu dürfen.[577] Verpflichtend bedeutet dabei, dass die getroffenen Entscheidungen in einem bekannten Rahmen bestehender und im jeweiligen Einzelfall anzuwendender Gesetze, Vereinbarungen oder Absprachen gelten und verbindlich sind, d.h. nicht ohne eventuelle persönliche Konsequenzen missachtet werden dürfen.[578] Mit der Verfügungsmacht ist die Möglichkeit der direkten Sanktionierung des Verhaltens der beeinflussten Person verbunden (z.B. Erteilung eines Strafmandats, Erteilung einer Abmahnung, Kündigung etc.). Quellen der Verfügungsmacht sind immer Gesetze, Verordnungen, Regeln und daran angelehnt Verträge u. Ä.[579]

---

577 Ebd., S. 90.
578 Ebd.
579 Ebd., S. 119 f.

Vorgesetzter

Führungskraft, die einem Beschäftigten gegenüber weisungsbefugt ist.

Dieser Begriff ist meines Erachtens sehr antiquiert, auch wenn er sich noch im täglichen Sprachgebrauch wiederfindet. Er entstammt dem hierarchischen Denken und bietet Potential zur Schaffung einer gedanklichen Welt von »unten und oben« und zur Abwertung von Beschäftigten ohne Führungsaufgaben. Er sollte meiner Meinung nach nicht mehr verwendet werden.

Weisungsbefugnis

Das auf Gesetzen, Verordnungen und vertraglichen Regelwerken basierende Recht einer Person, einer anderen Person Weisungen und Anweisungen zu erteilen, welche diese Person dann innerhalb gewisser Grenzen umsetzen muss. Tut sie das nicht, können für sie daraus straf-, zivilrechtliche und persönliche Konsequenzen resultieren.